PONTOS & BORDADOS

JOSÉ MURILO DE CARVALHO

PONTOS & BORDADOS

ESCRITOS DE HISTÓRIA E POLÍTICA

2ª edição

Copyright © 2021 José Murilo de Carvalho

EDITOR
José Mario Pereira

EDITORA ASSISTENTE
Christine Ajuz

REVISÃO
Luciana Messeder

PRODUÇÃO
Mariângela Felix

DESIGN DE CAPA
Miriam Lerner | Equatorium Design

DIAGRAMAÇÃO
Arte das Letras

CIP-BRASIL. CATALOGAÇÃO NA FONTE.
SINDICATO NACIONAL DOS EDITORES DE LIVROS, RJ.

Carvalho, José Murilo de
    Pontos e bordados: escritos de história e política / José Murilo de Carvalho. – 2ª ed. – Rio de Janeiro: Topbooks Editora, 2021.

    ISBN: 978-65-5897-006-4

    1. Ensaios brasileiros 2. Brasil - História – 3. Brasil - Política e governo I. Título.

21-73295   CDD-981

TODOS OS DIREITOS RESERVADOS POR
Topbooks Editora e Distribuidora de Livros Ltda.
Rua Visconde de Inhaúma, 58 / gr. 203 – Centro
Rio de Janeiro – CEP: 20091-007
Tels.: (21) 2233-8718 e 2283-1039
topbooks@topbooks.com.br/www.topbooks.com.br
Estamos também no Facebook e Instagram.

Nota do autor à 2ª edição

Este livro teve sua primeira edição em 1998 pela Editora da UFMG e uma reimpressão em 1999 pela mesma Editora. Esgotado há muito tempo, só encontrável em sebos, agradeço a José Mario Pereira, da Topbooks, a disposição de fazer uma segunda edição. Não foram feitas alterações no texto, apenas uma atualização dos dados biográficos do autor. Os pontos e bordados que teci 20 anos atrás não diferem muito dos que me preocupam ainda hoje: cidadania, república, democracia, inclusão social, pensamento brasileiro. A única alteração que faria, se quisesse alterar algo, seria reforçar a dose de pessimismo em relação ao futuro do país. Em meio a uma pandemia cruel, poupo o eventual leitor de mais esse desgosto.

Nota do autor à 1ª edição

Reúnem-se nesta coletânea ensaios e crônicas escritos em épocas diferentes. Foram feitas pequenas modificações no texto para corrigir erros de impressão e impropriedades de linguagem.

Alguns ensaios foram escritos para público estrangeiro. O leitor brasileiro haverá de desculpar neles certas obviedades, necessárias para o público a que se destinavam os textos. O leitor haverá de relevar também algumas repetições de temas e ideias. Trata-se de pequenos bordados que, como os de João Cândido, são feitos de pontos que se repetem, se reagrupam, se reordenam, em busca do grande bordado do Brasil, sempre fugidio.

Sumário

INTRODUÇÃO
Sou do mundo, sou Minas Gerais 15

Parte 1
BORDADOS

Os bordados de João Cândido 21

ESCRAVIDÃO
Escravidão e razão nacional 39
As batalhas da abolição 63

PRIMEIRA REPÚBLICA
Entre a liberdade dos antigos e a dos modernos:
   a República no Brasil 77
Brasil 1870-1914: a força da tradição 99
Mandonismo, coronelismo, clientelismo: uma discussão conceitual 119

PENSAMENTO POLÍTICO
Federalismo e centralização no Império brasileiro:
   história e argumento 137
A ortodoxia positivista no Brasil: um bolchevismo de classe média 163
A utopia de Oliveira Viana 175

BRASIL
Brasil: nações imaginadas 199
Brasil: outra América? 229
Brasileiro: cidadão? 235

Parte 2
PONTOS

CIDADANIA
Cidadania a porrete 251
Entre o monólogo e o cochicho 254
Res-púbica 257
TWOV em Miami 260
A OAB na contramão da democracia 262
A bilheteira e o presidente 264
Cidadania e seus dois maridos 267
500 anos de pau-brasil 270
Nacionalismo mineralógico 272
Brasileiros, uni-vos! 275

POLÍTICA
Eu chamo o velho! 279
O exército e os negros 282
Eleição em tempo de cólera 285
Esse debate é real 290
O cólera das legiões 296
O bicho que deu 299
Kennedy em Piedade 302
PMs, instituições centenárias 305

PROFISSÃO
Burocracia cabocla ataca nos Estados Unidos 307
Basta de brasilianista brasileiro 311
O negócio da história 315

GENTE
Juntos, ainda que errantes 319
In memoriam – Victor Nunes Leal (1914-1985) 321
Francisco Iglésias, crítico de história 324
Da *cocotte* a Foucault 329
Gottschalk: glória e morte de um pianista no Rio 334
Richard Morse e a América Latina: ser ou não ser 338
As duas mortes de Getúlio Vargas 347

Jeca resgatado 351
Os fantasmas do Imperador 355
Com o coração nos lábios 360
O último dos românticos 370

CONCLUSÃO
O historiador às vésperas do terceiro milênio 377

Referências bibliográficas..393

Biografia..409

Índice onomástico..411

Introdução

Sou do mundo, sou Minas Gerais

O mineiro na diáspora torna-se mais sensível à questão de sua identidade, mesmo porque ela lhe é frequentemente lembrada como elogio ou como acusação. Pessoalmente, sempre me incomodou a autoimagem do mineiro como um ser único, vivida seja como narcisismo, seja como culpa. Daí a satisfação ao assistir recentemente à defesa de uma tese de doutorado de Helena Bomeny, uma fluminense, na qual a mineiridade é vista como integrando os dilemas da modernidade, isto é, como parte de um diálogo de alcance universal.

A tese levou-me a pensar sobre o lado não provinciano, não idiossincrático, da cultura mineira. O leitor me perdoe o uso de exemplo pessoal. Faço-o porque me parece representar experiência mais generalizada. Na fazenda de Santa Cruz, onde nasci, atolava os pés descalços no barro do curral, aparentemente isolado do resto do Brasil e do mundo. Da infância lembro, entre outras coisas, o grande rigor da família na prática da religião católica, em descompasso com a tradição brasileira. Muito mais tarde, ouvi João Camilo de Oliveira Torres dizer que os padres lazaristas, donos do Caraça, tinham trazido para Minas resíduos do jansenismo, heresia que se distinguia pelo rigorismo religioso.

Ao visitar posteriormente o histórico colégio, já parcialmente destruído pelo fogo, descobri que um bisavô o havia frequentado e que o livro de orações de minha avó tinha sido traduzido do francês pelos lazaristas. Foi um choque. De súbito, a fazenda de Santa Cruz, um fim de mundo, ligava-se a uma heresia francesa do século XVII, às monjas de Port-Royal, ao Pascal de *Les Provinciales*. Espaço e tempo comprimiam-se de maneira quase insuportável.

A simples visita ao Caraça, colégio que formou gerações de mineiros, revela de maneira palpável a raiz europeia. O visitante que, ao dobrar a última colina, se vê de súbito diante da igreja gótica construída pelos lazaristas ao pé da serra sente-se transportado à Europa do século XIII em uma viagem vertiginosa através do tempo. Na área da educaçao, há outros marcos da conexão europeia. Um dos mais importantes foi plantado em Ouro Preto, o coração da Minas colonial e imperial. É a Escola de Minas, criada e por muito tempo dirigida por franceses formados na École Normale e na École des Mines. Várias gerações passaram pela Escola de Minas, deixando marca permanente na política mineral e na indústria siderúrgica do país.

Há também a conexão "americana", iniciada pelos inconfidentes inspirados na Constituição dos Estados Unidos. Ela teve sequência com Teófilo Otoni que, à frente de um bando de pioneiros, plantou no longínquo Vale do Mucuri uma cidade chamada Filadélfia, tentando reproduzir o gesto dos peregrinos "americanos". A mesma inspiração guiou João Pinheiro no início da República e, mais tarde, os fundadores da Universidade de Viçosa. Não por acaso, um filho de João Pinheiro foi encarregado de construir Brasília, aventura pioneira no melhor estilo ianque.

É verdade que a Inconfidência fracassou, Filadélfia virou Teófilo Otoni, a Escola de Minas perdeu o fôlego, o Caraça pegou fogo. O visitante atento do Caraça já percebia que havia algo de errado naquela paisagem. Já se disse das ideias que as há fora de lugar, o mesmo pode ser dito das igrejas. A igreja gótica está fora do lugar, é exótica. As monumentais e sombrias catedrais europeias que lhe serviram de modelo aniquilam o fiel e o compelem a prostrar-se diante de Deus. No Caraça, tal efeito é impossível. Lá, a igreja é ela mesma ofuscada e dominada pela montanha, pela floresta, pela luminosidade. Se a alguém ocorre prostrar-se, não é diante de Deus mas da natureza.

Também não quero diluir a mineiridade em mera reprodução de culturas externas combinadas ou em conflito dentro de nossas cabeças. Basta-me vê-la envolvida num debate que transcenda as porteiras das fazendas, os limites estaduais, as fronteiras do país. Basta-me vê-la presa nas malhas de um movimento universal de ideias e valores, mesmo que com isto ela perca nitidez de contornos e se instale em seu coração a angústia da incerteza.

Folclore mineiro é latim, dizia Afonso Arinos. Sertão é dentro da gente, acrescentava Guimarães Rosa. Desconfiados, tímidos, introvertidos, manhosos, sovinas, tradicionais, conciliadores, simplórios, compradores de bonde: talvez sejam os mineiros tudo isto. Mas estarão também recitando com Drummond:

Mundo mundo vasto mundo,
Mais vasto é meu coração.

E cantando com Milton Nascimento:

Sou do mundo, sou Minas Gerais.

(Publicado na revista *IstoÉ Minas*, 22 jan. 1991, p. 34.)
Prensa Três/IstoÉ

Parte 1 | **BORDADOS**

Parte I – BORDADOS

Os bordados de João Cândido

BORDANDO AS ÁGUAS DA GUANABARA

Pânico e fascínio tomaram conta da população do Rio de Janeiro entre os dias 23 e 26 de novembro de 1910, tempo que durou a Revolta dos Marinheiros contra o uso da chibata e outras práticas humilhantes vigentes na Marinha brasileira.

O pânico ficava por conta do aspecto dos grandes encouraçados, o *São Paulo* e o *Minas Gerais*, recém-incorporados à esquadra como parte do programa de renovação naval iniciado em 1906. Os dois tinham sido construídos na Inglaterra de acordo com o modelo do *Dreadnought*. Eram os mais poderosos e modernos navios de guerra do mundo. Juntos, exibiam em suas torres giratórias um total de 84 canhões, entre os quais 24 com assustadoras bocas de 305 mm. Aqueles que tiveram a oportunidade de assistir ao filme *Encouraçado Potemkin* devem guardar na memória os closes desses canhões impressionantes. Aos imponentes encouraçados juntavam-se o também moderno *scout Bahia*, com 16 canhões e dois tubos lança-torpedos, e o velho mas ainda respeitável encouraçado *Deodoro*.[1]

Era um tremendo poder de fogo, capaz de causar grandes danos. Tiros esparsos, de pequeno calibre, dirigidos contra fortalezas e partes da cidade, ou contra outros navios, tinham causado efeito imediato. A segunda edição do *Correio da Manhã*, do dia 23, anotava: "A cidade está completamente em pânico." Alguns tiros do *São Paulo*, aparentemente

---

[1] Para descrição técnica dos navios envolvidos na revolta, bem como para visão razoavelmente equilibrada dos acontecimentos, ver MARTINS. *A revolta dos marinheiros*.

dirigidos contra o Catete, levaram o repórter desse jornal a anotar: "É indescritível o pânico estabelecido entre o povo que se acumulava na praia." A edição do dia 24 do mesmo jornal trazia fotos de duas crianças despedaçadas por estilhaços de granadas disparadas do *Minas Gerais*, reforçando os temores do que podia suceder caso a cidade fosse bombardeada. Durante toda a revolta, até o dia da rendição, 26 de novembro, o perigo de tal bombardeio pairou no ar e nas águas, mantendo a população em sobressalto a cada manobra e a cada tiro dos navios. O pânico levou milhares de bravos cidadãos cariocas, sobretudo moradores da orla marítima entre a Praça 15 de Novembro e Botafogo, a fugirem, os pobres para os subúrbios, os ricos para Petrópolis.

O fascínio devia-se ao espetáculo das evoluções das quatro belonaves pela baía da Guanabara. A chegada dos grandes encouraçados, poucos meses antes, fora uma festa, motivo de orgulho nacional. O país passava a ter as belonaves mais poderosas do mundo. Agora as imponentes máquinas de guerra apresentavam um espetáculo inédito. Moviam-se constantemente dentro da baía, desde as ilhas do Viana e do Mocanguê, perto de Niterói, passando pelas ilhas Fiscal, das Cobras e Villegagnon. Às vezes saíam baía afora, por entre as fortalezas de Lage, Santa Cruz e São João, transferindo o espetáculo, e o medo, para Copacabana.

Jornalistas e outros observadores deixaram registrado o espanto e a admiração causados entre a população. A segunda edição do *Correio da Manhã* do dia 24 fala em milhares de pessoas assistindo "boquiabertas" às "admiráveis e prontas evoluções" dos quatro navios rebelados. E não só leigos ficaram admirados. O comandante do *Duguay-Trouin*, navio francês surto na baía, com quem o comandante do *Minas Gerais* jantara na noite da revolta, também manifestou grande surpresa com a correção da evolução dos navios, não observada sob o comando dos oficiais. Oficiais desse cruzador teriam dito que os rebeldes eram os primeiros marinheiros do mundo. Rui Barbosa, em discurso no Senado no dia 29, lembrava a exclamação de um representante da casa Armstrong, retido no *Minas Gerais*: "Really, it is marvelous!"[2] Como chefe da revolta, os jornais e o mediador entre o governo e os rebeldes, José Carlos de Carvalho, apontavam João Cândido, marinheiro de primeira

---

[2] Sobre as declarações dos oficiais do *Duguay-Trouin*, ver a correspondência do encarregado de Negócios da França, Lacombe, ao ministro Pichon, de 28 nov. 1910; e também *Correio da Manhã*, de 28 nov. 1910. O discurso de Rui Barbosa está em *Obras completas*, p. 207.

classe e primeiro timoneiro do *Minas Gerais*. O jovem Gilberto Amado, recém-chegado ao Rio, manifestou admiração pela "perícia magistral" dos rebeldes e disse de João Cândido que, no comando os navios, "fazia parnasianismo de manobra".[3] João Cândido bordava as águas da baía com o lento e majestoso evoluir dos encouraçados.

A exibição de competência e, sobretudo, de elegância nas manobras chocava-se com a imagem que se tinha dos marinheiros nacionais: homens rudes, brutos, recrutados na marginália das cidades, quando não entre condenados das casas de detenção. Na avaliação dos oficiais, os marinheiros eram a ralé, a escória da sociedade, eram facínoras que só a chibata podia manter sob controle.

João Cândido Felisberto não fugia ao figurino. Um crioulão alto e forte e feio, boca enorme, maçãs salientes, trinta anos de idade em 1910. Filho de ex-escravos, pai alcoólatra, entrara para a Marinha em 1895, com 15 anos. Em 1910, ainda era semianalfabeto, lia mas não escrevia. Nos 15 anos de engajamento, fora promovido a cabo, mas por mau comportamento tinha sido rebaixado a marinheiro de primeira classe. Envolvera-se em lutas corporais com colegas e espancara outros. Em 1909, dera uma chibatada em um grumete que, em represália, o esfaqueara nas costas.[4]

Em 1910, João Cândido era o que na Marinha se chamava de um conegaço, um gorgota, vale dizer, um marinheiro experiente que se impunha aos mais novos e subalternos, sobretudo aos grumetes, pela autoridade da experiência e pela força dos músculos. A robustez física era exigência da marinharia a vela e condição indispensável para alguém se impor em um meio tão rude em que brigas e esfaqueamentos eram frequentes. Os conegaços cumpriam também o papel de treinar os jovens grumetes e protegê-los contra abusos de outros marinheiros. A proteção raramente era desinteressada.[5]

---

[3] AMADO. *O País*, 29 nov. 1910.
[4] Apesar de abertamente favorável ao marinheiro, o melhor livro sobre João Cândido ainda é o de MOREL. *A revolta da chibata*, cuja primeira edição é de 1958. A visão de um oficial da Marinha pode ser obtida no esboço feito pelo capitão de mar e guerra Luís Alves de Oliveira Belo, sob encomenda do Serviço de Documentação Geral da Marinha. O texto encontra-se no Arquivo Histórico da Marinha sob o título *Suscintos (sic) elementos autênticos da vida do ex-marinheiro João Cândido na Marinha de Guerra entre os anos de 1895-1912*. Apesar de conter os preconceitos usuais contra João Cândido, o esboço tem o mérito de usar depoimentos e fontes documentais da Marinha.
[5] MARTINS. *A revolta dos marinheiros*, p.13; BELO. *Suscintos (sic) elementos*, p. 7; FREYRE. *Ordem e progresso*, v. 1, p. CXXVI-VII.

Como poderia estar o rude conegaço João Cândido a fazer parnasianismo de manobra nas águas da Guanabara?

ONDE ENTRA O ACASO

Em fevereiro de 1985, em uma das visitas periódicas a São João del Rei, minha atenção foi chamada para duas toalhas bordadas conservadas no Museu de Arte Regional da cidade. A curiosidade virou assombro quando fui informado de que os bordados tinham sido feitos por ninguém menos do que João Cândido Felisberto. O conegaço João Cândido fazendo bordados? E esses bordados vindo parar no interior de Minas? Era muita surpresa junta para que o fato fosse aceito sem maiores investigações. Com minha mulher jornalista fomos atrás de confirmação da autenticidade dos bordados.

Eles tinham sido doados ao museu por Antônio Manuel de Souza Guerra, "Niquinho", pessoa conhecida em São João por sua luta em favor do desenvolvimento do teatro local. Por sorte, Antônio Guerra ainda vivia, velho de 92 anos, apenas 12 anos mais moço que João Cândido. Na modesta casa, exibia com orgulho uma biblioteca especializada em teatro, tendo ele próprio escrito um livro sobre a história do teatro em São João del Rei. Sua memória ainda funcionava bem, apesar de uma ou outra falha.

Antônio Guerra confirmou a história dos bordados. Em 1910, era praça do 51º Batalhão de Caçadores (BC) de São João del Rei. Por ser alfabetizado, fora promovido a sargento com apenas 18 anos de idade. A grande maioria das praças era analfabeta e, segundo ele, precisava de castigo físico para se enquadrar na disciplina militar. Por ocasião da Revolta dos Marinheiros, o batalhão foi chamado ao Rio de Janeiro para auxiliar no policiamento da cidade. Após a revolta subsequente do Batalhão Naval (BN), vieram também os batalhões de São Paulo e do Rio Grande do Sul. Chamar batalhões de outros estados para auxiliar no patrulhamento da capital era prática comum na época, tal o grau de insegurança do governo em relação às tropas sediadas no Rio de Janeiro.

O batalhão passou por Niterói e pelo Arsenal de Marinha e foi, finalmente, encarregado da guarda dos presos da revolta de 22 de novembro, encarcerados na Ilha das Cobras. Entre eles estava João Cândido. Antônio Guerra, por "ser da graça do major" comandante do batalhão, conseguiu permissão para descer aos porões onde se conservavam os presos e fez amizade com João Cândido de quem diz ter-se tornado "uma espécie de amigo".[6] O preso não se queixava das condições da prisão, mas reclamava da falta de jornais. Embora sabendo que cometia uma infração, o sargento fez um trato com o preso: traria o jornal sob a condição de João Cândido o ler às escondidas, durante o almoço, devolvendo-o logo a seguir. Antônio Guerra não mencionou que jornal comprava. Se dependesse da preferência de João Cândido, seria o *Correio da Manhã* ou o *Diário de Notícias*.[7]

O que mais chamou a atenção do jovem sargento interiorano, no entanto, foi o fato de o temido João Cândido, que com seus marujos assustara a cidade e forçara o governo a buscar ajuda de tropas mineiras, passar o tempo todo bordando. O sargento jamais vira homem bordando, e o primeiro fora logo João Cândido. Ficou particularmente interessado em um grande bordado do Minas Gerais e propôs comprá-lo. João Cândido respondeu que lhe daria o bordado de presente, que, na verdade, o estava fazendo para ele. Por alguma razão de que Antônio Guerra não se lembra (provavelmente a transferenda de João Cândido para o Hospital de Alienados, em 18 de abril de 1911), o carcereiro não ganhou o *Minas Gerais*. Em compensação, João Cândido lhe deu duas toalhas bordadas uma com o tema *O Adeus do Marujo*, e a outra com a inscrição *Amôr* (*sic*). São esses os dois bordados que se encontram no Museu de Arte Regional.

Figs. 1 e 8
p. I e VIII

A HORA DA ANGÚSTIA

Quando foram bordadas as toalhas? Antônio Guerra não precisou a data em que foi carcereiro de João Cândido. Tudo indica, no entanto, que foi entre 24 de dezembro de 1910 e 18 de abril de 1911. Na véspera do Natal de 1910, João Cândido fora transferido do Quartel-General do Exército para a solitária da Ilha das Cobras, lá permanecendo até a segunda data, quando foi levado para o Hospital de Alienados, de onde só regressou dois meses depois. O 51º BC foi chamado ao Rio por tele-

---

[6] Segundo o *Correio da Manhã*, de 24 nov. 1910, o comandante do 51º BC era o tenente-coronel Gustavo Sarahiba. Após tantos anos, o pequeno erro de Antônio Guerra quanto ao posto do comandante é absolutamente normal.

[7] De acordo com as anotações dos médicos, esses eram os jornais que João Cândido pedia para ler quando estava internado no Hospital Nacional de Alienados. (MOREL. *A revolta da chibata*, p. 184.)

grama do general Caetano de Faria, inspetor da 9ª Região Militar, no dia 23 de novembro. Um trem especial da Central do Brasil fez o transporte. Regressou a São João no dia 28, mas foi novamente convocado no dia 12 de dezembro, após a revolta do Batalhão Naval. Não seria razoável supor que só em julho de 1911, quando João Cândido regressou à ilha, fosse encarregado da guarda dos presos.

A ser correto o raciocínio, os bordados teriam sido feitos durante o que foi provavelmente o pior momento da vida de João Cândido. Entre 22 e 26 de novembro ele tivera seu momento de glória. Aparecera na imprensa da capital, do país e do exterior como o líder da Revolta dos Marinheiros. Colocara o governo contra a parede, arrancando uma anistia votada a toque de caixa pelo Congresso. Fora promovido a almirante pela imprensa, para o ódio dos oficiais da Marinha. Depois vivera um período de tensão e insegurança, entre a anistia do dia 25 de novembro e a revolta do Batalhão Naval a 9 de dezembro. Apesar de ter ficado ao lado do governo durante esta última revolta, de ter mesmo ordenado bombardeio do quartel dos fuzileiros, enquanto os oficiais do *Minas Gerais* abandonavam covardemente o posto, João Cândido foi preso a 13 de dezembro, quando se dirigia ao Arsenal da Marinha. Começou, então, seu calvário, pois nem o governo, nem os oficiais da Marinha se conformavam com a anistia e usaram a segunda revolta como pretexto para uma vingança mesquinha e criminosa.

Preso incomunicável no 1º Batalhão de Infantaria (BI), no Quartel-General do Exército, até 24 de dezembro, foi nesse dia transferido para a solitária da Ilha das Cobras com mais 17 companheiros. Deu-se, então, um dos episódios mais revoltantes da história da Marinha. Os 18 presos foram jogados em uma cela recém-lavada com água e cal. A cela ficava em um túnel subterrâneo do qual era separada por um portão de ferro. Fechava-a ainda grossa porta de madeira dotada de minúsculo respiradouro. O comandante do Batalhão Naval, capitão de fragata Marques da Rocha, por razões até hoje não esclarecidas, levou consigo as chaves da cela e foi passar a noite de Natal no Clube Naval, embora residisse na ilha.

A falta de ventilação, a poeira da cal, o calor e a sede começaram a sufocar os presos, cujos gritos chamaram a atenção da guarda na madrugada de Natal. Por falta das chaves, o carcereiro não pôde entrar na cela. Tentaram chamar Marques da Rocha no Clube Naval. Ou porque não o localizaram, ou porque não quis atender ao chamado, Marques da Rocha só chegou à ilha às oito horas da manhã. Ao serem abertos os dois portões da solitária, só dois presos sobreviviam, João Cândido e o soldado naval João Avelino. O Natal dos outros fora paixão e morte.[8]

Entre covarde e cínico, o médico da Marinha diagnosticou a causa da morte como sendo insolação! Marques da Rocha foi absolvido em Conselho de Guerra, promovido a capitão de mar e guerra e recebido em jantar pelo presidente da República. João Cândido continuou na prisão às voltas com os fantasmas da noite de terror. Morel[9] registrou assim seu depoimento: "Depois da retirada dos cadáveres, comecei a ouvir gemidos dos meus companheiros mortos, quando não via os infelizes, em agonia, gritando desesperadamente, rolando pelo chão de barro úmido e envoltos em verdadeiras nuvens de cal. A cena dantesca jamais saiu dos meus olhos."[10]

Por recomendação de junta médica da Marinha, foi removido, a 18 de abril de 1911, para o Hospital Nacional de Alienados, na Urca. O diretor do hospital, Juliano Moreira, designou um médico e um enfermeiro para assistir o paciente. Os relatórios dos médicos descrevem João Cândido como pessoa calma, humilde, reservada, de humor variável. Nos primeiros dias revelava profundo abatimento. No relatório final, os médicos ainda registram "depressão permanente" e "certo grau de enfraquecimento da afetividade".[11]

Os bordados teriam, então, sido feitos após a morte dos companheiros e antes da remoção para o hospital. Devem ter servido como uma espécie de autoterapia instintiva para fugir dos fantasmas que o perseguiam. Traumatizado pelas mortes, sentindo-se injustiçado pela traição do governo e fragilizado pela situação de preso incomunicável, João Cândido encontrou nos bordados a forma para extravasar seus sentimentos.

---

[8] O episódio é descrito por MOREL (*A revolta da chibata*), BELO (*Suscintos (sic) elementos*), MARTINS (*A revolta dos marinheiros*). Há pontos até hoje obscuros. Um deles é por que Marques da Rocha não atendeu ao chamado do carcereiro que telefonou para o Clube Naval. O outro é sobre a versão de ter o carcereiro jogado cal sobre os presos quando reclamavam. Em sua defesa escrita, João Cândido diz que não jogaram cal. (BELO. *Suscintos (sic) elementos*, p. 33). No depoimento a Morel, diz que foi jogada água de cal a pretexto de desinfetar a cela. Como estavam presos há poucas horas, o mais provável é que a cela tenha sido desinfetada antes com água de cal que, ao secar, produziu a poeira.
[9] MOREL. *A revolta da chibata*, p.182.
[10] O "dantesco" é provavelmente uma contribuição literária de Morel.
[11] MOREL. *A revolta da chibata*, p.185.

Daí o valor único das toalhas como documento revelador do lado humano do marinheiro.

OS BORDADOS DE JOÃO CÂNDIDO

A primeira coisa a registrar sobre os bordados é a surpresa do fato em si. Nenhum biógrafo de João Cândido, nenhum historiador da revolta menciona suas habilidades de bordador. Nem mesmo Edmar Morel que com ele conviveu vários anos. No entanto, Antônio Guerra foi taxativo: o preso passava o dia bordando. Embora toscos, os bordados certamente não são obra de alguém que se aventurava pela primeira vez neste tipo de artesanato. João Cândido sabia bordar e sem dúvida aprendera a arte em sua vida de marinheiro. Teria parado de bordar ao sair da Marinha? Por que não mencionou esta sua habilidade nas inúmeras entrevistas que deu? A única explicação que me ocorre é que escondeu o fato devido ao preconceito social. Na época, bordar era coisa de mulher. O interiorano Antônio Guerra não seria o único a estranhar o fato de ver um homem bordando. A maioria das pessoas na época teria tido a mesma reação. A estranheza seria maior ainda em se tratando de um suposto machão, herói de uma revolta audaciosa.

Na Marinha, o fato talvez não causasse espécie. João Cândido convivera com a velha Marinha a vela, fora excelente gajeiro, isto é, encarregado de mastro, um mestre da marinharia. Boa parte do trabalho do gajeiro tinha a ver com a complicada cordoalha que sustentava e movimentava as velas. Saber lidar com todas as cordas e cabos, manipulá-los, trançá-los, dar nós de todos os tipos, João Cândido sem dúvida fazia tudo isso muito bem. Daí a bordar era apenas um passo. A busca de um passatempo para as longas horas de inatividade, sobretudo nos momentos de calmaria, teria sido o incentivo adicional para o desenvolvimento do *hobby*. Os bordados atestam assim a condição de marinheiro antigo, formado antes da chegada das grandes belonaves modernas, como o *Minas Gerais*, em que predominavam exigências de conhecimento de mecânica, eletricidade, telegrafia.[12]

---

[12] Cabe lembrar aqui o caso de Arthur Bispo do Rosário, falecido em 1989. Marinheiro como João Cândido, foi preso algumas vezes na Ilha das Cobras. Internado durante muitos anos na Colônia Juliano Moreira, tornou-se artista

ADEUS DE MARUJO

O bordado *O Adeus do Marujo* tem o formato de uma toalha de rosto e se encontra em boas condições de conservação, exceto por uma mancha que atinge sua metade inferior, provavelmente causada pelo derramamento de algum líquido. A mancha não prejudica a nitidez do desenho. Na parte de cima do lado esquerdo, estão bordadas as letras JCF, sem dúvida iniciais de João Cândido Felisberto. No centro, ainda em cima, o título *O Adeus do Marujo*. À direita, a palavra "Ordem". No centro da toalha, o motivo principal: na horizontal duas mãos se cumprimentam, na vertical uma âncora intercepta as mãos. Circundando as mãos e parte da âncora, dois ramos que lembram os ramos de café e tabaco da bandeira imperial e das armas da República. Abaixo da âncora, o nome F. D. Martins, sem dúvida referência a Francisco Dias Martins, comandante rebelde do *Bahia*. Embaixo, do lado esquerdo, a palavra "Liberdade", do lado direito a data "XXII de novembro de MCMX", dia da eclosão da revolta. A distribuição dos elementos no espaço da toalha é geométrica, palavras e letras nos quatro cantos e o motivo principal no centro.

A interpretação mais óbvia do bordado é de que se trata de uma despedida de João Cândido e Francisco Dias Martins. Este último era marinheiro de primeira classe, paioleiro do *scout Bahia*. Com apenas 21 anos, vinha da Escola de Aprendizes Marinheiros de Fortaleza. Tinha alguma educação e embarcara no *Bahia* ainda na Inglaterra. Estava nesse navio quando de uma viagem ao Chile, em agosto de 1910, para participar das comemorações do centenário da independência daquele país. Consta ter sido ele autor de carta anônima ao comandante do navio ameaçando uma revolta dos marinheiros, caso continuasse o uso da chibata a bordo. É certo que foi o líder da rebelião no *Bahia*, e muitos aceitam também ter sido ele a cabeça pensante da revolta, preparada em reuniões nos navios e em uma casa de cômodos da rua dos Inválidos, 71.[13]

---

reconhecido. A última exposição de sua obra no Museu de Arte Moderna, em janeiro de 1993, mostra várias peças bordadas. Salientam-se uma túnica cheia de medalhas, com mangas bordadas ao estilo das dos oficiais da Marinha, e um largo poncho com profusão de bordados, alguns representando distintivos militares. Não seria de estranhar ter sido na Marinha que Bispo também aprendeu a bordar.

[13] São escassas as informações sobre Dias Martins. Os documentos mais importantes sobre sua atuação são depoimentos de oficiais e marinheiros. Alguns

São pouco claras suas relações com João Cândido e a responsabilidade de cada um na revolta. Martins pediu baixa da Marinha no dia 8 de dezembro, antes da revolta do Batalhão Naval. Mas foi preso assim mesmo e, como João Cândido, submetido a um Conselho de Investigação e a um Conselho de Guerra. Estava preso na Ilha das Cobras, provavelmente junto com João Cândido, no início de 1911. Antônio Guerra menciona o fato de estar João Cândido sempre junto com seu "ajudante" e que o nome desse ajudante estaria no bordado *O Adeus do Marujo*. O ajudante seria, nesse caso, Dias Martins. Edmar Morel, por sua vez, afirma terem João Cândido e Dias Martins mantido relações cordiais após a libertação de ambos em 1912. Parece lógico, portanto, interpretar o bordado como um comovido adeus de João Cândido a seu companheiro de revolta e de infortúnio.

Mas há uma dificuldade com esta interpretação. Aparece também nos bordados parte das mangas das fardas. Uma das mangas é branca e tem no pulso botões e galões de almirante, ao passo que a outra é de simples marinheiro. Tratar-se-ia, então, da despedida de um almirante e de um marinheiro? Nesse caso, quem seria o almirante? Já vimos que durante a revolta alguns jornalistas promoveram João Cândido a almirante, talvez por causa da versão então espalhada de ter ele envergado túnica de oficial durante a revolta. A revista *Careta*, de 10 de dezembro de 1910, traz na capa caricatura de João Cândido vestindo a túnica branca de almirante, com os galões na manga. O marinheiro sempre negou que tivesse usado farda de oficial, e as fotos da época lhe dão razão. Está sempre vestido de marinheiro, como os outros, exceto por um lenço de seda branco e vermelho em torno do pescoço.

Mas há que se levar em conta o depoimento de Júlio de Medeiros, repórter do *Jornal do Brasil*, que o viu no dia 24 usando na cinta uma espada dourada de oficial. Luís Alves de Oliveira Belo conta que, no regresso do *Minas Gerais* da Europa, na passagem da linha do Equador, João Cândido foi escolhido para representar Netuno na celebração de

---

constam do relato do capitão-tenente Heitor Xavier Pereira da Cunha (1910). Um ex-marujo, cujo nome não é revelado, teria afirmado que Dias Martins foi o articulador e principal líder da revolta. João Cândido de nada saberia. Outro documento, por alguns atribuído ao próprio Dias Martins, é uma carta anônima enviada em 1949 ao comandante Luís Autran de Alencastro Graça. A carta é sem dúvida de alguém que participou dos acontecimentos no *scout Bahia*. A ênfase é toda na atuação de Dias Martins. A carta foi reproduzida em MARTINS. *A revolta dos marinheiros*, p. 221-234.

costume. Ele apareceu com uniforme branco, em cujas mangas pregara os galões de comandante. Poderia João Cândido ter-se deixado levar pela fantasia a ponto de se representar no bordado ocupando o mais alto posto da Marinha?[14]

É duvidoso. São poucas as indicações de que fosse megalomaníaco ou mesmo vaidoso. Uma delas está em depoimento que deu a Hélio Silva, em 1968, quando afirmou ser o melhor timoneiro do mundo, só sobrepujado pelo *kaiser* Guilherme II da Alemanha, que vira certa vez dirigindo o iate real.[15] Uma das poucas vaidades que talvez tivesse era a oratória. Gostava de discursar sempre que se apresentava oportunidade. Por outro lado, ao repórter do *Correio da Manhã*, que esteve no *Minas Gerais*, em 26 de novembro, afirmou que não havia distinções a bordo e que se orgulhava de ser marinheiro. As pessoas que tiveram contato com ele, durante e após a revolta, como jornalistas, médicos do Hospital de Alienados, Edmar Morel, transmitem a imagem de uma pessoa antes modesta e humilde do que vaidosa.

De que outro almirante poderia tratar-se? Seria referência a Alexandrino de Alencar, ex-ministro da Marinha, cuja família protegia a gente de João Cândido na distante Rio Pardo e que convivera com o marinheiro quando comandante do *Riachuelo*? O bordado confirmaria, nesse caso, a acusaçao de inimigos de João Cândido que o apontam como bajulador de oficiais? Outra possibilidade é que o quadro represente a despedida de João Cândido e Dias Martins, da Marinha, simbolizada esta pela âncora e pela farda de almirante. O amor de João Cândido pela Marinha era inegável. Ao já referido repórter afirmou: "Sou marinheiro e hei de morrer marinheiro." Muito mais tarde, quando o *Minas Gerais* foi vendido como sucata, em 1953, ele foi surpreendido num pequeno caíque beijando, entre lágrimas, o casco do velho encouraçado. Ao visitá-lo em seu barraco de subúrbio, Edmar Morel anotou a presença nas paredes de folhinhas com desenhos de navios. Não há como resolver o enigma. A linguagem simbólica do bordado suscita mais perguntas do que fornece respostas.

As dificuldades não terminam aí. A palavra "Liberdade" na parte inferior do desenho é o que se esperava de um rebelde. Durante a revolta ela foi usada muitas vezes. Em um dos manifestos ao ministro da

---

[14] *JORNAL DO COMMERCIO*, 25 nov. 1910; BELO. *Suscintos (sic) elementos*, p. 8.
[15] MARTINS. *A revolta dos marinheiros*, p. 245.

Marinha, os revoltosos "imploram de S. Excia. a Liberdade". Uma foto dos paioleiros do *São Paulo*, publicada pela revista *Careta* e usada na capa do livro de Edmar Morel, mostra um marinheiro segurando uma faixa com a palavra "liberdade". Era lembrança clara do fantasma da escravidão que ainda pesava sobre a marinhagem. Parte desta, como o próprio João Cândido, tinha sido escrava ou era descendente de escravos. Os marinheiros, com aguda percepção, relacionavam o uso da chibata com a condição de escravos. Pedir o fim da chibata era pedir o fim da escravidão, a instauração da liberdade. No mesmo manifesto, os marinheiros pediam que a Marinha fosse "uma Armada de cidadãos e não uma fazenda de escravos que só têm dos seus senhores o direito de serem chicoteados".[16]

Mas e a palavra "Ordem" no alto do desenho? Como entendê-la na voz, ou no bordado, de um rebelde? Há aí outra indicação da complexidade da alma de João Cândido. Nada em sua biografia aponta na direção do rebelde de 1910. Ele era protegido do almirante Alexandrino de Alencar. Quando preso, afirmou que nunca sofrera o castigo da chibata. Na Inglaterra, quando aguardava os últimos retoques no *Minas Gerais*, mandara pintar a carvão o perfil de Nilo Peçanha, então presidente da República (o ministro da Marinha era Alexandrino). De volta ao Rio, foi recebido por Nilo Peçanha para a entrega do retrato. As informações sobre o início da revolta no *Minas Gerais* revelam que João Cândido só apareceu quando o navio já tinha sido tomado pelos rebeldes, ao custo das vidas do comandante Batista das Neves, dos tenentes José Cláudio e Mário Lahmeyer e de algumas praças. Sua conduta durante todo o movimento foi de equilíbrio e moderação, resistindo sempre às pressões dos marinheiros mais radicais. Mandou atirar ao mar a bebida existente a bordo. Após a anistia, entregou aos oficiais uma lista dos companheiros mais exaltados, para que fossem desembarcados. Durante a revolta do Batalhão Naval, deu várias demonstrações de lealdade ao governo, chegando a ponto de bombardear o quartel dos fuzileiros. Tudo isto e a convivência diária com a disciplina de bordo faziam de João Cândido também um homem da ordem, como o *Bom crioulo* de Adolfo Caminha. Quinze anos de Marinha não podiam deixar de marcar profundamente seus valores e seu estilo de vida. Sintomaticamente, no dia 26, depois de

---

[16] A foto está no nº 131 de *Careta*, de 3 dez. 1910. O manifesto está reproduzido em MOREL, *A revolta da chibata*, p. 90.

arriada a bandeira vermelha da revolta, o *Minas Gerais* ainda ostentava uma faixa branca com os dizeres "Ordem e Liberdade". O bordado, sem dúvida referência crítica ao mote positivista Ordem e Progresso inscrito na bandeira nacional, reproduzia fielmente a faixa exibida durante a revolta.

A relação complexa entre ordem e liberdade na cabeça dos marinheiros aparece de maneira contundente no depoimento de um contemporâneo de João Cândido, publicado no *Jornal do Brasil* de 8 de dezembro de 1988. Adolfo Ferreira dos Santos, seu Ferreirinha, era marinheiro à época da revolta e tinha apanhado muitas vezes com vara de marmelo. Justifica a revolta, mas afirma, de maneira surpreendente, que "chicotadas e lambadas que levei quebraram meu gênio e fizeram com que eu entrasse na compreensão do que é ser cidadão brasileiro". Tão forte fora a marca da escravidão que podia levar alguém a ver a punição física como pedagogia cívica. João Cândido, pelo menos, rejeitava o resíduo escravista da chibata.

AMOR DE MARUJO

O outro bordado possui simbologia mais transparente, embora seja mais intrigante que o primeiro. Do mesmo tamanho, em forma de toalha de rosto retangular, está bem conservado. Ao contrário do primeiro, o desenho foi feito na horizontal. Ao alto, ocupando quase toda a extensão do pano, duas pombas erguem pelo bico uma faixa que traz a inscrição "Amôr" (*sic*). Logo abaixo, um coração atravessado por uma espada jorra gotas de sangue rubro pelos ferimentos de entrada e saída. Dos dois lados do coração, flores, borboletas e um beija-flor. Não há nomes nem datas. Como no primeiro bordado, o desenho é ingênuo e algo tosco. Mas a composição é mais límpida, e o uso do vermelho lhe confere maior poder dramático.

O coração de João Cândido sangrava por alguém. Quem seria esse alguém? Não há informações que permitam uma resposta segura. Pode-se apenas conjeturar.

No livro de Edmar Morel há referência a apenas um amor de João Cândido durante o período de sua prisão. Trata-se de uma viúva com quem ele se teria encontrado algumas vezes quando internado no Hospital de Alienados. Os enfermeiros eram tolerantes e lhe permitiam escapadas, que ele aproveitava para visitar uma enfermeira da Santa Casa que morava na rua da Passagem. Mas, se é correta a data que atribuímos aos bordados, o encontro com a viúva teria acontecido depois de sua feitura. Não teria sido, portanto, a viúva a causadora de sua dor.

Teria sido Dias Martins? Não parece provável. Embora fosse Dias Martins um jovem de 21 anos, nove menos do que João Cândido, de boa aparência, simpático, diante de quem os próprios juízes do Conselho de Guerra se enterneceram, as relações entre ele e João Cândido não poderiam ter sido as que normalmente existiam nos casos de amor entre marinheiros. Apesar da idade e da aparência, Dias Martins é reconhecido por muitos como um rebelde, um líder, um agitador com capacidade intelectual superior à da maioria dos companheiros. Além disso, era marinheiro de primeira classe, como João Cândido, embora estivesse na Marinha há apenas quatro anos. Não consta também que tivesse servido junto com João Cândido em algum navio. O típico amor de marinheiro, segundo se pode deduzir de *Bom crioulo* e de depoimentos de época, era o de um conegaço ou de um oficial por um jovem grumete, em geral um "menino bonito". O amor de marinheiro não se dava entre iguais, envolvia relação de hierarquia funcional, hierarquia de idade, hierarquia de experiência. Como lembra Gilberto Freyre, o conegaço era um protetor, um tutor, um pai, além de amante do jovem grumete. Não poderia ser essa a relação entre João Cândido e Dias Martins. Acrescente-se ainda a existência de depoimentos que revelam um surdo ressentimento de Dias Martins contra João Cândido, pelo fato de ter sido atribuída a este toda a glória da chefia da revolta.[17]

---

[17] Sobre Dias Martins, ver as fontes já citadas. *Bom crioulo*, o corajoso romance de CAMINHA, o primeiro no Brasil a enfrentar o problema do homossexualismo, foi publicado em 1895. Caminha fora oficial da Marinha. De FREYRE, ver *Ordem e progresso*, p. CXXVI-VII. Sobre possíveis ressentimentos de Dias Martins, ver os depoimentos coletados por Pereira da Cunha e a carta anônima de 1949. Aí, além de se salientar a atuação de Dias Martins, ataca-se cruelmente a João Cândido. A carta repete em parte o depoimento do ex-marujo citado por Pereira da Cunha. Além de não ter participado da preparação da revolta, João Cândido seria odiado pelos marinheiros por ser bajulador de oficiais e alcaguete. Tais depoimentos contradizem outros, reproduzidos em jornais da época, segundo os quais João Cândido seria respeitado pelos marinheiros e reconhecido como chefe da revolta. Ver, por exemplo, o depoimento do marinheiro Eurico Fogo em *O País*, de 27 nov. 1910. Segundo Eurico, João Cândido seria um "ídolo das marinhagens".

O coração de João Cândido estaria sangrando por algum grumete do *Minas Gerais*? É uma possibilidade. O desenho, apesar de lidar com um tema geral, o amor, não deixa de ser "marinheiro". João Cândido deve ter-se inspirado nas representações de Nossa Senhora das Dores, em que o coração de Maria aparece atravessado por punhais. Mas ele amarinheirou a representação, substituindo o punhal por uma espada de oficial da Marinha. Com seus 15 anos de Marinha, sua reconhecida competência como gajeiro e timoneiro, seu físico imponente, João Cândido poderia facilmente enquadrar-se no modelo do Bom crioulo. Não seria de admirar que tivesse seu Aleixo, o belo grumete louro de olhos azuis, 15 anos de idade, que entrara tempestuosamente na vida do Bom crioulo.

A propósito, é intrigante a presença de um marinheiro jovem e bem-apessoado ao lado de João Cândido em fotos de jornais e revistas da época da revolta. Numa das fotos está ao lado de João Cândido quando este lê no *Diário Oficial* o decreto de anistia. É sempre apresentado como "assistente" ou "imediato" do chefe da revolta. Seu nome nunca é revelado, nem nas legendas das fotos. Mais tarde, quando João Cândido já estava preso, ele aparece no noticiário pedindo baixa da Marinha.[18] Mesmo nesse momento seu nome não é revelado. É apenas o "imediato" de João Cândido. Seria o seu Aleixo?

Apesar de generalizada, a pederastia era considerada falta grave na Marinha, punida com chibatadas (quando cometida por praças, é claro). Não consta da ficha de João Cândido punição por esse motivo. Um almirante, Luís Autran de Alencastro Graça, o acusa de procurar agradar aos oficiais, lavando-lhes a roupa, e, por isso, teria escapado de castigos corporais pelos vícios de alcoolismo e pederastia.[19] Mas o almirante não fornece evidências sobre a suposta pederastia, e seu artigo é tão rancoroso que não pode ser aceito como depoimento confiável. O bordado permanece como simples sugestão de um possível amor de marujo.

Talvez não seja importante, afinal, descobrir quem sangrou o coração do *Almirante Negro*. O mais importante os bordados já nos contaram. Neles, o conegaço grandalhão, filho de escravos, acusado de primitivo, inculto e grosseiro pelos oficiais da Marinha e por parte da imprensa, revela-se uma pessoa amante e sensível. Em momento difícil da vida,

---

[18] *CORREIO DA MANHÃ*, 14 dez. 1910.
[19] MOREL. *A revolta da chibata*, p. 231.

chocado pela traição do governo, em que ele e os companheiros tinham confiado, pela violência de um oficial irresponsável, traumatizado pela morte dos colegas cujos fantasmas o perseguiam, João Cândido, em vez de revolta e mágoa, fala de paixão pela Marinha, da tristeza de um adeus e de um coração ferido de amor. Do fundo da dor, João Cândido retira corações, flores, borboletas, beija-flores.

Ganha força diante dos bordados a imagem de um João Cândido temeroso da violência que a revolta pudesse gerar, tanto dentro dos navios como na cidade; de um João Cândido ansioso por restabelecer a ordem após a vitória do movimento; de um João Cândido dedicado à Marinha e orgulhoso de ser marinheiro; de um João Cândido amigo de praças e oficiais; de um João Cândido que escondia, sob a aparência de um tosco conegaço, um coração sentimental e mole.

Quando o repórter do *Correio da Manhã* chegou a bordo do *Minas Gerais*, no dia 26 de novembro, ouviu dos marinheiros que João Cândido era "fera", enérgico, mas também "um grande coração". A propósito, o jornal reproduz artigo de Virgílio Várzea, publicado pela primeira vez em 1909, em que se conta um episódio da vida do marinheiro, relatado pelo almirante Alexandrino. Quando comandante do encouraçado *Riachuelo*, Alexandrino conhecera João Cândido, que nele esteve embarcado por mais de cinco anos. Achava-o o mais indisciplinado marinheiro a bordo, constantemente sob castigos que o impediam de ir à terra. Provocador, brigão, capoeira. Certo dia, Alexandrino o viu dando de esmola a uma velha aleijada todo o seu soldo de cinco mil-réis. Decidiu elogiá-lo diante da tripulação do navio. O grandalhão chorou e passou a ter comportamento exemplar.[20]

Os bordados revelam que este grande coração sangrava por todos os lados. Sangrava pela perda do *Minas Gerais* no desenho cobiçado por Antônio Guerra; sangrava pela perda de um amigo, talvez Dias Martins, em *O Adeus do Marujo*; sangrava, enfim, em *Amôr*, pela perda de uma paixão oculta.

Para os que se preocupam em construir o mito de João Cândido como o herói de uma classe ou de uma raça, como o líder determinado e inconteste da revolta dos marujos, as revelações dos bordados podem ser perturbadoras. Para os que preferem valorizar os aspectos humanos dos personagens históricos, para os que respeitam mais os heróis quando

---

[20] *CORREIO DA MANHÃ*, 27 nov. 1910.

mais humanos parecem, os bordados são uma contribuição preciosa para a biografia de João Cândido.

Em sua forma ingênua, em seu rico simbolismo, as toalhas de São João del Rei nos bordam um João Cândido maior do que o construído por seus detratores e mais autêntico do que o mitificado por seus admiradores.

(Publicado em *História, Ciências, Saúde – Manguinhos*, v. II, nº 2, jul./out. 1995, p. 68-84.)

Escravidão

Escravidão e razão nacional

INTRODUÇÃO

> Libertas non privata, sed publica *res est*.
> Perdigão Malheiro

Os abolicionismos europeu e norte-americano foram marcados pelo intenso recurso a argumentos de natureza religiosa e filosófica. Para grande parte dos abolicionistas, a escravidão era condenável por violar o princípio da liberdade individual, garantido seja pelo direito natural, seja pelo cristianismo. Na tradição luso-brasileira predominam razões políticas antes que religiosas ou filosóficas. Antes da Independência, os argumentos baseados na fé cristã eram contrabalançados e frequentemente derrotados pela razão colonial, isto é, pelos interesses do Estado português. Após a Independência, a razão nacional, vale dizer, os argumentos baseados em concepções diversas dos interesses do país, adquire a supremacia: a liberdade não é vista como problema individual, mas como questão pública. Explorar esta diferença e discutir seu significado será o propósito deste artigo.

RAZÃO CRISTÃ E RAZÃO FILOSÓFICA

O abolicionismo, entendendo-se por tal correntes de opinião e movimentos sociais e não políticas de governo, baseou-se, na Europa e nos Estados Unidos, em razões tiradas de determinada prática do cristianismo e em razões geradas pelo Iluminismo francês. A principal fonte do abolicionismo na Inglaterra e nos Estados Unidos foi o quakerismo.

Manifestações *quakers* contra a escravidão começaram já na segunda metade do século XVII, quando até mesmo John Locke, pai do liberalismo, ainda aceitava a existência da instituição. Após visita a Barbados, William Edmundson abre o ataque em 1676, atribuindo os pecados cometidos na ilha à existência da escravidão.[21] Tratava-se de inversão importante no pensamento cristão. A tradição, consolidada por Santo Agostinho, dizia o oposto, isto é, que a escravidão é que era consequência do pecado. O pecado era, na verdade, a pior escravidão: ele tornava os homens escravos de suas paixões.

Não demoraria que a inversão fosse completa. A escravidão passou a ser o próprio pecado. As versões mais apaixonadas deste ponto de vista foram pregadas por R. Sandiford e Benjamin Lay. Esse último escreveu em 1737 um panfleto intitulado *Todos os proprietários de escravos são apóstatas*. Nele, a escravidão era considerada um pecado sujo, o maior pecado, O Ventre do Inferno, a Prostituta das Prostitutas, o próprio Anticristo. Até aí as manifestações eram individuais, não refletiam a posição da seita *quaker* como um todo. O crescimento da escravidão nos Estados Unidos fizera mesmo com que vários *quakers* se tornassem proprietários de escravos. Mas, pela metade do século XVIII, em parte como consequência do movimento de renovação religiosa chamado de O Grande Despertar (*The Great Awakening*), a posição antiescravista tornou-se oficial. Em 1757, a reunião da Sociedade dos Amigos, como se denominavam os *quakers*, realizada em Londres, fez a primeira condenação coletiva. No ano seguinte, a reunião de Filadélfia, o centro do quakerismo americano, decidiu expulsar da comunidade os membros que comerciavam com escravos. Dois anos depois, o exemplo foi seguido pelos *quakers* da Nova Inglaterra e, em 1761, pelos de Londres.

A ação propriamente política dos *quakers* começou em 1783, quando uma petição foi enviada ao parlamento inglês. Quatro anos depois foi criada em Londres a Sociedade para a Abolição do Tráfico de Escravos, cujos membros eram, na grande maioria, *quakers*. O emblema da Sociedade, gravado num medalhão por Josiah Wedgwood, era a figura de um escravo semi-ajoelhado, exibindo mãos e pés acorrentados, com a inscrição: "Não sou um homem e um irmão?". Tratava-se de clara afirmação

---

[21]Baseei-me, para esta sumária exposição das correntes abolicionistas, no texto clássico de DAVIS. *The problem of slavery in Western culture*. A discussão da posição *quaker* encontra-se principalmente no cap.10.

da igualdade dos homens e da fraternidade cristã. Feita a abolição do tráfico para as colônias inglesas em 1807, a luta dos *quakers* e de outros abolicionistas que a eles se juntavam passou a visar a abolição geral do tráfico. Em 1823 eles novamente forneceram a base para a organização da Sociedade contra a Escravidão. A luta era, agora, contra a instituição em si e não apenas contra o tráfico. O argumento religioso permaneceu forte na nova Sociedade. Testemunho disto é que, ao se dar a abolição da escravidão nas colônias inglesas em 1833, muitos *quakers* se opuseram à indenização concedida aos senhores de escravos, sob o argumento de que pecado não pode ser compensado.[22]

Nos Estados Unidos, os *quakers* foram atuantes até a Guerra Civil, sobretudo a partir de sua base na Pensilvânia. Seus seminários eram focos de libertação e de educação de libertos. De modo geral, o tema religioso era frequente na pregação abolicionista. A libertação do povo judeu, descrita no Velho Testamento, tornava-se imagem poderosa para abolicionistas, livres e escravos. A famosa guia de escravos, Harriet Tubman, que os conduzia para o Norte, ficou conhecida como o Moisés de seu povo. Muitas seitas, sobretudo os batistas, também tornaram-se instrumentos de organização de escravos e libertos. Embora de natureza religiosa, tais organizações tiveram efeitos poderosos na construção da identidade negra e na formação de lideranças políticas. Tudo isto contrastava com a posição da Igreja Anglicana, que se limitava a apelar aos senhores para que tratassem bem seus escravos.[23]

O outro pé em que se baseava o abolicionismo era a concepção da liberdade como um direito natural, desenvolvido pelos filósofos do Iluminismo francês. Esboçada em Locke, e mais forte em Montesquieu, ela desabrochou com plena força em Rousseau e nos enciclopedistas na segunda metade do século XVIII. No verbete da *Enciclopédia* sobre o comércio dos negros redigido por De Jaucourt e publicado em 1765, a liberdade é afirmada claramente como direito natural inalienável. O comércio de escravos era, em consequência, nulo por sua própria natureza.[24] Como parte do

---

[22] A luta dos abolicionistas ingleses e a influência *quaker* no movimento é discutida por TEMPERLEY. *Brilish antislavery,* 1833-1870, sobretudo nos capítulos 1-4.

[23] Para uma descrição do processo abolicionista americano, veja FRANKLIN. *From slavery to freedom. A history of negro Americans.*

[24] Veja DAVIS, em *The problem of slavery in Western culture,* cap.13. Para uma discussão da evolução do conceito de direito natural, veja BLOCH. *Natural law and a human dignity.* Dentro do espírito do Iluminismo, saliente-se ainda a obra

direito natural, a liberdade do homem não podia ser objeto de compromissos. Tratava-se de um princípio universal que obrigava a todos. Tal concepção foi incorporada à Declaração de Independência dos Estados Unidos e à Declaração dos Direitos do Homem e do Cidadão. A Declaração de Independência, com sua famosa introdução sobre a igualdade dos seres humanos e sobre os direitos inalienáveis à vida, à liberdade e à busca da felicidade, serviu de poderoso argumento aos abolicionistas. Os princípios da Declaração faziam parte da cultura republicana norte-americana, por mais que a realidade os desmentisse. Bastava aos abolicionistas exigir que os Estados Unidos aplicassem na prática os princípios que justificavam sua existência como nação.[25] Na França, as ideias antiescravistas levaram à libertação dos escravos nas colônias em 1794. Aos críticos da decisão foi dada a famosa resposta que tanto escandalizou os realistas da política: "Antes pereçam as colônias que um princípio." Aqui também, como entre os *quakers*, tratava-se de um princípio que não admitia compromissos, que não estava à mercê de limitações práticas baseadas em circunstâncias históricas.

Uma terceira vertente do pensamento abolicionista, usada em geral de maneira subsidiária pelos militantes radicais, era a que se fundava em cálculos econômicos. Argumentava-se seja com base em premissas psicológicas, seja como fruto de observação, que o trabalho escravo era menos econômico que o trabalho livre. Os primeiros a formular tal posição foram os fisiocratas. Turgot dizia que, uma vez resolvido o problema do excesso de terra em relação à oferta de trabalho, a escravidão tornava-se antieconômica. O primeiro a fazer cálculos concretos comparando a rentabilidade dos dois tipos de trabalho talvez tenha sido Benjamin Franklin. Concluiu ele, em 1755, que, nos Estados Unidos, o trabalho do escravo era mais caro do que o do imigrante europeu. Mais tarde, Adam Smith daria a essa tese a autoridade de seu nome, embora não condenasse a escravidão como matéria de princípio. Segundo ele, o escravo trabalharia menos por não ter o incentivo da propriedade. Estando o direito à propriedade na base do interesse individual, a escravidão violava também a lei da utilidade individual e, portanto, o bem coletivo,

---

de Raynal, *Histoire des deux indes*, publicada em 1770 com a colaboração de Diderot. Raynal atacava a Igreja Católica por sua posição perante a escravidão.

[25] Sobre o impacto do cristianismo e da cultura republicana na ideologia dos negros norte-americanos à época da abolição, veja FONER. *Reconstructton: America's unfinished revolution*, 1863-1877.

pois este resultava da soma dos interesses de cada um. Estávamos aí já em pleno domínio do individualismo que sustentava os argumentos religioso e filosófico.[26]

RAZÃO COLONIAL *VERSUS* RAZÃO CRISTÃ

Em contraste com o que acaba de ser descrito, a tradição luso-brasileira praticamente não conheceu movimento ou torrente de ideias abolicionistas senão nos últimos anos da escravidão. A discussão do problema ficou, durante a Colônia, a cargo quase exclusivo de padres e religiosos; após a Independência, os que se envolveram no debate e na campanha abolicionista eram quase sempre pessoas ligadas ao mundo oficial da política. Era uma das características dessa tradição, aliás, o fato de Igreja e Estado serem instâncias que frequentemente se confundiam. Não é, pois, de surpreender que os argumentos usados fossem distintos.

Para manter o paralelo com o início do abolicionismo *quaker*, comecemos no século XVII. Os principais textos nele produzidos foram ou de religiosos ou de padres seculares. A marca registrada desses pensadores era a ambiguidade com que se colocavam frente à percepção de que haveria incompatibilidade entre cristianismo e escravidão, de um lado, e frente às necessidades da sociedade colonial e do Estado português de que dependiam, de outro. A dependência era direta no caso dos padres seculares e indireta no caso dos regulares. O jogo da ambiguidade foi inaugurado pelo jesuíta Vieira. Colocava-se ele contrário à escravização dos índios, defendendo a política reducionista desenvolvida no Maranhão pela Companhia de Jesus. Mas, no caso da escravidão africana, seu pensamento dava grande guinada. Em um dos sermões pregados na década de 1680, ele discute com clareza o problema e usa a velha tese da relação entre escravidão e pecado para aconselhar aos escravos a obediência.[27]

O jesuíta Vieira reconhecia o estado miserável em que se encontravam os escravos e condenava severamente os senhores pela brutalidade e ganância com que se haviam. Ao se dirigir aos escravos, lembrava o cativeiro dos israelitas na Babilônia. Mas logo acrescentava que mais importante

---

[26] Veja DAVIS. *The problem of socieery in Western culture*, cap. 14.
[27] Para a exposição das posições de Vieira, utilizei o trabalho de VAINFAS. *Ideologia e escravidão*, p. 125-129.

que o cativeiro do corpo era o cativeiro da alma produzido pelo pecado. Os israelitas sofreram, perderam até a vida, mas não abjuraram sua fé. Para se libertarem da escravidão do pecado, os escravos deviam obedecer aos senhores, desde que estes não os forçassem ao pecado. Deviam obedecer aos senhores como se servissem a Deus, pois assim obedeceriam como pessoas livres. E vinha a citação de São Paulo, que se tornaria clássica entre os defensores da escravidão, aconselhando aos escravos a obediência. Assim fazendo, teriam o próprio Deus como seu servo no céu. A ênfase era no pecado como escravidão e não na escravidão como pecado.

A mesma ambiguidade de condenar e justificar a escravidão está premente no texto de Jorge Benci, intitulado *A economia cristã dos senhores no governo dos escravos*, escrito em 1705. Benci era um jesuíta de origem italiana que vivera 17 anos na Bahia, onde pudera observar de perto a prática da escravidão. O padre Benci também via a escravidão na perspectiva tradicional de consequência do pecado original. A rebelião contra Deus que caracterizara esse pecado levara também à rebelião, dentro do homem e contra ele, de seus apetites. Daí os conflitos e guerras que produziam o cativeiro, pois o escravo era o prisioneiro a quem se poupava da morte, era o *servatus* (preservado, daí servo) da morte. Diante dessa realidade, restava apenas apelar aos senhores no sentido de tratarem os escravos dentro do que ele chamava de economia cristã.

Para definir tal economia, Benci inspira-se nos conselhos de São Paulo sobre o dever dos senhores de tratar os escravos com justiça e equidade e sobre o dever dos escravos de obedecer aos senhores, a que São Pedro acrescentara: mesmo aos maus senhores (*etiam discolis*). E vai buscar no *Eclesiastes* a receita para o tratamento cristão dos escravos. A receita é simples e, segundo ele, vem desde Aristóteles: *panis et disciplina et opus*, vale dizer, pão, castigo e trabalho. Condenando as práticas brutais dos senhores baianos, Benci exorta-os a alimentar e vestir adequadamente os escravos, a ensinar-lhes a religião (o alimento espiritual), a castigá-los com moderação e a mantê-los sempre ocupados mas sem excesso de trabalho.[28] O senhor devia agir como o pai de uma grande família cristã da qual os escravos eram parte.

---

[28] A receita brasileira para o tratamento dos escravos foi descrita por Antonil como sendo os três *pês*: pau, pão, pano. A diferença em relação à receita do *Eclesiastes* era mais de espírito do que de letra. Veja ANTONIL. *Cultura e opulência do Brasil*, p. 51.

Vai ainda mais longe para justificar a escravidão dos negros. Supostamente, os negros (etíopes) seriam descendentes de Cam, o filho de Noé que fora amaldiçoado pelo pai por ter zombado de sua nudez. Tal vinculação já fora feita por Santo Agostinho e São Jerônimo. Para este último, os etíopes (negros) se caracterizariam por estarem profundamente mergulhados em vícios (*penitus in vitio demersi sunt*). (Benci, p.179). A Bíblia fornecia, assim, um argumento racista em favor da escravidão que viria a calhar quando esta, nos tempos modernos, se concentrou em vítimas negras. A imoralidade atribuída por quase todos os comentaristas aos escravos negros encontrava também aí fácil sustentação.

Ao final do texto, aparece com maior clareza o incômodo que causava ao autor a defesa da economia cristã dos senhores. Após descrever em termos fortes a miséria da escravidão, Benci lembra aos leitores o exemplo dos antigos cristãos que serviço e pelo lucro que proporcionou. A possibilidade de libertação, embora remota, tendo em vista a crueldade com que são tratados os escravos, resgata o senhor do crime de escravização sem o privar do serviço do escravo. São atendidas as leis divinas e humanas. Tudo muda e nada muda. Compatibiliza-se o cristianismo com a escravidão e com os interesses da metrópole portuguesa, tudo combinado com uma defesa calorosa da "natural liberdade" dos etíopes escravizados. Às preocupações da consciência cristã de Benci e de Ribeiro da Rocha acabam por se reduzir, na prática, ao frio realismo de outro jesuíta, João Antônio Andreoni (Antonil), que em *Cultura e opulência do Brasil*, publicado em 1711, apenas constata o papel fundamental do escravo, "mãos e pés do senhor de engenho", sem manifestar maiores preocupações com a legitimidade ou legalidade de sua situação. (Andreoni, p. 47-50).

Em um dos autores do período colonial não está presente a ambiguidade de Vieira, Benci e Ribeiro da Rocha. Trata-se do único brasileiro do grupo, José Joaquim da Cunha de Azeredo Coutinho. Azeredo Coutinho fora senhor de engenho em Campos, na então capitania do Rio de Janeiro, tornara-se padre, fora nomeado sucessivamente bispo de Pernambuco, onde criou o Seminário de Olinda, bispo de Elvas e, finalmente, Inquisidor-Mor do Santo Ofício. Entre vários textos sobre a economia colonial, D. José produziu, em 1798, com segunda edição em 1808, uma "Análise sobre a justiça do comércio do resgate dos escravos da costa da África".[29] Tinha sobre seus predecessores a vantagem de conhecer boa

---

[29] O opúsculo está incluído em *Obras econômicas de J.J. de Azeredo Coutinho*,

parte da literatura abolicionista, sobretudo a que se baseava na versão iluminista da ideia de direito natural. Sabia também dos resultados da política francesa de libertação na Ilha de São Domingos. Mesmo assim, ou por isso mesmo, D. José não teve qualquer das dúvidas dos que o precederam. Nele, a razão colonial reina soberana sobre a razão cristã.

Como se tratava, aliás, de debater com os filósofos da *Enciclopédia*, que ele chamava ironicamente de novos filósofos, não lhe adiantavam argumentos bíblicos ou eclesiásticos. D. José estava plenamente convencido de que tais argumentos eram favoráveis à escravidão.[30] Mas queria combater no campo do adversário, no campo da filosofia. E assim o fez. O alvo central de seu ataque é a ideia da existência de um pacto social garantidor de direitos naturais considerados preexistentes à sociedade. Tal pacto, segundo D. José, não existe: tais direitos são fantasia. O homem nasce em sociedade e dela deriva seus direitos. Em suas palavras: "O homem é uma parte integrante do corpo da sociedade: é um membro que, separado do seu corpo, ou morre ou fica sem ação." E conclui: "Eis aqui descoberto o grande princípio de onde devem partir todos os nossos discursos." (Coutinho, p. 244-245).

Se a natureza criou o homem para a sociedade, a sociedade é obra da natureza. Daí, também, que todos os meios necessários à preservação da sociedade são concedidos pela natureza. Os direitos naturais, tanto da sociedade como do homem, são deduzidos da necessidade da existência. A natureza prescreve ao homem e à sociedade que defendam sua existência com todas as armas e meios disponíveis. A salvação da República é a lei suprema, como diziam os romanos. A justiça da lei de qualquer sociedade consiste no maior bem ou no menor mal dela decorrente em determinadas circunstâncias. Esta justiça não é absoluta mas relativa às circunstâncias, assim como a liberdade do homem não é direito natural absoluto, como querem os novos filósofos, mas relativo às necessidades sociais. A conclusão de tudo isso é límpida e direta:

> A necessidade da existência do homem que no estado da sociedade estabeleceu a justiça do direito da propriedade, foi também a mesma

---

1794-1804, p. 231-307. Este texto baseia-se na segunda edição feita em Portugal em 1808. A primeira edição apareceu em Londres e era redigida em francês.
[30] A defesa da escravidão com citação de leis civis e canônicas foi feita por D. José em outro livro, publicado também em 1808.

que no estado da sociedade estabeleceu a justiça do direito da escravidão. [...] O comércio da venda dos escravos é uma lei ditada pelas circunstâncias às nações bárbaras para o seu maior bem, ou para o seu menor mal. (Coutinho, p. 239).

A justiça da lei, isto é, sua conformidade com a lei natural que manda fazer o maior bem à sociedade é estabelecida por quem melhor pode avaliar as necessidades da sociedade — o soberano. Justo é aquilo que ele manda como lei tendo em vista o bem da sociedade. Assim é que, historicamente, se estabeleceu o direito do vencedor de matar o vencido ou de escravizar os prisioneiros. Se a liberdade é direito natural, e se a escravidão é contrária a este direito, como é possível que tal razão natural tenha estado ofuscada por tanto tempo e só tenha sido revelada aos novos filósofos do século XVIII? Das duas uma: ou tal direito natural à liberdade não existe, ou ele não é evidente e neste caso deve-se dar preferência à prática milenar da humanidade.

O trabalho escravo é uma necessidade social sempre que haja abundância de terras e escassez de população. Para Portugal, o fim da escravidão seria um desastre, pois destruiria a economia de suas colônias, base do excedente que lhe garante a sobrevivência. Pela lei da sobrevivência, o comércio de escravos é justo para Portugal. E para a África? Se os europeus não comprarem os escravos eles serão ou mortos ou vendidos a mouros e asiáticos. Além disto, o comércio é a maneira pela qual a civilização se difunde. A Europa levou dois mil anos para se libertar da escravidão. A África não pode fazê-lo de um salto. Daí que a escravidão de pessoas na África, onde não são necessárias, para levá-las para a Europa civilizada que delas precisa, constitui um benefício para todos.

Assim escreveu o bispo D. José. Em seu argumento desaparece a razão cristã; resta apenas a razão colonial. Resta a visão hobbesiana do homem em guerra contra si mesmo, sujeito às paixões e obrigado a se defender por todos os meios disponíveis. Para Hobbes, também, o primeiro direito do homem no estado de natureza é o de se defender a todo custo. O paralelismo entre os dois autores pode ir ainda mais longe. D. José apenas não aceita o individualismo que aparece na ficção do estado de natureza desenvolvida por Hobbes e que configura o lado moderno do autor de *O leviatã*. O que se vê no pensamento do bispo é a total primazia da sociedade, do coletivo, do todo, sobre o homem, sobre o indivíduo, sobre a parte. Tal posição pré-moderna, que também contrasta com toda a fundamentação dos abolicionismos europeu e americano, pode ter suas raízes na tradição comunitária da Igreja ou pode simplesmente refletir a razão do Estado absolutista. O lado comunitário aparece melhor em Benci e Ribeiro da Rocha quando definem o poder do senhor como um poder paternal. Em D. José, o coletivo apresenta-se mais com o rosto do Leviatã. Não há nele, também, como nos outros, qualquer preocupação com os aspectos morais ou espirituais da questão. Os interesses que discute são de natureza puramente material, inadequados para fundar qualquer comunidade que mesmo de longe possa ser chamada de cristã.

Assim, o cristianismo em sua versão luso-brasileira, vale dizer, na versão do catolicismo ibérico, não foi capaz de gerar oposição clara à escravidão como na versão reformada. Ou os autores não encontravam claras evidências na Bíblia e na teologia para justificar a escravidão, caso especial de D. José, ou as indicações sobre a liberdade civil que deduziam não eram suficientemente fortes para levá-los a uma postura evangélica ou profética contra a escravidão. Acabavam por apenas aconselhar aos senhores o tratamento "cristão" dos escravos, sancionando na prática o escravismo. As variações dentro dessa postura básica talvez pudessem algo simplisticamente ser atribuídas à posição dos autores em relação à Igreja e ao Estado. Os menos dependentes, como os jesuítas, podiam ir um pouco mais longe na condenação da escravidão. Os mais integrados ao sistema, como D. José — lembre-se que fora também senhor de engenho —, eram os que menos se inclinavam a atacar a instituição.

A tradição luso-brasileira passou também ao largo da versão francesa do Iluminismo. Entre os autores que examinamos, ou esta corrente de pensamento era ignorada, ou era reconhecida apenas como objeto de ataque sem quartel. Ao atacar os novos filósofos, D. José estava combatendo, na realidade, toda a concepção individualista do homem, base da emergente sociedade liberal. Assustavam-no especialmente os aspectos políticos desta onda, que ele vira concretizados na Revolução Francesa e na revolta dos escravos de São Domingos. Na verdade, defendeu com tal ardor o tráfico que nem a Academia de Ciências de Lisboa se dispôs a publicar seu trabalho. A primeira edição foi publicada em francês em Londres, e a segunda veio a público durante a ocupação francesa de Portugal. Mas seus argumentos em defesa do tráfico e da escravidão continuaram a inspirar os escravistas brasileiros após a Independência.

A RAZÃO NACIONAL

A Independência trouxe importante mudança de enfoque na discussão da escravidão. Não se tratava mais de pessoas ligadas à metrópole discutindo a escravidão na colônia, depois de ter sido ela abolida na própria metrópole. Tratava-se agora de cidadãos de um país em formação, para os quais a escravidão representava um problema muito mais sério. O problema não era mais de economia metropolitana e de moral cristã. Era pura e simplesmente de formação de uma nação. Os motivos religiosos passavam a segundo plano; o motivo nacional vinha para o proscênio. E como se tratava de uma nação que começava a ser construída de cima para baixo, não é de estranhar que a maioria dos que inicialmente se ocuparam do tema tenha pertencido aos membros da elite política.

A mudança de enfoque torna-se evidente já no primeiro texto importante produzido após a Independência. Trata-se da justamente famosa "Representação" que José Bonifácio de Andrada e Silva enviou à malograda Assembleia Geral Constituinte de 1823, e que foi publicada em Paris dois anos depois.[31] Seu autor estava profundamente envolvido não só no processo de independência como no pensar o futuro do novo país. É vista nesta perspectiva, a meu ver, que sua posição frente ao problema do tráfico e da escravidão adquire pleno significado.

O texto é explícito em mencionar a necessidade de se criar uma nação homogênea, "sem o que nunca seremos verdadeiramente livres, respeitáveis e felizes" (Andrada e Silva, p. 8). Se não se amalgamarem tantos metais diversos (fala aí o mineralogista José Bonifácio), o novo país correrá risco de se esfacelar ao leve toque de qualquer convulsão política. Antes, era do interesse da metrópole manter o Brasil como um povo heterogêneo, sem nacionalidade e sem irmandade. Mas, agora, "como poderá haver uma constituição liberal e duradoura em um país continuamente habitado por uma multidão imensa de escravos brutais e inimigos?" (Andrada e Silva, p. 7). O final do texto volta a acentuar o problema político da escravidão. Sem o fim do tráfico e sem a abolição da escravidão, "nunca o Brasil firmará a sua independência nacional e segurará e defenderá sua liberal constituição; nunca aperfeiçoará as raças

---

[31] Veja José Bonifácio de Andrada e Silva, "Representação à Assembleia Geral Constituinte e Legislativa do Império do Brasil sobre a escravatura".

existentes, e nunca formará, como imperiosamente o deve, um exército brioso, e uma marinha florescente" (Andrada e Silva, p. 40).

O tráfico e a escravidão impedem a formação nacional por três motivos: por serem incompatíveis com a liberdade individual e, portanto, com o governo liberal; por introduzirem um inimigo interno e porem a risco a segurança interna, como mostrou a revolta de São Domingos; finalmente, por ameaçarem a segurança externa do país, na medida em que inviabilizam a formação de um exército e de uma marinha poderosos. Os aspectos relativos à segurança eram particularmente relevantes no momento em que o país acabara de declarar sua independência e a natureza da reação portuguesa ainda era incerta. Mas fala em favor da lucidez de José Bonifácio que pensasse também em aspectos que tinham a ver com o longo prazo e diziam respeito às bases da nacionalidade e da comunidade política que se pretendia criar. Na frase que se tornou célebre, a escravidão, para ele, era o "cancro que rói as entranhas do Brasil" (Andrada e Silva, p. 23). Era o veneno que inviabilizava a nacionalidade.

Se a razão nacional predominava nas preocupações de José Bonifácio, a razão cristã e a razão filosófica eram evocadas como reforço do argumento. Fala novamente em favor do autor da "Representação" o fato de ter ele visto na escravidão uma instituição incompatível tanto com o cristianismo como com o direito natural e com a sociedade de mercado. José Bonifácio reúne as três principais vertentes dos argumentos antiescravistas, um reflexo, talvez, de sua extensa experiência internacional. No que se refere ao cristianismo, afirma redondamente que a escravidão é pecado, na melhor linha *quaker*. Ignora as citações bíblicas e da patrística interpretáveis como favoráveis à escravidão. Baseia-se mais no espírito humanitário do Novo Testamento e na ideia da igualdade básica dos seres humanos. Aproveita para acusar, com violência, a corrupção do clero nacional:

> A nossa religião é pela mor parte um sistema de superstições e de abusos antissociais; o nosso clero [...] é o primeiro que se serve de escravos e os acumula para enriquecer pelo comércio e pela agricultura, e para formar muitas vezes das desgraçadas escravas um harém turco. (Andrada e Silva, p. 13).

O conservador José Bonifácio tinha também absorvido plenamente as ideias dos novos filósofos tão odiados por D. José. A escravidão, segundo ele, só se podia escorar no bárbaro direito público das nações antigas, sobretudo nas leis romanas. Não o perturba a pergunta do bispo sobre a razão de só agora ter surgido a ideia de liberdade como direito natural. O direito natural, diz José Bonifácio, é eterno. Seus princípios, no entanto, revelam-se lentamente na história. Os gregos e romanos ainda não o tinham desenvolvido suficientemente. Vemos aí outro ponto fundamental do Iluminismo: a ideia de progresso e da capacidade de aperfeiçoamento do ser humano. Na realidade, José Bonifácio vai até mais longe do que o pensamento liberal clássico ao colocar o direito à liberdade acima do direito à propriedade. A propriedade é condicionada ao bem de todos. Não há bem em ser alguém escravizado. A sociedade civil estaria violando sua finalidade de promover a felicidade de todos se sancionasse a escravidão.

Por fim, não faltavam os argumentos que buscavam apontar a escravidão como incompatível com a indústria e o progresso técnico, como antieconômica. A posse do escravo leva ao desperdício. Causa raiva ou riso, diz José Bonifácio, ver vinte escravos transportarem vinte sacas de açúcar, tarefa que uma carreta com dois bois poderia facilmente executar. Vinte enxadas nas mãos de vinte escravos poderiam ser substituídas por um arado. Embora sem fazer cálculos precisos de custos, como os de Benjamin Franklin, José Bonifácio sugere que os lucros dos senhores deveriam ser muito menores do que o por eles imaginado. A escravidão leva também ao ócio do senhor. Ela traz para nosso meio o luxo e a corrupção antes de termos a civilização e a indústria, invertendo a ordem das virtudes humanas. Até mesmo os estrangeiros, por falso pundonor em relação ao trabalho manual, compram alguns escravos e também se entregam ao ócio.

Depois de tal libelo contra a escravidão, talvez o mais completo produzido por um membro da elite política brasileira, pode-se-ia esperar propostas radicais de abolição tanto do tráfico como da escravidão. Mas José Bonifácio, como um dos principais articuladores da independência do país, sabia das limitações dentro das quais tinha que agir. Abolição imediata seria politicamente inviável. A razão política, como ele literalmente diz, exigia que, findo o tráfico, ainda fosse necessário conviver com a escravidão por algum tempo. O fim do tráfico é proposto para dentro de quatro ou cinco anos. Várias outras medidas são sugeridas para se ir aos poucos restituindo aos escravos remanescentes a dignidade humana e civil, para os ir alforriando. Aos forros deveria o Estado conceder pequena sesmaria e auxílio para que se estabelecessem.

Tão sensível ao lado político da escravidão, José Bonifácio não revelava a mesma perspicácia quando se tratava dos aspectos econômicos. A existência da instituição se devia, segundo ele, ao sórdido interesse e à cobiça dos homens, à sua paixão pela riqueza e pelo poder. Nenhum dos argumentos econômicos de D. José lhe parecia legítimo. Admitindo, embora, a legitimidade do interesse, este devia ser guiado pela razão e pela justiça. Daí que os que viam na escravidão a defesa de seus interesses, o faziam por cegueira quanto à verdadeira natureza de tais interesses. O lucro da escravidão era ilusório; ela impedia o progresso, corrompia as pessoas, corroía o país. O mundo da escravidão era o mundo da paixão; o mundo da liberdade, o mundo da razão. A campanha pelo fim da escravidão era uma luta pelo triunfo da razão, pelo reconhecimento dos verdadeiros interesses dos homens.

Essa crença iluminista não impressionava os escravistas brasileiros. Os argumentos do bispo lhes falavam muito mais de perto do que os do estadista da independência. De certo modo, os dois estabeleceram os parâmetros de todo o debate sobre a escravidão até seu final em 1888. Na realidade, não foram publicados textos importantes até a década de 1860. Após José Bonifácio, um ou outro autor redigia uma memória sobre o tema que era relegada ao esquecimento, quando não encontrava dificuldades de publicação.[32] A imprensa debatia o tema por ocasião de acontecimentos relevantes, como a abolição do tráfico em 1850. Passado o impacto, voltava ao silêncio. Algo semelhante ocorria no Congresso. Aprovado o fim do tráfico, sob pressão militar inglesa, todos os projetos apresentados posteriormente foram engavetados.

A cortina de silêncio foi quebrada em 1867. Dois acontecimentos precipitaram o fato: a resposta do governo à mensagem da Junta Francesa de Emancipação (enviada em 1866 mas só divulgada em 1867) e a menção do problema da escravidão na Fala do Trono. A resposta do governo, se não redigida, certamente orientada pelo Imperador, dizia que a abolição era questão de forma e oportunidade. Finda a guerra em que o país se achava envolvido, o governo lhe daria prioridade. A Fala do

---

[32] A dificuldade encontrada em divulgar ideias que de alguma maneira colocassem em discussão o sistema escravista é mencionada, por exemplo, por Henrique Veloso de Oliveira, em "A substituição do trabalho dos escravos pelo trabalho livre no Brasil", reproduzido em Perdigão Malheiro, *A escravidão africana no Brasil*, Tomo II, p. 308. Veja outros dados sobre o livro de MALHEIRO na nota 38; a referência completa se encontra no final desse livro.

Trono pedia a atenção do Congresso para o problema do elemento servil. Os dois fatos tiveram, segundo Joaquim Nabuco, o efeito de um raio em céu sem nuvem. A muitos as iniciativas pareceram loucura dinástica, suicídio nacional.[33]

Entre os escandalizados estava José de Alencar, o romancista e político de Partido Conservador. Como reação aos acontecimentos, ele publicou suas *Novas cartas políticas* que, sob o pseudônimo de Erasmo, dirigia ao Imperador.[34] Três das cartas tratavam diretamente do problema da escravidão. Eram dirigidas ao Imperador não por acaso. Além de inspirar a resposta à Junta Francesa e a redação da Fala, Pedro II já encomendara, em 1866, projetos abolicionistas que, em 1867, estavam sendo discutidos no Conselho de Estado. Era ele, sem dúvida, quem naquele momento empurrava o governo na direção do abolicionismo.

Que dizia Alencar? Curiosamente, sua ira se dirigia ao que chamava de filantropia europeia, sobretudo francesa, do mesmo modo que seu antecessor escravista, D. José, se voltava contra os novos filósofos franceses. Passado meio século, o inimigo continuava a vir das mesmas plagas. No que se refere aos argumentos, o texto da mensagem francesa só falava em cristianismo. A resposta brasileira repetiu o argumento cristão, acrescentando que a civilização também exigia o fim da escravidão. Mas, como a mensagem era fruto de congresso internacional abolicionista, realizado em Paris no mesmo ano de 1866, por trás dela estavam os argumentos clássicos do abolicionismo europeu já referidos. A explicação do presidente do Conselho de Ministros, Zacarias de Góes, aprovada pelo Imperador e oferecida à imprensa para justificar a resposta do governo e acalmar os ânimos, referia-se explicitamente a superação das teses aristotélicas segundo as quais a escravidão se justificaria perante o direito natural.

Ao responder, José de Alencar parte da mesma argumentação de D. José, embora sem o citar expressamente: a escravidão foi e é um fato social, faz parte das instituições dos povos e não pode ser revogada pela arrogância de teorias. E vai mais longe: a escravidão representou passo importante na construção da civilização. Os povos caminharam pela conquista e pela escravidão. "O primeiro capital do homem foi o próprio

---

[33] Veja NABUCO. *Um estadista do Império*, p. 569-574.
[34] Veja ALENCAR. *Ao Imperador. Novas cartas políticas de Erasmo*. As cartas que discutem o tema da escravidão são as de número 2, 3 e 4.

homem." (Alencar, p. 16). O escravo é o neófito da civilização. Se a escravidão renasceu no século XV foi pela necessidade de colonização da América. Se os países europeus a adotaram nas colônias ao mesmo tempo em que a extinguiam em seus territórios, foi pela necessidade, "a suprema lei diante da qual cedem todas as outras; a força impulsora do gênero humano" (Alencar, p.18). Sem a escravidão africana, as Américas seriam vasto deserto. A necessidade como lei suprema das nações era, como vimos, argumento básico de D. José.

Alencar endossa também o argumento de D. José de que a moralidade e o direito são relativos às circunstâncias. O catolicismo da liberdade, isto é, sua generalização, é o apogeu da civilização, mas não pode ser apressado. A escravidão há de desaparecer como desapareceu o feudalismo. Mas enquanto cumpre sua missão civilizadora merece respeito. "Toda lei é justa, útil, moral, quando realiza um melhoramento na sociedade e apresenta uma nova situação, embora imperfeita, da humanidade." (Alencar, p. 14). No momento, a escravidão, além de representar condição indispensável à civilização no Brasil, é também fator de futura civilização da África. Ela se extinguirá espontaneamente quando o aumento da população, seu princípio regulador, a tornar um luxo. Nesse momento, haverá também mudança de mentalidade: a escravidão tornar-se-á a odiosa e desaparecerá. Ela não foi instituída por lei e não será abolida por lei.

A crítica dos filantropos europeus é respondida com a mesma ironia usada por D. José. Os países europeus, sobretudo a França e a Inglaterra, não têm cacife moral para nos criticar. Mantiveram a escravidão durante muito tempo em suas colônias. A França chegou mesmo a restabelecê-la depois de a ter abolido e só voltou a aboli-la em 1848. Além disso, nossa escravidão é sustentada pelo estômago da Europa, que come nossos produtos. O filantropo europeu fuma tabaco de Havana e bebe café do Brasil, produtos da mão de obra escrava. Também não mandam para cá seus imigrantes. Entrassem uns 60 mil por ano, em vinte anos a escravidão estaria abolida. O trabalho livre expulsa o trabalho escravo e não vice-versa, como se argumenta.

Há outra razão, prossegue Alencar, que impede a Europa de nos criticar. Há lá um cancro que rói suas entranhas, pior do que o cancro da escravidão. É o pauperismo. A situação do proletário europeu é pior do que a do escravo brasileiro. O escravo brasileiro é mais feliz do que o proletário. E a felicidade é o fim da sociedade humana. A liberdade é apenas o meio para atingir a felicidade. A liberdade não é direito natural como queriam os abolicionistas. Não é um princípio absoluto, um fim em si. É apenas meio, útil na medida em que contribui para o fim a que serve.

Há em José de Alencar um ponto que não estava presente em D. José e que reflete as circunstâncias distintas em que produziu seu texto. Seus argumentos em favor da manutenção da escravidão aparentam sólida base econômica e histórica. No entanto, ele às vezes deixa escapar argumentos que, pela intensidade da linguagem em que são envolvidos, fazem suspeitar que sejam talvez os mais relevantes. São razões políticas. Mas não da política nacional de José Bonifácio. São razões políticas de sua classe de proprietários de escravos. A abolição, feita antes que os brancos tenham grande superioridade numérica, seria, segundo Alencar, um suicídio. No Brasil, diz ele, um terço da população é escrava (um exagero); nas seis províncias de maior concentração, talvez a metade da população seja escrava (outro exagero). A população livre não tem condições de conter o contingente escravo. Rompido o respeito imposto pela escravidão, teremos a guerra social, de todas a mais rancorosa e medonha.[35]

O perigo era visto por José de Alencar como particularmente grave caso a abolição fosse feita de maneira progressiva. Abolição lenta, e lembra o caso das colônias inglesas das Antilhas, desencadeia processo de agitação e revoltas cuja mera possibilidade causa vertigens. Mas também a abolição imediata significaria para o escravo a miséria, pelo abandono do trabalho, e o extermínio, por uma provável luta de raças. Para o senhor, seria a ruína econômica e o perigo de insurreição; para o Estado, seria a bancarrota, pela destruição da bases da riqueza nacional.

Quando a escravidão já se achava sob ataques de elementos do próprio governo, José de Alencar produziu sua mais elaborada defesa depois

---

[35] Veja-se especialmente a 3ª Carta. A menção da possibilidade de revoltas escravas foi tática constante dos escravistas contra a Lei do Ventre Livre. A tática seria voltada contra eles pelos abolicionistas. A série de contos intitulada *Vítimas algozes. Quadros da escravidão*, de Joaquim Manoel de Macedo, publicada em 1869, apenas dois anos após as Cartas de José de Alencar, são bom exemplo disto. Os contos buscam aterrorizar os senhores e convencê-los, assim, da necessidade da abolição. Macedo deve ter julgado mais fácil convencê-los apelando a seu instinto de autodefesa do que a seu humanitarismo, ao contrário do que fez nos Estados Unidos, em relação aos senhores de lá, Harriet Beecher Stowe, em seu famoso *Uncle Tom's Cabin*, de 1852. Os contos foram publicados no Rio pela Typ. Americana. Agradeço a Flora Süssekind o acesso a essa obra.

de D. José. Quando a defesa da instituição se limitava em geral ao argumento do pragmatismo, ele tentou justificá-la também em termos filosóficos e históricos.[36] Foi, entre nós, quem mais se aproximou dos teóricos do escravismo do sul dos Estados Unidos. Mas nem ele iria tão longe quanto, por exemplo, George Fitzhugh, na defesa da escravidão. Partindo de críticas semelhantes às de Alencar à sociedade liberal, a seu individualismo exacerbado que deixava boa parte da população entregue à própria sorte, gerava a miséria do operariado, a desordem, a quebra dos valores comunitários, Fitzhugh defende a sociedade escravista como modelo superior de organização social. Em tal sociedade, os escravos, que assim foram feitos pela natureza, trocariam a liberdade pelo direito à proteção do senhor, que age como pai de uma grande família, incluindo os escravos, sua família negra. É na escravidão, segundo ele, que a moralidade cristã, isto é, o amor ao próximo, pode melhor exercitar-se, sobretudo a moralidade e a visão de mundo do catolicismo. O próprio capitalismo europeu já estaria produzindo, segundo ele, um retorno aos valores da escravidão. A miséria gerada pelo mercado já obrigava os governos a iniciarem políticas de assistência social, de proteção aos operários, que nada mais eram do que uma reativação da prática dos senhores de escravos. Invertendo radicalmente a moderna visão do direito natural à liberdade, Fitzhugh propunha, para a grande maioria da população, "o direito natural e inalienável de ser escrava", isto é, de ser cuidada e protegida.[37]

Se não era radical a defesa do escravismo no Brasil, mesmo entre os maiores entusiastas da instituição, também não foi radical a defesa da liberdade, mesmo no auge do abolicionismo. O texto mais elaborado a favor da abolição foi sem dúvida *O abolicionismo* de Joaquim Nabuco, escrito em 1883. Ataques mais contundentes do que o dele foram sem dúvida feitos por outros, mas nenhum tão desenvolvido, tão sistemático,

---

[36] Não entro na consideração dos argumentos de natureza racista tanto de abolicionistas como de escravistas. Eles são fortes em José de Alencar, que fala abertamente em raça superior e em sua missão civilizadora de absorver e civilizar a inferior. Veja, principalmente, a 3ª Carta. O lado racista dos argumentos é explorado por AZEVEDO, *Onda negra, medo branco: o negro no imaginário das elites – século XIX*.

[37] Para extensa análise da obra de George Fitzhugh, veja GENOVESE. *The world the slaveholders made*. Os principais textos de Fitzhugh são *Sociology for the south*, publicado em 1854, e *Cannibals all! Or, slaves without masters*, publicado em 1857.

tão bem escrito.[38] No entanto, assim como José de Alencar reproduzia em boa parte a argumentação de D. José, Joaquim Nabuco pouco acrescentava ao conteúdo da argumentação de José Bonifácio, a quem cita expressamente. Sente-se apenas, em seu texto, a maior urgência de solução para o problema e a presença de uma emergente opinião pública capaz de sustentar a luta abolicionista pregada por parte da elite política.

Como José Bonifácio, Nabuco reconhece que, no Brasil, o abolicionismo nada deve à religião, em contraste com o que se deu na Europa e nos Estados Unidos. É implacável com o clero católico:

> A deserção, pelo nosso clero, do posto que o Evangelho lhe marcou, foi a mais vergonhosa possível: ninguém o viu tomar a parte dos escravos [...] A Igreja católica, apesar de seu imenso poderio, em um país em grande parte fanatizado por ela, *nunca* elevou no Brasil a voz em favor da emancipação. (Nabuco, p. 66-67).

Não foi também a filantropia que impulsionou nosso abolicionismo. Foi, segundo Nabuco, a razão política. Em outros tempos, foi a razão nacional de José Bonifácio.

A razão nacional, isto é, o obstáculo intransponível que a escravidão colocava no caminho da construção da nação brasileira, do corpo de cidadãos, tornara-se particularmente forte para parte da elite política, a Coroa à frente, durante a guerra contra o Paraguai. Era atroz ironia ter que usar ex-escravos para defender o país. Era insuportável contradição ter que usar ex-escravos numa guerra que se fazia em nome do combate à ditadura e à opressão. Era, enfim, enorme risco ir à guerra no exterior com a retaguarda ameaçada pelo inimigo interno. Tais razões foram, sem dúvida, de grande peso na decisão do governo de iniciar o processo abolicionista.[39] Em Nabuco, passada já há algum tempo a guerra, a razão

---

[38] NABUCO. *O abolicionismo*. A obra abolicionista de maior fôlego foi certamente a de Agostinho Marques Perdigão Malheiro, *A escravidão africana no Brasil*, cuja primeira edição é de 1866. Obra muito erudita, é de caráter mais jurídico do que sociológico ou político. Textos mais radicais podem ser encontrados em jornalistas como José do Patrocínio, Joaquim Serra e outros. Sobre esta "esquerda" do abolicionismo, veja BERGSTRESSER. *The movement for the abolition of slavery in Rio de Janeiro, 1880-1889*.

[39] Certamente não foi coincidência que o parceiro de Pedro II na aprovação da Lei do Ventre Livre tenha sido Rio Branco, um diplomata profundamente envolvido nas questões do Prata. A imagem de país escravista e as zombarias de

nacional aparece menos sob o aspecto de defesa do que como exigência da construção de uma nação viável, como exigência da formação de uma cidadania generalizada, como exigência da própria sobrevivência do país. Enquanto houver escravos, argumenta ele, fica diminuído o próprio título de cidadão dos livres. A abolição, portanto, deve fazer-se no interesse de todo o país, no interesse de livres e escravos. A abolição é condição necessária para evitar a dissolução social e fundar uma sociedade liberal baseada no trabalho livre, fortalecida em suas energias próprias, menos dependente do Estado.

Nabuco não deixa de referir os argumentos tradicionais contra a escravidão, quais sejam: o desenvolvimento do Direito moderno, tanto Civil como Internacional, a marcha da civilização, as necessidades do progresso técnico e da sociedade de mercado em geral. Até mesmo a ecologia, mencionada por José Bonifácio, é por ele retomada. Mas não há como escapar à impressão de que sobre tudo isso pesa a razão nacional. Todos os argumentos acabam por se referir aos empecilhos que a escravidão cria à formação da nacionalidade.

O capítulo XV de *O abolicionismo*, intitulado "Influências sociais e políticas da escravidão", constitui a mais brilhante formulação produzida no Brasil da ideia da perniciosidade social da escravidão. Sua intuição mais profunda está em perceber a natureza da escravidão brasileira comparada à norte-americana. O fato de ser nossa escravidão menos ligada ao preconceito de raça, fato devido à mestiçagem, tornou-a mais perversa do que a norte-americana, mais flexível, mais profundamente enraizada. Pois, entre nós, ao mesmo tempo que todos podiam ter escravos, até mesmo o próprio escravo, ao ser libertado, o ex-escravo tornava-se automaticamente cidadão de pleno direito. Daí que os valores da escravidão invadiam todos os domínios, todas as classes. O senhor e o escravo conviviam dentro do cidadão, gerando mestiços políticos, assim como a relação das raças produzia os mestiços étnicos. Nos Estados Unidos, a escravidão exercia seus efeitos abaixo dos limites da *libertas* romana; entre

---

caráter racista feitas contra a tropa brasileira, na maioria negra, pela imprensa paraguaia, para quem os brasileiros eram uma macacada e o Imperador, o Grande Macacão, certamente calaram profundamente no ânimo do Imperador quando visitou Uruguaiana, em 1866, e no ânimo dos estadistas dele mais próximos, como Pimenta Bueno, o autor dos projetos iniciais, e Rio Branco, o encarregado de levar a termo a reforma. Rio Branco confessa abertamente o constrangimento. Veja NABUCO. *Um estadista do Império*, p. 570.

nós seus efeitos pesavam também dentro e acima da esfera da *civitas*. A mestiçagem política era a mais grave consequência da escravidão, porque não poderia ser extinta pela simples extinção de sua causa.

Desdobrando o argumento, Nabuco insiste em outros efeitos da escravidão: o bloqueio do desenvolvimento das classes sociais e de um mercado de trabalho; a hipertrofia do poder do Estado com a consequente hipertrofia do número de funcionários públicos e a criação do regime do empenho e do patronato; a abdicação geral das funções cívicas; por fim, como coroamento da obra maléfica, o falseamento do governo representativo, a transformação da democracia em paródia, e da luta política em combate de sombras.[40]

Até mesmo em Nabuco, a razão nacional obscurece totalmente os argumentos baseados no valor da liberdade como atributo inseparável da moderna concepção do indivíduo seja na versão religiosa, seja na versão filosófica. Na ausência de informações sobre qual seria a visão da liberdade entre os escravos, cabe concluir que, entre nós, era esta a visão predominante.[41]

AS RAZÕES DA RAZÃO NACIONAL

Não estou dizendo — esclareça-se para evitar mal-entendidos — que o problema nacional não tenha sido relevante na luta pela abolição em outros países. Obviamente, ele era menos relevante nos países metropolitanos, pois tratava-se, lá, de acabar com a escravidão nas colônias e não no próprio país. Quando se iniciou a grande batalha abolicionista, ao final do século XVIII, tanto a Inglaterra como a França e Portugal já haviam extinto o trabalho escravo em seus territórios metropolitanos. Mas mesmo nesses países o governo levava em conta interesses nacionais,

---

[40] Distinção entre os escravismos brasileiro e americano, feita em linhas semelhantes às de Nabuco, pode ser encontrada em CARVALHO. *Estudos afro-asiáticos*, nº 15, p. 14-23. Na época da redação do artigo, escapou-me a lembrança do texto de Nabuco. Este artigo está incluído nesta coletânea.

[41] Quem talvez mais se tenha aproximado da defesa incondicional da abolição foi André Rebouças. Veja, especialmente, seu *Abolição imediata e sem indenização*. Só muito recentemente alguns historiadores têm tentado desvendar a visão de liberdade dos escravos. Veja, por exemplo, Sidney Chalhoub, "Visões escravas da escravidão: os negros e as transações de compra e venda", trabalho apresentado na reunião da Associação Brasileira de Estudos Americanos, maio de 1988.

na medida em que a economia das colônias era parte desses interesses. Nos Estados Unidos, sem dúvida, o problema nacional foi fundamental. A escravidão ameaçava a unidade do país. Esta ameaça foi uma das razões políticas da Guerra Civil. Ameaçava, também, do ponto de vista da população branca, a natureza mesma da sociedade. O próprio Lincoln pensava em planos para exportar a população negra liberta. Já muito antes da abolição fora fundada a colônia da Libéria para receber ex-escravos, vistos como elemento perturbador da homogeneidade racial da nova nação.

O que digo é que nesses países, além da razão nacional, usada pelo governo ou por pessoas a ele ligadas, havia correntes de ideias religiosas e filosóficas, ligadas ou não a movimentos religiosos e políticos, que se baseavam em outros argumentos que não a razão nacional e que formavam a vanguarda e a principal força do abolicionismo — e que eram independentes, senão contrárias, às posições oficiais. Eram movimentos de opinião pública, movimentos de grupos políticos ou religiosos imbuídos de valores libertários sem compromissos com a política do governo. Tais valores prendiam-se, fundamentalmente, à concepção moderna do indivíduo como valor em si, independentemente da sociedade a que pertencesse. Eram os valores do individualismo que vinham romper tanto o domínio dos valores comunitários como o da prática do despotismo, um e outro sustentados na predominância do todo sobre a parte, fosse este todo a comunidade, fosse o Leviatã. Mesmo a vertente religiosa do abolicionismo sorvia inspiração na mesma fonte. A interpretação do cristianismo em direção libertária devia-se sem dúvida, em parte, à quebra do monopólio da hierarquia católica sobre a interpretação da Bíblia, um dos frutos da Reforma. Como se devia à quebra da visão medieval da sociedade hierarquizada e às vitórias contra o absolutismo. Quando os *quakers* passam a substituir, na interpretação da Bíblia, a hierarquia pela luz interior, eles participam do mesmo movimento que levou os teóricos do liberalismo a defenderem o indivíduo contra a opressão do Estado absolutista.

Tudo isso esteve ausente no mundo ibérico em geral e brasileiro em particular. Este mundo escapara ao impacto da Reforma e do Iluminismo libertário. A Igreja Católica manteve-se ligada ao Estado absoluto. Por mais que alguns de seus membros tentassem interpretar o cristianismo em sentido libertário, viam-se presos não só à disciplina da Igreja (os textos tinham de passar pelo crivo da Inquisição), como aos interesses do Estado. Daí as posições ambíguas ou mesmo contraditórias. O máximo a que chegavam era propor ideia suavizada da escravidão que a aproximasse dos valores comunitários da família. Era a escravidão cristã à moda de São Paulo. A preocupação em minorar a sorte dos escravos aparecia mesmo na legislação do Estado português, refletindo, indubitavelmente, o mesmo complexo de valores. Não havia, em Portugal, grupos religiosos ou correntes de ideias que pudessem escapar a esse complexo e propor alternativas. Ou, se havia, não tinham condições de manifestar-se e de se fazerem ouvidos.

O Brasil manteve parte dessa tradição. A grande mudança, como vimos, foi o surgimento do problema nacional. As razões filosófica e religiosa eram traduzidas em termos políticos. A liberdade, nessa perspectiva, não era assunto privado, não era problema do indivíduo. Era um problema público, era a questão da construção da nação. Já evidente em José Bonifácio, tal perspectiva dominou todos os autores brasileiros. Nenhuma Indicação mais clara do seu predomínio do que a dedicatória do livro de Perdigão Malheiro. É uma dedicatória emocional ao Brasil, à nação brasileira, precedida das frases latinas: *Vestra res agitur. Libertas non privata, sed publica res est.*[42]

Para D. José, seguido por José de Alencar, a salvação da República era a lei suprema. A afirmação poderia ter sido feita também por José Bonifácio e Joaquim Nabuco, se interpretada no sentido acima referido de que o fim da escravidão era exigido pelos interesses da nação. A diferença entre eles estaria, então, apenas na maneira de ver os interesses da nação? Esta é certamente uma das diferenças. Os interesses da nação para D. José e Alencar estão muito mais próximos dos interesses de curto prazo do Estado ou dos proprietários do que para José Bonifácio e Nabuco. A República de D. José era muito mais o próprio Estado e a de José de Alencar era uma *res privata* dos proprietários. José Bonifácio e Nabuco tinham visão mais autêntica de República ao vê-la como a formação a médio prazo de uma sociedade liberal socialmente mais homogênea.

Como não se tratava de questão de princípio, de questão ética ou religiosa, não se fazia, de um lado, a defesa intransigente da escravidão, nem, de outro, da proposta radical de abolição imediata e sem indenização. Tal proposta só apareceu nos anos finais, quando a abolição estava praticamente feita. Mesmo assim, um dos mais radicais abolicionistas, Antonio Bento, ainda propunha em 1887 a abolição dentro de três anos.

A diferença entre as duas correntes ia, no entanto, um pouco mais longe. A concepção de história que as informava era distinta. Os escra-

---

[42] MALHEIRO. *A escravidão africana no Brasil*, tomo I, p. 11.

vistas tinham visão materialista e evolucionista da história. Para eles, os interesses econômicos e a demografia conduziam a história; o Estado deveria intervir o menos possível nesse processo natural.[43] Não negavam o progresso, mas viam-no como processo orgânico governado por leis próprias cujo sujeito eram as coletividades antes que os indivíduos.

Os abolicionistas, talvez pela verificação da lentidão da ação dos fatores econômicos e demográficos e pela observação do que se passara em outros países, insistiam no apressamento do progresso pela ação humana, sobretudo pela ação política. Para eles, a história podia ser forçada pela influência do pensamento e da ação humana. Além disto, embora mantendo também a coletividade nacional como sujeito básico do progresso, eles a concebiam de maneira a não separar o bem-estar do todo do progresso dos indivíduos. Daí poderem usar como apoio as ideias que sustentavam o abolicionismo nos países que tinham passado pelas transformações da Reforma, do Iluminismo e do Liberalismo.

Mas o uso das ideias liberais soava um tanto no vazio. Não havia por trás de seus arautos movimento social que fosse portador autêntico delas. E não havia pela simples razão de que não havia tal movimento no país. Os abolicionistas viam o problema do ponto de vista da nação, que incluía sem dúvida interesses variados, inclusive os dos proprietários. Seu apelo ao Estado para solucionar a questão se respondia à percepção de que assim se apressaria o processo, também tinha o sentido de não perturbar radicalmente a fábrica da sociedade. Daí também que, consumada a abolição, nada foi feito em benefício dos ex-escravos. O progresso do indivíduo era secundário. Os poucos que quiseram ir mais longe ou se calaram ou foram calados pelo rolo compressor da República que foi entre nós o reino da *res privata*.

(Publicado em *Dados – Revista de Ciências Sociais*, v. 31, nº 3, 1988, p. 287-308.)

---

[43] Outro exemplo típico dessa posição é o de Sílvio Romero. Admirador confesso de Spencer e de seu evolucionismo e antiestatismo, Sílvio tem postura semelhante à de Alencar. A escravidão é, para ele, problema que não se resolve politicamente. Deve ser tornada inútil por via econômica e por via gradual. Sílvio está também próximo de Alencar pela posição racista: "O negro", diz ele citando Huxley, "é ponto de vista vencido na escala etnográfica". Ver ROMERO. *Revista Brasileira*, v. 7, p. 191-203. O artigo é de crítica contundente aos abolicionistas, sobretudo a Joaquim Nabuco.

Escravidão

As batalhas da abolição

INTRODUÇÃO

Pode-se dizer que as batalhas históricas, ou os eventos em geral que envolvem conflitos, são travadas pelo menos duas vezes. A primeira quando se verificam na forma de evento, a segunda quando se trata de estabelecer sua versão histórica ou sua memória. A primeira é uma batalha histórica, a segunda um combate historiográfico. E não há como dizer que a primeira vez seja mais importante do que a segunda. Em se tratando de acontecimentos que marcaram profundamente a história, como a Revolução Francesa, seria mesmo mais adequado dizer que são combates que continuam até hoje, em que não se distingue a história da historiografia.

Algo semelhante, embora em ponto menor, acontece com a abolição da escravidão. O combate histórico feriu-se há cem anos, mas ele se prolonga até hoje nas batalhas acadêmicas e políticas pela caracterização da escravidão e pela definição das forças que levaram à sua extinção. Não surpreende que assim seja, porque desta definição depende em parte o estabelecimento das credenciais dos atores que hoje estão envolvidos na luta dos negros pelo lugar na sociedade brasileira que nem a abolição, nem os cem anos que a seguiram lhes propiciaram.

A batalha de hoje se dá em duas frentes principais, a frente acadêmica e a frente do movimento pelo fim das discriminações raciais. Ambas são políticas, mas a primeira o é de forma mediatizada, isto é, ela passa pelas regras da argumentação histórica, sobretudo pela necessidade de produzir evidências. Embora seguindo regras distintas, as duas frentes são importantes e se alimentam mutuamente ou, pelo menos, deveriam fazê-lo.

Nas considerações que seguem, limitar-me-ei à frente acadêmica, por ser esta a que mais se adequa à minha condição de pesquisador.

DUAS BATALHAS RECENTES

Na luta constante pela construção histórica da escravidão e da abolição, tanto no Brasil como nos demais países em que vigorou a escravidão moderna, tem havido grandes debates. Quero concentrar-me em dois combates particularmente importantes. Um deles se refere à natureza sociológica da escravidão e às causas de sua desaparição. O outro refere-se ao papel do escravo tanto dentro da escravidão como no processo abolicionista. São temas centrais que dividem os pesquisadores e polarizam o debate dentro do movimento negro.

A querela sobre a natureza da escravidão e sobre sua inserção na sociedade moderna tem passado por grandes transformações. A posição dominante até uns 15 anos atrás era a de que o trabalho escravo, comparado ao trabalho livre das sociedades de mercado, era improdutivo, continha elementos de irracionalidade e impedia o desenvolvimento tecnológico. Era improdutivo porque o escravo não tinha motivação para trabalhar; era irracional porque o escravo tinha que ser mantido mesmo nos momentos em que seu trabalho não era necessário; era obstáculo ao avanço tecnológico porque o escravo era incapaz de operar máquinas complexas. Daí constituir a escravidão um sistema produtivo condenado a desaparecer por obsoleto frente às forças do mercado que a partir dos países centrais expandiam sua supremacia pelo mundo.

O fim da escravidão moderna era, então, segundo esta visão, algo inevitável, consequência da expansão do capitalismo nas regiões escravistas. Era evolução lógica das forças macrossociais que regiam a transformação da sociedade. Dentro desta perspectiva, a interferência de agentes políticos era secundária, senão desprezível. No máximo tinha-se a ação de empresários imbuídos do espírito capitalista que se tornavam a vanguarda da campanha em favor da mão de obra livre. A atuação do escravo no processo era pequena ou nula. Simples instrumento de trabalho, coisa, propriedade, ele sofria a situação como vítima inerme, à espera de que girasse a roda da história na direção da sociedade capitalista.

No Brasil, tal visão tem longa tradição. Ainda durante a escravidão, ela estava presente na argumentação de vários abolicionistas, especialmente os ligados à revista *Auxiliador da Indústria Nacional*. Tais pessoas tentavam convencer os proprietários de escravos de que a escravidão era prejudicial a seus interesses e que a adoção da mão de obra livre lhes traria maiores lucros. Faziam cálculos pormenorizados de custos, tentando demonstrar a hipótese. Mais recentemente, a tese foi desenvolvida com grande elaboração teórica por um grupo de professores ligados à USP, tais como Emília Viotti, Fernando Henrique Cardoso, Otávio Ianni. Exemplo ilustre da mesma posição para o caso cubano é o de Moreno Fraginals.

Pesquisas mais recentes têm colocado em séria dúvida a posição desses autores. Estudos empíricos cuidadosos sobre a escravidão, tanto nos Estados Unidos, como no Brasil e no Caribe, têm demonstrado que até seus anos finais o sistema escravista se mostrava lucrativo, que o comportamento dos proprietários de escravos era perfeitamente racional e que certo avanço tecnológico era compatível com o trabalho escravo. Os proprietários aferraram-se ao trabalho escravo até o final. No máximo, como no Brasil e em Cuba, combinavam, por absoluta necessidade, a mão de obra escrava com a livre ou a *indentured*. No Brasil, os conselhos dos articulistas do *Auxiliador* caíam em ouvidos moucos. Os proprietários passavam a apoiar o trabalho livre apenas quando percebiam não haver futuro para a escravidão. Ao final, a mão de obra escrava tinha-se concentrado exatamente nas grandes províncias produtoras para o mercado externo. Em Cuba, igualmente, a maior resistência à abolição se deu nas áreas mais dinâmicas da produção de açúcar.

Os estudos recentes têm também mostrado que os que se apegavam à escravidão faziam-no em função de cálculo perfeitamente racional, isto é, o trabalho escravo era visto como o mais lucrativo nas circunstâncias em que se encontravam. A clássica distinção estabelecida pelos autores do grupo acima mencionado entre os proprietários tradicionais do Rio de Janeiro e os modernizantes, de espírito capitalista, de São Paulo, tem sido contestada. Todos os proprietários eram racionais, embora agindo em circunstâncias distintas. Todos visavam ao maior lucro possível. Cálculos feitos para a província do Rio mostram que os proprietários não estavam equivocados, que, mesmo nas regiões consideradas decadentes do Vale do Paraíba, a produção de café com mão de obra escrava era ainda o melhor investimento. No Congresso Agrícola, reunido no Rio de Janeiro em 1878, com a presença de inúmeros representantes das províncias cafeicultoras, não se distinguiram paulistas e fluminenses no que se refere à posição em relação à mão de obra.

Tem sido também demonstrado, sobretudo para o caso norte-americano, que a escravidão não é incompatível com o desenvolvimento tecnológico. No Sul dos Estados Unidos, à época da Guerra Civil, cerca de 5% dos escravos trabalhavam em fábricas, sem que se revelassem incapazes de operar máquinas. Em Cuba, o último baluarte do escravismo se verificou nas áreas dos grandes engenhos centrais, de complexa operação. Isto não quer dizer que a sociedade industrial poderia ter-se desenvolvido com base no uso da mão de obra escrava. Significa que o escravo, por ser escravo, não era um ser incapaz e desmotivado. É, aliás, estranho considerar o trabalhador industrial do século XIX, vivendo nas condições em que vivia, como motivado para o trabalho. O escravo, como veremos no ponto seguinte, era elemento ativo e respondia tanto a incentivos positivos como negativos.

Conclui-se da nova historiografia que o fim da escravidão nos vários países não se deveu simplesmente à ação de forças macrossociais, não se deveu apenas ao avanço da sociedade de mercado. O fim da escravidão foi essencialmente um fenômeno político que dependeu da ação de forças políticas seja de dentro, seja de fora do sistema. Nos Estados Unidos houve uma sangrenta Guerra Civil; em Cuba houve revoltas e ação da metrópole; no Brasil, nas várias fases do processo abolicionista, houve pressão externa, ação do governo e pressão popular, incluindo aí pressão escrava. Entre os principais autores dentro desta nova perspectiva podem citar-se R. Starobin e Fogel e Engerman, para os Estados Unidos; Rebecca Scott, para Cuba; Antônio de Barros Castro, Richard Graham, Robert Slenes, Pedro Carvalho de Mello, para o Brasil.

E aqui entramos na segunda batalha, a que se dá em torno da ação do escravo, tanto no funcionamento do sistema como em sua transformação. Pela historiografia sociologizante anterior, como vimos, o escravo não era visto como elemento ativo na transformação, posto que simples coisa, animal de trabalho. Um tanto ironicamente, tal posição não se distinguia muito, neste ponto, da visão dos escravistas, que negavam ao escravo capacidade de iniciativa. O escravo era zambo, um ser infantilizado seja por incapacidade própria, seja pela repressão que sobre ele se exercia. Daí que a luta política pela abolição, quando levada em consideração, era vista como luta de brancos, luta entre proprietários de mentalidade diversa, como os paulistas e os fluminenses. Mas no mais das vezes, nesta visão, a ação política, a ação humana, enfim, ficava em segundo plano. A ação do escravo ficava excluída.

Os novos estudos têm feito cair por terra tais suposições. Eles têm demonstrado a constante iniciativa escrava. Os escravos não eram máquinas nem animais. Reagiam sistematicamente à situação em que se viam. Revoltas, fugas e assassinatos eram as ações mais espetaculares desta reação. Mas nem de longe eram as mais frequentes e talvez nem mesmo as mais importantes. As condições de trabalho eram constantemente negociadas com os proprietários. No Brasil há o caso, raro mas revelador, de uma verdadeira proposta de um pacto escrito feita por escravos a seu senhor. Aspectos das relações de trabalho e da vida escrava em geral, como a chamada brecha camponesa, os dias de descanso, o pecúlio, as festas, mesmo o pagamento de pequeno salário, tudo era objeto de pressão escrava e de negociação com os donos.

Na luta final pela abolição tem-se salientado também o intenso envolvimento dos escravos, sobretudo pelas fugas e deserções. No caso americano, além das fugas, houve grande alistamento no Exército da União. No Brasil, foram muitas as fugas, auxiliadas pelos abolicionistas das cidades. A abolição no Brasil foi uma batalha política de nível nacional. Sem esta batalha a escravidão ainda poderia ter sobrevivido vários anos, embora estigmatizada por todos como a última a persistir em país ocidental e cristão.

Entre os autores que mais se salientaram nesta mudança de orientação podemos citar, nos Estados Unidos, E. Genovese e Fogel e Engerman. No Brasil, além dos já citados, podemos acrescentar R. Conrad, Ciro Cardoso, S. Schwartz, Carlos Hasenbalg, Eduardo Silva, João J. Reis.

A afirmação dos aspectos políticos da abolição, da importância da ação humana, no entanto, não resolve todos os problemas. Permanecem grandes diferenças nos processos abolicionistas dos diversos países. O ritmo foi diferente, o processo foi diferente, as consequências foram diferentes. A esse ponto é dedicada a seção seguinte.

O GRANDE QUILOMBO NORTE-AMERICANO

A ação política dava-se em contextos sociais e culturais distintos. A comparação destes contextos, especialmente do norte-americano e do brasileiro, tem merecido a atenção de vários pesquisadores. Vou retomá-la aqui tentando salientar alguns pontos que têm sido revistos pela nova historiografia e alguns aos quais parece-me não tem sido dada a importância devida.

Para iniciar, antigas suposições quanto às diferenças entre os dois casos têm sido contestadas. Por exemplo, parece que não se distinguiram os dois casos, de maneira significativa, pela legislação ou pela posição de instituições como o Estado e a Igreja. Também parece não ter havido grande diferença quanto ao relacionamento entre senhor e escravo, pelo menos não no sentido de ter sido a escravidão brasileira menos cruel do que a norte-americana. Pelo contrário, os dados sobre fertilidade e mortalidade infantil parecem indicar um tratamento mais humano dos escravos norte-americanos. Igualmente, não parece ter havido grande diferença quanto à distribuição da propriedade escrava. O número médio de escravos por proprietário não parece ter sido muito diferente nos Estados Unidos e no Brasil. A tese anterior era de que a propriedade escrava era mais concentrada no Brasil.

Permanecem, no entanto, diferenças apontadas por vários autores. Quero aqui fixar-me em duas delas que me parecem merecer atenção maior do que a que lhes foi dada. A primeira é de natureza geográfico-demográfica. Deu-se a devida importância ao fato de ter sido o tráfico interrompido muito mais cedo nos Estados Unidos do que no Brasil: lá em 1808, aqui em 1850. Disto resultou que a população escrava do Sul, no século XIX, era quase totalmente crioula, ao passo que a brasileira, até a metade do século, recebeu importantes contingentes africanos. Deste fato foram deduzidas várias conclusões, como a maior tendência a rebeliões entre os escravos brasileiros (liderados por africanos) e o desenvolvimento da reprodução comercial de escravos no Sul (o que resultava também em melhor tratamento das mães e filhos). Mas, a meu ver, não se deu ainda importância suficiente a outra diferença entre as duas regiões escravistas. Trata-se da divisão Norte-Sul nos Estados Unidos, divisão não reproduzida nos mesmos termos no Brasil. A separação, no mesmo país, de uma região livre e de uma região escrava parece-me de importância crucial. Ela levou à polarização das posições. A fronteira entre escravidão e liberdade se tornou muito nítida. Era visível: uma fronteira física, às vezes o cruzamento de um rio como o Ohio. De um lado ficava a sociedade solidamente escravista, um mundo exclusivo de brancos escravistas; do outro, uma sociedade também de brancos mas em que predominavam os valores de liberdade, que fundamentaram a criação da sociedade norte-americana e permitiam aos negros, pelo menos, articularem-se e desenvolverem campanhas abolicionistas. Em muitos casos, eram abertamente apoiados por grupos brancos.

A ênfase neste ponto leva à revisão da ideia de que havia mais quilombos no Brasil. Havia mais quilombos no Brasil do que no Sul dos Estados Unidos, mas não havia mais do que nos Estados Unidos. De fato, o Norte era um grande quilombo para onde fugiam milhares de escravos sulistas. O movimento chamado de *Underground Railroad* (*Ferrovia Subterrânea*) organizava sistematicamente a fuga dos escravos. Calcula-se que umas 3.200 pessoas, brancas e negras, se envolveram neste movimento. Calcula-se também que entre 1810 e 1850 uns cem mil escravos foram contrabandeados para o Norte através da *Underground Railroad*.

A ideia do Norte como um grande quilombo pode ter mesmo um sentido mais profundo. A fundação das colônias americanas pode ser considerada como a formação de um quilombo religioso, na medida em que os pioneiros eram fugitivos de uma sociedade em que eram minoria perseguida. Os valores democráticos e igualitários que marcaram a Nova Inglaterra têm a ver com esta condição de sociedade formada por grupos perseguidos em sua terra de origem. Os pioneiros eram um fragmento da sociedade inglesa, na expressão de Louis Hartz, e só reproduziram na nova terra os valores deste fragmento. Dentre estes valores a liberdade de expressão e de organização e a igualdade eram fundamentais.

Naturalmente, o grande quilombo branco norte-americano foi-se transformando ao longo do tempo e, no século XIX, os valores originais só eram mantidos com certa pureza no Norte do país. Mesmo aí se desenvolveram desigualdades sociais e preconceitos de raça. Mas a base ideológica e valorativa do sistema, concretizada em símbolos como a Declaração de Independência e a Constituição, permaneceu viva no Norte. Entre alguns grupos religiosos, como os *quakers*, tais valores eram adotados sistematicamente. Daí que os novos quilombos, agora negros, encontravam no Norte a valorização da liberdade e tinham espaço para publicar jornais, circular ideias e promover campanhas abolicionistas. Os escravos que fugiam para o Norte fugiam *para fora* do sistema escravista, para utilizar uma expressão que Eduardo Silva usa para caracterizar o quilombo no Brasil. Fugiam para fora não apenas no sentido geográfico, físico, da expressão, mas também no sentido sociológico, pois fugiam para uma sociedade dominada por outros valores.

O caso brasileiro era totalmente distinto. A sociedade inteira, o Brasil inteiro, era escravista. Mesmo os quilombolas não fugiam para fora desta sociedade. A não ser que se isolassem totalmente o que era quase impossível, eles mantinham contatos com a sociedade escravista que os circundava. Neste sentido, não se podia fugir para fora no Brasil. As fugas, então, encaixavam-se todas no que Eduardo Silva chama de fuga *para dentro*. Elas se davam para as fazendas próximas ou para as cidades das zonas escravistas. Sem dúvida, em algumas destas cidades, como o Rio, São Paulo e Santos, o ambiente era mais favorável aos escravos fugitivos, mas no que se refere a outros valores que não a oposição à escravidão em nada se distinguiam das regiões escravistas. Quem fugia para o Rio, por exemplo, fugia para o coração da sociedade brasileira.

E o que era esta sociedade? Certamente, estava longe de ser um quilombo português. Pelo contrário. Ela reproduzia, se não reforçava, valores metropolitanos que se ligavam ao sentido de hierarquia, de desigualdade, de obediência. Era uma sociedade em que, mesmo entre a população livre, havia pouca noção, e nenhuma prática, dos direitos individuais, da cidadania. Ao escapar da escravidão pela fuga ou pela libertação, o ex-escravo brasileiro fazia uma transição muito menos dramática do que o ex-escravo sulista nos Estados Unidos. Ele apenas subia um degrau na extensa hierarquia social.

A curta distância entre escravidão e liberdade pode ser exemplificada pelo fato já documentado da existência no Brasil de muitos libertos que se tornavam proprietários de escravos. Foram encontrados mesmo alguns casos de escravos que eram, por sua vez, proprietários de escravos. Muitos, se não a maioria, dos capitães-de-mato eram mulatos, caboclos ou negros. Escravos eram usados como feitores de escravos, ou eram empregados para capturar escravos fugidos. Segundo depoimento de um ex-escravo brasileiro fugido para os Estados Unidos, que tinha sido aqui escravo de um negro, "as pessoas de cor, tão logo tivessem algum poder, escravizariam seus companheiros, da mesma forma, que o homem branco". Pode-se dizer, então, que no Brasil certamente ninguém gostava de ser escravo mas muita gente, inclusive escravos e libertos, gostaria de possuir um escravo. Há aí sem dúvida grande distância da situação norte-americana de polarização entre o mundo da liberdade e o mundo da escravidão. A distância entre escravidão e liberdade era no Brasil apenas um degrau, embora importante, na hierarquia social. Como ilustração deste ponto indicamos abaixo alguns dos muitos degraus de nossa hierarquia social durante o século XIX, utilizando como critérios de estratificação apenas a situação jurídica (escravo ou livre), a cor (preto/mulato/branco), o gênero (homem/mulher) e a classe (pobre/rico). Poder-se-iam ainda acrescentar outros critérios, como ocupação (manual/não manual), educação (analfabeto/secundária/superior).

O exercício exemplifica com clareza a multiplicação de hierarquias. Abaixo da própria linha da escravidão havia hierarquia. Acima havia muitas outras. O mundo da liberdade entre nós era muito limitado. Na realidade, este mundo praticamente não existia. Se Norte nos Estados Unidos era um grande quilombo, o Brasil inteiro, incluindo a população livre, era uma grande senzala. As consequências disto para o processo da abolição e para o pós-abolição não poderiam deixar de ser importantes.

HIERARQUIAS SOCIAIS NO BRASIL NO SÉCULO XIX

Homem branco livre de classe alta Mulher branca livre de classe alta	linha da classe social
Homem branco livre de classe média Mulher branca livre de classe média	linha da cor
Homem mulato livre Mulher mulata livre Homem negro liberto Mulher negra liberta	linha da escravidão
Homem negro escravo Mulher negra escrava	

CONSEQUÊNCIAS

O quilombo do Norte permitiu que a ação de negros e mestiços, escravos, livres ou libertos, fosse muito mais intensa no processo de abolição do que no Brasil. Já em 1827 surgia nos Estados Unidos o primeiro jornal abolicionista publicado por dois negros. Em 1829 circulou o *Appeal*, de D. Walker, que era nada menos que uma incitação aos escravos para que se insurgissem. Em 1830 já havia cerca de 50 grupos negros abolicionistas. Nesta mesma data, reuniu-se a primeira convenção nacional de abolicionistas negros. A *American Anti-Slavery Society*, criada em 1833, contava desde o início seis negros entre seus dirigentes. A ação de negros e mulatos em prol da abolição, coadjuvada pela dos brancos livres, só fez crescer nas décadas de 30 e 40. Em 1847, F. Douglas, um escravo fugitivo, fundou seu famoso jornal *North Star*, todo dedicado à causa. O título era sugestivo da polarização norte-americana: a estrela da liberdade brilhava no Norte. É conhecida a insistência de negros livres e escravos em se alistarem no Exército da União. Cerca de 186 mil o fizeram, apesar das hesitações iniciais do próprio Lincoln. Em 1864, em plena guerra, reuniu-se uma convenção nacional de negros para discutir os problemas do pós-abolição.

Acrescente-se que as igrejas protestantes abriram espaço para intenso movimento de organização dos negros. A Igreja Batista, de modo especial, por sua organização descentralizada, livre de controle burocrático, foi muito usada pelos negros como base de organização autônoma. Em 1870, já havia bispos negros e mais de 500 mil fiéis negros nas igrejas protestantes. É fácil imaginar os efeitos de tal evolução sobre a criação de uma identidade negra e de uma capacidade de atuação independente. Se, de um lado, tal adesão às igrejas significava o reconhecimento da perda de boa parte das origens culturais africanas, de outro, indicava a capacidade dos negros de utilizar os instrumentos ideológicos e organizacionais da cultura dominante para promover sua própria promoção. As igrejas negras acabaram por adquirir características próprias, particularmente na música, os *negro spirituals*, que recuperavam em parte a cultura africana. Além do aspecto cultural, as igrejas serviam também como fonte de treinamento de lideranças políticas negras. Não é preciso lembrar que ainda hoje boa parte desta liderança vem das igrejas. Basta citar Martin Luther King e o candidato à presidência da República, Jesse Jackson, ambos ministros evangélicos.

Está claro que a atuação negra era informada pela cultura liberal que a circundava. Pelo lado ideológico, os abolicionistas negros recorriam à Declaração de Independência e à Constituição para justificar o combate à escravidão. A visão fundamentalista do cristianismo também fornecia fáceis argumentos em favor da igualdade dos seres humanos. Pelo lado da prática, a liberdade de expressão e de organização abria campo vasto para a luta, não obstante as limitações do preconceito racial que existia também no Norte. Os valores do quilombo branco também afetavam o quilombo negro.

Os valores da sociedade nortista afetavam também, com mais razão, a ação dos brancos em relação aos negros. Basta lembrar aqui, pelo contraste que estabelece em relação ao Brasil, a posição do governo em relação à educação dos libertos e negros livres. Uma das principais linhas de atuação do *Freedmen's Bureau*, criado em 1865 para cuidar dos libertos, foi a promoção de sua educação. Até 1870, tinham sido gastos cerca de 5 milhões de dólares para este fim. Nesta data havia em torno de 250 mil alunos negros nas escolas e 4.325 escolas, entre as quais algumas universidades, como a Howard University. Não é também necessário enfatizar as consequências de tal fato para a integração dos negros no mercado de trabalho livre e para a formação de lideranças sociais e políticas. A valorização do indivíduo via educação era parte do ideário liberal assim como o era do ideário protestante.

O *Reconstruction Act*, de 1867, atuou também de maneira enérgica na promoção do negro, sobretudo pela distribuição de terras e concessão do direito de voto. Os negros do Sul não só foram admitidos à cidadania política pelo voto como elegeram muitos de seus pares para as convenções estaduais. Em alguns casos, eles formaram maioria em convenções, como aconteceu na Carolina do Sul. É também verdade que, com o fim da intervenção militar do Norte, muitas conquistas se perderam, e a luta teve que ser retomada, quase cem anos depois, na grande campanha pelos direitos civis. Mas as bases tinham sido lançadas, os valores da cidadania tinham sido incutidos, o sabor da liberdade tinha sido degustado.

No caso brasileiro as coisas se passaram de maneira muito diversa. A participação de negros livres e libertos no processo de abolição, embora não ausente, foi muito menos intensa. A imprensa abolicionista era quase toda branca, assim como eram brancos em sua maioria os líderes abolicionistas. Salvam-se as grandes exceções de Luís Gama, André Rebouças e José do Patrocínio. Rebouças e Patrocínio, por sinal, queixavam-se da indiferença dos negros e mulatos pela causa. Joaquim Nabuco não teve o voto destes grupos em suas campanhas eleitorais no Recife. Há poucas notícias de organizações negras voltadas para luta libertadora. As poucas exceções estão em geral ligadas às antigas irmandades de homens de cor. A Guarda Negra, fundada após a abolição, não pode ser chamada de organização espontânea dos negros, pois estava claramente ligada à luta entre monarquistas e republicanos. Uma convenção nacional de organizações negras era algo que não aconteceria no país senão muito mais tarde.

No que se refere à influência da religião, as diferenças foram também marcantes. O catolicismo brasileiro foi mais tolerante com as religiões africanas e permitiu maior sobrevivência da cultura negra. Os proprietários de escravos brasileiros também não tinham o mesmo fervor religioso dos norte-americanos e estavam menos interessados em impor sua religião. Mais do que o lado espiritual, interessava-lhes na religião o aspecto político de redutor do espírito de rebelião. O catolicismo brasileiro permitiu também a formação das irmandades negras, inclusive de escravos. Não deixa de impressionar quem visita as cidades coloniais de Minas a visão das igrejas construídas pelas irmandades de negros e de pardos. Mas a Igreja Católica era oficial, ligada ao Estado, profundamente burocratizada e centralizada. As irmandades cultivavam o espírito de assistência mútua mas nunca foram focos de reivindicação de direitos ou de formação de lideranças políticas. A própria Igreja, nas pessoas de seus representantes, bispos, padres e religiosos, praticava a escravidão. Padres seculares eram proprietários de escravos, alguns tinham filhos de suas escravas. Ordens religiosas eram também grandes proprietárias de escravos. Algumas chegaram mesmo, segundo certos depoimentos, a se dedicar à reprodução de escravos. Enfim, a participação na Igreja não era fator de libertação. Não retirava o escravo ou o liberto do mundo da escravidão ou da ausência de cidadania. A Igreja estava dentro, não fora do sistema escravista. O católico, como o cidadão, no Brasil, não possuía a consciência dos valores da liberdade individual.

Da parte do Estado, nada se podia também esperar. Foi inequívoca a ação da Coroa no sentido de apressar a abolição. Mas a abolição era vista pela elite política como um fim em si, como a libertação do país da obrigação de carregar um fardo incômodo perante o Ocidente cristão. A pessoa do escravo ou do liberto importava pouco, se importava alguma coisa. Daí terem sido inúteis os apelos de abolicionistas como André Rebouças no sentido de ser estabelecido um programa de assistência aos ex-escravos. Rebouças pedia terras e educação para os libertos. Nada foi feito. Há notícias de uma ou outra organização particular que criou escolas para libertos, mas seu impacto foi nulo. Uma vez libertado, o negro foi abandonado pelo governo, abandono que se acentuou com a República, cujos valores se aproximavam mais do darwinismo social do que do paternalismo monárquico. Não é preciso mencionar que em termos de participação política também nada foi feito. Atuaram aí as características da sociedade. Não houve promoção da educação dos escravos porque, entre outras coisas, a educação não era um valor social, sobretudo a educação primária. A própria população livre não reivindicava a educação como um direito social. No que se refere à participação política, inexistia o sentido da cidadania entre a população livre. A prática do sistema político não se baseava na ideia de uma cidadania constituinte. Nestas circunstâncias, seria contrassenso esperar do ex-escravo que tivesse consciência de seus direitos políticos e sociais, quando estes direitos não faziam parte do patrimônio da população livre.

Em resumo, o caso norte-americano se caracteriza pela bipolaridade racial e pela presença mais intensa e mais explícita do conflito, em comparação com a multipolaridade e a maior tendência à negociação no caso brasileiro. Caracteriza-se também por maior imposição da cultura branca sobre os negros. Por outro lado, e como consequência destas características, certos valores positivos de liberdade e de iniciativa individual marcaram mais a população negra de lá. Os efeitos políticos e sociais foram grandes no sentido de dar maior agressividade aos negros na luta por seus direitos, o que resultou na conquista de uma posição social muito superior à dos negros brasileiros. O estilo negociador brasileiro reduzia o conflito mas à custa do desenvolvimento da noção de direitos, da iniciativa política dos negros e de sua promoção política e social. Nos Estados Unidos o conflito violento foi o preço da maior igualdade; aqui a maior desigualdade foi o preço da negociação e da maior preservação dos valores africanos.

CONCLUSÃO

A principal conclusão que gostaria de tirar é que o problema da batalha da abolição há cem anos atrás, como o problema do racismo hoje, não é um problema da população negra. É um problema da nação brasileira. A batalha da abolição e a batalha contra a discriminação são uma batalha do Brasil. José Bonifácio foi o primeiro a colocar o problema da escravidão como problema nacional. Ele chamou a escravidão de cancro mortal que ameaçava as bases da nação. Pretendi mostrar que o cancro é mais profundo, vai além da existência legal da escravidão. Ele tem a ver com os valores da sociedade como um todo. Tem a ver com as hierarquias que, para além da escravidão, estruturam nossa sociedade, alocam os indivíduos em nichos e reduzem sua possibilidade de mobilidade. Ele tem a ver com a ausência da prática de direitos civis e políticos. Ao libertar-se, o negro permaneceu dentro desta sociedade que não tinha lugar para as ideias de igualdade e de liberdade. Ele não podia fugir para fora desta sociedade. Não havia, numa visão mais radical, possibilidade de quilombos no sentido em que o norte-americano era um quilombo, no sentido de que os Estados Unidos eram um quilombo de dissidentes ingleses. A escravidão desapareceu, foi abolida, mas as características hierárquicas e autoritárias da sociedade permaneceram. A batalha da abolição, hoje, é a batalha pela eliminação dessas características, responsáveis, entre outras coisas, pela preservação da marginalização do negro.

(Palestra no Seminário *O negro no Rio de Janeiro*, realizado na Fundação Casa de Rui Barbosa, em março de 1988.)

Primeira República

Entre a liberdade dos antigos e a dos modernos: a República no Brasil

Relegado por muito tempo ao esquecimento, o pensamento de Benjamin Constant começa a ser recuperado.[44] Entre os textos mais importantes que produziu está a conferência, feita em 1819 no Athénée Royal de Paris, intitulada "De la Liberté des Anciens Comparée à celle des Modernes". Nela o termidoriano Constant, inimigo dos jacobinos mas também de Napoleão, atribui os males da Revolução de 1789 à influência de filósofos como Mably e Rousseau, defensores de um tipo de liberdade que não mais se adaptaria aos tempos modernos. A liberdade por eles defendida e adotada pelos jacobinos era aquela que caracterizara as repúblicas antigas de Atenas, Roma e, sobretudo, Esparta. Era a liberdade de participar coletivamente do governo e da soberania, era a liberdade de decidir na praça pública os negócios da República: era a liberdade do homem público. Em contraste, a liberdade dos modernos, a que convinha aos novos tempos, era a liberdade do homem privado, a liberdade dos direitos de ir e vir, de propriedade, de opinião, de religião. A liberdade moderna não exclui o direito de participação política, mas a participação se faz agora pela representação e não pelo envolvimento direto. O desenvolvimento do comércio e da indústria não permitia mais, argumenta Constant, que as pessoas dispusessem de tempo para se dedicarem a deliberar em praça pública, nem elas estavam nisto interessadas. Hoje o que se busca é a felicidade pessoal, o interesse individual; a liberdade política tem por função garantir a liberdade civil.

---

[44] Agradeço as sugestões bibliográficas de Ricardo Benzaquen de Araújo. Indicação da retomada do estudo de Benjamin Constant é a seleção de textos, acompanhada de introdução crítica, feita por Marcel Gauchet. Veja CONSTANT. *De la liberté chez les modernes*.

A oposição entre os dois tipos de liberdade, que é também a oposição entre duas maneiras de conceber a organização política da sociedade, esteve presente também na Revolução Americana de 1776, que optou claramente pela liberdade dos modernos. O debate permanece conosco até hoje, como o demonstra o recente livro de Richard Sennet.⁴⁵ Sem dúvida, ele se colocava para os republicanos brasileiros que, no final do século passado, se viam às voltas com o problema de justificar um regime que viesse substituir a monarquia. Os temas do interesse do indivíduo e de grupos, da nação, da cidadania, encarnados na ideia de república, estavam no centro das preocupações dos construtores da República brasileira. Como país exportador de matérias-primas e importador de ideias e instituições, os modelos de república existentes na Europa e na América, sobretudo nos Estados Unidos e na França, serviram de referência constante aos brasileiros. Minha proposta é discutir como estes modelos foram interpretados e como foram adaptados às circunstâncias locais pela elite política republicana.

AS DUAS LIBERDADES

O conceito de república era ambíguo para os *founding fathers* da primeira grande república moderna, a dos Estados Unidos da América. Como Hamilton observou, até então o conceito se aplicara a formas de governo muito distintas. Aplicara-se a Esparta, que tinha senado vitalício, a Roma, mesmo sob os reis, aos Países Baixos, que tinham nobreza hereditária, à Polônia, que tinha aristocracia e monarquia.⁴⁶ República podia significar tanto governo livre, como governo da lei, como governo popular. De uma coisa, porém, estavam certos os fundadores, ou a grande maioria deles: a base filosófica da construção que deveriam empreender, a base do novo pacto político, tinha de ser a predominância do interesse individual, da busca da felicidade pessoal. O utilitarismo de Hume era a fonte de inspiração comum de todos. Como se sabe, para Hume todos os homens eram velhacos (*knaves*) e só poderiam ser motivados por meio do apelo a seus interesses pessoais. Tratava-se, portanto, de uma concepção

---
⁴⁵ SENNET. *The fall of public man.*
⁴⁶ Para o exame do pensamento dos fundadores da República Americana, sobretudo o de Alexander Hamilton, servi-me do livro de STOURZH. *Alexander Hamilton and the idea of Republican Government.*

de liberdade que se adaptava perfeitamente à noção de liberdade dos modernos como descrita por Benjamin Constant. O mundo utilitário é o mundo das paixões, ou no máximo o mundo da razão a serviço das paixões, e não o mundo da virtude no sentido antigo da palavra.

O utilitarismo, a ênfase no interesse individual, colocava dificuldades para a concepção do coletivo, do público. A solução mais comum foi a de simplesmente definir o público como a soma dos interesses individuais, como na famosa fórmula de Mandeville: vícios privados, virtude pública. Para explicar o fato inegável de que algumas pessoas em certas circunstâncias eram movidas por razões outras que o simples interesse material, Hamilton recorreu ainda a outra paixão: o amor da glória e da fama. Este amor poderia combinar a promoção do interesse privado com o interesse público. De qualquer modo, o que aparece nos *Federalist Papers*, como observou Stourzh, é a visão de uma nação sem patriotas, é a visão de uma coleção de indivíduos em busca de uma organização política que garantisse seus interesses. Não há identidade coletiva, sentimento de comunidade ou de pátria.

Sem discutir se era correta a visão da ausência de identidade coletiva entre os habitantes das Treze Colônias, a ênfase no indivíduo levou os fundadores a se preocuparem particularmente com os aspectos organizativos da nova sociedade. Se não havia laços afetivos de solidariedade, tornava-se mais difícil, com base apenas no cálculo do interesse, fundar a nova sociedade política. Como observa Hannah Arendt,[47] no caso norte-americano a verdadeira revolução já estava feita antes da independência. A revolução era a nova sociedade que se implantara na América. Coube aos fundadores promover a *constitutio libertatis*, a organização da liberdade, antes que fazer a declaração da liberdade. Talvez por isso, ainda segundo Hannah Arendt, a Revolução Americana tenha sido a única que não devorou seus filhos, tenha sido a de maior êxito em se institucionalizar. O contraste com a Revolução Francesa é nítido. Nesta predominou a declaração da liberdade em prejuízo de sua ordenação. Nos Estados Unidos, Montesquieu era o autor mais importante; na França era Rousseau. A separação dos poderes como garantia da liberdade, a duplicação do Legislativo como instrumento de absorção das tendências separatistas e a força dada à Suprema Corte como elemento de equilíbrio foram inovações institucionais responsáveis, em boa parte, pela durabili-

---

[47] ARENDT. *On Revolution*.

dade do sistema norte-americano. Veremos adiante o apelo que tais inovações na engenharia política teve para alguns republicanos brasileiros.

Outro modelo óbvio de república era o francês. As repúblicas da América Latina ou eram consideradas simplesmente como derivações do modelo norte-americano, ou não se qualificavam como modelos devido à turbulência política que as caracterizava. Dizer modelo francês é incorreto: havia mais que um modelo francês em decorrência das vicissitudes por que passara a república naquele país. Pelo menos a Primeira e a Terceira Repúblicas francesas constituíam pontos de referência, naturalmente para públicos distintos.

A imagem da Primeira República se confundia quase com a da Revolução de 1789, da qual se salientava principalmente a fase jacobina, os aspectos de participação popular. Isto é, a fase que mais se aproximava da concepção de liberdade ao estilo dos antigos, segundo Benjamin Constant. Era a república da intervenção direta do povo no governo, a república dos clubes populares, das grandes manifestações, do Comitê da Salvação Pública. Era a república das grandes ideias mobilizadoras do entusiasmo coletivo, da liberdade, da igualdade, dos direitos universais do cidadão.

Mas havia também a Terceira República, que já demonstrava razoável capacidade de sobrevivência. Certos traços da Terceira República tinham a ver, naturalmente, com a influência da tradição liberal de crítica à Revolução de 1789, inclusive a do próprio Benjamin Constant. Este autor, aliás, já influenciara abertamente a Constituição Imperial brasileira quando esta adotou o Poder Moderador, que ele chamava de *pouvoir royal*, ou *pouvoir neutre*.[48] Esta ideia, a de um poder acima do Legislativo e do Executivo que pudesse servir de juiz, de ponto de equilíbrio do sistema constitucional, poderia ser adaptada tanto a monarquias constitucionais como a repúblicas. A preocupação de Benjamin Constant era com a governabilidade, com a conciliação entre a liberdade e o exercício do poder, problema, segundo ele, não resolvido na França nem pela Primeira República, que tinha pouco governo, nem pelo Império, que tinha pouca liberdade. Tornar a República governável era uma das principais preocupações dos homens da Terceira República. Mas, para os republicanos brasileiros, Constant não poderia ser fonte de inspiração, pois estava por demais ligado à tradição imperial.

---

[48] O conceito de *pouvoir royal* foi desenvolvido em *Principles de politique*, publicado em 1819 e incluído na seleção de Marcel Gauchet já citada.

O modelo da Terceira República, ou melhor, uma variante dele, chegou ao Brasil sobretudo graças a esta curiosa raça de pensadores que foram os positivistas, de aquém e de além mar. A transmissão foi facilitada pela estreita ligação que tinham os positivistas franceses com os políticos da Terceira República, alguns deles positivistas declarados como Gambetta e Jules Ferry, do chamado grupo dos "oportunistas". A expressão "oportunista" fora cunhada por Littré, o líder dos positivistas não-ortodoxos. Um dos pontos centrais do pensamento político dos positivistas, expresso da divisa Ordem e Progresso, era o mesmo de Benjamin Constant, isto é, tornar a república um sistema viável de governo, ou, na frase de Jules Ferry: *La République doit être un gouvernement*.[49]

Havia divergências quanto à maneira de tornar a República um governo. Dentro do próprio positivismo, havia os ortodoxos do grupo de Laffitte, que não aceitavam o parlamentarismo adotado pela Constituição Francesa de 1875, e que se impacientavam com a demora no rompimento das relações entre a Igreja e o Estado e com a timidez das políticas educacionais. Os ortodoxos adotavam a ideia de ditadura republicana desenvolvida por Comte. O grupo de Littré aceitava o parlamentarismo, tendo ele próprio sido eleito senador, e admitia compromissos em torno de questões importantes como a das relações entre o Estado e a Igreja, em nome do oportunismo, isto é, em termos positivistas, em nome da necessidade de aguardar o momento sociológico adequado para intervir. De qualquer modo, ortodoxos e heterodoxos, todos se inspiravam politicamente no *Appel aux Conservateurs* que Comte publicara em 1855. O conceito de conservador neste texto de Comte provinha de sua visão particular da Revolução, que procurava fugir, de um lado, ao jacobinismo robespierrista, rousseauniano, chamado de metafísico, e, de outro, ao reacionarismo do restauracionismo clerical. Era conservador, na visão de Comte, aquele que conseguia conciliar o progresso trazido pela Revolução com a ordem necessária para apressar a transição para a sociedade normal, ou seja, para a sociedade positiva baseada na Religião da Humanidade.[50]

O ponto importante em que a ortodoxia positivista se separava das ideias de Benjamin Constant era a rejeição do governo parlamentar. A di-

---

[49] Para a discussão da ideia de república na França, utilizei o excelente trabalho de NICOLET. *L'idée republicaine en France (1789-1924)*. As relações entre o positivismo e a Terceira República são discutidas no capítulo VI dessa obra.
[50] COMTE. *Appel aux Conservateurs*.

vergência era relevante para os republicanos brasileiros. Comte tirara sua ideia de ditadura republicana tanto da tradição romana como da experiência revolucionária de 1789, estas duas, aliás, também relacionadas. A expressão implica ao mesmo tempo a ideia de um governo discricionário de salvação nacional e a ideia de representação, de legitimidade. Não se trata de despotismo. Para Comte, Danton era um ditador republicano e Robespierre era um déspota. Mas a ideia era ambígua, na medida em que no *Appel aux Conservateurs* ele apresenta o legitimista Carlos X como a melhor encarnação de ditador republicano.

Seja qual for o conteúdo preciso da expressão, suas consequências para a ideia de representação e para a organização da política republicana eram importantes. A ideia de representação embutida na figura do ditador se aproxima da representação simbólica, ou da representação virtual de Burke. Nestas duas acepções o representante se coloca no lugar do representado, em relação ao qual possui grande independência.[51] O ditador republicano seria, por exemplo, vitalício e poderia escolher seu sucessor. Se ele deve teoricamente representar as massas, pode na prática delas se afastar. Na realidade, o bom ditador comtiano seria aquele que conduzisse as massas. No espírito do *Appel aux Conservateurs*, a ditadura monocrática, republicana, conservadora, tem o claro sentido de um governo da ordem cuja tarefa é fazer *d'en haut* a transição para a sociedade positiva. A ditadura republicana aparece aí como algo muito próximo do conceito de modernização conservadora difundido por Barrington Moore.

O positivismo, sobretudo na versão Laffitte, possuía outro traço que o tornava relevante para a discussão da situação brasileira. Vimos o ideal hamiltoniano de uma nação sem patriotas, ao qual se opunha a visão rousseauniana com ênfase no coletivo, na ideia de virtude cívica, de homem público. O comtismo introduziu uma variante nestas duas vertentes. Como é sabido, após o encontro de Comte com Clotilde de Vaux em 1845, sua obra sofreu uma transformação profunda. Os elementos religiosos passaram a predominar sobre os aspectos científicos, o sentimento foi colocado acima da razão, a comunidade foi sobreposta ao indivíduo. Segundo a sua própria confissão, Comte passou a unir o instinto social dos romanos (a virtude cívica) à cultura afetiva da Idade Média, expressa

---

[51] A melhor discussão até hoje sobre o conceito de representação, e de que aqui me servi, é a de PITKIN. *The concept of representation.*

nas tradições do catolicismo. Deste modo, fugia completamente ao individualismo mas em seu lugar não colocava a vontade geral de Rousseau. Para Comte, individualismo e vontade geral eram ambas noções metafísicas. O que o comtismo introduzia eram as formas de vivência comunitária, a família, a pátria e, como culminação do processo evolutivo, a humanidade (que Comte escrevia com H maiúsculo).

De especial importância é a ênfase dada por Comte à noção de pátria. A pátria é a mediação necessária entre a família e a humanidade, é a mediação necessária para o desenvolvimento do instinto social. Ela deve, para atender a tal função, constituir verdadeira comunidade de convivência, não podendo, portanto, possuir território excessivamente grande. A pátria perfeita deveria ter como característica os dons femininos do sentimento e do amor. A boa pátria será a mátria. Tal visão, se era incompatível com a ideia de nação sem patriotas, também fugia do comunitarismo de Rousseau, que possuía elementos contratuais e, portanto, traços de individualismo. O cidadão positivista não age na praça pública, não delibera sobre as questões públicas. Ele se perde nas estruturas comunitárias que o absorvem totalmente.

Havia, assim, pelo menos três modelos de república à disposição dos republicanos brasileiros. Dois deles, o americano e o positivista, embora partindo de premissas totalmente distintas, acabavam dando ênfase a aspectos de organização do poder. O terceiro colocava a intervenção popular como fundamento do novo regime, desdenhando os aspectos de institucionalização. É verdade que a ideia de ditadura republicana era usada pelos dois modelos franceses, mas na versão jacobina ela permanecia vaga, ao passo que os positivistas detalhavam o papel do ditador, do Congresso, as normas eleitorais, a política educacional etc.

Ideias e instituições norte-americanas e europeias já tinham sido adaptadas por políticos imperiais. Antes mesmo da independência do país, rebeliões coloniais tinham-se inspirado seja na revolução americana, seja na francesa. Importar modelos, ou inspirar-se em exemplos externos, não era, assim, exclusividade dos republicanos brasileiros. Os próprios *founding fathers* americanos buscaram inspiração em ideias e instituições da Antiguidade, da Renascença, da Inglaterra e França contemporâneas. A Revolução Francesa, por sua vez, tivera nos clássicos e no exemplo americano pontos de referência. O fenômeno de buscar modelos externos é universal. Isto não significa, no entanto, que ele não possa ser útil para entender uma sociedade particular. Que ideias adotar, como adotá-las, que adaptações fazer, tudo isto pode ser revelador das forças políticas e dos valores que predominam na sociedade importadora.

A HERANÇA IMPERIAL

O Império brasileiro realizara uma engenhosa combinação de elementos importados. Na organização política inspirava-se no constitucionalismo inglês, via Benjamin Constant. Bem ou mal, a monarquia brasileira ensaiou um governo de gabinete com partidos nacionais, eleições, imprensa livre. Em matéria administrativa a inspiração veio de Portugal e da França, pois eram estes dois países os que mais se aproximavam da política centralizante do Império. O direito administrativo francês era particularmente atraente para o viés estatista dos políticos imperiais.[52] Por fim, até mesmo certas fórmulas anglo-americanas, como a justiça de paz, o júri, e uma limitada descentralização provincial, serviam de referência quando o peso centralizante provocava reações mais fortes.

Todas essas importações serviam à preocupação central que era a organização do Estado em seus aspectos político, administrativo e judicial. Tratava-se antes de tudo de garantir a sobrevivência da unidade política do país, de organizar um governo que mantivesse a união das províncias e a ordem social. Somente ao final do Império começaram a ser discutidas questões que tinham a ver com a formação da nação, com a redefinição da cidadania. Embora, no início da vida independente brasileira, um dos principais políticos da época, José Bonifácio, já tivesse alertado para o problema da formação da nação, mencionando sobretudo as questões da escravidão e da diversidade racial, tudo isto ficou em segundo plano, pois a tarefa mais urgente a ser cumprida era a da sobrevivência pura e simples do país.

Após a consolidação da unidade política, conseguida em torno da metade do século, o tema nacional voltou a ser colocado, inicialmente

---

[52] A influência do direito administrativo francês é transparente no principal livro escrito no Império sobre a organização política. Trata-se do *Ensaio sobre o direito administrativo*, do Visconde de Uruguai. As contradições da política francesa permitiam que a influência desse país se desse tanto sobre os radicais quanto sobre conservadores. O Visconde de Uruguai foi o principal pensador do conservadorismo monárquico.

na literatura. *O guarani* de José de Alencar, romance publicado em 1857, buscava, dentro do estilo romântico, definir uma identidade nacional pela ligação simbólica entre uma jovem loura portuguesa e um chefe indígena acobreado. A união das duas raças num ambiente de exuberância tropical, longe das marcas da civilização europeia, indicava uma primeira tentativa de esboçar o que seriam as bases de uma comunidade nacional com identidade própria. No âmbito político, a temática nacional só foi retomada quando se aproximou o momento de enfrentar o problema da escravidão e seu correlato, a imigração estrangeira. Tais problemas implicavam também o da centralização política, uma vez que afetavam de maneira distinta as várias províncias. Os republicanos tinham de enfrentar esses desafios. Mais ainda, em boa parte a opção pela república e o modelo de república escolhido tinham a ver com a solução que se desejava para tais problemas.

A Monarquia aboliu a escravidão em 1888. Mas a medida atendeu antes a uma necessidade política de preservar a ordem pública ameaçada pela fuga em massa dos escravos e a uma necessidade econômica de atrair mão de obra livre para as regiões cafeeiras. O problema social da escravidão, o problema da incorporação dos ex-escravos à vida nacional e, mais ainda, à própria identidade da nação, não foi resolvido e mal começava a ser enfrentado. Os abolicionistas mais lúcidos, os reformistas monárquicos, tinham proposto medidas nesta direção, como a reforma agrária e a educação dos libertos. Mas no curto período de um ano que mediou entre a Abolição e a República nada foi feito, pois o governo imperial gastou quase toda a sua energia resistindo aos ataques dos ex-proprietários de escravos que não se conformavam com a abolição sem indenização.

O Império tinha, por outro lado, enfrentado o problema da redefinição da cidadania de maneira a dificultar a incorporação dos libertos. A lei eleitoral de 1881, que introduzia o voto direto em um turno, sob pretexto de moralizar as eleições, reduziu drasticamente a participação eleitoral. Ao exigir dos eleitores saber ler e escrever, reduziu o eleitorado, que era de 10% da população, a menos de 1% numa população de cerca de 14 milhões. Se o governo imperial contava com simpatias populares, inclusive da população negra, era isto devido antes ao simbolismo da figura paternal do rei do que à participação real desta população na vida política do país.

A OPÇÃO REPUBLICANA

Substituir um governo e construir uma nação, esta era a tarefa que os republicanos tinham de enfrentar. Eles a enfrentaram de maneira diversificada, de acordo com a visão que cada grupo republicano tinha da solução desejada. Esquematicamente, podem ser distinguidas três posições.

A primeira era a dos proprietários rurais, especialmente a dos proprietários paulistas. Em São Paulo existia, desde 1873, o partido republicano mais organizado do país, formado sobretudo por proprietários. A província passava por grande surto de expansão do café e sentia-se asfixiada pela centralização monárquica. Para esses homens, a república ideal era sem dúvida a do modelo norte-americano. Convinha-lhes a definição individualista do pacto social. Ela evitava o apelo à ampla participação popular tanto na implantação como no governo da república. Mais ainda, ao definir o público como a soma dos interesses individuais, ela lhes fornecia a justificativa para a defesa de seus interesses particulares. A versão do final do século XIX da postura liberal era o darwinismo social, absorvido no Brasil via Spencer, o inspirador do principal teórico paulista da República, Alberto Sales.

Convinha-lhes também a ênfase norte-americana na organização do poder, não apenas por estar na tradição do país mas, sobretudo, pela preocupação com a ordem social e política própria de uma classe de ex-senhores de escravos. Convinha-lhes, de modo especial, a solução federalista americana. Para os republicanos de São Paulo, de Minas Gerais e do Rio Grande do Sul, três das principais províncias do Império, o federalismo era talvez o aspecto mais importante que buscavam no novo regime. O sistema bicameral era parte da solução federativa.

O modelo norte-americano, em boa parte vitorioso na Constituição de 1891, embora atendesse aos interesses dos proprietários rurais, tinha sentido profundamente distinto daquele que teve nos Estados Unidos. Lá, como lembrou Hannah Arendt, a revolução viera antes, estava na nova sociedade igualitária formada pelos colonos. A preocupação com a organização do poder, como vimos, era antes consequência da quase ausência de hierarquias sociais. No Brasil não houvera a revolução prévia. Apesar da abolição da escravidão, a sociedade caracterizava-se por desigualdades profundas e pela concentração do poder. Nestas circunstâncias, o liberalismo adquiria um caráter de consagração da desigualdade, de sanção da lei do mais forte. Acoplado ao presidencialismo, o darwinismo republicano tinha em mãos os instrumentos ideológicos e políticos para estabelecer um regime profundamente autoritário.

Não era este, sem dúvida, o modelo que convinha a outros desafetos da Monarquia. Havia um setor da população urbana, formado por pequenos proprietários, profissionais liberais, jornalistas, professores e estudantes, para quem o regime imperial aparecia como limitador das oportunidades de trabalho. Digo aparecia porque a lentidão do sistema imperial, mesmo em promover a abolição, a excessiva centralização, a longevidade de alguns segmentos da elite política (dos senadores vitalícios, por exemplo), eram vistos como sendo a causa dos problemas destes insatisfeitos, quando a causa estava em outros fatores como a própria escravidão que limitava o mercado de trabalho. Acontece que a própria avaliação da Monarquia era condicionada pelas ideias republicanas. A versão jacobina, em particular, tendia a projetar sobre a monarquia brasileira os mesmos vícios do *ancien régime* francês, por menos comparáveis que fossem as duas realidades. Via-se no Império brasileiro, por exemplo, o atraso, o privilégio, a corrupção, quando o Imperador era dos maiores promotores da arte e da ciência, quando a nobreza era apenas nominal e não hereditária, quando o índice de moralidade pública era talvez o mais alto já havido na história independente do Brasil. Mas as acusações eram feitas provavelmente de boa-fé, elas faziam parte da crença republicana.

Para estas pessoas, a solução liberal ortodoxa não era atraente, pois não controlavam recursos de poder econômico e social capazes de colocá-las em vantagem num sistema de competição livre. Atraíam-nas antes os apelos abstratos em favor da liberdade, da igualdade, da participação, embora nem sempre fosse claro de que maneira tais apelos poderiam ser operacionalizados. A própria dificuldade de visualizar sua operacionalização fazia com que se ficasse no nível das abstrações. A ideia de povo era abstrata. Os radicais da república falavam em revolução (queriam mesmo que esta viesse no centenário da grande Revolução de 1789), falavam do povo nas ruas, pediam a morte do príncipe consorte da herdeira do trono (era um nobre francês!), cantavam a Marselhesa pelas ruas. Mas, caso tivesse sido tentada qualquer revolução do tipo pretendido, o povo que em Paris saiu às ruas para tomar a Bastilha e guilhotinar reis não teria aparecido. As simpatias das classes perigosas do Rio de Janeiro estavam antes com a monarquia. A igualdade jacobina do cidadão foi aqui logo adaptada às hierarquias locais: havia o cidadão, o cidadão-doutor e até mesmo o cidadão-doutor-general.

Pela própria implausibilidade desta solução, os partidários da liberdade à antiga formavam um grupo pequeno, embora agressivo. A maior parte deste grupo de descontentes percebia a dificuldade, se não a impossibilidade, de se fazer a república na praça pública. Era muito clara para eles a importância do Estado. Eram contra o regime monárquico, não contra o Estado. O Estado era o meio mais eficaz de conseguirem seus objetivos. Como o abolicionista Joaquim Nabuco, percebiam que a escravidão era no Brasil a sombra do Estado, mas que sem o Estado seria difícil acabar com ela. Se não lhes interessava a solução norte-americana, não queriam também a jacobina. Era necessário outro tipo de saída.

A versão positivista da República, em suas diversas variantes, oferecia tal saída. O arsenal teórico positivista possuía armas muito úteis. A começar pela condenação da monarquia em nome do progresso. Pela lei dos três estados, a monarquia correspondia à fase teológico-metafísica, que devia ser superada pela fase positiva, cuja melhor encarnação era a República. A separação da Igreja e do Estado era também uma demanda atraente para este grupo, sobretudo para os professores, estudantes e militares. Igualmente, a ideia de ditadura republicana, o apelo a um Executivo forte e intervencionista, servia bem a seus interesses. Progresso e ditadura, o progresso pela ditadura, pela ação do Estado, eis aí um ideal de despotismo ilustrado que tinha longas raízes na tradição luso-brasileira desde os tempos pombalinos do século XVIII. Por último, a proposta positiva de incorporação do proletariado à sociedade moderna, de uma política social a ser implementada pelo Estado, tinha maior credibilidade que o apelo abstrato ao povo e abria caminho para a ideia republicana entre o operariado, sobretudo o estatal.

Um grupo social que se sentiu particularmente atraído por esta visão da sociedade e da república foi o dos militares. O fato é extremamente irônico, de vez que, de acordo com as teses positivistas, um governo militar significaria retrogradação social. Mas entram aí as surpresas que fazem interessante o fenômeno da adaptação de ideias. Acontece que os militares tinham formação técnica, em oposição à formação literária da elite civil, e sentiam-se fortemente atraídos pela ênfase dada pelo positivismo à ciência, ao desenvolvimento industrial. Por outro lado, por serem parte do próprio Estado, não podiam dele prescindir como instrumento de ação política. A ideia de ditadura republicana tinha para eles um forte apelo, embora na América Latina ela pudesse aproximar-se perigosamente da defesa do caudilhismo militar e assim tenha sido vista por observadores estrangeiros, sobretudo europeus, durante os dois governos militares que iniciaram a República.

Por razões históricas específicas, o modelo positivista seduziu também os republicanos do Rio Grande do Sul. A tradição militar da região, o fato de serem lá os republicanos uma minoria que precisava de disciplina e coesão para impor-se, a menor complexidade da sociedade local em comparação com São Paulo e Rio de Janeiro talvez tenham contribuído para a adesão mais intensa às ideias políticas do positivismo. A Constituição do Estado do Rio Grande do Sul incorporou elementos positivistas, sobretudo no que se refere à predominância do Executivo, ao Legislativo de uma câmara e de caráter orçamentário, à ausência de referência a Deus, substituído pelo trinômio Família, Pátria, Humanidade, à política educacional e social.[53]

A CIDADANIA E A ESTADANIA

Com a exceção dos poucos radicais, os vários grupos que buscavam em modelos republicanos uma saída para a monarquia acabavam dando ênfase ao Estado, mesmo os que partiam de premissas liberais. Levava a isto, em parte, a longa tradição estatista do país, herança portuguesa reforçada pela elite imperial. A sociedade escravocrata abria também poucos espaços ocupacionais, fazendo com que os deslocados acabassem por recorrer diretamente ao emprego público ou à intervenção do Estado para abrir perspectivas de carreira. Bacharéis desempregados, militares insatisfeitos com os baixos salários e com minguados orçamentos, operários do Estado em busca de uma legislação social, migrantes urbanos em busca de emprego, todos acabavam olhando para o Estado como porto de salvação. A inserção de todos eles na política se dava mais pela porta do Estado do que pela afirmação dos direitos de cidadão. Era uma inserção que se chamaria com maior precisão de estadania.

Já foram mencionados os obstáculos sociais à solução jacobina. O ponto merece ser expandido. O exercício da liberdade dos antigos exigia a posse da virtude republicana pelos cidadãos, isto é, a posse da preocupação com o bem público. Tal preocupação era ameaçada sempre

---

[53] Sobre o positivismo no Rio Grande do Sul, veja CARNEIRO. *Idéias políticas de Júlio de Castilhos.*

que cresciam as oportunidades de enriquecimento, pois surgia então a ambição e desenvolvia-se a desigualdade social. A virtude republicana era uma virtude espartana. Já percebido por Maquiavel, este tema foi retomado às vésperas da criação das repúblicas modernas. Na França, Montesquieu e, sobretudo, Mably viam como condição para a virtude cívica certa igualdade social. Mably achava que apenas a Suíça possuía tal condição, estando os Estados Unidos já corrompidos pela desigualdade. Jefferson o mais "antigo" dos *founding fathers*, tinha também dúvidas quanto às possibilidades da vigência da virtude republicana nos Estados Unidos devido ao avanço do comércio e da indústria, fontes de corrupção. Dentro de tal visão, o patriota era quase incompatível com o homem econômico, a cidadania incompatível com a cultura.[54] Era esta, aliás, a posição de Benjamin Constant, para quem o desenvolvimento do comércio e da indústria seria a causa fundamental da inadequação da liberdade antiga ao mundo moderno.

Ora, além de ter surgido em uma sociedade profundamente desigual e hierarquizada, a República brasileira foi proclamada em um momento de intensa especulação financeira causada pelas grandes emissões de dinheiro feitas pelo governo para atender às necessidades geradas pela abolição da escravidão. A febre especulativa atingiu de modo especial a capital do país, centro dos acontecimentos que levaram à República. Em vez da agitação do Terceiro Estado, a República brasileira nasceu no meio da agitação dos especuladores, agitação que ela só fez aumentar pela continuação da política emissionista. O espírito de especulação, de enriquecimento pessoal a todo custo denunciado amplamente na imprensa, na tribuna, nos romances, dava ao novo regime uma marca incompatível com a virtude republicana. Em tais circunstâncias, não se podia nem mesmo falar na definição militarista do interesse público como sendo a soma dos interesses individuais. Simplesmente não havia preocupação com o público. Predominava a mentalidade predatória, o espírito do capitalismo sem a ética protestante.

Houve reação a tal situação durante o segundo governo militar, a fase jacobina da República. Não por acaso, este governo se destacou pelo combate aos especuladores e banqueiros. A imagem mais popular do marechal Floriano Peixoto era a do guardião do Tesouro, uma pálida

---

[54] Veja a discussão deste tema em POCOCK. *Civic humanism and its role in anglo-american thought*, p. 80-103.

versão tropical do Robespierre dos tempos do Comitê de Salvação Pública, chamado o Incorruptível. Mas durou pouco a reação. A corrupção e a negociata voltaram a caracterizar o novo regime, fazendo com que o antigo, acusado antes de corrupto, aparecesse já como símbolo de austeridade pública. As representações da República nas caricaturas da época mostram a rápida deterioração da imagem do regime. Da clássica figura da austera matrona romana passa-se rapidamente para a cortesã renascentista. Não se tratava apenas da imagem. Um ministro da Fazenda foi acusado, na virada do século, de ter feito reproduzir o retrato de sua amante em uma nota do Tesouro, como representação da República.

As dificuldades de implantação seja de uma república à antiga, seja de uma república moderna no Brasil preocupavam os intelectuais da época, sobretudo os republicanos. O ponto central do debate era a relação entre o privado e o público, o indivíduo e a comunidade. Vários pensadores identificavam como fator explicativo da incapacidade brasileira para organizar a sociedade política a ausência do individualismo anglo-saxão. O teórico republicano Alberto Sales, após se ter rapidamente desencantado com o novo regime, dizia que os brasileiros eram muito sociáveis mas pouco solidários, isto é, conseguiam conviver em pequenos grupos mas eram incapazes de se organizar em sociedade. Segundo ele, era exatamente a valorização do indivíduo que dava aos americanos aquela capacidade de organizar-se que tanta admiração causou em Tocqueville. Na mesma linha, Sílvio Romero utilizou um autor francês, Edmond Demolins, para caracterizar a psicologia brasileira como sendo de natureza comunitária, em oposição à psicologia individualista dos anglo-saxões. A consequência que Sílvio Romero tirava desta distinção era a mesma de Alberto Sales: a ausência entre os brasileiros do espírito de iniciativa, da consciência coletiva, a excessiva dependência do Estado, o predomínio do que Demolins chamava de política alimentária.[55]

Até mesmo um positivista como Aníbal Falcão formulava a antinomia nos mesmos termos. A diferença é que Falcão, como bom positivista, colocava a valoração positiva do lado brasileiro. A tradição brasileira, ou ibérica em geral, salientava os aspectos integrativos, participatórios, afe-

---

[55] Retomo aqui parte da discussão feita em CARVALHO. *Os bestializados. O Rio de Janeiro e a República que não foi*, p. 140-160. Veja DEMOLINS. *A quoi tient la supériorité des anglo-saxons?*; SALES. *O Estado de S. Paulo*, 18 jul. 1901 e 25 jul. 1901; ROMERO. *O Brasil social*.

tivos. A tradição anglo-saxônica era individualista, egoísta, materialista, conflitiva. O futuro da humanidade estava na primeira tradição. Em política, segundo Falcão, o individualismo levava à dispersão e ao conflito, ao passo que o comunitarismo levava à ditadura republicana de natureza integrativa.[56]

O debate poderia ser seguido até os dias de hoje, se isto não extrapolasse os limites deste trabalho. Basta aqui lembrar sua retomada recente por Richard Morse.[57] Segundo Morse, um severo crítico da cultura anglo-saxônica, a cultura ibérica traria até hoje a marca da ênfase na integração, na incorporação, na predominância do todo sobre o indivíduo. Tal tradição adviria de uma opção feita pela Espanha, no limiar da Idade Moderna, pela visão tomista do Estado e da sociedade, visão em que predominariam as noções de comunidade e a concepção do Estado como instrumento para a promoção do bem comum.[58]

Tal concepção, é fácil de verificar, aproxima-se da de Aníbal Falcão e da dos positivistas ortodoxos em geral. Não por acaso, Comte dizia ter-se inspirado nas tradições cristãs da Idade Média. As propostas concretas dos positivistas, e não apenas suas posições filosóficas, iam também na direção de promover a integração. A começar por sua demanda básica de incorporação do proletariado à sociedade. Esta incorporação deveria ser feita de preferência pelo reconhecimento pelos ricos do dever de proteger os pobres, pela mudança de mentalidade, e não pelo conflito de classes. Outras propostas concretas iam na mesma direção não-conflituosa: a abolição da escravidão pelo governo, a defesa dos índios, a oposição às leis contra a vagabundagem. Até mesmo a transição republicana deveria ser feita de maneira suave: os ortodoxos queriam que o Imperador tomasse a iniciativa de se proclamar ditador republicano.[59]

Mas, apesar da admirável dedicação dos ortodoxos, suas propostas tiveram efeito reduzido e passageiro. O apelo à integração, aos valores comunitários, feito nas circunstâncias de desigualdade social extrema, de luta intensa pelo poder, de especulação financeira desregrada, caía no vazio. Algumas propostas, como as que se referiam à exaltação do papel

---

[56] FALCÃO. *Fórmula da civilização brasileira*.
[57] MORSE. *El espejo de Prospero. Un estudio de la dialéctica del Nuevo Mundo*.
[58] Sobre Morse, veja nesta coletânea o artigo "Richard Morse e a América Latina ser ou não ser?".
[59] Sobre os positivistas ortodoxos, veja nesta coletânea o artigo "A ortodoxia positivista no Brasil: um bolchevismo de classe média".

da mulher e da família, estavam sem dúvida dentro de uma tradição cultural enraizada. Mas seus efeitos eram antes de natureza conservadora, na medida em que reforçavam o patriarcalismo vigente. Quanto à proposta de fazer do Estado, por meio da ditadura republicana, um agente do bem comum, um promotor de políticas sociais, um preparador da sociedade positiva baseada na harmonia das relações sociais, na melhor das hipóteses reforçava o paternalismo governamental. Na pior das hipóteses levava água para o moinho do autoritarismo tecnocrático, com ou sem os militares. Comunidade, afeto e amor tornavam-se meras palavras, se não mistificação.

A dificuldade brasileira com os dois modelos de liberdade, a dos antigos e a dos modernos, estava talvez na ausência de um elemento que tais modelos não levavam em conta, mas que era na realidade parte importante, ou mesmo uma premissa, para o funcionamento deles. Para que funcionasse a república antiga, para que os cidadãos aceitassem a liberdade pública em troca da liberdade individual, assim como para que funcionasse a república moderna, para que os cidadãos renunciassem em boa parte à influência sobre os negócios públicos em favor da liberdade individual, talvez fosse necessária a existência anterior do sentimento de comunidade, de identidade coletiva, que antigamente podia ser o de pertencer a uma cidade e que modernamente é o de pertencer a uma nação. Pode-se perguntar se a república sem patriotas de Hamilton poderia sobreviver sem este sentimento, apesar de todo o aparato institucional inventado pelos fundadores. Pode-se igualmente perguntar se, no caso francês, algo da experiência revolucionária, um fenômeno que mobilizava mas que também dividia a sociedade, teria podido sobreviver sem o sentimento de nação despertado pelas guerras externas e pela cruzada civilizatória que os soldados franceses acreditavam estar realizando na Europa. O sentido da identidade seria, neste caso, o cimento comum aos dois modelos. Em si mesmo ele não seria suficiente para fundar uma comunidade política por negligenciar o fato universal da diversidade e do conflito. Aí estava, provavelmente, o equívoco da proposta do positivismo ortodoxo. Mas sem ele os dois modelos também se desintegrariam.

No Brasil do início da República inexistia tal sentimento. Havia, sem dúvida, alguns elementos que em geral fazem parte de uma identidade nacional, como a unidade da língua, da religião e mesmo a unidade política. A guerra contra o Paraguai na década de 1860 produzira, é certo, um início de sentimento nacional. Mas fora muito limitado pelas complicações impostas pela presença da escravidão. Era geral a resistência ao recrutamento, e muitos libertavam seus escravos para lutarem em seu lugar. Já na República, o jacobinismo tentou mobilizar o patriotismo no Rio de Janeiro. Mas tal mobilização levava à divisão antes que à união. O alvo principal dos ataques jacobinos eram os portugueses, que constituíam 20% da população da cidade. Eram portugueses muitos comerciantes banqueiros, mas também o eram muitos operários que se viam assim excluídos da república jacobina. Um pouco mais tarde, o movimento anarquista atacou explicitamente a ideia da pátria, considerada por eles instrumento de dominação dos patrões, instrumento do controle de mercados e da divisão da classe operária.

EM BUSCA DA NAÇÃO

A busca de uma identidade coletiva para o país, de uma base para a construção da nação, foi tarefa que perseguiu a geração intelectual da Primeira República (1889-1930). Tratava-se, na realidade, de uma busca das bases para a redefinição da República, para o estabelecimento de um governo republicano que não fosse uma caricatura de si mesmo. Porque foi geral o desencanto com a obra de 1889. Os propagandistas e os principais participantes do movimento republicano rapidamente perceberam que não se tratava da república de seus sonhos. Em 1901, quando seu irmão exerce a Presidência da República, Alberto Sales publicou um ataque virulento contra o novo regime, que considerava corrupto e mais despótico do que o governo monárquico. A formulação mais forte do desencanto talvez tenha vindo de Alberto Torres, já na segunda década do século: "Este Estado não é uma nacionalidade; este país não é uma sociedade; esta gente não é um povo. Nossos homens não são cidadãos."[60]

Muitos desses intelectuais abandonaram a preocupação com a política, com a organização do poder, com as instituições, que se mostravam incapazes de, por si só, criar a República. Foram buscar em níveis mais profundos o segredo dos fracassos políticos. O primeiro marco nesta busca foi provocado ironicamente por uma reação popular à República, pela revolta de Canudos. Chamada inicialmente de Vendéia brasileira por Euclides da Cunha, Canudos acabou dando a este autor material para um

---

[60] Veja TORRES. *A organização nacional*, p. 297.

livro explosivo, publicado em 1902. Em *Os sertões* o republicano Euclides da Cunha descobria e revelava de maneira dramática ao país uma vasta parte da população nacional, marginalizada no interior do país e hostil à República e aos valores seculares que a acompanhavam. Euclides apresentou este Brasil, antes descartado como exemplo de barbárie, como sendo o cerne da nação, o núcleo de onde poderia surgir uma identidade étnica para o país.

A revelação de Euclides da Cunha era particularmente chocante porque se dava apenas um ano antes do início das reformas do Rio de Janeiro, no auge do espírito *Belle Époque* que procurava dar ao país, ao menos a sua capital, ares de civilização parisiense. Era a época em que o ministro das Relações Exteriores, Rio Branco, procurava exibir ao exterior um país com cara branca e europeia. Era a época em que boa parte da intelectualidade, sobretudo no Rio, era cooptada pelo governo e se perdia num consumismo exacerbado dos produtos da cultura europeia.

Enquanto Euclides olhava para o interior, no mesmo ano de 1902 outro romancista, Graça Aranha, olhava para o lado oposto, para o mar, em busca também das raízes da alma nacional. Em seu romance *Canaã*, Graça Aranha debatia o problema da imigração europeia, suas vantagens e desvantagens para a formação da nação. O problema era central para a região Sudeste do país, que se via inundada de imigrantes, sobretudo italianos. Mas nem Euclides da Cunha, nem Graça Aranha enfrentaram a questão mais óbvia que era a da população negra. Quanto a esta prevalecia, seja implícita, seja explicitamente, a ideia de que o futuro do Brasil exigia o embranquecimento da raça. As teorias racistas europeias, importadas via Lapouge e Gobineau, exerciam ainda influência poderosa. A elite intelectual do país ainda se envergonhava de seu povo.

Nova descoberta do Brasil que se escondia no interior se deu na segunda década do século, graças ao que se chamou o movimento sanitarista, liderado por alguns médicos preocupados com a saúde pública. Alguns deles, convencidos de que a saúde era o principal problema nacional, envolveram-se com campanhas que os levaram ao interior do país, inclusive às zonas mais pobres. O movimento influenciou outro grande escritor, Monteiro Lobato, que já escrevera sobre o trabalhador rural atribuindo sua situação de miséria a fatores raciais. Em contato com o sanitarismo, Lobato abandonou o racismo e passou também a ver nas condições de saúde a principal causa da miséria e da apatia desta vasta parcela da população. Ficou célebre nacionalmente sua criação literária, o Jeca-Tatu, doente esfarrapado roceiro que, uma vez tratado da verminose que o corroía, tornou-se um empreendedor ao estilo ianque. Na linha de Euclides, Lobato revelava ao país, agora não o caboclo heroico dos sertões, mas o trabalhador rural, o sitiante das regiões cafeeiras dos Estados de São Paulo e do Rio de Janeiro.[61]

Seria necessário, no entanto, esperar a década de 1930, já finda a Primeira República, para que o lento movimento de descoberta do Brasil, de definição da nacionalidade, chegasse à população negra. Foi este o grande mérito da obra de Gilberto Freyre que, em *Casa-grande & Senzala*, publicado em 1933, rompeu definitivamente com o racismo e fez da população e da cultura negras elementos fundadores da sociedade brasileira. As acusações posteriores referentes a elementos de mistificação que estariam embutidos em sua obra por ocultar o conflito e a dominação racial não invalidam o mérito de ter reconhecido como parte inseparável da comunidade brasileira os elementos africano e mestiço.

Se com Gilberto Freyre completou-se a aceitação da realidade étnica do país, ficava ainda de fora um setor crescente da população gerado pela entrada do país no mundo da modernidade industrial. O operariado industrial foi quase totalmente ignorado pelos caçadores da república perdida. Passado o esforço inicial dos positivistas no sentido de o incorporar à sociedade, o operariado urbano, em parte pela própria agressividade que desenvolveu, tornou-se um espantalho para a elite política e um enigma para a intelectualidade, mesmo a de São Paulo, que se tornara o centro industrial do país. O modernismo literário que se manifestou com grande impacto nessa cidade em 1922, ao buscar também descobrir as raízes do Brasil, recorria a temas indígenas e nativistas, ou ao barroco colonial. A modernidade urbana, quando os preocupava, vinha descarnada do componente operário. Seria necessário esperar a década de 1940 para que um político como Getúlio Vargas, no estilo da ditadura republicana tão cara a seu estado natal, promovesse a incorporação paternalista do operariado à comunidade nacional.

Vargas foi o primeiro a colocar politicamente o problema da incorporação do povo ao sistema político. Antes dele, de Euclides a Freyre, a construção intelectual do Brasil se dava apenas em termos de sociedade e de cultura. O caboclo de Euclides, o imigrante de Graça Aranha, o Jeca-Tatu de Lobato, o negro de Gilberto Freyre foram abrasileirados mas

---

[61] MONTEIRO LOBATO. *Urupês; Problema vital.*

não foram feitos cidadãos. Na terminologia da Constituição Francesa de 1791, eram cidadãos passivos, pertenciam à comunidade nacional mas não participavam de sua vida política. Não gozavam a liberdade dos antigos nem a dos modernos. No máximo se aproximavam da liberdade dos positivistas.

A tarefa de os tornar cidadãos ativos, ou melhor, de se tornarem eles próprios cidadãos ativos, a tarefa de se reconstruir a República sobre as bases de uma nação reconstruída, continua inacabada ao se completarem os cem anos da República. Talvez seja desanimador o fato de que, no esforço continuado desta tarefa, ainda se coloquem hoje os dilemas centrais de cem anos atrás. Aos grandes apelos em favor da democracia das ruas, da virtude pública, que marcaram principalmente os anos iniciais da atual República, acrescem-se hoje os chamamentos à privatização que se identificam com a liberdade dos modernos. De permeio, o peso continuado do Estado e a recusa da legitimidade do conflito refletem a persistência da tradição positivista. Mas para que o toque final seja otimista, pode ser lembrado que talvez já exista hoje aquele cimento de identidade que inexistia em 1889 e cuja ausência pode ter sido a causa principal do fracasso da República e de todas as liberdades, antigas e modernas.

(Publicado com o título: "Entre la liberité des anciens et celle des modenes: la République au Brésil". In: PECAUT et Daniel, SORJ, Bernardo (Dir.). *Métamorphoses de la représentation politique au Brésil et en Europe*. Paris: Ed. du CNRS, 1991, p. 89-107.)

Primeira República

Brasil 1870-1914: a força da tradição

Apesar de existir consenso na literatura sobre o avanço da modernidade no Brasil após 1870, a tradição foi suficientemente forte para manter os valores de uma sociedade rural, patriarcal, hierárquica. A modernidade ela mesma assumiu feições que a distinguiam do modelo clássico representado pela experiência anglo-saxônica. Preparou-se no período entre 1870 e 1914 o terreno para a modernização conservadora dos anos 30.

O AVANÇO DA MODERNIDADE

São conhecidas as evidências em defesa da tese do avanço da modernidade. Será útil resumi-las para melhor compreensão da tese contrária.

Economicamente, o período é caracterizado em toda a América Latina como sendo o auge do desenvolvimento para fora, da integração da área na economia capitalista em fase de expansão imperialista. No Brasil, é o ponto alto do ciclo cafeeiro, agora concentrado em São Paulo; é também o tempo do ciclo da borracha no Amazonas que, por ter tido curta duração, não deixou de ter repercussões importantes para a região e para o Nordeste, de onde se deslocou grande contingente populacional. É o tempo do investimento estrangeiro, sobretudo inglês, em ferrovias, navegação, serviços urbanos e comércio, e até mesmo na valorização do café.[62]

---

[62] Para uma visão geral do período, ver BETHELL (Ed.). *Brazil: Empire and Republic, 1822-1930*; HOLANDA. *História geral da civilização brasileira*, II. v. V: *Do Império à República*; FAUSTO (Ed.). *História geral da civilização brasileira*, III. v. 1

Socialmente, é a época da extinção da escravidão, acelerada em 1871 pela libertação do ventre escravo e completada em 1888 pela abolição total. Ao mesmo tempo em que se extinguia a escravidão, promovia-se a imigração estrangeira, que chega ao ponto máximo no período. Entre 1884 e 1920, três milhões de imigrantes entram no país, a maioria italianos. Destes, 60% dirigem-se para São Paulo causando profundas alterações demográficas. A capital do estado entra em processo explosivo de crescimento e rivaliza com o Rio de Janeiro em produção industrial. Forma-se lá uma classe operária mais aguerrida sob a influência do anarco-sindicalismo.

Politicamente, 1870 é o ano do fim da Guerra do Paraguai e do manifesto do Partido Republicano. No ano seguinte tem início o governo reformista de Rio Branco que enfrenta todos os grandes problemas do País, a escravidão, a imigração, a Guarda Nacional, o recrutamento militar, o sistema judiciário, a reforma do sistema de pesos e medidas, as relações Igreja-Estado. Dois bispos vão para a prisão por desafiarem a autoridade do governo. A partir de 1873, desenvolve-se, embora lentamente, o Partido Republicano Paulista que seria a base civil mais sólida de oposição ao regime monárquico. Os republicanos de São Paulo insistem na defesa do federalismo, enquanto os do Rio de Janeiro preferem como alvo a democratização do governo, o fim do poder pessoal do Imperador, do senado vitalício, do Conselho de Estado. Ambas as correntes se consideram portadoras do progresso contra o atraso monárquico.

No mundo das ideias, é conhecida a tese da renovação do pensamento brasileiro a partir da década de 70. O ecletismo à maneira de Victor Cousin é quebrado pelas novas correntes importadas também da Europa, como o evolucionismo, o materialismo, o positivismo. O ideal de progresso, marca da elite política brasileira desde os tempos pombalinos, adquire dimensão histórica concreta na versão evolucionista de Spencer e, sobretudo, de Comte. O progresso, diz-se, avança por fases historicamente definidas. O Brasil estava na fase teológico-metafísica

---

e II: *Brasil republicano*. Sobre o progresso intelectual e científico, ver BARROS. *A ilustração brasileira e a ideia de universidade;* e STEPAN. *Begginings of Brazilian Science*. Sobre a modernização social e cultural, ver FREYRE. *Ordem e progresso;* MONTEIRO LOBATO. "Jeca-Tatu", em *Problema vital;* NEEDELL. *A tropical belle époque* e FOOT-HARDMAN. *Trem fantasma*. Sobre o papel de São Paulo, ver SCHWARTZMAN. *São Paulo e o Estado nacional*. Sobre o movimento operário, ver FAUSTO. *Trabalho urbano e conflito social*.

da monarquia e devia avançar para a fase positiva do regime industrial republicano.

A nova versão da ideia de progresso dá ainda maior ênfase à ciência e à técnica como fatores de transformação social. A ênfase era reforçada pelo próprio avanço da ciência, pelas novas descobertas na física, na biologia, na engenharia mecânica. Mas no caso brasileiro talvez se devesse mais ainda ao surgimento de um grupo social urbano e educado que se sentia sufocado na sociedade escravista e rural. Sua única credencial para ascender socialmente era a competência técnica. Estes grupos cresceram a partir da criação da Escola Politécnica, no Rio de Janeiro, de Minas em Ouro Preto, e, já no século XX, do Instituto de Manguinhos no Rio e Instituto Butantã em São Paulo, dedicados às investigações médicas e biológicas. Em Manguinhos impera Oswaldo Cruz, o saneador do Rio de Janeiro, dirigindo brilhante equipe reconhecida internacionalmente. Cresce o número de engenheiros civis, geólogos, médicos sanitaristas, higienistas, legistas e criminólogos que acreditavam na possibilidade de usar a moderna fisiologia na análise e tratamento dos delinquentes.

São mais tímidas as transformações na literatura e na arte. Mas, na primeira, o simbolismo faz suas incursões e na segunda, já há traços impressionistas em alguns pintores. Na educação, começam a surgir escolas de estilo norte-americano com ênfase no pragmatismo, na maior participação do aluno, na educação física. O dândi afrancesado ao estilo *belle époque* começa a sentir a competição do *sportsman* cultor do físico, dinâmico, empreendedor.

A separação de Igreja e Estado, realizada pela República, oficializa o registro e o casamento civis, seculariza os cemitérios, libera a prática pública de outras religiões, quebra o monopólio até então exercido pela Igreja Católica sobre a vida do cidadão. As invenções técnicas introduzem pequena revolução nos hábitos das populações dos principais centros urbanos: o telefone, o gramofone, o cinema, a máquina de escrever, o bonde elétrico. De particular importância foi o avião testado por um brasileiro nos céus de Paris. Santos Dumont foi recebido triunfalmente no Rio de Janeiro, em 1903, como herói nacional.

Até mesmo o imaginário coletivo sofreu transformações. A data do 5º Centenário da viagem de Colombo deu oportunidade à tentativa de reforçar a identidade americana do país. A propaganda republicana se fez em parte em torno do argumento de que a república fazia parte da identidade americana, de que a monarquia era resquício da velha Europa na América. República e América eram o novo, o progresso, o futuro. Quando os republicanos falavam em América, era especialmente aos Estados Unidos que se referiam. Esse país representava o espírito de iniciativa, o liberalismo econômico, o federalismo, o industrialismo, o pragmatismo, em oposição ao paternalismo, ao protecionismo, ao centralismo, ao ruralismo, ao bacharelismo, da sociedade monárquica. No dia 15 de novembro de 1889, quando a República foi proclamada por uma revolta militar, a bandeira que circulou pelas ruas do Rio de Janeiro, era cópia em verde e amarelo da *Stars and Stripes*. O herói cívico do novo regime, Tiradentes, fora um rebelde da época da colônia que se inspirara na independência norte-americana.

O esforço modernizador manifestou-se em várias campanhas civilizadoras, verdadeiras missões. Por meio delas, grupos de técnicos e cientistas procuravam civilizar as populações da periferia urbana ainda presas ao que consideravam superstição e atraso. Os novos missionários saíam das escolas de Medicina, da Politécnica, da Escola de Minas, da Escola Militar. Usavam métodos distintos de catequese, mas o evangelho era o mesmo: o progresso, a civilização, a modernidade.

Houve missões dirigidas ao interior do país, e missões orientadas ao mundo urbano. Entre as primeiras, a mais dramática foi, sem dúvida, a campanha de Canudos, realizada entre 1896 e 1897. A revolta dos sertanejos de Antônio Conselheiro foi reprimida a ferro e fogo pelo exército do jacobino Moreira César que acreditava estar combatendo a barbárie e a superstição acobertadas sob o manto monarquista. Campanha semelhante foi levada a efeito contra os rebeldes do Contestado entre 1910 e 1915. Revolta da mesma dimensão da de Canudos, o Contestado só não teve a mesma repercussão por lhe ter faltado um cronista do porte de Euclides da Cunha.

Métodos menos violentos foram usados na missão dos sanitaristas, chefiados pelos médicos Artur Neiva e Belisário Pena que, em 1912, percorreu boa parte do Norte e do Nordeste do país pesquisando a situação sanitária das populações e introduzindo medidas de saneamento. Pena ampliou sua ação mediante uma campanha nacional em favor do sanitarismo. Encontrou no escritor paulista Monteiro Lobato um eficiente divulgador da ideia de que o país era um grande hospital. A salvação nacional vinha da ciência e dos cientistas de Manguinhos. Em famoso folheto, Lobato retratou o matuto doente e abúlico que, uma vez tratado, se transforma em um empresário de estilo ianque.

O matuto se convence do valor da ciência: o que disser "nhá Ciência", ele obedece.

Missionário da ciência e do progresso foi também o general Rondon, um positivista ortodoxo. A ele foi entregue o Serviço de Proteção aos Índios, criado em 1910. Rondon percorreu grande parte do oeste brasileiro, abrindo estradas, plantando linhas telegráficas através da floresta amazônica, estabelecendo relações amigáveis com os índios a quem distribuía ferramentas para apressar sua evolução em direção ao progresso. Na mesma região bravia, na fronteira com a Bolívia, outra experiência, agora trágica, marcou o sonho de reformar a natureza pela força da técnica. Foi a tentativa de construção da estrada de ferro Madeira-Marmoré, ligando Brasil e Bolívia. Obra de empresários norte-americanos, foi uma aventura insana que levou para o coração da floresta o que havia de mais moderno em equipamentos ferroviários. Entre 1907 e 1912, cerca de 30 mil pessoas lutaram em vão contra a natureza e a malária. Calcula-se em seis mil o número de mortos reclamados pela Ferrovia do Diabo.

A mais espetacular missão urbana foi a reforma e o saneamento da cidade do Rio de Janeiro, empreendidos pelo engenheiro Pereira Passos e pelo médico Oswaldo Cruz, a partir de 1903. Um novo porto foi construído, ruas foram alargadas ou abertas, centenas de casas demolidas. Uma avenida rasgou o ventre da velha cidade colonial expulsando gente, alterando o transporte, mudando a cara da cidade. O prefeito Passos quis ainda mudar os hábitos da população para que a cidade também nisto se parecesse com o modelo parisiense. Recolheu mendigos, mandou tirar vacas e cães das ruas, proibiu cuspir nas ruas e dentro dos veículos. Oswaldo Cruz, empregando as novas descobertas da pesquisa médica e biológica, atacou a febre amarela, a peste bubônica e a varíola. Brigadas sanitárias percorreram a cidade inspecionando, limpando, desinfetando, mandando reformar ou derrubar casas. Sua ação culminou com a introdução da vacina obrigatória contra a varíola que levou à revolta popular de 1904. Era a euforia: o Rio civilizava-se.

O furor missionário, a crença ingênua no poder da ciência e da técnica e na inevitabilidade do progresso refletem-se na famosa frase de Euclides da Cunha em *Os sertões*: "Estamos condenados à civilização. Ou progredimos ou desaparecemos."

A FORÇA DA TRADIÇÃO

Esta breve descrição parece um argumento formidável em favor da tese da grande transformação modernizante por que passou o país a partir da década de 1870. Não se pode negar que houve mudanças, sobretudo na mentalidade de grupos de elite que chegaram ao poder com a proclamação da República. Mas é preciso cautela na avaliação do fenômeno. A tese da mudança pode ser em parte fruto da visão dos próprios modernizadores, da história que eles contaram. As resistências foram formidáveis. Além disto, é preciso perguntar também pelo sentido da modernidade que se pregava. Dependendo de quem falava, ela podia ser parcial, ambígua, ou simplesmente reacionária. Comecemos por examinar os elementos que se opunham abertamente ao novo evangelho.

As missões civilizatórias se encarregaram de revelar, por oposição, um Brasil que estava longe de participar dos valores dos missionários. A reação maior estava, naturalmente, no Brasil rural, que era, no entanto, quase todo o Brasil. Em 1872, as cidades com mais de 20 mil habitantes não representavam mais de 8% da população, porcentagem que, em 1920, mal chegava a 13%. As manifestações do Brasil rural eram esporádicas, em geral defensivas, mas não deixavam dúvidas quanto ao conteúdo dos valores que as inspiravam.

No período que nos interessa, a primeira reação do mundo rural se deu na revolta que se chamou de Quebra-quilos. O governo adotara, em 1862, o sistema métrico e estabelecera um prazo de dez anos para sua implementação. Em 1871, houve no Rio de Janeiro uma reação popular contra o novo sistema. Os novos pesos e medidas foram quebrados, dando origem ao nome de quebra-quilos. A revolta rural se deu em 1874, numa região que abrangia partes da Paraíba, Pernambuco, Alagoas e Rio Grande do Norte. Os estudos sobre o movimento afirmam que as motivações foram complexas, mas concordam que entre elas se salientava a reação contra os novos pesos e medidas e contra a prisão dos bispos de Pernambuco e do Pará, D. Vital e D. Macedo Costa. Chefiava o governo na época o visconde do Rio Branco, grão-mestre da maçonaria. Os rebeldes, na maioria pequenos sitiantes, agiam preferencialmente nas feiras populares. Atacavam símbolos da ação do governo: cartórios, câmaras municipais, coletorias de impostos, juntas de alistamento militar, e também casas de negócio e lojas maçônicas. Destruíam guias de impostos e quebravam os novos pesos e medidas.[63]

Contra que reagiam os sertanejos? Contra um governo que feria seus valores, suas tradições, seus costumes seculares, corporificados na Igreja, que lhes dava a medida do espírito, e no sistema de pesos, que lhes dava a medida das coisas. O governo maçom atacara a Igreja, perdendo com isto a legitimidade de que precisava para alterar costumes antigos. Rio Branco também fizera aprovar nova lei de recrutamento militar, e a província da Paraíba estabelecera novos impostos. A nova lei de recrutamento era progressista na medida em que introduzia o sorteio para o serviço militar, mas no ambiente tenso e conflitivo da época foi acusada de ter sido feita para "cativar o povo", acusação grave em país escravista. Os sertanejos reagiam contra as tentativas de secularização do Estado e de normatização de suas vidas pela ação do governo.

A reação rural mais dramática e trágica foi, sem dúvida, a revolta de Canudos nos sertões da Bahia. O episódio é bem conhecido pela obra de Euclides e, mais recentemente, pela versão romanceada de Vargas Llosa. Um líder carismático, Antônio Conselheiro, percorre por longos anos os sertões do Nordeste ganhando a admiração e o respeito dos sertanejos. De início totalmente pacífica e religiosa, a ação do Conselheiro adquire conotações de resistência política em 1893. Os municípios criados após a Proclamação da República tinham introduzido novos impostos. O Conselheiro reage queimando as tábuas em que os novos impostos eram anunciados. Perseguido pela polícia, retira-se, seguido de muitos fiéis, para Canudos onde constrói uma comunidade de santos. Atacada pelo exército em 1896, a cidadela é completamente destruída em 1897, após quatro expedições militares, à base de tiros de canhões Krupp, no mais bárbaro massacre da história do país. Os sertanejos defendiam sua prática religiosa tradicional, que incluía o casamento religioso, as procissões, os beatos e penitentes; defendiam sua ética de fraternidade, seu espírito comunitário e a imagem paternal do governo encarnada na figura do Imperador. Contra eles se desencadeou a ira do governo e do jacobinismo

---

[63] Sobre as reações à modernidade vindas da população rural, ver para Canudos, CUNHA. *Os sertões*; para o Contestado, MONTEIRO. *Os errantes do novo século;* para o Padre Cícero, DELLA CAVA. *Miracle at Joazeiro*; para os movimentos messiânicos em geral, QUEIROZ. *O messianismo no Brasil e no mundo*, e *O campesinato brasileiro*; e SOUTO-MAIOR. *Quebra-quilos*, para a revolta de Quebra-quilos.

republicanos em nome da civilização e do progresso. Mesmo Euclides da Cunha, que denunciou a enormidade do crime cometido, acreditava de início tratar-se de nossa *Vendée*, de uma reação monarquista em defesa da velha ordem. Em *Os sertões* há afirmações inequívocas de que se tratava de uma luta entre resíduos de um passado longínquo, preservado no isolamento de três séculos, e os "ideais modernos", trazidos pelo novo regime. Tratava-se de uma guerra contra uma sociedade arcaica impelida à superfície por um movimento civilizador.

Ainda entre sertanejos, mas agora no Sul do país, entre os estados do Paraná e Santa Catarina, ocorreu outra demonstração da força da tradição. Como em Canudos, o movimento do Contestado vinha de longe, criado por um monge, João Maria. Já na República, um segundo João Maria assumiu a liderança, opondo-se ao novo regime que acusava de representar a "lei da perversão", frase que lembrava a "lei do cão" empregada pelo Conselheiro. Em 1911, surgiu um terceiro líder, agora José Maria, soldado desertor de um regimento de cavalaria. Denúncias de monarquismo e subversão levaram a um ataque por forças militares em 1912, tendo morrido José Maria. O movimento continuou com maior força sob liderança coletiva. Novas expedições militares, armadas, como em Canudos, de metralhadoras e canhões, dispersaram os crentes. Estes, no entanto, se reagruparam, lançaram um manifesto monarquista e proclamaram rei um fazendeiro analfabeto. A rendição final deu-se em 1915.

Como em Canudos, predominava no Contestado o ideal comunitário de vida. Não havia comércio, não havia dinheiro republicano, práticas religiosas ocupavam boa parte do tempo dos crentes. O livro sagrado era *Carlos Magno* e os *12 pares de França*. Graças à experiência militar de José Maria, a organização era superior à de Canudos, havia cavalaria e infantaria. Havia uma guarda de honra chamada de "Os 12 pares de França". Calculou-se o número dos rebeldes entre 5 e 12 mil.

Voltando ao Nordeste, outro movimento revelou a alma sertaneja daquele Brasil que Euclides considerava perdido na noite dos tempos. Trata-se do bem estudado movimento de Juazeiro, no Ceará, liderado pelo padre Cícero Romão Batista. Cícero, depois alcunhado de Padrinho Cícero, ou "Padim Ciço", começou sua pregação na década de 70 e continuou ativo até a morte em 1934. O pequeno arraial de Juazeiro tinha pouco mais de seis casas quando lá se estabeleceu; quando morreu era uma cidade de 40 mil habitantes. A relação de Cícero com a modernidade foi algo distinta da do Conselheiro ou de José Maria. Não se pode dizer que ele tenha reagido a pressões modernizantes, a mudanças sociais e políticas. Não combatia a República, não gritava contra o governo, contra impostos. Envolveu-se, ao contrário, na política; foi prefeito de Juazeiro, vice-governador do Ceará, elegeu um deputado federal, mediou conflitos de coronéis, promoveu o comércio e a agricultura.

No entanto, sua modernidade não era a dos teóricos do litoral, dos positivistas, spencerianos, jacobinos. Iniciou sua atividade com uma cruzada religiosa em favor da regeneração dos costumes, das práticas tradicionais do catolicismo, da valorização da família. Seus valores eram tradicionais. Juazeiro tornou-se uma Nova Jerusalém, com Horto e Santo Sepulcro. Sua maneira de tratar os fiéis nada tinha a ver com o conceito de cidadania republicana. Cícero não era o representante, o líder eleito, ou mesmo o ditador republicano sonhado pelos positivistas. Os títulos que lhe davam os fiéis traduziam bem a natureza das relações que os ligavam: Padrinho, Pai, Patriarca, Protetor, Conselheiro, Pai Eterno, Jesus Cristo, Espírito Santo. Cícero tratava seus fiéis/súditos como crianças: admoestava, aconselhava, castigava. Usava até mesmo o castigo físico, a palmatória escolar, aplicando-a em adultos. Tinha percepção aguda da alma sertaneja, e foi seu mérito tê-la manipulado em direção que não conflitava abertamente com os novos tempos. Usou valores tradicionais para introduzir, ou, pelo menos para facilitar as mudanças. Permanece, no entanto, o fato de que a sociedade que criou, e que até hoje sobrevive, estava longe da modernidade secular e racional.

A mesma sabedoria não tiveram alguns seguidores de Cícero, como José Lourenço, que formou sua própria comunidade em Caldeirão, também no Ceará, a mando de Cícero. Auxiliado por outro beato, Severino, construíram uma comunidade radical, sem dinheiro, sem propriedade particular. Acusados de comunismo, foram atacados pela polícia, já na década de 30. Seu povoado foi bombardeado e destruído. Um discípulo de Severino, Senhorinho, foi também atacado por forças militares, resultando do massacre mais de 400 mortos.

Este era o Brasil sertanejo que se agitava e revelava seus valores antagônicos aos das elites modernizantes urbanas. Havia ainda o vasto mundo rural que se mantinha silencioso, submetido ao poder dos grandes proprietários de terra, inclusive nas áreas de agricultura de exportação. Sintomaticamente, os movimentos messiânicos do Nordeste e do Sul se deram em regiões de pequena propriedade, longe do domínio do grande latifúndio. O resto do mundo rural era o reino dos coronéis que dominavam os partidos republicanos estaduais e davam sustentação ao governo federal e estabilidade à republica oligárquica. Este mundo, assim como essa república, da qual estavam excluídos 95% dos cidadãos, nada tinham de moderno. Era um mundo de analfabetismo, de trabalho semi-servil, de ausência de direitos, de paternalismo.⁶⁴

A única exceção talvez fosse o Estado de São Paulo, para onde se dirigiu o grosso da imigração europeia. Entre 1880 e 1920, quase dois milhões de imigrantes, a maioria italianos, entraram em São Paulo, alterando profundamente a demografia, a economia e a sociedade do estado. Até mesmo a distribuição da propriedade rural foi democratizada graças à ascensão social dos imigrantes, ao mesmo tempo em que o estado arrancava da cidade do Rio de Janeiro a liderança do processo de industrialização. É comum entre os estudiosos acentuar a distância que começou a separar São Paulo do resto do país. Os paulistas se compraziam em retratar-se como a locomotiva que arrastava os carros vazios dos outros estados.

Não só do mundo rural vinha a reafirmação de valores tradicionais. A própria capital foi palco de reações. A começar pela revolta da Armada, de 1893, que por seis meses manteve o Rio de Janeiro sob bloqueio, e que assumiu ao final características monarquistas. Além do total apoio da Marinha, muitos elementos da elite política manifestaram simpatia pelo movimento, que se ramificou na revolta federalista do Rio Grande do Sul. A sobrevivência do novo regime esteve por algum tempo em sério perigo.⁶⁵

A reação mais espetacular foi, sem dúvida, a revolta da população, em 1904, contra a vacinação obrigatória e a reforma da cidade, empreendidas no melhor espírito das missões civilizadoras. A história é conhecida. Depois de várias tentativas frustradas de sanear a cidade e acabar com as epidemias que a tornavam o terror dos diplomatas e estrangeiros em geral, Rodrigues Alves entregou a tarefa a Pereira Passos e Oswaldo Cruz, dando-lhes poderes quase ditatoriais. Vimos as principais iniciativas dos dois reformadores, discípulos de Hausmann e de Pasteur. A

---

⁶⁴ Sobre a política oligárquica, ver LEAL. *Coronelismo, enxada o voto*; e OLIVEIRA VIANA. *Populações meridionais do Brasil*.
⁶⁵ Sobre as reações urbanas à modernidade, ver SEVCENKO. *Literatura como missão*; CARVALHO. *Os bestializados*; GRAHAM. *Hispanic American Historical Review*, p. 431-449, e JANOTTI. *Os subversivos da República*.

reação não se fez esperar. Uma revolta popular tomou conta da cidade por uma semana, pondo em risco a estabilidade do governo. Partes da cidade foram tomadas pelos rebeldes que ergueram barricadas que lembravam as revoltas parisienses do século XIX, contra as quais Engels diz ter Hausmann aberto suas largas avenidas. O grosso da população foi simpático à revolta, se não a apoiou abertamente. Mesmo setores que poderiam ser considerados modernos, como os operários das fábricas de tecidos, aderiram. Setores chamados marginais, como ambulantes, capoeiras, malandros, prostitutas, formaram a linha de frente da luta.

Para o governo e para os reformistas, tratava-se de uma reação obscurantista semelhante a dos sertanejos de Canudos. Não consta que Euclides tenha escrito sobre o episódio, mas se o tivesse feito, teria que reformular a tese do isolamento como razão do atraso, pois este se manifestava agora em plena capital do país. Não há dúvida de que a reação popular se deveu à prevalência entre a população de valores incompatíveis com os que presidiam à ação do governo. Havia, para começar, fortes e rígidos padrões de moralidade familiar, aplicados especialmente às mulheres. A visita de médicos na possível ausência do chefe da família e, principalmente, a hipótese de um estranho tocar fisicamente mulher e filhas ou simplesmente ver partes de seus corpos soava como uma violação do lar, como agressão à honra do marido, como desmoralização insuportável. Havia, ainda, uma concepção tradicional de relacionamento entre cidadão e governo, uma espécie de pacto não escrito segundo o qual ao primeiro era negada participação ativa nos negócios públicos mas, em contrapartida, ao segundo se vetava o envolvimento na vida das pessoas. O governo não devia interferir nas normas tradicionais que regiam o cotidiano das pessoas, sobretudo em sua vida doméstica. Violado o pacto pelo governo, a população se viu no direito de reagir com violência.

O avanço do Estado na regulamentação da vida das pessoas foi uma das causas mais frequentes de revoltas populares, sobretudo porque ele se dava sem a contrapartida do aumento da participação política. Foi assim nos casos da introdução do sistema métrico, do sorteio militar, do recenseamento, do casamento civil e da vacinação. No último caso, como vimos, o esforço de regulamentação ia muito além da vacina, incluía a maneira de construir as casas, o tratamento dos doentes, o modo de se comportar e vestir em público. A causa mais tradicional de revolta era, naturalmente, o aumento de impostos e tarifas. Se a coleta de impostos era reconhecida como legítima, qualquer aumento considerado injustificado era motivo de protestos. O Rio de Janeiro foi palco de uma dessas revoltas em 1880. O aumento concedido pelo governo nas tarifas do transporte público no valor de um vintém (vinte réis) provocou revolta popular explorada pelos republicanos. Durante três dias, multidões de mais de cinco mil pessoas invadiram as ruas, destruíram bondes, arrancaram trilhos, espancaram cocheiros, levantaram barricadas.

As revoltas no Rio de Janeiro, a cidade mais cosmopolita do país, mostram que a força da tradição não se limitava ao interior, como pensava Euclides da Cunha. Parte da população da capital, se não a maioria, regia-se por valores estranhos aos da elite modernizante. Testemunhos da época indicam que a população pobre da cidade, inclusive a que era apanhada nas malhas da polícia, tinha simpatias monarquistas. Uns doze anos após a Proclamação da República, o cronista João do Rio, ao visitar a Casa de Detenção, observou que "com raríssimas exceções, que talvez não existam, todos os presos são radicalmente monarquistas". Traziam as armas da monarquia tatuadas no corpo e liam romances de cavalaria. Carlos Magno era talvez tão popular entre essa gente quanto D. Pedro II e certamente muito mais do que o presidente da República do momento.

Nas simpatias monarquistas, a população do Rio rivalizava com os seguidores do Conselheiro e do monge José Maria. Rivalizava também com a população negra de Salvador, capital da Bahia, que quase linchou o líder republicano Silva Jardim, em 1888, quando este combatia o conde d'Eu com discursos antimonarquistas; ou da população negra de São Luís, capital do Maranhão, que se rebelou contra a Proclamação da República deixando nas ruas mais de 20 cadáveres, únicas vítimas da mudança do regime.

QUE MODERNIDADE?

A força da tradição não se revelava apenas na reação às mudanças. Ela estava presente no próprio conteúdo do que era visto e considerado como moderno por setores da elite. Na época de que nos ocupamos, moderno, modernidade, modernização significava muita coisa. Eram as novidades tecnológicas: a estrada de ferro, a eletricidade, o telégrafo, o telefone, o gramofone, o cinema, o automóvel, o avião; eram as instituições científicas: Manguinhos, Butantã, a Escola de Minas, as escolas de Medicina e Engenharia; eram as novas ideias, o materialismo, o positivismo, o evolucionismo, o darwinismo social, o livre cambismo, o secularismo, o republicanismo; era a indústria, a imigração europeia, o branco; era a última moda feminina de Paris, a última moda masculina de Londres, a língua e a literatura francesas, o dândi, o *flâneur*; e era também o norte-americanismo, o pragmatismo, o espírito de negócio, o esporte, a educação física. Antigo, tradicional, atrasado, era o português, o colonial, o católico, o monárquico; era o índio, o preto, o sertanejo; era o bacharel, o jurista, o padre, o pai de santo; era o centralismo político, o parlamentarismo, o protecionismo, o espiritualismo, o ecletismo filosófico.

Todos os elementos mencionados acima podiam ser parte do conceito de moderno, mas a maneira pela qual se combinavam é que vai dar o sentido da modernidade, seu maior ou menor grau de rompimento com a tradição. Da listagem pode-se verificar o que a modernidade brasileira não era. Começando pelo aspecto político, ela não incorporava a ideia de igualdade e de democracia. Se alguns republicanos, sobretudo do Rio de Janeiro, falavam em democracia e fim dos privilégios, não iam além da retórica. A ideia de povo era puramente abstrata. O povo era na maior parte hostil ou indiferente ao novo regime, e nenhum esforço foi feito para incorporá-lo ao sistema político por meio do processo eleitoral. A República brasileira foi uma originalidade: não tinha povo.[66]

Mais que indiferente, a modernidade era alérgica ao povo brasileiro. As teorias racistas, consideradas avanços da ciência, difundiam a descrença na capacidade da população negra e mestiça para a civilização. Daí a fé de muitos modernizadores, como Tavares Bastos, no papel salvador da imigração europeia, ecoando as ideias do argentino Sarmiento para quem o progresso dependia da renovação total da população das Américas. A República foi particularmente hostil aos negros e mestiços que formavam a maior parte das populações de Canudos, do Contestado, e mesmo das classes populares do Rio de Janeiro. Uma das primeiras ações do novo governo foi prender e exilar os capoeiras.

Se considerarmos também a democracia como parte da modernidade, os reformistas brasileiros não tiveram um desempenho brilhante. Não havia consenso entre eles quanto ao próprio sistema representativo. Para

---

[66] Sobre o conteúdo da modernidade, ver TAVARES BASTOS. *A província*; PRADO. *A ilusão americana*; RODÓ. *Ariel*; MORSE. *O espelho de Próspero*; MONTEIRO LOBATO. *Problema vital*; QUEIROZ. *Os radicais da República*, CARVALHO. *A formação das almas*.

os positivistas, a representação parlamentar era uma farsa que devia ser substituída pela ditadura republicana. Os jacobinos, por sua vez, também não tinham muito respeito pelos mecanismos de representação política. Os liberais spencerianos pagavam tributo verbal à democracia, mas na prática nada faziam para torná-la realidade. O autoritarismo foi traço permanente desses modernizadores brasileiros. Às vezes, como vimos, usavam o canhão para impor o progresso; em outros casos, desprezavam a opinião dos interessados; na melhor das hipóteses, eram paternalistas, como foi o caso de Rondon. Mesmo entre os modernizadores que admiravam os Estados Unidos, como Monteiro Lobato, predominava a visão autoritária e tecnocrática. Para Lobato, o Brasil devia livrar-se do bacharel, do *triatoma bacalaureatus*, e entregar todo o poder aos higienistas para que estes o saneassem. Os reformadores se viam como messias, salvadores de um povo doente, analfabeto, incapaz de ação própria, bestializado, se não definitivamente incapacitado para o progresso.

Outra indicação de ambiguidade era a relação da modernidade com a ideia de civilização. Quando se dizia que o Rio se civilizava, a expressão indicava antes uma aristocratização da vida urbana do que sua democratização. Indicava a criação de um espaço urbano para as elites, afastando a presença deselegante da pobreza. Gilberto Freyre sugere, com a perspicácia de sempre, que a sofisticação do comportamento e da moda, a mania de imitar Paris, teria sido uma reação à abolição da escravidão, um modo de marcar a distância entre pobres e ricos, entre pretos e brancos, agora que a escravidão não mais os separava. Jeffrey Needell conclui seu livro sobre a *belle époque* carioca afirmando que os modos de vida, as relações sociais, eram cada vez mais influenciados pelos paradigmas aristocráticos da França e da Inglaterra, aceitos pela elite como indicadores de civilização.

A ambiguidade penetrava a própria cabeça dos intelectuais supostamente modernos. É conhecido o drama do caboclo Euclides da Cunha, obcecado pelo progresso e pela civilização, republicano de primeira hora, mas vítima das ideias racistas da época, que o impediam de acreditar na maioria da população brasileira.[67] O romancista jacobino Raul Pompéia desesperava-se com a falta de receptividade da capital ao novo regime e acabou por considerar o povo fluminense como inimigo da pátria. O chanceler Rio Branco, por longos anos à frente do Ministério das Re-

---

[67] Sobre Euclides, ver nesta coletânea o artigo "O último dos românticos".

lações Exteriores, reorientou a política externa em direção aos Estados Unidos, o exemplo mais claro de modernidade, mas, ao mesmo tempo, tentou ocultar o Brasil mestiço e ignorante, selecionando funcionários de aparência caucasiana e mandando trazer da França freiras do *Sacré Coeur* para educarem futuras esposas de diplomatas na melhor escola da etiqueta europeia.

A ambiguidade estava ainda no próprio coração do positivismo ortodoxo, doutrina que tanta influência exerceu na época. O positivismo via a história da humanidade como marcha contínua em direção ao progresso sob o impulso da ciência. Ao mesmo tempo, no entanto, de acordo com as visões finais de Comte, salientava os aspectos afetivos e religiosos da ação humana, colocando-os acima da razão e da ciência. Uma das consequências desta inversão hierárquica era a exaltação dos povos latinos sobre os anglo-saxões, pois os primeiros seriam supostamente mais afetivos e espirituais e os últimos mais racionais e pragmáticos. A reação dos positivistas contra a preponderância anglo-saxônica se manifestou numa briga de símbolos. Quando viram a bandeira copiada da norte-americana circulando pelas ruas do Rio de Janeiro, no dia da Proclamação da República, rapidamente se mobilizaram. Fizeram desenhar nova bandeira e conseguiram que o governo provisório a adotasse apenas quatro dias depois. A nova bandeira mantinha as características da antecessora imperial e introduzia o lema positivista de Ordem e Progresso. Na justificativa do novo emblema alegavam continuidade com o passado e vinculação à França, o centro do Ocidente.

No combate ao americanismo, os positivistas foram auxiliados por um de seus grandes inimigos, o monarquista Eduardo Prado. Em *A ilusão americana*, publicado em 1893 e logo confiscado pela polícia, Prado reagiu contra o americanismo do novo regime, argumentando que tudo nos separava dos Estados Unidos, a distância, a raça, a religião, a língua, a história, as tradições. Atacou com virulência a política norte-americana em relação aos países da América Latina e, sobretudo, o exemplo da sociedade e do governo norte-americano. Após um período inicial em que predominara a virtude cívica, a república do norte se corrompera pelo industrialismo e se tornara o reino dos monopólios, da plutocracia, da corrupção política. Sem dúvida era um país próspero e rico, mas a civilização não se devia medir pela prosperidade material e sim pela elevação moral, pelo respeito à vida humana. O espírito norte-americano era violento, o latino era jurídico. A influência moral dos Estados Unidos era perniciosa, concluía.

O texto de Eduardo Prado, um legítimo filho da aristocracia paulista do café, antecipou outro texto mais famoso do uruguaio J.H. Rodó. Publicado em 1900, *Ariel*, embora menos agressivo com os Estados Unidos, estabelecia distinções essenciais entre as duas civilizações em linhas muito semelhantes à de Eduardo Prado. A civilização norte-americana seria dominada pelo utilitarismo e pelo igualitarismo, pelo interesse material, pelo pragmatismo, pelo imediatismo, pela mediocridade. A civilização latino-americana se caracterizava pela predominância dos interesses da alma, pela apreciação do belo, da cultura, da contemplação, do ideal desinteressado. Os dois textos, apesar dos preconceitos aristocráticos que revelam, eram também um ataque a um conceito de modernidade que começava a invadir a América Latina e que Rodó denunciava como nordomania, isto é, o fascínio pelo progresso técnico, pela riqueza material, pela cultura de massas. Eram uma tentativa de definir uma identidade latino-americana que não fosse volta ao passado, mas que também não renunciasse ao que lhe era próprio.

Um último exemplo da precariedade do moderno: o movimento operário. Mais forte nas grandes cidades, como o Rio de Janeiro, ele também sentia o peso da tradição. A partir da virada do século, o anarquismo fez incursões entre o operariado do Rio, trazendo propostas políticas e sociais que seguramente confrontavam as tradições. Eram novas as propostas de negociação, ou de luta, direta com os patrões sem passar pela mediação do Estado; eram novos o antiestatismo radical, a negação da mediação político-partidária, a rejeição da ideia de pátria e de nacionalismo, a oposição ao serviço militar; era nova a ênfase na criação de uma cultura operária própria, de uma educação alternativa, de relações igualitárias entre os sexos. Os anarquistas nestes pontos chocavam-se com a tradição imperial e também com as propostas positivistas e liberais. Mas, apesar de alguma influência no movimento operário, mais clara a partir do Congresso Operário Regional Brasileiro de 1906, o anarquismo teve que enfrentar forte oposição. Sua influência concentrava-se nos momentos de crise econômica em que os trabalhadores se dispunham a ações mais agressivas. Contra eles militava o reformismo, ou seja, a tendência a resolver os problemas da classe pela negociação com o Estado e com os patrões, e os chamados sindicatos amarelos, que abertamente cooperavam com os patrões. A luta dos anarquistas para transformar as tradicionais organizações operárias de auxílio mútuo em organizações de militância política foi dura e muitas vezes inglória. Em 1909, a maior parte das organizações ainda era de assistência, ao velho estilo das irmandades coloniais. Não os ajudava também sua intolerância com certas tradições populares, como o carnaval, o futebol, o jogo. Os jornais anarquistas não cessavam de reclamar contra o que consideravam a inconsciência e a apatia das massas. Os constantes apelos aos operários para que apoiassem financeiramente a imprensa anarquista, por exemplo, caíam sempre em ouvidos moucos. Uma grande distância separava o punhado de líderes devotados do grosso da classe.

A exceção, novamente, era a cidade de São Paulo. A reduzida presença de uma população trabalhadora tradicional, oriunda da escravidão, e o grande número de imigrantes europeus permitiram o desenvolvimento de um movimento operário, sobretudo anarquista, mais agressivo. Isto, no entanto, se deu apenas a partir da segunda década do século. E também lá não faltaram obstáculos à ação inovadora e revolucionária. Havia conflitos gerados pela diversidade étnica, cultural e linguística, mesmo entre os italianos, que eram a maioria. Muitos italianos também provinham de áreas rurais, sem tradição de luta política. Mais ainda, as primeiras gerações de imigrantes estavam mais preocupadas em ascender socialmente do que em afirmar sua identidade operária. Daí que em São Paulo, também o anarquismo só tenha tido seus momentos de glória em conjunturas de crise como durante a Guerra Mundial e na fase imediatamente posterior, quando o aumento das exportações e a redução das importações causaram grande subida de preços de gêneros de primeira necessidade.

UMA SOCIEDADE CONSERVADORA

Arno Mayer disse que, na Europa, até 1914, apesar dos avanços da modernidade, predominou a tradição, o mundo agrário, aristocrático, pré-industrial, pré-burguês.[68] O mesmo pode ser dito com muito mais razão do Brasil. Até a Guerra, o Brasil era uma sociedade agrária, exportadora de produtos primários, governada por uma oligarquia de grandes proprietários, com uma elite europeizada desdenhosa do grosso da população formada de pobres, analfabetos e negros.

As áreas mais afetadas pelas transformações econômicas e demográficas, como São Paulo, tinham andado apenas meio caminho em direção

---

[68] Ver MAYER. *The persistence of the old regime: Europe to the great war*.

ao mundo moderno. A produção capitalista entrou lá via mundo rural que manteve muitos de seus valores aristocráticos e escravistas. A industrialização que se seguiu foi liderada por uma burguesia estreitamente vinculada à produção cafeeira e tributária de seus valores. Os empresários que provinham do estoque de imigrantes buscavam frequentemente o enobrecimento por meio de ligações familiares com as antigas famílias. O movimento modernista nas letras e nas artes, que surgiu na capital do estado em 1922, foi patrocinado por grandes famílias tradicionais, das quais também provinham vários de seus participantes. Sob a capa da revolução estética escondia-se o conservadorismo social e o autoritarismo político.

Os missionários da modernização identificavam na população brasileira o grande obstáculo ao progresso. Para alguns era a composição racial que nos tornava inaptos e, portanto, só a imigração europeia nos salvaria. Para outros, eram traços culturais de origem lusitana ou ibérica que constituíam os principais empecilhos ao progresso. Esses últimos comparavam os brasileiros aos anglo-saxões e concluíam que nos faltava o sentido do valor do indivíduo, a crença na força da iniciativa individual como motor principal das transformações sociais. A ausência de um forte individualismo impedia o desenvolvimento da arte da associação, que Tocqueville julgou ser o segredo do dinamismo norte-americano.

Esse diagnóstico negativo foi feito, com pequenas variações, por muitos pensadores do período, desde Tavares Bastos, o liberal nordomaníaco, passando pelos spencerianos Sílvio Romero e Alberto Sales, até Monteiro Lobato. Para esses autores éramos de formação comunitária, familista, nossa solidariedade se esgotava no pequeno círculo da família, dos amigos. Não éramos capazes de solidariedade de interesses que fosse além desses limites. Em consequência, não tínhamos espírito cívico e ficávamos dependentes do Estado. O comunitarismo, na expressão de Sílvio Romero, desembocava na política alimentária que, na linguagem de hoje, se traduz por fisiologia, fenômeno ainda considerado uma das grandes pragas do país. Romero acabou defendendo a volta dos militares ao poder para moralizar a república.[69]

Os positivistas participavam do mesmo diagnóstico. Nossa cultura era comunitária, integrativa, colaborativa, afetiva; a anglo-saxônica era

---

[69] Ver ROMERO, *O Brasil social*; SALES. "Balanço político: necessidade de uma reforma constitucional", p. 63-75.

egoísta, individualista, materialista, racionalista. A diferença em relação à posição de Sales e Romero era que os positivistas achavam que a vantagem era dos brasileiros. O comunitarismo, a colaboração, a integração, eram as bases da sociedade futura, era a modernidade. O regime da integração se faria, segundo os positivistas, pela ditadura republicana.[70]

Acreditando ou não no povo, os modernizadores chegavam à mesma solução, o autoritarismo, violento ou paternalista. Os autores que os seguiram na segunda década do século, como Alberto Torres e Oliveira Viana, elaboraram com clareza o que estava em gestação: o Estado deve assumir a tarefa de organizar a nação, de modernizar o país. Era o programa da modernização conservadora assumido plenamente pelo regime surgido após 1930, no qual os militares e os técnicos tiveram grande participação.

Era uma modernidade que não se baseava na força da iniciativa individual da tradição anglo-saxônica, nem tinha lugar para o exercício da fraternidade da tradição popular brasileira. A relação do Estado com o indivíduo era uma combinação de repressão e paternalismo. Não gerava a cidadania, no máximo criava a estadania, a incorporação ao sistema político pelo envolvimento na malha crescente da burocracia estatal. Deturpava-se, ao mesmo tempo, a boa modernidade e a boa tradição.

(Publicado no *Journal of Latin American Studies*, v. 24, 1992. Quincentenary supplement, p. 145-162.)

---

[70] Sobre os positivistas, ver LINS. *História do positivismo no Brasil*.

Primeira República

Mandonismo, coronelismo, clientelismo: uma discussão conceitual

Pode-se argumentar que o problema das relações políticas entre o poder local e o poder nacional não será resolvido por meio de discussões conceituais. O que seria necessário é mais pesquisa de campo. Historiadores, sem dúvida, tenderiam a apoiar esse ponto de vista. Há momentos, no entanto, em que o acúmulo de pesquisas passa a ter rendimento decrescente porque as ideias começam a girar em roda, sem conseguir avançar devido às confusões ou imprecisões conceituais. Nesses momentos, convém parar para revisão e tentar esclarecer conceitos e teorias.

Parece-me que estamos em um desses momentos nos estudos de poder local e suas relações com o Estado nacional no Brasil. Há imprecisão e inconsistência no uso de conceitos básicos como mandonismo, coronelismo, clientelismo, patrimonialismo, feudalismo. A dificuldade não é certamente privilégio brasileiro, uma vez que tais conceitos são reconhecidamente complexos. Basta, como exemplo, mencionar a imensa literatura produzida em torno do fenômeno do clientelismo, as discussões sobre o conteúdo deste conceito e as dificuldades em empregá-lo de maneira proveitosa. No caso brasileiro, não só conceitos mais universais, como clientelismo e patrimonialismo, mas também noções mais específicas, como coronelismo e mandonismo, estão a pedir uma tentativa de revisão como auxílio para o avanço da pesquisa empírica, por mais árida e inglória que seja a tarefa. É o que proponho fazer neste artigo. A ênfase será nos conceitos de mandonismo, coronelismo e clientelismo, mas não poderá ser evitada referência às noções correlatas de patrimonialismo e feudalismo.

Começo com o conceito de coronelismo.[71] Desde o clássico traba-

---

[71] Retomo e expando aqui algumas ideias desenvolvidas no verbete sobre o coronelismo incluído no *Dicionário histórico-biográfico, 1930-1983*, organizado pelo

lho de Victor Nunes Leal (1948), ele difundiu-se amplamente no meio acadêmico e aparece em vários títulos de livros e artigos. No entanto, mesmo os que citam Leal como referência, frequentemente o empregam em sentido distinto. O que era coronelismo na visão de Leal? Em suas próprias palavras:

> O que procurei examinar foi sobretudo o sistema. O coronel entrou na análise por ser parte do sistema, mas o que mais me preocupava era o sistema, a estrutura e a maneira pelas quais as relações de poder se desenvolviam na Primeira República, a partir do município (Leal, 1980, p.13).

Nessa concepção, o coronelismo é um sistema político, uma complexa rede de relações que vai desde o coronel até o presidente da República, envolvendo compromissos recíprocos. O coronelismo, além disso, é datado historicamente. Na visão de Leal, ele surge na confluência de um fato político com uma conjuntura econômica. O fato político é o federalismo implantado pela República em substituição ao centralismo imperial. O federalismo criou um novo ator político com amplos poderes, o governador de Estado. O antigo presidente de província, durante o Império, era um homem de confiança do Ministério, não tinha poder próprio, podia a qualquer momento ser removido, não tinha condições de construir suas bases de poder na província à qual era, muitas vezes, alheio. No máximo, podia preparar sua própria eleição para deputado ou para senador.[72]

O governador republicano, ao contrário, era eleito pelas máquinas dos partidos únicos estaduais, era o chefe da política estadual. Em torno dele se arregimentavam as oligarquias locais, das quais os coronéis eram os principais representantes. Seu poder consolidou-se após a política dos Estados implantada por Campos Sales em 1898, quando este decidiu apoiar os candidatos eleitos "pela política dominante no respectivo Estado". Segundo Sales, era dos Estados que se governava a República: "A política dos Estados (...) é a política nacional." (Sales, 1908, p. 252).

Centro de Pesquisas e Documentação de História Contemporânea do Brasil (Cpdoc), da Fundação Getúlio Vargas.

[72] Uma excelente e impiedosa descrição do papel político dos presidentes de província durante o Império foi feita por João Francisco Lisboa (1864/1865) em seu *Jornal de Timon*, incluído em *Obras de João Francisco Lisboa*.

A conjuntura econômica, segundo Leal, era a decadência econômica dos fazendeiros. Esta decadência acarretava enfraquecimento do poder político dos coronéis em face de seus dependentes e rivais. A manutenção desse poder passava, então, a exigir a presença do Estado, que expandia sua influência na proporção em que diminuía a dos donos da terra. O coronelismo era fruto de alteração na relação de forças entre os proprietários rurais e o governo, e significava o fortalecimento do poder do Estado antes que o predomínio do coronel. O momento histórico em que se deu essa transformação foi a Primeira República, que durou de 1889 até 1930.

Nessa concepção, o coronelismo é, então, um sistema político nacional, baseado em barganhas entre o governo e os coronéis. O governo estadual garante, para baixo, o poder do coronel sobre seus dependentes e seus rivais, sobretudo cedendo-lhe o controle dos cargos públicos, desde o delegado de polícia até a professora primária. O coronel hipoteca seu apoio ao governo, sobretudo na forma de votos. Para cima, os governadores dão seu apoio ao presidente da República em troca de reconhecimento por parte deste de seu domínio no Estado. O coronelismo é fase do processo mais longo de relacionamento entre os fazendeiros e o governo. O coronelismo não existiu antes dessa fase e não existe depois dela. Ele morreu simbolicamente quando se deu a prisão dos grandes coronéis baianos, em 1930. Foi definitivamente enterrado em 1937, em seguida à implantação do Estado Novo e à derrubada de Flores da Cunha, o último dos grandes caudilhos gaúchos. O próprio Leal é incoerente ao sugerir um renascimento do coronelismo embutido na tentativa dos presidentes militares de estabelecer contato direto entre o governo federal e os municípios, passando por cima dos governadores (Leal, 1980, p.14). A nova situação nada tinha a ver com a que descreveu em sua obra clássica.

Essa visão do coronelismo distingue-o da noção de mandonismo. Este talvez seja o conceito que mais se aproxime do de caciquismo na literatura hispano-americana. Refere-se à existência local de estruturas oligárquicas e personalizadas de poder. O mandão, o potentado, o chefe, ou mesmo o coronel como indivíduo, é aquele que, em função do controle de algum recurso estratégico, em geral a posse da terra, exerce sobre a população um domínio pessoal e arbitrário que a impede de ter livre acesso ao mercado e à sociedade política. O mandonismo não é um sistema, é uma característica da política tradicional. Existe desde o início da colonização e sobrevive ainda hoje em regiões isoladas. A tendência é que desapareça completamente à medida que os direitos civis e políticos alcancem todos os cidadãos. A história do mandonismo confunde-se com a história da formação da cidadania, desaparecendo um ao ser expulso pela outra.

Na visão de Leal, o coronelismo seria um momento particular do mandonismo, exatamente aquele em que os mandões começam a perder força e têm de recorrer ao governo. Mandonismo, segundo ele, sempre existiu. É uma característica do coronelismo, assim como o é o clientelismo. Ao referir-se ao trabalho de Eul-Soo Pang, que define coronelismo como exercício de poder absoluto, insiste: "Não é, evidentemente, ao meu coronelismo que se refere", e continua: "não há uma palavra no meu livro pela qual se pudesse atribuir o *status* de senhor absoluto ao coronel, ou às expressões pessoais de mando do sistema coronelista." Mais ainda: "Em nenhum momento, repito, chamei o coronel de senhor absoluto." (Leal, 1980, p. 12-13; Pang, 1979).

Boa parte da literatura brasileira, mesmo a que se inspira em Leal, identifica coronelismo e mandonismo. Essa literatura contribuiu, sem dúvida, para esclarecer o fenômeno do mandonismo. Da imagem simplificada do coronel como grande latifundiário isolado em sua fazenda, senhor absoluto de gentes e coisas, emerge das novas pesquisas um quadro mais complexo em que coexistem vários tipos de coronéis, desde latifundiários a comerciantes, médicos e até mesmo padres. O suposto isolamento dos potentados em seus domínios também é revisto. Alguns estavam diretamente envolvidos no comércio de exportação, como os coronéis baianos da Chapada Diamantina, quase todos se envolviam na política estadual, alguns na política federal. (Carone, 1971, p. 85-89; Pang, 1979; Machado Neto *et al.*, 1972; Queiroz, 1975, p.155-190; Sá, 1974; Silva, 1975; Vilaça e Albuquerque, 1965; Campos, 1975). Mas o fato de esta literatura ter tornado sinônimos os conceitos de coronelismo e mandonismo foi negativo. Alguns autores encontraram mesmo um coronelismo urbano (Reis, 1971, p. 3-32), ou um coronelismo sem coronéis (Banck, 1974, p. 69-77; 1979, p. 851-859). O conceito atinge, nesses casos, uma amplitude e uma frouxidão que lhe tiram o valor heurístico.

Outro conceito confundido com o de coronelismo é o de clientelismo. Muito usado, sobretudo por autores estrangeiros escrevendo sobre o Brasil, desde o trabalho pioneiro de Benno Galjart (1964, p. 3-24; 1965, p. 145-152), o conceito de clientelismo foi sempre empregado de maneira frouxa. De modo geral, indica um tipo de relação entre atores políticos que envolve concessão de benefícios públicos, na forma de empregos, vantagens fiscais, isenções, em troca de apoio político, sobretudo na forma de voto. Este é um dos sentidos em que o conceito é usado na literatura internacional (Kaufman, 1977). Clientelismo seria um tributo variável de grandes sistemas políticos. Tais sistemas podem conter maior ou menor dose de clientelismo nas relações entre atores políticos. Não há dúvida de que o coronelismo, no sentido sistêmico aqui proposto, envolve relações de troca de natureza clientelística. Mas, de novo, ele não pode ser identificado ao clientelismo, que é um fenômeno muito mais amplo. Clientelismo assemelha-se, na amplitude de seu uso, ao conceito de mandonismo. Ele é o mandonismo visto do ponto de vista bilateral. Seu conteúdo também varia ao longo do tempo, de acordo com os recursos controlados pelos atores políticos, em nosso caso pelos mandões e pelo governo.

De algum modo, como o mandonismo, o clientelismo perpassa toda a história política do país. Sua trajetória, no entanto, é diferente da do primeiro. Na medida em que o clientelismo pode mudar de parceiros, ele pode aumentar e diminuir ao longo da história, em vez de percorrer uma trajetória sistematicamente decrescente como o mandonismo. Os autores que veem coronelismo no meio urbano e em fases recentes da história do país estão falando simplesmente de clientelismo. As relações clientelísticas, nesse caso, dispensam a presença do coronel, pois elas se dão entre o governo, ou políticos, e setores pobres da população. Deputados trocam votos por empregos e serviços públicos que conseguem graças à sua capacidade de influir sobre o Poder Executivo. Nesse sentido, é possível mesmo dizer que o clientelismo se ampliou com o fim do coronelismo e que ele aumentou com o decréscimo do mandonismo. À medida que os chefes políticos locais perdem a capacidade de controlar os votos da população, eles deixam de ser parceiros interessantes para o governo, que passa a tratar com os eleitores, transferindo para estes a relação clientelística.

Exemplo claro dessa situação é o da cidade que na década de 60 era dominada por duas famílias, cujo poder se baseava simplesmente na capacidade de barganhar empregos e benefícios públicos em troca de votos (Carvalho, 1966, p. 153-194). As famílias não tinham recursos próprios, como os coronéis, e o fenômeno não era sistêmico, embora houvesse vínculos estaduais e federais. Por vários anos as duas famílias mantiveram o controle político da cidade, alternando-se no poder. Os resultados eleitorais eram previstos de antemão com precisão quase matemática. Os votos tinham dono, eram de uma ou de outra família. Tratava-se de um caso exacerbado de clientelismo político exercido num meio predominantemente urbano. Não se tratava de coronelismo.

Temos, assim, três conceitos relacionados, mas não sinônimos, guardando cada um sua especificidade, além de representarem curvas diferentes de evolução. O coronelismo retrata-se com uma curva tipo sino: surge, atinge o apogeu e cai num período relativamente curto. O mandonismo segue uma curva sempre descendente. O clientelismo apresenta uma curva ascendente com oscilações e uma virada para baixo nos últimos anos. Os três conceitos, assim concebidos, mantêm uma característica apontada com razão por Raymond Buve (1992, p.1-28) como essencial em uma abordagem histórica: a ideia de diacronia, de processo, de dinamismo.

Mas não se resolvem com isso os problemas relacionados com os três conceitos. O menos polêmico deles talvez seja o de mandonismo. Vamos deixá-lo em paz. Quanto ao clientelismo, as divergências são grandes. Na literatura internacional, muitos não concordam em restringi-lo à ideia de atributo de um sistema; outros querem aplicá-lo apenas à política local; outros ainda o veem como um sistema global (Scott, 1977, p. 483-505; Clapham, 1982; Lemarchand, 1981, p. 7-32; Landé, 1983, p. 435-454). Não seria possível nas dimensões deste artigo retomar a discussão desse conceito além do uso que dele é feito no Brasil. Vamos retomá-lo em conexão com as críticas ao conceito de coronelismo de Leal.

A crítica mais contundente, quase virulenta, foi feita por Paul Cammack (1979, p.1-20; 1982), e foi respondida com igual contundência por Amilcar Martins Filho (1984, p.175-197). Como bem observa este último, o principal alvo de Cammack é a interpretação clientelística da política brasileira durante a Primeira República, que ele, Cammack, identificaria com o coronelismo. Contra essa interpretação Cammack propõe retomar a visão tradicional de um sistema político dominado pelos proprietários rurais cujos interesses seriam representados pelo Estado. Já vimos que coronelismo e clientelismo não se confundem e por aí a crítica erra o alvo. Martins Filho limita-se em sua resposta a salvar a abordagem clientelística. Mas pode-se examinar o conteúdo da crítica naquilo que atinge o coronelismo como sistema. O ponto central, a meu ver, é a negação, por Cammack, da validade da ideia de compromisso baseada na troca dos votos controlados pelos coronéis pela delegação de poderes do governo.

Cammack nega o poder dos coronéis de controlar os votos e também o valor do voto como mercadoria política. Quanto à capacidade de controle do voto, há consenso entre testemunhos da época e estudiosos de que ela existia. Ela se dava, como vimos, até mesmo em contextos urbanos e depois da democratização de 1945. Quanto ao valor do voto como mercadoria, a crítica faz sentido, a votação pouco valia na época. Há amplas evidências sobre fraudes escandalosas que acompanhavam o processo eleitoral em todas as suas fases. O coronel podia controlar os votantes e manipular atas eleitorais, mas quem definia a apuração dos votos e reconhecia os deputados era o próprio Congresso em acordo com o presidente da República. Esse foi o acordo negociado por Campos Sales com os governadores. A apuração final podia inverter o resultado das atas. Uma testemunha ocular do processo de reconhecimento na Câmara em 1909 observa: "Os reconhecimentos de Goiás, Rio de Janeiro e Distrito Federal só se farão quando os chefes chegarem a acordo. Para o caso as eleições nada estão valendo." (Vieira, 1980, p. 99).

Se aceita, a crítica quebra um dos pés do compromisso coronelista, qual seja, a dependência do governo em relação aos coronéis para a produção de votos. A crítica pode ser considerada válida se os coronéis forem tomados individualmente em sua relação com os governadores. Mesmo aí haveria exceções, pois certos coronéis, como os da Bahia, podiam enfrentar os governadores até no terreno militar. Mas mesmo sem recorrer a esses casos excepcionais, a ideia do compromisso coronelista pode ser mantida sem que se dê ao voto peso decisivo. Se os governadores podiam prescindir da colaboração dos coronéis tomados isoladamente, o mesmo não se dava quando considerados em conjunto. A estabilidade do sistema como um todo exigia que a maioria dos coronéis apoiasse o governo, embora essa maioria pudesse ser eventualmente trocada. As manipulações dos resultados eleitorais sempre beneficiavam um grupo em detrimento de outro e tinham um custo político. Se entravam em conflito com um número significativo de coronéis, os governadores se viam em posição difícil, se não insustentável. Basta mencionar os casos da Bahia, de Goiás, do Ceará e de Mato Grosso. Em todos eles, os governadores foram desafiados, humilhados e mesmo depostos. São também conhecidos os casos de duplicatas de assembleias estaduais, de bancadas federais e até mesmo de governadores. As duplicatas de assembleias eram no mínimo embaraçosas para os governadores e podiam preparar o caminho para a intervenção do governo federal, numa confirmação da natureza sistêmica do coronelismo. Muitas vezes, rebeliões de coronéis eram incentivadas pelo governo federal para favorecer oligarquias rivais nos Estados.

Um mínimo de estabilidade do sistema exigia algum tipo de entendimento com os coronéis, ou parte deles, sendo de importância secundária que a contrapartida do coronel se concretizasse exclusivamente em votos. Bastava o apoio tácito, a não rebelião. Se tudo dependesse do voto, seria de esperar uma luta maior por seu controle, com a consequência de que a participação eleitoral teria atingido proporções muito maiores do que os míseros 2% ou 3% da população. Com essa qualificação, a tese de Leal continua de pé.

Outra crítica de Cammack tem a ver com o velho debate entre classe e *following*, travado pela primeira vez no Brasil entre Benno Galjart (1964, p. 3-24; 1965, p. 145-152) e Guerrit Huizer (1965, p. 128-144). Cammack acusa Leal de ver os coronéis apenas como atores políticos e não como produtores, como classe social. Aqui também há que distinguir. Que Leal considerava os coronéis como classe dominante não pode haver dúvida. O compromisso coronelista baseava-se exatamente na decadência econômica dessa classe. É a perda de poder econômico que leva o coronel a necessitar do apoio do governo para manter sua posição de classe dominante. Mas é verdade que a teoria é formulada apenas em termos de compromisso político: os coronéis apoiam o governador, que lhes dá carta branca em seus domínios; os governadores apoiam o presidente da República, este reconhece a soberania deles nos Estados.

Mas, de novo, a falha, se falha há, é apenas formal. Isto por duas razões. A primeira é que a entrega do controle de cargos públicos aos coronéis tem evidentemente um sentido que vai muito além do político. Não é preciso, por exemplo, demonstrar que o papel de um juiz de paz, de um juiz municipal, de um delegado de polícia ou de um coletor de impostos está estreitamente vinculado à sustentação dos interesses econômicos dos donos de terra e dos grandes comerciantes. As tarefas do juiz e do delegado eram importantes para o controle da mão de obra e para a competição com fazendeiros rivais. Ser capaz de oprimir ou proteger os próprios trabalhadores ou de perseguir os trabalhadores dos rivais, fazendo uso da política, era um trunfo importante na luta econômica. Como observou Oliveira Viana (1949), a justiça brasileira caracterizava-se, nessa época, pelas figuras do "juiz nosso", do "delegado nosso", isto é, era uma justiça posta a serviço dos interesses dos mandões. O coletor de impostos, por seu lado, podia, pela ação, ou inação, afetar diretamente a margem de lucro dos coronéis. Até mesmo uma professora primária era importante para conservar valores indispensáveis à sustentação do sistema. Ignorar esses aspectos dos cargos públicos é que seria separar artificialmente o político do econômico. No coronelismo, como definido por Leal, o controle do cargo público é mais importante como instrumento de dominação do que como empreguismo. O emprego público adquire importância em si, como fonte de renda, exatamente quando o clientelismo cresce e decresce o coronelismo.

Em segundo lugar, era raro que os interesses econômicos de classe assumissem o primeiro plano nas lutas locais da Primeira República. Em geral, isto só se dava em momentos de tentativas de criação ou aumento de impostos pelos governos estaduais. Os interesses mais amplos dos coronéis como classe eram raramente, se jamais o foram, desafiados pelos governos ou pelos trabalhadores. Não se colocava em questão o domínio dos coronéis como classe. Esta é uma premissa que perpassa toda a argumentação de Leal e de fato a torna inteligível. O conflito assumia, assim, quase sempre, característica de disputa política entre coronéis ou grupos de coronéis, entrando o governo estadual e federal seja como juiz, seja como provocador, seja ainda como aliado de uma das facções. Não havia movimentos organizados de trabalhadores que pudessem colocar em xeque o domínio do senhoriato. A única organização de setores dominados verificava-se nos movimentos messiânicos e no cangaço. Mas messianismo e cangaço atingiam o domínio da classe proprietária apenas indiretamente. Eram vítimas fáceis da repressão e da cooptação, ou de ambas (Queiroz, 1977; Monteiro, 1974; Della Cava, 1970). Leal não ignorava nem menosprezava o lado econômico em sua teoria do coronelismo. Uma de suas inovações em relação à teoria social da época foi exatamente fugir aos reducionismos em voga, econômicos, sociológicos, culturais ou psicológicos. Sua análise incorpora contribuições de várias disciplinas e as integra no conceito de sistema coronelista (Carvalho, 1980c, p. 5-9).

Mas as divergências não terminam aí. Como a polêmica entre Martins Filho e Cammack indica, estão em jogo conceitos sociológicos e políticos fundamentais como clientelismo, feudalismo, patrimonialismo, representação e cooptação. Uso a polêmica para entrar na discussão do emprego desses conceitos.

Martins Filho acusa Cammack de cometer uma impropriedade conceitual ao vincular o patrimonialismo e representação de interesses, ao mesmo tempo em que o próprio Cammack aponta a inconsistência da literatura sobre o coronelismo que vincularia feudalismo e cooptação. A meu ver, pelos argumentos expostos até agora, tanto Martins Filho como Cammack se equivocam ao colocar Nunes Leal dentro da tradição "feudalista" que tem em Oliveira Viana e Nestor Duarte seus mais ilustres representantes, mais tarde seguidos por Queiroz (Oliveira Viana, 1920; Duarte, 1939; Queiroz, 1956/1957).[73] Essa tradição acentua o poder dos potentados rurais e suas parentelas diante do Estado desde o início da colonização. Os grandes proprietários são vistos como onipotentes dentro de seus latifúndios, onde, como disse um cronista, só precisavam importar ferro, sal, pólvora e chumbo. Durante a Colônia eram alheios, se não hostis, ao poder do governo. Após a Independência, passaram a controlar a política nacional, submetendo o Estado a seus desígnios. A formulação mais contundente da tese feudal está em Nestor Duarte. As capitanias hereditárias seriam, segundo este autor, instituições legitimamente feudais, e o feudalismo teria dominado os três primeiros séculos da história nacional. Pouco teria mudado após a Independência, pois "o poder político se encerra nas mãos dos que detêm o poder econômico" (Duarte, 1939, p. 181). A ordem privada, antagônica e hostil ao Estado como poder público, teria governado soberana durante todo o período imperial e ainda predominaria à época em que o livro foi escrito. Para ser tolerado pela ordem privada, o Estado, enquanto tal, omite-se e reduz suas tarefas à mera coleta de impostos. No resto, o Estado é privatizado e age em função dos interesses da classe proprietária.

Vimos que Leal, apesar da interpretação de Martins e Cammack, nega explicitamente vinculação a essa corrente feudalista. Pode-se supor até mesmo, embora ele tenha negado a hipótese, que seu livro tenha sido uma resposta a Nestor Duarte. Leal não é nem feudalista, nem economicista, tampouco dicotômico em sua análise. O poder político não é reduzido ao poder econômico, o Estado e a ordem privada não se colocam como oposição inconciliável. Mas, mesmo não se aplicando a crítica a Leal, a observação de Martins Filho sobre o relacionamento inadequado

---

[73] Outra vertente dessa corrente chama a atenção para a influência das parentelas nesse mundo dominado pelos potentados locais. Vejam-se, por exemplo, os trabalhos de COSTA PINTO. *Lutas de família no Brasil*, e LEWIN. *Política e parentela na Paraíba*.

dos conceitos de feudalismo e patrimonialismo aos de cooptação e representação se sustenta e merece comentários mais amplos.

O debate é clássico na historiografia brasileira e pode-se dizer que as posições estão sendo apenas atualizadas e aperfeiçoadas na produção mais recente. Ao lado do "feudalista" Nestor Duarte, há o "patrimonialista" Raymundo Faoro, cuja tese inverte o argumento de Nestor Duarte. Segundo Faoro, o Brasil teria seguido a evolução de Portugal, que desde o século XIV se havia livrado dos fracos traços de feudalismo e implantado um capitalismo de Estado de natureza patrimonial. Aos poucos formou-se um estamento burocrático, instrumento de domínio do rei que se tornou independente do próprio rei. A colonização foi empreendimento capitalista-mercantilista conduzido pelo rei e por esse estamento. O estamento, minoria dissociada da nação, é que domina, dele saindo a classe política, a elite que governa e separa governo e povo, Estado e nação. O capitalismo mercantilista monárquico, com seu estamento burocrático, bloqueou a evolução do capitalismo industrial em Portugal e no Brasil e, portanto, também a sociedade de classes e o Estado democrático-representativo (Faoro, 1958).[74]

Uma linha intermediária entre Duarte e Faoro é seguida por Fernando Uricoechea (1978). Partindo de sólida base weberiana, Uricoechea interpreta o Brasil imperial com o auxílio do tipo ideal de burocracia patrimonial. Os dois termos são em parte conflitantes, desde que burocracia é tomada no sentido weberiano de racionalização e modernização da máquina do Estado, enquanto patrimonial tem a ver com uma forma de dominação tradicional ligada à expansão do poder pessoal do monarca. É exatamente no conflito dialético entre os dois fenômenos que o autor vê a natureza da política brasileira desde a Colônia: um misto de crescente burocratização e de decrescente prebendalização ou patrimonialismo. Estado e senhoriato estabeleceram relação dinâmica de complementação e antagonismo. O Estado português e, depois, o brasileiro não possuíam recursos humanos e materiais suficientes para administrar a Colônia e, posteriormente, o país independente. Fazia-se necessário o recurso ao poder privado na forma de serviços litúrgicos, cujo exemplo principal foi a Guarda Nacional. Por seu lado, o senhoriato não conseguiu desenvol-

---

[74] Quem primeiro usou a expressão patrimonialismo para descrever a política brasileira foi Sérgio Buarque de Holanda que tomou conhecimento da obra de Weber durante estada na Alemanha. Veja seu *Raízes do Brasil*, cap. V.

ver formas de solidariedade corporativa capazes de possibilitar o enfrentamento do monarca, enquanto a economia escravista não lhes permitia a consolidação estamental que caracterizou o feudalismo ocidental. A ideia de compromisso foge ao dualismo de Faoro e também ao reducionismo de Nestor Duarte, aproximando-se da abordagem de Leal.

Análise matizada também é a de Simon Schwartzman (1970, p. 9-41). Partindo das mesmas distinções weberianas, trabalhadas por Bendix (Weber, 1964; Bendix, 1962) de feudalismo e patrimonialismo e de suas ligações com as formas políticas modernas, Schwartzman distingue evoluções diferentes nas regiões brasileiras. A principal delas tem a ver com o estilo patrimonial-cooptativo característico do Nordeste e de Minas Gerais e o estilo feudal-representativo próprio de São Paulo. Em Minas, a economia mineradora, marcada por forte presença da administração colonial, e a subsequente decadência econômica durante o Império teriam levado a província e depois o Estado à dependência do poder central, ao desenvolvimento do clientelismo e da cooptação como forma de relacionamento político. Em contraste, a tradição de independência dos bandeirantes paulistas durante a Colônia e a pujança econômica trazida pelo café levaram essa parte do país a desenvolver uma relação de maior autonomia em relação ao poder federal, baseada na representação dos interesses da elite local. O contraste entre os dois estilos seria, na visão de Schwartzman, uma das principais chaves para entender o enigma brasileiro.

Com relação às três últimas posições, elas podem ser contestadas em termos empíricos. A existência do onipotente estamento burocrático de Faoro é de difícil comprovação empírica. Outros trabalhos sobre a burocracia imperial mostram um quadro fragmentado, antes que unificado (Carvalho, 1980a, p. 932-934). O próprio estudo de Uricoechea postula uma relação distinta entre a burocracia e senhoriato rural, o mesmo acontecendo com recente trabalho de Graham (1990). A tese de Schwartzman sobre a política de representação de interesses de São Paulo é contestada por estudos do corporativismo dos industriais paulistas na década de 30 (Costa, 1991, p. 113-146). No entanto, do ponto de vista teórico e conceitual as três são consistentes. A terminologia empregada segue com razoável precisão os tipos ideais weberianos e mantém coerência em relação às consequências teóricas derivadas desses tipos para a evolução política do país. Isto é, da postulação do patrimonialismo deriva um estilo político baseado na cooptação, no clientelismo, no populismo, no corporativismo de Estado. Ao reverso da postulação do feudalismo da independência do senhoriato rural em relação ao Estado deriva um estilo político baseado na representação de interesses, nos partidos, na ideologia.

A mesma coerência não se dá com outros trabalhos sobre o tema. Já vimos a crítica de Martins Filho a Cammack relativa a esse ponto. Dentro da lógica weberiana, a conclusão da existência de um sistema representativo dos interesses dos proprietários rurais deveria vir da premissa feudalista de Nestor Duarte, criticada por Cammack. Insistir na fraqueza do senhoriato rural perante o Estado e daí deduzir a existência de um Estado representativo desse mesmo senhoriato parece, de fato, algo estranho. Foge não só à lógica weberiana mas também à análise marxista. Na formulação de Marx, sem que aqui dele divirja Weber, o modo capitalista de produção, base da política de representação de interesses, evolui do modo feudal de produção. Como observa Nettl (1968, p. 559-592), não foi por acaso que Marx deixou de enfatizar o Estado para se concentrar nas classes ao se transferir da Alemanha para a Inglaterra, onde a transição se deu de modo exemplar. O Partido Comunista do Brasil estava sendo coerente, embora não necessariamente lúcido, ao insistir na tese do feudalismo brasileiro, do qual se evoluiria para o capitalismo e daí para o socialismo. Nem mesmo o dissidente marxista, Caio Prado Jr. negava a sequência, apenas achava que o país já era há muito capitalista e estava, portanto, pronto para o socialismo, sem ter que passar antes pela revolução burguesa.[75] Nesse campo, a diferença entre Marx e Weber com relação à análise da evolução das sociedades ocidentais está no fato de que o primeiro se concentra na sequência feudalismo-capitalismo, ao passo que Weber admite também, mesmo no Ocidente, a alternativa derivada do patrimonialismo. Marx relega a última possibilidade ao modo asiático de produção (Marx, 1971).

Outro autor que também usa os conceitos de maneira pouco consistente é Richard Graham (1990; 1994, p. 525-544). Em sua bem pesquisada obra sobre a sociedade brasileira durante o Império, que traz várias contribuições importantes, Graham retoma a tese da hegemonia dos senhores de terra sobre o Estado. A vida dos gabinetes, segundo Graham,

---

[75] Para a posição ortodoxa marxista, formulada já na década de 20, veja BRANDÃO. *Agrarismo e industrialismo*. Para a crítica de PRADO JR., veja seu *A revolução brasileira*.

dependia tanto, se não mais, dos líderes locais do que o oposto. Como para esse autor qualquer concepção de Estado que não implique a dominação de uma classe é abstração teórica ou, pelo menos, inaplicável ao Brasil, só lhe restava postular o domínio da política imperial pela classe dominante rural (Graham, 1994, p. 536). Até aí tudo bem. Como vimos, esta é a tese de Nestor Duarte e Queiroz. O problema conceitual surge quando Graham trabalha o tempo todo com a noção de clientelismo, de relações patrão-cliente. O clientelismo seria a marca característica do sistema político imperial: "Pode-se, pois, afirmar que o elemento decisivo da política brasileira no século XIX (...) foi o clientelismo." (Graham, 1994, p. 544). Ora, qualquer noção de clientelismo implica troca entre atores de poder desigual. No caso do clientelismo político, tanto no de representação como no de controle, ou burocrático, para usar distinção feita por Clapham (1982), o Estado é a parte mais poderosa. É ele quem distribui benefícios públicos em troca de votos ou de qualquer outro tipo de apoio de que necessite. O senhoriato rural seria a clientela do Estado. Não é certamente esta a visão de Graham sobre a relação de poderes. Seria mais lógico para ele considerar o Estado como clientela do senhoriato. Mas não há nada em seu texto justificando essa reviravolta no conceito de clientelismo. Outra alternativa seria retornar à tese de Nestor Duarte, deixando de lado sua própria evidência sobre práticas clientelísticas.

A visão patrimonial de Uricoechea implica reconhecer maior poder ao senhoriato rural do que a abordagem clientelista-classista de Graham. Na relação patrimonial, o Estado vai além da simples distribuição de empregos públicos em troca de apoio. Ele se vê forçado a delegar boa parte da administração local, se não toda ela, aos donos de terra. Na formulação de Bendix, há "compromissos entre as forças opostas que dão aos chefes locais completa autoridade sobre seus dependentes, na medida em que isto é compatível com os interesses fiscais e militares do governante" (Bendix, 1962, p. 356). O serviço litúrgico desses particulares é exercido gratuitamente, não constituindo, portanto, uma tarefa burocrática do Estado.

No Império, a Guarda Nacional foi a grande instituição patrimonial que ligou proprietários rurais ao governo. Ela não foi criada por proprietários, nem era uma associação que os representasse. Foi criada pelo governo durante a Regência, inicialmente para fazer face aos distúrbios urbanos desencadeados após a abdicação do Imperador e sua inspiração era a guarda francesa, uma organização burguesa (Castro, 1977). Posteriormente é que foi sendo transformada no grande mecanismo patrimonial de cooptação dos proprietários rurais. Daí os muitos conflitos entre seus oficiais e outras autoridades do governo ou eletivas, como juízes municipais, juízes de paz e padres, conflitos estes analisados por Thomas Flory (1981). Os oficiais da Guarda não apenas serviam gratuitamente como pagavam pelas patentes e frequentemente fardavam as tropas com recursos do próprio bolso. A escolha democrática dos oficiais, por eleição, foi aos poucos sendo eliminada para que a distribuição de patentes de oficiais correspondesse o melhor possível à hierarquia social e econômica. Em contrapartida, a Guarda colocava nas mãos do senhoriato o controle da população local.

Não se resumia à Guarda Nacional o ingrediente patrimonial do sistema imperial. Os delegados, delegados substitutos, subdelegados e subdelegados substitutos de polícia, criados em 1841, eram também autoridades patrimoniais, uma vez que exerciam serviços públicos gratuitamente. O mesmo pode ser dito dos inspetores de quarteirão, que eram nomeados pelos delegados. Praticamente toda a tarefa coercitiva do Estado no nível local era delegada aos proprietários. Algumas tarefas extrativas, como a coleta de certos impostos, eram também contratadas com particulares. O patrimonialismo gerava situações extremas como a de um município de Minas Gerais onde os serviços patrimoniais, assim como os cargos eletivos de juiz de paz, vereador e senador estavam nas mãos de uma só família. Treze pessoas ligadas por laços de parentesco ocupavam quase todos os postos, algumas acumulavam cargos eletivos e patrimoniais, como o de vereador e os de comandante da Guarda Nacional e subdelegado.[76] O Estado utilizava ainda os serviços da Igreja para executar suas tarefas: todos os registros de nascimento, de casamento, de morte eram feitos pelo clero e reconhecidos pelo Estado. Durante boa parte do período imperial, os padres tinham também papel importante nas eleições, que eram realizadas dentro das igrejas. Eles foram também encarregados de informar ao governo sobre a existência de terras públicas nos municípios, quando da aplicação da lei de terras de 1850.

A grande divergência que essa abordagem tem com a de Graham é que nela a iniciativa é do Estado. A Guarda era uma organização criada pelo governo e controlada pelo ministro da Justiça; os cargos de delega-

---

[76] Ver A REFORMA, 26 out. 1869, p. 3.

do e subdelegado de polícia foram criados para esvaziar as funções dos juízes de paz, autoridades eletivas. Na medida em que os proprietários rurais controlavam a eleição dos juízes de paz, o esvaziamento do poder destes em benefício de uma autoridade patrimonial era uma perda de poder para aqueles. Os proprietários nunca se organizaram em estamento como no feudalismo, nem em partidos políticos.[77] Organizações de proprietários surgiram apenas às vésperas da passagem da lei que libertou o ventre escravo (Pang, 1981). Sintomaticamente, essas organizações reagiam a uma ação do governo que consideravam radicalmente contrária a seus interesses. O próprio Imperador foi por eles acusado de traição nacional por favorecer a medida abolicionista.

A tendência era claramente no sentido de reduzir, até à eliminação, os resíduos patrimoniais da administração em favor da burocracia do Estado. Inúmeros conflitos surgidos em função do comportamento das autoridades patrimoniais, como os delegados e oficiais da Guarda, começaram já no Império a ser resolvidos pelo recurso a autoridades burocráticas, como os juízes de direito e oficiais de polícia. Na República, as tarefas de manutenção da ordem passaram todas para a burocracia, na medida em que delegados se tornaram funcionários públicos e os Estados aumentaram rapidamente o efetivo de suas polícias militares que substituíram a Guarda na sua função original. A Igreja também foi separada do Estado, tendo sido instituído o registro civil. O coronelismo surgiu nesse momento com o recuo do patrimonialismo e o avanço da burocracia.

A essa altura, pode-se voltar à pergunta inicial e procurar saber se toda essa discussão conceitual não é inútil disputa acadêmica. Sem propósito de querer introduzir rigidez desnecessária, espero ter mostrado a vantagem que teria para a pesquisa maior precisão na definição de conceitos básicos. Mais ainda, espero ter indicado que na seleção e uso dos conceitos aqui discutidos estão embutidas visões macrossociais distintas da evolução histórica do país e das características do Brasil de hoje. A literatura tem demonstrado amplamente, por exemplo, a relação entre patrimonialismo, corporativismo e autoritarismo (Schwartzman, 1977); a complementariedade entre clientelismo e corporativismo (Kaufman,

---

[77] Os partidos políticos imperiais eram coalizões. O liberal reunia proprietários e profissionais liberais, o conservador compunha-se de proprietários e magistrados. Em todas as questões que diziam respeito aos interesses dos proprietários, como a da abolição da escravidão, os dois partidos se dividiam internamente. Ver CARVALHO. *A construção da ordem*, cap. 8.

1977); a aliança entre clientelismo e populismo (Diniz, 1982). A terminologia usada para discutir o poder local na Colônia, no Império, ou na Primeira República, reflete visões do Brasil de hoje, ou mesmo visões mais gerais sobre as leis e tendências das trajetórias das sociedades.

O importante em todo o debate não é discutir se existiu ou se existe dominação. Ninguém nega isto. O problema é detectar a natureza da dominação. Faz enorme diferença se ela procede de um movimento centrado na dinâmica do conflito de classes, gerado na sociedade de mercado, que surgiu da transformação do feudalismo na moderna sociedade industrial, via contratualismo, representação de interesses, partidos políticos, liberalismo político; ou se ela se funda na expansão lenta do poder do Estado que aos poucos penetra na sociedade e engloba as classes via patrimonialismo, clientelismo, coronelismo, populismo, corporativismo. É esta diferença que faz com que o Brasil e a América Latina não sejam os Estados Unidos ou a Europa, que sejam o Outro Ocidente, na feliz expressão de José G. Merquior.[78]

(Publicado em *Dados – Revista de Ciências Sociais*, Rio de Janeiro, v. 40, nº 2, 1977, p. 229-250.)

---

[78] O leitor anônimo deste artigo observou que o último parágrafo é "muito concordante com a visão de Simon Schwartzman". Em havendo tal concordância, ela é motivo para que me autocongratule.

Pensamento político

Federalismo e centralização no Império brasileiro: história e argumento

A colônia portuguesa na América caracterizou-se, no que se refere à organização política e administrativa, por fraca presença do poder metropolitano e por frouxa ligação entre as várias regiões que a compunham. Apesar desta tradição, o país independente, que surgiu em 1822, optou por um regime monárquico e por forte centralização política e administrativa. Mas as forças centrífugas não foram abafadas e voltaram com pleno vigor após a Proclamação da República em 1889. A tensão entre as duas correntes opostas gerou durante o Império um rico debate sobre a relação entre federalismo e centralização, de um lado, e liberdade e despotismo, de outro.

O LEGADO COLONIAL

É conhecida a experiência colonial portuguesa na América no que concerne ao problema da centralização. País pequeno, de reduzida população, ameaçado às vezes em sua própria sobrevivência, Portugal teve grande dificuldade em manter e explorar o vasto mundo conquistado pela audácia de seus navegadores. Mesmo excluindo as conquistas africanas e asiáticas, o mundo americano já era excessivamente vasto para os recursos da metrópole. A guerra com os índios e a defesa da colônia contra a ameaça de outras potências, sobretudo a Espanha, a Holanda e a França, eram tarefas custosas que deixavam poucos recursos para investir na exploração dos novos territórios, pelo menos até a descoberta do ouro ao final do século XVII. Por um período de 60 anos (1580-1640), a autonomia da metrópole desapareceu sob o domínio espanhol. Durante esse período, os holandeses ocuparam a parte mais rica da colônia. Libertar-se da Espanha e expulsar os holandeses foram tarefas adicionais que exauriram ainda mais a metrópole. A sobrevivência de Portugal, daí por diante, ficou dependendo da proteção inglesa, paga a partir do final do século XVII com a abundância do ouro das minas gerais. Clara indicação do desequilíbrio entre colônia e metrópole foi o conselho de D. Luís da Cunha a D. João V em 1738 para que transferisse a sede da monarquia para o Rio de Janeiro, pois lá haveria maior segurança. A ideia já fora levantada em 1580 e em 1660.

Diante das limitações, Portugal teve que recorrer à iniciativa particular para defender, expandir e desenvolver a colônia americana. A criação das capitanias hereditárias em 1534 não tinha outro sentido. Face ao perigo real de perder sua conquista, D. João III (1521-1557) a dividiu em capitanias hereditárias que foram entregues a fidalgos suficientemente ricos para que as pudessem defender e colonizar. O território da colônia, ainda mal conhecido, foi dividido do Amazonas a São Vicente em lotes retangulares que partiam da costa até a linha ainda imaginária de Tordesilhas, no interior. Em retorno pelos serviços, os donatários das capitanias recebiam ampla jurisdição local que ia a ponto de isentá-los da inspeção da Coroa. A colônia foi assim transformada em um sistema que alguns chamaram de feudal, cada capitania correspondendo a um feudo, cada donatário a um barão ligado ao rei por um pacto de lealdade e cooperação. Poderíamos também dizer que o sistema se aproximava de uma federação, se da expressão guardarmos apenas o aspecto de autonomia política das unidades componentes do todo.

A tarefa de colonização revelou-se acima também da capacidade da iniciativa privada. Muitos donatários arruinaram-se, gastaram sua riqueza ganha muitas vezes no comércio das Índias Orientais, tentando desenvolver suas capitanias. Alguns nem tomaram posse dos lotes. Apenas dois tiveram êxito, os de Pernambuco, ao norte, e de São Vicente, ao sul. Na ausência de minerais preciosos, restavam como recursos o pau-brasil, cuja extração dependia da problemática cooperação dos índios, e a cana-de-açúcar, que exigia grandes investimentos em capital e mão de obra. Foi o êxito na produção de açúcar que salvou as duas capitanias.

A política descentralizante foi em parte revertida, em 1549, pelo mesmo D. João III que criou o governo geral da colônia, sediado na Bahia. As capitanias hereditárias não foram imediatamente extintas, mas os donatários perderam parte de seu poder exclusivo. Por compra ou confisco, as capitanias foram aos poucos sendo recuperadas pela Coroa ou simplesmente extintas. Na metade do século XVIII, Pombal, o ministro centralizador de D. José I (1750-1777), acabou com todas elas.

O recurso aos particulares continuou, no entanto, por outras maneiras. A expansão do território e a busca de metais preciosos foram conseguidas graças às entradas, grandes expedições organizadas por particulares com o incentivo da Coroa. As entradas eram feitas pelas bandeiras, verdadeiros exércitos particulares sob o domínio autocrático de um chefe. Algumas bandeiras contavam até 3 mil homens entre brancos, índios e escravos negros. Havia ainda recurso a particulares para a execução de tarefas públicas. A arrecadação de impostos era frequentemente contratada com particulares. Até mesmo nas Minas Gerais, região do ouro e dos diamantes, onde a presença da Coroa se fazia presente com mais força, a arrecadação de dízimos e impostos de entrada era feita por contratos com particulares. As grandes dívidas dos contratantes foram uma das causas da Inconfidência Mineira.[79] As funções administrativas e judiciárias eram em boa parte exercidas pelos capitães-mores das milícias. Esses capitães-mores eram de investidura real, mas seu poder vinha do fato de serem grandes proprietários de terras, sesmeiros, que simplesmente camuflavam com a capa do poder público o exercício de um domínio privado. O poder local, ou municipal, estava nas mãos dos capitães e das câmaras também controladas pelos "homens bons", isto é, proprietários rurais.

Se a criação de um governo central não significou o fim do recurso aos particulares, também não significou o abandono da ideia de divisão do território. Do século XVI ao XVIII, a colônia sofreu várias divisões, em geral separando o norte do sul. A divisão típica foi a de Pombal, em 1751, separando o Estado do Brasil do Estado do Maranhão e Grão-Pará. Posteriormente, o mesmo Pombal deu autonomia ao Maranhão, criando três estados distintos. Dizia-se na época "ir do Maranhão ao Brasil".

O sistema de capitanias foi mantido, embora todas passassem para a administração real. Ao final do período colonial, em 1822, havia 18 capitanias, administradas por governadores nomeados por Lisboa. A hierarquia formal colocava o Rei no topo, em Lisboa, vindo a seguir o vice-rei, sediado no Rio de Janeiro, os governadores, ou capitães-generais, nas capitanias, os capitães-mores, nas vilas. Na prática, as coisas eram menos

---

[79] Sobre as complexas relações entre o poder colonial e as elites econômicas mineiras, ver MAXWELL. *A devassa da devassa, 1750-1808*.

claras. O poder do vice-rei, é consenso na historiografia, limitava-se ao Rio e a algumas capitanias subalternas, como Rio Grande e Santa Catarina. As outras comunicavam-se diretamente com a Coroa. Muitos capitães-mores também escapavam do controle dos governadores. Mesmo após os esforços racionalizadores de Pombal, a impressão que dava a administração colonial era de confusão. A razão da confusão podia estar na mistura de códigos legais e tradições jurídicas (códigos Manuelino, português, e Filipino, espanhol; tradições romana e feudal). Mas também, com maior probabilidade, podia ser tática política. Se a fraqueza da metrópole não lhe permitia manter uma burocracia proporcional ao tamanho da colônia, também aconselhava evitar que autoridades coloniais se tornassem excessivamente poderosas. Dada a desigualdade de recursos, um vice-rei que tivesse nas mãos o controle da colônia se tornaria mais poderoso do que o próprio rei. Os conflitos de jurisdição, o desentrosamento entre autoridades eram desejáveis politicamente, por mais que tivessem consequências negativas para a administração.

Sob o ponto de vista que aqui nos interessa, a herança colonial pode ser resumida em três pontos:

a) um poder metropolitano fraco, incapaz de exercer administração centralizada e que por isto recorria à cooperação do poder privado e à descentralização política e administrativa;
b) um poder privado forte mas oligárquico, centrado sobretudo na grande propriedade da terra e na posse de escravos;
c) uma colônia que era um ajuntamento de capitanias frouxamente unidas entre si para as quais o poder do vice-rei era pouco mais que nominal.

O botânico francês Saint-Hilaire, que viajou extensamente pela colônia à época da independência, resumiu a situação do seguinte modo: "Cada capitania tinha seu pequeno tesouro; elas mal se comunicavam entre si, muitas vezes ignoravam mesmo a existência umas das outras. Não havia no Brasil centro comum — era um círculo imenso cujos raios convergiam muito longe da circunferência."[80]

---

[80] Citado em ALMEIDA PRADO. *D. João VI e o início da classe dirigente do Brasil*, p. 134.

A SOLUÇÃO DA INDEPENDÊNCIA

Quando as tropas francesas invadiram a península ibérica, em 1807, Portugal e sua colônia americana achavam-se em situação peculiar. A metrópole não tinha forças para resistir à invasão e para manter a colônia; esta, por sua vez, ainda era escassamente povoada (em torno de 4 milhões de habitantes), com a economia de exportação estagnada, sem fortes laços de união entre as capitanias. O príncipe D. João e a corte portuguesa decidiram-se pelo mal menor: transferir-se para a colônia, salvando-se assim, senão da ocupação francesa, pelo menos do destino que coube à Coroa espanhola. Cumpria-se, por força das circunstâncias, a velha ideia de estadistas portugueses, retomada agora por D. Rodrigo de Sousa Coutinho, o conde de Linhares, ministro e conselheiro de D. João. Com isto, preservou-se a dinastia e a integridade do reino. Como era de esperar, a solução só foi possível graças à ação protetora da Inglaterra que patrocinou toda a operação de transferência. Enquanto isto, na colônia espanhola da América, a queda da dinastia provocava de início a incerteza e a desorientação e logo depois o começo do processo de independência.

Um pouco mais tarde, derrotado Napoleão e iniciado o movimento constitucionalista na metrópole pela revolta do Porto, em 1820, recolocou-se com urgência o problema do futuro do reino. Várias alternativas apresentavam-se como possíveis, desde a volta ao *status quo* colonial, até o desmembramento da colônia, para citar os dois extremos. O debate entre 1820 e 1822 foi intenso, inúmeros panfletos foram publicados defendendo as alternativas em jogo. A posição predominante talvez tenha sido a de manutenção da união numa espécie de federação monárquica à maneira inglesa ou austríaca. A criação do Reino Unido de Portugal, Brasil e Algarves, em 1815, ia nessa direção.

Os argumentos em favor da solução unionista eram simples e diretos: nem Portugal nem Brasil, dizia-se, tinham condição de sobreviver soberanamente sozinhos. Portugal, argumentava o autor anônimo de um dos panfletos, desde o final do século XVI era potência de segunda ordem, colônia da Inglaterra, dependente da economia brasileira. O Brasil, por seu lado, prosseguia o mesmo autor, era pouco povoado, tinha população heterogênea, não tinha unidade e patriotismo. Separados, Portugal poderia tornar-se província da Espanha, e o Brasil correria o risco de reproduzir a experiência da colônia espanhola ou, o que seria desastroso, a experiência de São Domingos que já custara mais de um milhão de mortos.[81]

Outro panfleto também defendia a união com argumentos semelhantes. Tanto Portugal como Brasil eram fracos demais para sobreviver sozinhos: "Um estado pequeno e fraco não pode hoje existir nem moral nem fisicamente." Separados, tornar-se-iam província ou colônia de grandes nações, pois "o Brasil não é nada, e Portugal coisa nenhuma". Não esquecia também de apontar os exemplos da colônia espanhola e de São Domingos como argumento dissuasório de um eventual desmembramento. O que se via naquela colônia eram massacres mútuos de realistas e independentistas e desses dois grupos por negros, cabras e mulatos; em São Domingos era o banho de sangue.[82]

Do ponto de vista dos grupos que formavam a elite brasileira, havia três alternativas aceitáveis. Por ordem de preferência, eram a união ou federação monárquica, o desmembramento com monarquia e o desmembramento republicano, com ou sem federação. A preferência pela união foi demonstrada de várias maneiras. Depois da chegada da Corte, em 1808, apenas um movimento pregara a separação, a revolta pernambucana de 1817. Mesmo depois do regresso de D. João VI a Portugal, em 1821, acreditava-se na possibilidade de uma solução que não implicasse o desmembramento. Todas as províncias elegeram seus deputados às Cortes de Lisboa, aceitando implicitamente a solução unitária. Foi a atitude das Cortes, buscando restabelecer a situação colonial, que fez pender a balança para a separação. A maioria liberal das Cortes se contradizia: ao mesmo tempo em que combatia o absolutismo monárquico, insistia na política colonial. Tal posição impedia uma aliança entre os liberais dos dois lados do Atlântico e favorecia a solução monárquica na colônia.

Inviabilizada a solução unitária pelas Cortes, a segunda alternativa colocou-se como preferencial. O desmembramento com república tinha adeptos, mas pouco convictos. Os exemplos da ex-colônia espanhola e de S. Domingos exerciam poderosa influência, mesmo entre os republicanos. Havia um receio indisfarçável de que a república levasse à fragmen-

---

[81] Veja o texto anônimo REFLEXÕES sobre a necessidade de promover a união dos Estados de que consta o Reino Unido de Portugal, Brasil e Algarves nas quatro partes do mundo, em *O debate político no processo de Independência*.
[82] Veja MIRANDA. "Memória constitucional e política sobre o Estado presente de Portugal e do Brasil".

tação do país, à guerra racial, ou a ambas. Em um país em que a escravidão era a base da economia e em que os escravos eram quase um terço da população, tal receio era plenamente justificado. O "haitianismo", como se dizia à época, era um perigo cuja importância não pode ser esquecida. Um exemplo da percepção de que a monarquia seria um fator central na manutenção da unidade e da ordem está no discurso de José Teixeira de Vasconcelos, pronunciado quando a delegação da Câmara e da população do Rio de Janeiro solicitou ao príncipe D. Pedro que permanecesse no Brasil, desobedecendo às ordens das Cortes de Lisboa. Pedia-se ao príncipe que permanecesse como centro de união das províncias e para evitar o "quadro de horrores da anarquia e dos desastrosos males que nos esperam, a exemplo da América Espanhola".[83]

A solução monárquica não foi usurpação da soberania nacional, como argumentariam mais tarde os republicanos. Ela foi uma opção consciente da elite brasileira da época, à qual não faltou apoio popular. D. Pedro foi usado como instrumento do objetivo dessa elite, que era a unidade do país por intermédio da monarquia constitucional. A monarquia, acreditava-se, seria a única maneira de evitar a fragmentação do país e as guerras que assolavam os vizinhos, de evitar, portanto, também os riscos à ordem social escravocrata.[84] Mas o ideal da unidade ia além da preocupação com a manutenção da escravidão. Tome-se, por exemplo,

---

[83] Citado em OLIVEIRA TORRES. *A formação do federalismo no Brasil*, p. 92. Talvez o exemplo mais vivo da percepção da monarquia como garantia da unidade do país seja o do General Abreu e Lima. Filho de um padre fuzilado em 1817 por participar da revolta contra a Coroa portuguesa, viveu anos no exílio e eventualmente integrou-se ao exército de Bolívar onde chegou ao posto de general. De regresso ao Brasil, após a abdicação de D. Pedro I, lutou pela manutenção da monarquia e mesmo pela restauração de D. Pedro I, argumentando que só o prestígio da dinastia poderia livrar o Brasil da fragmentação que atingira a parte espanhola da América e que ele conhecera de perto.

[84] Uma das razões que podem explicar a posição da elite política brasileira, ou pelo menos de sua parcela mais influente, durante a primeira metade do século XIX, é a homogeneidade de sua formação e de seu treinamento. Em contraste com as elites da parte espanhola da América, a elite brasileira era, em sua maioria, formada em Coimbra, pois não havia universidades na colônia. Além disto, era formada na tradição jurídica do despotismo ilustrado e boa parte dela possuía experiência administrativa em Portugal, no Brasil, ou nas partes africanas e asiáticas do Império. Assim é que pessoas vindas das mais distantes partes do país possuíam uma visão política semelhante, quando não eram também amigos dos tempos de Coimbra. Para um desenvolvimento deste argumento, veja CARVALHO. *A construção da ordem. A elite política imperial*.

o caso da principal figura da luta da independência, José Bonifácio de Andrada e Silva. Notório inimigo da escravidão mas, ao mesmo tempo, um típico burocrata esclarecido, conhecedor das realidades da política internacional da época, não abria mão da ideia de criar na América um vasto e poderoso império. Para conseguir este objetivo prioritário abria mão de suas convicções antiescravistas. Não aceitou, por exemplo, a proposta inglesa de reconhecimento da Independência, em 1822, em troca da abolição do tráfico de escravos. Em sua percepção, provavelmente correta, o fim do tráfico naquele momento poderia pôr em perigo a frágil unidade do novo país.

No entanto, nem tudo estava resolvido com a decisão de proclamar a independência com monarquia. Restava o problema do tipo de monarquia. Não havia dúvida na elite de que o regime devia ser constitucional, mas como organizar um governo nacional onde ele nunca existira? Como manter juntas as províncias que antes se vinculavam principalmente à Corte portuguesa? O ideal de unidade da elite esbarrava na realidade da ausência de uma tradição de governo central na colônia e na ausência de fortes laços de união, econômicos ou políticos, entre as antigas capitanias.

O processo da independência revelara já as dificuldades a serem enfrentadas. Ao regressar D. João, em 1821, muitas províncias elegeram juntas governativas que se mantiveram fiéis a Portugal e às Cortes. Todo o norte, o antigo Estado do Maranhão e do Grão-Pará, a Bahia e a Cisplatina recusavam obediência a D. Pedro. As Cortes incentivavam a fragmentação ordenando a comunicação direta das províncias com Lisboa. O apoio a D. Pedro limitava-se inicialmente às províncias centrais do Rio de Janeiro, São Paulo e Minas Gerais.[85] Mesmo após a proclamação da Independência, em 1822, tropas portuguesas resistiram na Bahia e no Maranhão. Foi necessária a contratação de oficiais da marinha inglesa para promover a expulsão dessas tropas.

O espírito de muitos dos deputados brasileiros enviados às Cortes, sobretudo daqueles que não pertenciam à elite treinada em Portugal, era localista. O Pe. Feijó, discursando nas Cortes, afirmou abertamente que as províncias estavam independentes entre si e que os deputados ameri-

---

[85] D. Pedro I homenageou as três províncias dando a três de suas filhas nomes que as lembravam: Januária, para o Rio de Janeiro; Paula, para São Paulo; e Mariana, nome da cidade de Minas Gerais que era sede do bispado.

canos não representavam lá o Brasil, mas suas províncias de origem.[86] A dificuldade assumiu dimensões dramáticas em 1824. O Imperador dissolvera a constituinte e submetera nova constituição à apreciação das câmaras municipais. A província de Pernambuco, apoiada pelas do Ceará, Rio Grande do Norte, Paraíba e Alagoas, revoltou-se proclamando a Confederação do Equador, uma república separada do resto do Brasil. Os manifestos dos rebeldes diziam ter o imperador violado o pacto constitucional que fundava a união das províncias, estando ele, portanto, desfeito e desfeita a união. Transparece dos documentos da revolta uma reação à medida absolutista da dissolução da constituinte e à nova constituição, mas também uma resistência ao governo centralizado no Rio de Janeiro que estaria conspirando contra a liberdade das províncias, sobretudo a de Pernambuco. Absolutismo e centralização aparecem como irmãos gêmeos.[87]

A Confederação foi derrotada militarmente, e alguns de seus líderes fuzilados. Mas o problema da organização do poder nacional permaneceu sem solução. Tanto a constituição outorgada como o projeto de constituição elaborado pelos constituintes eram centralistas, rejeitavam a federação, mas a realidade continuava a gritar contra esta solução que não atendia às tradições localistas da ex-colônia.

UMA MONARQUIA FEDERAL?

As reivindicações localistas retornaram com plena força após a abdicação de Pedro I, em 1831. Agora a audácia dos reformistas era maior, pois o país conseguira manter a unidade e evitar a guerra civil generalizada. Por outro lado, D. Pedro II tinha apenas 5 anos de idade, e o governo estava a cargo de uma regência eleita com muito menor força simbólica do que a figura real. As correntes conflitantes manifestaram-se

---

[86] É sintomático também que os conjurados de Minas Gerais, de 1789, quase todos possuidores de razoável erudição, quase não se identificassem como brasileiros. Diziam-se mineiros ou americanos. Ao mencionarem a independência de seu país tinham em vista uma capitania de Minas Gerais. Vejam-se os depoimentos dos acusados nos *Autos da devassa da Inconfidência Mineira*.
[87] Na obra do principal teórico do movimento, Frei Caneca, ao lado das influências teóricas de Rousseau e Locke, vibra o patriotismo pernambucano. Veja FREI CANECA. *Ensaios políticos*.

com maior nitidez: havia conservadores partidários da volta de Pedro I, monarquistas liberais e republicanos radicais. Mais do que em 1822, era agora o momento para escolher os caminhos da nação.

Em benefício da brevidade, pode-se deixar de lado a corrente republicana. Ela estava presente, especialmente em algumas províncias, mas não ocupava o centro do debate. O fato de ter sido uma criança de 5 anos aclamada imperador, em praça pública, é um forte indicador da predominância da tendência monárquica. O grande tema da época era a eliminação dos resíduos absolutistas da Constituição e o reforço dos aspectos federativos nela presentes. A luta tomou toda a década de 30. Os aspectos que mais interessam ao tema do federalismo são os que a seguir se resumem.

O ponto máximo do reformismo deu-se em 1831, quando a Câmara aprovou um projeto de reforma da Constituição no sentido de criar-se uma monarquia federal e constitucional. Pelo lado federal, criavam-se assembleias provinciais, executivos municipais, e estabelecia-se a divisão de rendas entre o governo central e as províncias. Pelo lado constitucional, extinguia-se o Conselho de Estado, o Poder Moderador, a vitaliciedade do Senado, os três resíduos absolutistas da Constituição e os principais baluartes da centralização política. O projeto criava uma autêntica federação e uma quase ditadura da Câmara, de vez que com a eliminação do Poder Moderador ela não poderia ser dissolvida.

O projeto não foi aceito pelo Senado. Grandes debates ocuparam o Congresso e a imprensa. Se havia entre os reformistas entusiasmo pelo modelo norte-americano de federação, havia também, sobretudo entre a elite educada em Coimbra, o grande receio de fragmentação do país se as reformas fossem levadas longe demais. Chamou-se a atenção para o perigo de copiar instituições americanas, em particular o federalismo. Citou-se o México como exemplo de país onde a cópia das instituições dos Estados Unidos tinha dado maus resultados. O mal não estava no federalismo em si, arguiu um senador liberal, Bernardo Pereira de Vasconcelos, mas no "estado da civilização" no Brasil. Nos Estados Unidos, arguiu ele, o povo lutava por seus direitos políticos, no Brasil havia multa para quem não exercesse esses direitos. Diante de tal disparidade, como adotar as instituições daquele país? Como solução de compromisso, chegou-se ao Ato Adicional de 1834 que adotou alguns elementos federais como as assembleias provinciais, a divisão de rendas e a eliminação do Conselho de Estado. Não foram aceitos o fim da vitaliciedade do Senado, a extinção do Poder Moderador e a criação de executivos municipais.

O Ato Adicional, mesmo sendo versão moderada das reformas, deu origem ao que muitos chamaram de experiência republicana do Império. A afirmação é pertinente, pois na menoridade do Imperador o regente seria eleito pelo voto popular. No que se refere à federação, faltava apenas a eleição dos presidentes de província para que o sistema se aproximasse do modelo americano. Consequência ou não da descentralização (o tema foi matéria de discussão entre liberais e conservadores), manifestaram-se por todo o país as tendências centrífugas sob lideranças regionais que não tinham compromisso forte com a unidade nacional. Explodiram revoltas de norte a sul, algumas delas verdadeiras guerras civis. Em diferentes momentos, três províncias proclamaram sua independência, uma no norte, o Pará, outra no centro, a Bahia, outra no sul, o Rio Grande. Pará, como vimos, tinha sido durante a colônia Estado separado do Brasil; Bahia tinha sido a primeira sede do governo geral; e Rio Grande, fronteiriça ao Uruguai e Argentina, era muito influenciada pela tradição caudilhesca dos vizinhos. Esta última província proclamou-se república independente e por 10 anos (1835-1845) manteve-se em guerra contra o poder central.

Houve cinco grandes revoltas após a introdução do Ato Adicional. Começaram todas como conflitos entre elites locais em disputa pelo poder provincial. Nas províncias em que era forte o domínio dos donos de terra, o conflito permaneceu sob o controle das elites. Tal foi o caso das revoltas de São Paulo e Minas Gerais (1842) e Rio Grande. Onde tal domínio era precário, e menor a presença da escravidão, a luta escapou do controle da elite e transformou-se em guerra popular. Foi o caso do Pará, da cidade da Bahia e do Maranhão. No Pará, a Cabanagem (1835-1840) assumiu proporções de guerrilha rural liderada por índios, camponeses e escravos negros. A violência foi extrema dos dois lados. Calcula-se que 30 mil pessoas tenham morrido, 20% da população da província. A província foi declarada independente em 1836. Na Bahia, a Sabinada foi revolta das tropas e da população urbana. A capital foi tomada e a independência da província proclamada em 1837. Ao todo morreram umas 1.700 pessoas. A Balaiada, no Maranhão (1838-1841), tornou-se também guerrilha popular de pequenos proprietários, camponeses e escravos. Os rebeldes chegaram a mobilizar 11 mil homens armados, mas em 1840 a revolta tinha sido derrotada. No Rio Grande, a revolta teve conotações econômicas. Os criadores de gado e charqueadores buscavam melhores condições de mercado para competir com seus pares da Argentina e do Uruguai. A república foi proclamada em 1836. Mas os rebeldes estavam divididos, pois havia também vantagens em manter a união com o Império. Depois de luta prolongada, a paz foi assinada em 1845. Em 1842, já depois de reformado o Ato Adicional, revoltaram-se os ricos proprietários de São Paulo, Minas Gerais e parte do Rio de Janeiro. Foram rapidamente derrotados pelo governo conservador que modificara as leis descentralizantes, ao custo de 180 mortos.

A experiência da Regência teve profundo impacto na elite política. Os próprios liberais que a tinham defendido assustaram-se com os resultados. O mais típico deles, Evaristo da Veiga, já via, em 1835, anarquia em todo o Império. O Brasil, segundo ele, corria o risco de mergulhar na instabilidade dos países da antiga colônia espanhola e podia desmembrar-se. O regente Feijó, outro convicto liberal, achava, em 1836, que as instituições do país perigavam, que a província do Rio Grande já se separara e que talvez Pernambuco também se separasse. A impressão de desintegração também ocorreu a um visitante francês, o conde de Suzannet, que esteve no Brasil entre 1842 e 1843. Segundo esse observador, a unidade do Brasil era apenas aparente, todas as províncias queriam a separação, o sonho de todas era a república ao estilo norte-americano.[88]

A reação não demorou. Liderada por um antigo liberal, redator do projeto do Ato Adicional, Bernardo Pereira de Vasconcelos, ela começou na Câmara onde se formou o núcleo do futuro Partido Conservador. O regente liberal, Feijó, renunciou em 1837 e foi substituído por um conservador eleito pelo voto popular. A nova Câmara reformou as leis descentralizantes, reduziu o poder das assembleias e dos juízes de paz, criou uma justiça e uma polícia controladas pelo governo central. Em tentativa de parar as reformas, os liberais proclamaram a maioridade prematura do Imperador, em 1840. Mas os conservadores estavam de volta em 1841 e completaram o que se chamou de "regresso" com o restabelecimento do Conselho de Estado. Estava terminada a experiência republicana semifederal.

---

[88] Veja SUZANNET. *O Brasil em 1845*; semelhanças e diferenças após um século, p. 87.

O CENTRALISMO MONÁRQUICO

É importante salientar a tentativa dos liberais de parar o *Regresso* promovendo a maioridade precoce do Imperador. Era recorrer à monarquia para interromper a centralização, uma contradição para o pensamento da época. O apoio à monarquia era quase geral. O regime monárquico e, sobretudo, a pessoa do Imperador, embora uma criança, começaram a ser vistos como única garantia da unidade e da ordem. A Bahia declarara sua independência em 1837 prometendo regressar à união após a coroação de D. Pedro II; os rebeldes da Cabanagem e da Balaiada davam vivas ao Imperador; uma revolta anterior de camponeses em Pernambuco e Alagoas fora ainda mais radical: pedira a restauração de D. Pedro I. Ao sentimento popular aliara-se a convicção política da elite sobre o papel da monarquia. A revolta liberal de 1842 em São Paulo e Minas Gerais contra o *Regresso* em nenhum momento colocou em questão o regime político. Quando os rebeldes foram anistiados e voltaram ao governo em 1844, a monarquia demonstrou a capacidade de cumprir outro papel central: servir de árbitro nos conflitos entre facções da elite. Manter a ordem social, inclusive a escravidão, manter a unidade do país, arbitrar os conflitos da elite, eis um conjunto de vantagens ao qual valia a pena sacrificar as demandas federalistas.

Um fator econômico favoreceu a opção centralista. Na década de 1830, o café se tornou o principal produto de exportação, ultrapassando o açúcar e o algodão somados. O país tornou-se o maior produtor de café do mundo. Nesta primeira expansão do café, que inaugurou um novo ciclo econômico, a produção concentrava-se na província do Rio de Janeiro. Quase todo o café era exportado pelo porto do Rio de Janeiro que arrecadava em torno de 55% da renda nacional das alfândegas. Esta renda, por sua vez, correspondia a 80% das receitas do governo central. A centralização política na cidade do Rio de Janeiro coincidiu assim com grande concentração da riqueza na província do Rio de Janeiro. Não admira que os principais defensores do centralismo estivessem na burocracia central e entre os grandes cafeicultores e comerciantes da cidade e da província. Os setores vinculados ao comércio externo nas outras províncias também eram fortes sustentadores da centralização. No lado oposto, com posição mais favorável à desconcentração do poder, estavam pessoas ligadas às profissões liberais urbanas e à agricultura de produção para o mercado interno. Esses dois grupos constituíram a base dos partidos conservador e liberal, formados à época do *Regresso*, e que sobreviveram até o final do Império em 1889.

For volta de 1850, o Império atingira seu ponto de equilíbrio sob o governo conservador. Em 1848, houvera uma última revolta pedindo a federação. Viera de Pernambuco, tradicional foco de reivindicações regionalistas. Fora derrotada no mesmo ano, ao custo de 815 mortos. Chegara-se a um acordo entre as elites sobre o governo monárquico centralizado. Cumprira-se o objetivo dos políticos que tinham feito a independência: unidade e ordem garantidas pela monarquia centralizada.

A centralização era política e administrativa. Pelo lado político, manifestava-se no Poder Moderador, que podia nomear e demitir livremente seus ministros; no senado vitalício; na nomeação dos presidentes de província pelo governo central. Pelo lado administrativo, toda a justiça fora centralizada nas mãos do ministro da Justiça. Este ministro nomeava e demitia, diretamente ou por meios indiretos, desde o ministro do Supremo Tribunal de Justiça até o guarda de prisão, em todo o território nacional. O juiz de paz eleito, poderoso durante a Regência, perdera boa parte de suas funções em favor dos delegados de polícia nomeados pelo ministro do Império. Cabia ainda ao ministro da Justiça nomear todos os comandantes e oficiais da Guarda Nacional, principal órgão de manutenção da ordem pública. Além de nomear os presidentes de província, o ministro do Império nomeava ainda os bispos e párocos e os delegados de polícia que, por sua vez, indicavam os inspetores de quarteirão.

A concentração de poder no governo central pode ser avaliada pela distribuição de funcionários públicos entre os vários níveis de governo. Em 1877, o governo central empregava 69% dos funcionários, restando 25% para os governos provinciais e 6% para os governos municipais. Boa parte da burocracia do governo central acumulava-se na capital do país e nas capitais provinciais, fazendo com que o visconde de Uruguai observasse que o governo tinha uma cabeça enorme mas não tinha braços e pernas, ou que se tratava de um corpo cuja circulação não chegava às extremidades.[89]

Outra expressão da centralização pode ser encontrada na distribuição das receitas públicas entre os três níveis de governo. O Ato Adicional de 1834 fizera a discriminação de rendas, mas a parte do leão ficara com

---

[89] Sobre a centralização política e administrativa do Império, Veja CARVALHO. *A construção da ordem. A elite política imperial*, especialmente o capítulo 6.

o governo central, graças aos impostos de importação e exportação. Numa economia voltada para fora e num estado de braços curtos, era normal que a principal fonte de renda do governo viesse do comércio externo. De fato, estes impostos correspondiam aproximadamente a 70% das rendas do governo central. O peso das receitas do comércio externo refletia-se na desigualdade de recursos entre o governo central e os governos provinciais e municipais. Em 1885, já quase ao final do Império, o governo central arrecadava 77% das rendas públicas, ficando as províncias com 18% e os municípios com 5%. Em contraste, nos Estados Unidos, em 1902, as porcentagens eram, respectivamente, 37%, 11% e 52%.[90]

A reação ao Ato Adicional fora excessiva, o *Regresso* conservador fora longe demais na tentativa de eliminar a turbulência dos potentados locais e a instabilidade dos governos regenciais. Uma vez garantidos os objetivos centrais de unidade e ordem, as antigas reivindicações de descentralização não se fizeram esperar.

A VOLTA DO FEDERALISMO

O primeiro ataque foi desfechado contra o centralismo como despotismo. A partir da década de 60, liberais e conservadores envolveram-se em grandes discussões sobre o governo representativo. O ataque liberal dirigia-se sobretudo ao Poder Moderador que, segundo eles, falseava o governo parlamentar. O Imperador, pela Constituição, podia indicar livremente os ministros, o que o dispensava de obedecer à maioria da Câmara, instaurando o que os liberais chamavam de poder pessoal. Respondiam os conservadores que esta era a lei e que devido às fraudes eleitorais haveria ditadura de um partido se o Imperador não fosse livre em sua escolha. O poder pessoal era, nesta visão, essencial para manter o rodízio dos partidos no governo. No debate, o arsenal teórico liberal vinha de autores e da prática inglesa. O conservador vinha de autores e da prática francesa.

Logo a seguir veio o ataque à centralização administrativa. O que se combatia aqui era a centralização das decisões de assuntos provinciais e locais nas mãos do poder central, era a indicação dos presidentes de pro-

---

[90] Os dados estão em CARVALHO. *Teatro de sombras. A política imperial*, capítulo 1.

víncia pelo governo central, era a falta de autonomia desses presidentes, era o cerceamento das assembleias provinciais, era a falta de executivos e de orçamentos municipais. O principal teórico da descentralização, Tavares Bastos, identificava federalismo com liberdade, centralismo com despotismo. A autonomia das províncias devia ser, segundo ele, a base do governo representativo. A equação que estava por trás de seu argumento era que "absolutismo, centralização, império são expressões sinônimas".[91] O inverso era óbvio, embora o autor não se declarasse republicano: liberdade, federalismo, república são expressões sinônimas. A fonte de inspiração aqui era, confessadamente, *O Federalista* e a experiência norte-americana.

A equação apareceu abertamente no manifesto republicano de 1870. O manifesto atacava o Poder Moderador e a centralização como fontes de despotismo e atribuía a centralização à monarquia. A origem e a força da centralização estaria no interesse monárquico. A autonomia das províncias era colocada como ponto central, inclusive para garantir a unidade do país: "Centralização — desmembramento. Descentralização — unidade." Invertia-se a equação anterior que colocava a centralização como condição para a unidade do país. A posição republicana manteve-se coerente até o fim, com pequenas variações. A principal divergência entre os republicanos vinha dos positivistas que punham ênfase menor na federação, ainda receando que ela ameaçasse a unidade do país. Os republicanos paulistas, ao contrário, não hesitavam em pregar abertamente a separação, não considerando como valor em si a manutenção da unidade do país.[92]

A posição federalista tinha agora a ajuda de dois fatores. Um deles era o próprio êxito da Monarquia em manter a unidade e a estabilidade política do país, reduzindo assim o receio de uma nova experiência regencial. O outro era a mudança na geografia econômica. O café continuava sendo o carro-chefe da economia nacional, mas boa parte de sua produção deslocara-se do Vale do Paraíba, no Rio de Janeiro, para o oeste paulista, onde já começava a ser utilizada mão de obra livre proveniente da imigração europeia. São Paulo tornara-se a província mais rica e mais

---

[91] TAVARES BASTOS. *A província*, p. 21.
[92] O manifesto republicano pode ser encontrado em BRASILIENSE. *Os programas dos partidos e o Segundo Império*. A posição dos paulistas foi exposta com a maior clareza em SALES. *A pátria paulista*.

dinâmica, e seus políticos apontavam a centralização como mecanismo de transferência de renda para outras províncias mais atrasadas. O poder político não coincidia mais com o poder econômico.

Ao final do Império, a percepção da mudança política e econômica levou alguns monarquistas a adotarem o federalismo sem renunciar ao princípio monárquico. Dois deles se destacaram, Joaquim Nabuco e Rui Barbosa. Nabuco, o grande líder do movimento abolicionista, apresentou projeto em 1885, idêntico ao de 1831, pedindo uma federação monárquica. Argumentou que federação era parte da evolução natural do país, interrompida pelo *Regresso* do final da década de 30. O tamanho do país, a diversidade de interesses exigiam administração descentralizada. Presidentes escolhidos pelo governo central não tinham conhecimento adequado das realidades locais, nem interesse em fazer boa administração. Sem federação também não havia democracia real, pois não havia autogoverno. A centralização equivalia a uma situação colonial. Em 1888, já feita pela monarquia a abolição, Nabuco voltou ao assunto, insistindo em sua urgência, pois já se formavam duas ou três nações distintas, especialmente no sul. Só a federação, como dizia o manifesto de 1870, podia preservar a unidade. Mas insistia agora, mais do que em 1885, em conservar a monarquia. Federação com república, argumentava, levaria ou ao despotismo do governo central, ou ao desmembramento, como mostrava o exemplo da América hispânica. Só os Estados Unidos tinham federação republicana sólida, mas com guerra civil e crises sucessórias como em 1876. No Brasil, cada eleição presidencial seria ocasião de graves perturbações. Uma federação de repúblicas sob a monarquia seria a melhor garantia de liberdade sem ameaçar a unidade.[93]

Feita a abolição em 1888, o grande tema político que ocupava as elites era a federação. Outro político liberal, Rui Barbosa, percebeu que a monarquia só poderia sobreviver ao descontentamento dos antigos donos de escravos e às pressões de São Paulo se adotasse a federação. Durante o ano de 1889, desenvolveu intensa campanha na imprensa e dentro do Partido Liberal em favor da bandeira federal. Argumentava que o separatismo, especialmente em São Paulo, mas também em Pernambuco, no Pará, no Rio Grande, adquiria dinâmica irresistível. Não era mais possível contê-lo pela força. A única maneira de salvar a monarquia era fazer

---

[93] Joaquim Nabuco expôs suas ideias principalmente na tribuna da Câmara. Veja seus *Discursos parlamentares*, p. 395-430, 489-504.

a federação. Não havia incompatibilidade entre governo local e monarquia, como provara a Inglaterra, nem entre federalismo e centralização política, como mostrou Tocqueville a propósito dos Estados Unidos. Um mês antes da Proclamação da República, advertia: "Ou a monarquia faz a federação, ou o federalismo faz a república."[94]

O gabinete liberal propôs medidas tímidas de descentralização, hesitando diante da idéia de combinar monarquia e federação e vendo ainda, na última, um perigo à unidade do País. Tal timidez contribuiu para que fosse quase nula a reação das elites nacionais ao golpe militar que derrubou a monarquia a 15 de novembro de 1889. O principal político a participar do novo governo foi Rui Barbosa. Foi ele também o redator do projeto de governo para a nova Constituição. Sua posição agora era de defesa da união diante dos exageros estadualistas dos constituintes. Agora sim, *O Federalista* podia ser usado, e o foi, em seu sentido próprio, isto é, não como defesa da descentralização, mas como argumento a favor do governo da União, em defesa da centralização política. Rui conservara da tradição imperial a preocupação com a unidade nacional. Seria a mais dolorosa das decepções, argumentou, se a república confirmasse a acusação monárquica de que seria causa de separatismo.

A QUERELA DO FEDERALISMO

Esta é, em resumo, a história do federalismo, ou da ausência de federalismo, até a Proclamação da República em 1889. Não tendo havido federalismo autêntico, nem mesmo durante a Regência, houve, no entanto, como consequência da reação à centralização, um rico debate sobre o tema, cujas ressonâncias ainda se fazem ouvir nos dias de hoje. Cabe, pois, nesta seção final, precisar melhor os termos do debate.

Ao longo da exposição, já foram dadas indicações de que o federalismo, embora tivesse base em uma realidade sociológica que vinha desde a época colonial, foi formulado de maneiras distintas em momentos distintos por grupos distintos. Havia divergência, nem sempre explicitada, quanto ao conteúdo do conceito, isto é, quanto a sua relação com

---

[94] A campanha federalista de Rui Barbosa foi feita na imprensa. Os artigos estão dispersos em suas *Obras completas*. Vejam-se, especialmente, o v. XVI, tomos III, VI, VII e v. XVII, tomos I e II.

outros conceitos como liberdade, *self-government*, democracia. Havia também divergência quanto à pedagogia política, isto é, quanto ao papel das leis e dos costumes na evolução dos povos. São questões cuja relevância permanece atual.

Um modo de iniciar a discussão é tentar mapear as divergências em torno das relações entre descentralização e liberdade. O debate poderia ser ilustrado pela tabela que segue:

		Liberdade	
		Não	Sim
Centralização	Sim	1	2
	Não	3	4

A tabela indica as possíveis relações entre liberdade e centralização administrativa, no sentido tocquevilliano da palavra.[95] A posição tradicional dos liberais, desde a década de 1830, foi a de que liberdade exige descentralização, despotismo requer centralização, portanto, somente são coerentes as posições 1 e 4 da tabela. Nesta postura, o poder central é visto sempre de maneira negativa, ele é inimigo das liberdades civis, mata a iniciativa das localidades e dos indivíduos, impede o desenvolvimento da prática da cidadania. A receita para o Brasil imperial, portanto, seria representada pela trajetória 1 → 4. O melhor representante deste ponto de vista foi Tavares Bastos, político do Partido Liberal que não chegou a viver o drama da década de 30 e pôde assim defender uma postura liberal mais ortodoxa.

---

[95] Tocqueville distinguia entre centralização governamental e centralização administrativa. A primeira diz respeito aos interesses gerais do país, como defesa, relações internacionais, moeda, correios. A segunda tem a ver com os interesses regionais ou locais. A centralização governamental, segundo ele, era indispensável; a administrativa prejudicial ao desenvolvimento do espírito de cidade. Os Estados Unidos eram exemplo de grande centralização governamental e grande descentralização administrativa. Ver TOCQUEVILLE. *De la démocratie en Amérique. Les grands thèmes*, p. 74.

Para os conservadores, a relação era mais complicada. Falo, naturalmente, de conservadores preocupados com o problema da liberdade, daqueles que Victor Hugo chamava de liberais conservadores, a geração que veio após a Revolução e a criticava sem a negar, como Tocqueville, Benjamin Constant, Guizot, Thiers. No Brasil, este grupo foi representado principalmente pelo visconde de Uruguai, político e teórico do Partido Conservador, um dos principais engenheiros do *Regresso* e depois seu crítico. Para os conservadores puros, a questão não se colocava, pois a liberdade não era um valor que superasse o valor da ordem e da unidade nacional. Para eles, a centralização era a única opção aceitável. Mesmo um reformista social como José Bonifácio não tinha dúvidas quanto à escala de valores: a liberdade era perigosa, a grandeza do país era um imperativo.

Para conservadores liberais como Uruguai, a liberdade era ameaçada não só pelo Estado como também pelos particulares. A experiência da Regência, segundo ele, tinha ensinado essa lição. O aumento do poder das assembleias provinciais tinha permitido o fortalecimento das facções locais, germe das revoltas. Isto ameaçava, é certo, a unidade do país, que ele prezava. Mas ameaçava também a liberdade do cidadão. A vitória de uma facção local significava o fim da liberdade dos partidários da outra, significava o reino do arbítrio, o fim do governo civilizado. A situação era agravada pelo uso de outras inovações "americanas" da Regência, como o juiz de paz e o julgamento pelo júri. Mesmo na ausência de conflitos abertos, a justiça eletiva e o julgamento por jurados no interior do país significavam a implantação da impunidade. Como o juiz de paz era eleito, dependia dos potentados locais. Os jurados estavam na mesma condição de dependência. O resultado era que nenhum poderoso era levado a julgamento. Quanto aos pobres, em geral tinham a proteção de algum fazendeiro e também acabavam livres. Apenas para os pobres livres não relacionados com os poderosos, a justiça podia funcionar com alguma propriedade.

Nestas circunstâncias, e Uruguai documentou extensamente o fato com base em sua experiência como presidente da província do Rio de Janeiro, o Estado também podia ser fator de garantia da liberdade contra o arbítrio particular. O poder distante era menos despótico do que o poder próximo. Não só menos despótico: podia ser um elemento de civilização, de garantia de direitos graças a uma justiça independente dos potentados locais e graças ao arbitramento pacífico das lutas políticas locais. Nas circunstâncias brasileiras, enfim, e em todas as que a ela se assemelhavam, o Estado podia ser um pedagogo da liberdade e não um assassino da liberdade como queriam os liberais.

Uruguai viajara pela Europa, sobretudo pela França e pela Inglaterra, e estudara em livros o sistema norte-americano. Tirara disto duas conclusões. Do sistema centralizado francês deduzira que o Estado central não é impedimento às liberdades civis. O cidadão francês tinha seus direitos garantidos e tinha o benefício dos serviços públicos. Do sistema norte-americano aprendera que as liberdades políticas só são garantidas pelo *self-government*. Era a mesma observação de Tocqueville que ele cita: "Um país pode ter instituições livres, mas se não tiver o governo local não terá o espírito da liberdade."[96]

Mas como desenvolver o *self-government* nas circunstâncias brasileiras, onde a experiência mostrara que o poder local é arbitrário, onde não havia espírito cívico, onde a civilização não introduzira o hábito da liberdade? Pergunta semelhante se fizera Tocqueville com relação à Europa. Quando as comunas são inertes, é possível que o poder central as possa administrar melhor do que elas mesmas o fariam, mas neste caso teríamos súditos e não cidadãos. Era o caso da Europa, onde o Estado era um estranho, mesmo quando eficiente, onde as pessoas se submetiam à lei mas a viam como inimiga. Como acordar tais comunas, como introduzir nelas o espírito da cidade? Tocqueville não tinha resposta para a pergunta, embora preferisse o *self-government*, apesar de ser às vezes algo caótico e pouco racional. O envolvimento das pessoas no governo tinha vantagens políticas indiscutíveis, tornava-as cidadãos, fortalecia o patriotismo. O *self-government* era também particularmente importante em sociedades democráticas (isto é, igualitárias), pois tais sociedades tendiam ao despotismo do poder central. Instituições provinciais e locais tornavam-se uma barreira ao despotismo.

Uruguai achava que o Estado podia exercer o papel de pedagogo da liberdade, de educador do povo para o autogoverno, de instrumento de civilização. Voltando à tabela, a receita que apresentava para a situação brasileira podia ser apresentada do seguinte modo: 1 → 2 → 4, isto é, de uma posição em que havia centralização sem liberdade a outra com centralização e liberdade civil para finalmente chegar-se ao ideal de des-

---

[96] Veja TOCQUEVILLE. *De la démocratie en Amérique. Les grand thèmes*, p. 59; e VISCONDE DE URUGUAI. *Ensaio sobre o direito administrativo*, p. 405.

centralização e liberdade política. Para o Brasil, significava isto corrigir os exageros do *Regresso* conservador que ele próprio ajudara a promover. Significava fazer ampla descentralização administrativa, entendida não à maneira de Tocqueville, mas como ampliação dos serviços do Estado para todo o país e outorga de autonomia de ação às agências locais de governo. Mantendo sua analogia, significava diminuir a cabeça do governo e espichar seus braços e pernas. Com isto, acreditava, haveria garantia dos direitos civis e preparação para o exercício dos direitos políticos. A descentralização prematura só poderia levar à oligarquização, ou seja, na tabela que vimos usando, ao percurso 1 → 3.

O grande debate, dentro do campo monárquico, se deu entre Uruguai e Tavares Bastos. Havia entre eles uma divergência quanto ao papel do Estado e quanto às estratégias de transformação. Tavares Bastos, como já ficou dito, desconfiava só do poder central como ameaça à liberdade. Todo o segredo estava em reduzir sua força e seu alcance. A chave da liberdade estava na autonomia local. Mais ainda: a liberdade deveria ser conseguida por intermédio da autonomia local. O estado central não podia ser instrumento de liberdade, os poderes locais não podiam ser inimigos da liberdade. Tratava-se, então, de implantar imediatamente a descentralização, de seguir o exemplo dos Estados Unidos, ou, pelo menos, de voltar ao espírito da Regência e do Ato Adicional. Nada de França, os anglo-saxônicos é que deviam ser o modelo.

Como se vê, havia concordância entre os dois pensadores quanto ao objetivo final, a liberdade política alimentada pelo autogoverno local. Mas discordavam dos métodos e esta discordância tinha a ver com o papel do Estado. Na tradição da escola inglesa, sobretudo de Stuart Mill, os liberais acreditavam que o pedagogo da liberdade só podia ser a própria liberdade, só podia ser seu exercício continuado. Ninguém poderia aprender a ser livre sendo governado por outro. Rui Barbosa retomou o mesmo raciocínio ao final do Império respondendo ao argumento conservador que condicionava reformas à existência prévia de costumes. Este argumento, disse, foi sempre a arma dos retrógrados contra o progresso. Costumes são importantes mas podem e devem ser mudados pela propaganda e pelas leis. As reformas podem tornar-se escolas de costumes. Como se vê, tanto Uruguai como Tavares Bastos e Rui Barbosa pediam a interferência do Estado, o primeiro para regular, os dois outros para desregular.

Estes eram os termos do debate sobre as relações entre federalismo e liberdade como expostos por seus melhores representantes. Cabe agora ir um pouco além dos aspectos óbvios da discussão. Defender a liberdade era uma atitude bem vista por todos, raros se atreveriam a combatê-la. Mas é preciso perguntar se tudo se devia ao amor à liberdade. É possível admitir que o amor à liberdade fosse sincero entre os ideólogos das duas posições, mas é duvidoso que fosse assim também entre os seguidores dessas ideias, entre os que formavam a base social do centralismo e do federalismo. É preciso, em suma, fazer um pouco de sociologia do federalismo.

A breve revisão histórica mostrou que havia no país, desde a colônia, forte base localista, importantes fatores centrífugos. O elemento localista não cessou de se manifestar durante o processo de independência e durante toda a Regência. A centralização imperial foi um *tour-de-force* para o qual colaboraram vários fatores: a formação da elite política, o cansaço com as revoltas, o receio de perturbação da ordem social escravista, o temor da fragmentação do país, o apelo simbólico da monarquia entre as populações rurais e seu apelo instrumental entre as elites. Assim que passou o efeito da ação ordenadora da centralização, e assim que terminou a coincidência entre o centro político e o centro econômico, voltaram as demandas de descentralização, sobretudo nas províncias mais dinâmicas.

Mas eram demandas de liberdade, como argumentavam seus teóricos? Dificilmente. As análises do mundo rural do Império, que respondia por 80% da população e por quase toda a riqueza, concordam em que se tratava de um mundo oligárquico dominado por grandes proprietários com seus escravos e seus dependentes. Era um mundo sem direitos civis e em que os direitos políticos eram tutelados pelos senhores de terra. A resistência contra a interferência do poder central tinha nesses casos um ingrediente oligárquico, era a defesa do poder privado, de seus privilégios, de sua prepotência. Assemelhava-se à velha luta dos senhores feudais contra o rei e as cidades. As revoltas de natureza descentralizadora mais nítida, como as de Minas, São Paulo, Rio Grande, eram lideradas por potentados locais, com pouca inspiração popular. Rui Barbosa, que tanto defendeu a federação, reconhecia que não se tratava de demanda popular como o abolicionismo, era demanda das elites políticas.

A grande força por trás do movimento republicano, sobretudo em São Paulo e no Rio Grande, era o federalismo e não a liberdade, embora os dois fossem apresentados como sinônimos. Os republicanos, como os liberais, estavam divididos em dois grupos que conviviam, mas cujos interesses divergiam. No Rio de Janeiro, maior centro urbano do país, o liberalismo predominava, mas em São Paulo, onde estava o setor mais forte do partido, interessava mais o federalismo. O partido republicano de São Paulo só apoiou a abolição um ano antes de sua decretação pelo governo central. A ênfase no federalismo e, mais ainda, em seu aspecto econômico, chegava a perturbar Alberto Sales, o teórico do partido em São Paulo, levando-o a tentar justificar filosoficamente a descentralização ou mesmo a separação. Era uma confissão do que realmente interessava: o lado econômico, o interesse dos donos da economia da província. A liberdade do povo não entrava nas cogitações desses federalistas.

Como era de esperar, o lado conservador também não estava livre de ambiguidades. Uruguai podia ser totalmente sincero ao acreditar no papel educador do Estado e estava certo ao apontar os efeitos perversos da descentralização no contexto brasileiro. Mas o apoio político ao centralismo era menos inocente. O centralismo ligava-se diretamente à tradição absolutista, mesmo que fosse o absolutismo ilustrado à maneira de Pombal, e ligava-se ainda aos setores econômicos que não podiam mais dispensar o apoio do Estado como mecanismo de dominação. No Brasil, esses setores eram formados pelo grande comércio urbano, quase todo controlado por portugueses, alvo imediato das revoltas urbanas da Regência, e também pela grande agricultura de exportação, sobretudo do Rio de Janeiro, da Bahia e de Pernambuco. Não estava na preocupação desses grupos educar o povo para a liberdade, interessava-lhes conter a mobilização popular, impedir qualquer progresso dos direitos civis e políticos.

As ambiguidades de liberais e conservadores refletiam-se no comportamento dos dois partidos. O Partido Liberal compunha-se de um setor urbano, formado sobretudo de profissionais liberais, e de um setor rural centrado na agricultura de mercado interno. O setor urbano entendia liberalismo como defesa das liberdades públicas, o setor rural o via como defesa dos interesses oligárquicos. A divisão paralisava o partido: as reformas propostas pelo setor urbano eram sabotadas pelo setor rural. Algo semelhante se dava no Partido Conservador, cuja composição social incluía, grosso modo, um setor burocrático e um setor rural ligado à agricultura de exportação. As tentativas de reforma que levassem à redução do poder dos grandes proprietários, como as referentes à abolição da escravidão, eram vetadas pelo setor rural do partido. Por ser mais disciplinado, o Partido Conservador foi mais eficaz em implementar reformas, sobretudo as referentes à abolição da escravidão. Mas, ao fazê-lo, dividia-se internamente e se enfraquecia. Liberais importantes e conservadores divididos acabavam contribuindo para a erosão da legitimidade do sistema como um todo.⁹⁷

Se tomarmos as duas tradições federalistas americanas, a hamiltoniana, exposta no clássico *O Federalista*, preocupada com o fortalecimento do governo central, e a jeffersoniana, depois desenvolvida por Tocqueville, que enfatizava o *self-government*, concluiremos que a cópia feita pelo Brasil e por vários outros países da América Latina tinha em vista a segunda tradição. Federalismo entre nós significava e significa descentralização, *self-government*, condição para a liberdade, senão a própria liberdade.⁹⁸ Além da inversão do sentido da palavra, houve ainda, o que é mais importante, uma inversão histórica. O *self-government* das *townships* e Estados era expressão da liberdade individual e do igualitarismo que marcavam a sociedade dos pioneiros. A liberdade e o igualitarismo é que eram a fonte do *self-government* e do espírito cívico tão admirado por Tocqueville e outros observadores. No Brasil, julgou-se que a quebra da centralização e a introdução do federalismo trariam, automaticamente, a liberdade e a igualdade; acreditou-se que o efeito geraria a causa.

Uma vez que a sociedade brasileira não tinha o espírito da liberdade individual nem do igualitarismo, era formada de súditos e não de cidadãos; e de súditos hierarquizados pela escravidão, pela cor, pelo sexo, pela ocupação, pela educação, a simples introdução do federalismo por uma medida legal não poderia fazer a mágica de democratizá-la. Federalizar era necessariamente reforçar as estruturas sociais de poder preexistentes, era reforçar a desigualdade, a hierarquia, o privatismo. Não surpreende que o federalismo fosse bem-vindo aos poderes locais. A experiência do federalismo na Primeira República (1889-1930) foi exemplar. Existe quase consenso na literatura quanto ao fato de ter sido este período o ponto alto do poder das oligarquias rurais na história independente do país. Fala-se na "república oligárquica", na "república dos coronéis".

---

⁹⁷ Uma discussão dos partidos políticos no Império pode ser encontrada em CARVALHO. *A construção da ordem. A elite política imperial*, capítulo 8.
⁹⁸ A tradição libertária e igualitária de Jefferson acabou sendo apropriada e totalmente desfigurada pelos sulistas em defesa da escravidão, sob a capa dos direitos dos Estados. Neste sentido não seria fora de propósito uma comparação do federalismo sulista com o federalismo oligárquico brasileiro. Para o caso americano, veja NICHOLS. "Federalism versus democracy. The significance of the civil war in the history of the United States federalismo", p. 49-75.

A federação permitiu a mobilização das oligarquias locais e algumas delas tiveram êxito em organizar-se dentro dos Estados e montar partidos únicos sólidos, instrumentos ágeis na manutenção da ordem e na negociação com o governo federal. O sistema de negociação entre elites, que começava no município, passava pelo Estado e chegava ao governo federal, foi descrito em texto clássico de Victor Nunes Leal. Cumpriu-se a profecia de Uruguai quanto ao perigo do domínio do despotismo do poder privado.

De alguma maneira, os liberais descentralizadores admitiam as dificuldades envolvidas em sua proposta, quando pregavam o papel das leis e da propaganda reformista na modificação dos costumes e da cultura. Mas então o problema central se deslocava para a estratégia de construção da cidadania: na versão do conservadorismo liberal, ela poderia ser construída a partir da ação do poder público, principalmente pela garantia dos direitos civis, acrescidos do direito à educação. Criada uma cidadania civil sólida, seria um passo para a cidadania política e para o autêntico *self-government*. Na versão do liberalismo monárquico, os males porventura decorrentes da descentralização seriam corrigidos com a prática da própria descentralização. A experiência da Regência teria sido frustrada pelo *Regresso* e não pelas liberdades provinciais. O liberalismo republicano, no entanto, desorientou-se ao verificar o fracasso da federação em produzir a liberdade. O único remédio que passou a receitar foi a educação. O campo ficou aberto para o novo conservadorismo, para a retomada da visão do Estado como demiurgo da nação, visão formulada principalmente por Alberto Torres. Do novo conservadorismo veio a sustentação ideológica do regime autoritário de 1937.

Extrapolando da experiência imperial, verifica-se que na prática política brasileira nem o centralismo levou à educação cívica, nem o federalismo levou à garantia da liberdade. O primeiro sempre tendeu para o despotismo do governo, o segundo para o despotismo do poder privado. O debate sobre federalismo e centralismo nos leva, assim, inevitavelmente à busca de uma sociologia e de uma antropologia da sociedade nacional.

(Publicado com o título "Federalismo y centralización en el Imperio brasileño: historia y argumento". In: CARMAGNANI, Marcello (Coord.). *Federalismos latinoamericanos: México, Brasil, Argentina*. México: Fondo de Cultura Econômica, 1993, p. 51-80.)

Pensamento político

A ortodoxia positivista no Brasil: um bolchevismo de classe média

O objetivo deste trabalho é sugerir uma interpretação nova da ortodoxia positivista, isto é, do comtismo, no Brasil. No interior do movimento positivista, esta casa com vários compartimentos, os ortodoxos eram acusados de rigidez na exegese da obra de Comte, de insensibilidade em relação às mudanças sociais, políticas e científicas e de serem discípulos cegos de um pensamento que já pedia adaptações. Fora do positivismo, os adversários encaravam os ortodoxos como pessoas estranhas que se faziam notar por palavras de ordem e por rituais um tanto ridículos. O que proponho é mostrar que os ortodoxos tinham um objetivo político muito claro e uma estratégia política bem definida. Em função deste objetivo e desta estratégia é que enfatizavam a disciplina e a liturgia. A rigidez era meio e não fim. A atuação dos ortodoxos poderia mesmo ser comparada a um bolchevismo *avant la lettre* de classe média. Fig. 11 p. XII

Para evitar mal-entendidos, diga-se logo que não proponho discutir em profundidade nem a ação, nem o pensamento ortodoxos. Já se escreveu bastante sobre o assunto. Sua ação e seu pensamento só me interessam aqui enquanto indicadores de sua visão da sociedade brasileira e da estratégia política que lhes parecia mais eficaz para acelerar a marcha da história. Considero-os aqui mais como atores na cena política do que como pensadores.

As querelas entre ortodoxos e não-ortodoxos, como se sabe, também se verificaram em outros países, como a França e a Inglaterra. O caso brasileiro distingue-se dos demais, inclusive da França, pelo fato de que os ortodoxos ganharam no Brasil uma visibilidade e uma importância ímpares. Em consequência, talvez mais que em outros países, também foram vítimas de críticas mais virulentas feitas pelos não-ortodoxos e pelos adversários do positivismo. Eles foram acusados de intolerância, de intransigência, de rigidez na exegese do pensamento de Comte. Os mais exaltados acusavam-nos de fanatismo, de espírito inquisitorial, de autoritarismo. Os adversários mais ferozes utilizavam uma linguagem ainda mais dura. Os ortodoxos, diziam eles, eram visionários, lunáticos, loucos. Ridicularizavam o culto positivista, em particular a veneração a Clotilde de Vaux, que chamavam de clotildolatria.[99]

Fig. 14 e 15
p. XV e XVI

Com efeito, Miguel Lemos e Teixeira Mendes, os dois líderes do comtismo no Brasil, efetuaram uma mudança dramática na orientação do positivismo, depois que, com o assentimento de Laffitte, o primeiro foi indicado, em 1881, presidente da Sociedade Positivista do Rio de Janeiro. O acesso de Lemos à direção da sociedade já ocorreu de maneira conflituada. Lemos não aceitava que o presidente que ele substituía, J.R. de Mendonça, fosse ao mesmo tempo positivista e proprietário de escravos. Também não aceitava que um outro candidato à direção, Álvaro de Oliveira, ocupasse um cargo de professor da Escola Politécnica.[100]

Dois anos mais tarde, em 1883, deu-se a ruptura com o próprio Laffitte, acusado pelos brasileiros de ser infiel aos ensinamentos de Comte, sobretudo no que concernia à ocupação de cargos públicos por positivistas. De acordo com Laffitte, a proibição só se aplicava ao sacerdócio; ela era apenas um conselho para os outros positivistas, isto é, para os práticos. Lemos, citando o *Appel aux Conservateurs*, respondia que a proibição se aplicava a todos os positivistas, tanto teóricos quanto práticos. Vários positivistas franceses, como Robinet e Dubuisson — este último amigo pessoal de Lemos — colocaram-se ao lado de Laffitte.

A posição dos ortodoxos brasileiros parecia-lhes uma demonstração de puritanismo, de fé exagerada. De Londres, Harrison acusou os brasileiros de carolice pueril.

---

[99] A acusação de sectarismo se encontra por exemplo em ROMERO. *Doutrina contra doutrina. O evolucionismo e o positivismo no Brasil*. A acusação dos inimigos mais emocionais dos ortodoxos pode ser exemplificada pela obra de TORRES. *Pasquinadas cariocas*. Segundo Torres, Teixeira Mendes "era um verdadeiro lunático" (p. 140).

[100] Sobre o positivismo no Brasil ver LINS. *História do positivismo no Brasil*; CRUZ COSTA. *O positivismo na República*. Notas sobre a *História do positivismo no Brasil*; e OLIVEIRA TORRES. *O positivismo no Brasil*.

NAS CLASSES MÉDIAS OS ELEMENTOS DE TRANSFORMAÇÃO

Não se trata aqui de negar a rigidez dos ortodoxos quanto à interpretação das ideias de Comte, embora seja possível demonstrar que ela era seletiva, isto é, que os ortodoxos eram rígidos quando isso convinha aos seus projetos políticos. Também é verdade que eles observavam com rigor o culto religioso, inclusive a veneração a Clotilde de Vaux. Algumas práticas poderiam até mesmo parecer um pouco estranhas. Os ortodoxos não diziam, por exemplo, "adeus"; diziam "adeusa".[101] O que contesto é a interpretação ou a explicação que se dá de suas posições. Sua ortodoxia sempre foi atribuída ora à pouca idade de Lemos, ao seu entusiasmo juvenil e à sua falta de experiência; ora a características de sua personalidade, ou seja, o autoritarismo, o fanatismo; ora à sua atitude acrítica frente ao pensamento europeu em geral e ao de Comte em particular.

A correspondência de Lemos com Laffitte, que se pode consultar na Casa de Auguste Comte em Paris, nos dá argumentos para propor uma outra interpretação da ortodoxia dos brasileiros, que me parece ao mesmo tempo mais correta e mais rica do que as explicações mencionadas acima.[102] Lemos travara conhecimento com Laffitte em Paris em 1878. Littréista até aquele momento, converteu-se à ortodoxia e Laffitte fez dele aspirante ao sacerdócio dois anos depois. Ele volta para o Brasil em 1881, torna-se o presidente da Sociedade Positivista do Rio de Janeiro, que imediatamente transforma em uma organização militante. As cartas nos revelam seu esforço permanente para construir a nova organização que ele queria disciplinada e engajada na luta pelas transformações sociais. Elas nos mostram também sua tentativa de fazer ver a Laffitte o que considerava a especificidade da situação brasileira e pedir-lhe apoio. Elas nos revelam ainda a crescente divergência entre Lemos e alguns colegas da Sociedade Positivista e, finalmente, entre Lemos e o próprio Laffitte. Elas nos dão, por último, os motivos do comportamento de Lemos, muito claros sobretudo em sua carta a Laffitte de 22 de agosto de 1881. Cito a parte central da carta:

---

[101] Ver, por exemplo, o discurso do General Cândido Rondon durante as exéquias de Mário Barboza Carneiro, em *In memoriam. Mário Barboza Carneiro*, p. 17-19. No mesmo discurso, Rondon faz referência a "nossa santa mãe espiritual Clotilde de Vaux".

[102] Uma boa parte da correspondência dos positivistas brasileiros com Pierre Laffitte foi publicada por Ivan Lins na obra citada supra.

Aqui [no Brasil] são as classes liberais e instruídas que farão a transformação. Não temos um proletariado propriamente dito, nossa indústria é exclusivamente agrícola e o trabalhador rural é o negro escravo. Isto modifica muito a situação dos positivistas brasileiros, e torna-a muito diferente do que ela é em Paris e em Londres. Lá vossa ação ainda é latente; ainda estais como que perdidos no meio dessas grandes cidades, onde procurais vos apoiar na elite do proletariado. Aqui, pelo contrário, estamos em plena evidência, pertencendo nós mesmos às classes liberais, sobre as quais agimos diretamente, todos os olhares estão voltados para nós, todos os nossos atos e palavras imediatamente se tornam os acontecimentos do dia. O mundo científico e oficial, longe de ser como o vosso, as cidadelas da reação, são aqui ao contrário os elementos mais modificáveis e nele obtemos todos os dias adesões e simpatias. Tudo isto exige do Positivismo uma atividade extraordinária para estar preparado para atender às necessidades do público. Amanhã teremos sábios, estadistas, indivíduos altamente colocados, aceitando uma parte das nossas concepções, senão totalmente convertidos ao Positivismo. Precisaremos mostrarnos à altura das circunstâncias. Mas para chegar lá, considerando-se as circunstâncias indicadas acima, não precisaremos apenas de devotamento e atividade, precisaremos também de uma organização e uma disciplina suficientemente desenvolvidas. (Tradução de J.M.C.).

ADAPTAÇÃO POUCO ORTODOXA

Em outras cartas, Lemos volta ao mesmo assunto de maneira a não deixar dúvida sobre suas ideias. O que é possível retirar do conjunto dessa correspondência? Rigor? Sim; militância? Sim; disciplina? Sim. Mas tudo isto como resultado de uma análise sociológica e política da situação brasileira e como tática de ação política. Não se trata simplesmente de entusiasmo juvenil ou de tendência autoritária. A análise que Lemos fazia da realidade brasileira podia ser incorreta, a tática proposta inadequada. Porém juntas eram a causa determinante de sua postura. Vamos examiná-las mais de perto.

Cabe dizer logo de início que a tática de Lemos deriva de uma adaptação nem um pouco ortodoxa das ideias de Comte. Comte escrevera suas últimas obras, em particular o *Appel aux Conservateurs*, depois dos abalos de 1848 nos quais os elementos revolucionários, inclusive a ação dos proletários, eram evidentes. Seus apelos tinham como alvo de um lado os conservadores, isto é, os proprietários que não eram nem revolucionários, nem retrógrados e, de outro, os proletários. Ele não se dirigia às classes médias, talvez porque elas fossem em França atraídas em parte para a esquerda revolucionária e em parte para o liberalismo, dois tipos de metafísica rejeitados por Comte. O apelo aos conservadores e aos proletários também era coerente com sua doutrina política, que atribuía o poder material exclusivamente aos proprietários e ao proletariado.

Lemos sabia que no Brasil o proletariado rural não existia politicamente e o proletariado urbano começava apenas a existir. Como diria, em 1881, o biólogo francês Louis Couty, residente no Rio de Janeiro há alguns anos, "o Brasil não tem povo". Lemos também sabia que os conservadores eram socialmente ligados à escravidão e, politicamente, aos princípios metafísicos da monarquia representativa e do liberalismo. Então só lhe restavam como elementos de transformação as classes médias, sobretudo as profissões liberais com formação científica, como os engenheiros, os médicos, os matemáticos, os professores. As escolas de medicina, de engenharia e mesmo de direito eram os principais focos de agitação e de contestação intelectual e política. Era também nessas categorias sociais que havia maior possibilidade de independência em relação à economia escravista.

À MARGEM DA ELITE IMPERIAL

A posição social dos ortodoxos confirmava tal interpretação. Lemos era filho de um oficial reformado da Marinha que não tinha sido capaz de pagar a educação do filho. O amigo fiel Teixeira Mendes, *alter ego* de Lemos, era filho de um engenheiro. Os dados sobre a ocupação das 24 pessoas que assinaram a circular coletiva de 3/12/1883, na qual Lemos formalizava sua ruptura com Laffitte, reforçam nossa tese. (Quadro I).

Miguel Lemos, que excluo da lista, estava naquele momento completamente dedicado ao sacerdócio positivista. Depois da ruptura com Laffitte, teve que procurar emprego, tendo-o encontrado na Biblioteca Nacional. Observa-se facilmente que se tratava de indivíduos muito especiais. Primeiro, todos moravam na cidade. Não havia entre eles nem camponeses nem proprietários rurais. Segundo, pertenciam às camadas médias, ninguém era proprietário urbano, banqueiro ou comerciante.

Terceiro, nenhum deles fazia parte da elite política. Os signatários empregados públicos eram professores de liceu ou ocupavam cargos secundários na administração. Havia apenas duas pessoas que representavam a formação tradicional da elite política imperial, a saber, um advogado e um juiz. O advogado não exercia a profissão, ganhava a vida como professor de português num liceu.

QUADRO 1
Ocupação dos signatários da circular coletiva, 1883

OCUPAÇÃO	Nº
Estudantes de medicina, engenharia, matemática	6
Engenheiros, médicos, matemáticos	7
Empregados públicos	7
Advogados, magistrados	2
Operário, agrimensor	2
TOTAL	24

Fonte: CIRCULAIRE Collective adressée à tous les vrais disciples d'Auguste Comte. Rio de Janeiro: Au Siège de la Societé Positiviste, 1884.

Tudo isto significa que os ortodoxos não eram apenas pessoas pertencentes às classes médias. Eles representavam um setor muito específico dessas camadas, o setor técnico e científico, composto por pessoas que se dedicavam à medicina, à engenharia civil, à matemática. Os próprios empregados públicos eram quase todos ex-alunos das escolas de medicina e da Escola Politécnica. A elite política do Império, ao contrário, era naquele momento dominada pelos advogados e juízes, seguidos a alguma distância pelos proprietários rurais.

REVOLTA CONTRA O PAI, REVOLTA POLÍTICA

Os positivistas ortodoxos representavam então uma contra elite do ponto de vista social e intelectual. Não foi por acaso que o Positivismo foi bem recebido nesses novos setores. A nova filosofia enfatizava a ciência e era hostil a tudo que lembrasse a metafísica, inclusive o direito, pois, segundo Comte, os juristas eram os representantes do poder temporal na fase metafísica da humanidade. De certa maneira,

QUADRO 2
Idade dos signatários da circular coletiva, 1883

IDADE	Nº
Entre 20 e 25 anos	10
Entre 26 e 30 anos	8
Entre 31 e 35 anos	4
Sem informação	2
TOTAL	24

Fonte: Ver Quadro I. A idade dos signatários foi escrita à mão na cópia da circular existente na casa de Auguste Comte.

o Positivismo representava, neste ponto, a retomada da antiga tradição iluminista da elite brasileira que havia quase desaparecido entre e Independência e os anos 70.

Mas o comtismo ia além do cientificismo. Comte havia dado um conteúdo histórico ao Iluminismo, ele tinha desenvolvido uma filosofia da história e proposto uma utopia política. A ciência para ele estava a serviço da ação política, ela fornecia à ação as bases em que se apoiar. Eis uma combinação perfeita para a contra elite dos ortodoxos. Na concepção comtista, seu saber técnico se tornava a verdadeira fonte do poder que devia caracterizar a fase positiva para a qual caminhava a humanidade. Ao mesmo tempo, eles viam no comtismo o guia da ação política. Veremos adiante a possível contradição entre a ideia de uma sociedade regulada pelas leis científicas e o encorajamento da ação política.

A juventude era outra característica do grupo que permaneceu fiel a Lemos na luta contra Laffitte. (Quadro 2).

Além de ser uma contra elite do ponto de vista social e intelectual, os ortodoxos representavam também uma faixa etária diferente, uma nova geração que buscava novo espaço na sociedade. O próprio Lemos, chefe do grupo, não tinha mais que 30 anos à época, tendo a idade sido um obstáculo para sua ascensão à posição de chefe. Uma possível explicação sociológica para tal juventude é que a escravidão bloqueava a mobilidade social, era um obstáculo à expansão das oportunidades ocupacionais e ao progresso técnico e que, por esse motivo, os jovens — em especial os técnicos — encontravam muita dificuldade no acesso ao mercado de trabalho. Eis uma boa razão para o descontentamento. Mas poder-se-ia também aventar uma razão política para a insatisfação. O Império tinha-se quase transformado numa gerontocracia. O próprio Imperador com suas longas barbas brancas, apesar dos 60 anos, dava a impressão de um ancião. Os conselheiros de Estado e os senadores vitalícios formavam uma verdadeira gerontocracia. Só a Câmara dos Deputados abria oportunidades para os mais jovens. A oposição dos ortodoxos, tal como a oposição da juventude em geral, era assim uma oposição de geração, uma revolta contra o pai tanto quanto uma revolta política.

CARGOS PÚBLICOS, UMA DAS CONTROVÉRSIAS

Os pontos sobre os quais os ortodoxos mais insistiam merecem também alguns comentários. O primeiro era a proibição de possuir escravos. Comte não havia insistido a esse respeito, embora fosse contrário à escravidão nas colônias. Lemos, ao contrário — e temos aí outra demonstração de independência —, pensava que no Brasil não se podia admitir compromissos nesta questão. Ele chegou a pedir a Laffitte a exclusão de Mendonça, antigo diretor da Sociedade Positivista, por ser ele proprietário de uma fazenda em que usava mão de obra escrava. Ele justificava a posição mais pela situação brasileira do que pelas ideias de Comte. Para ele, a opinião pública do Rio de Janeiro tinha aderido completamente à causa abolicionista. Um positivista que possuísse escravos não era apenas infiel ao pensamento de Comte, mas, sobretudo, opunha-se a um movimento de opinião pública de natureza revolucionária. O fato constituía um embaraço e uma desmoralização para o movimento positivista. (Carta de 24 de março de 1883 a Pierre Laffitte.)

Outra questão controvertida que provocou o abandono da Sociedade por outros positivistas, como Benjamin Constant, professor das escolas militares, foi a ocupação de cargos públicos. Este ponto foi a causa imediata da ruptura com Laffitte. A posição de Comte sobre a questão era muito mais explícita do que sobre a escravidão. Ele tinha dito no *Appel aux Conservateurs* que, durante a fase de transição para a sociedade normal, tanto os positivistas teóricos quanto os práticos deveriam limitar-se à influência consultora "mesmo quando postos de direção lhes fossem oferecidos".[103] Lemos pisava em terreno sólido. Mas pode-se dizer que aqui também não se tratava de simples questão de ortodoxia. Num país em que a visibilidade do governo era grande, em que a procura do emprego público era intensa, em que o favor e a proteção dos amigos determinavam a ascensão política, não aceitar posições de poder era quase um ato de heroísmo cívico, era a rejeição de uma prática universal embora muito criticada. Não era de desprezar a autoridade moral daí resultante. Os ortodoxos talvez não estivessem errados ao pensar que no Brasil o aspecto moral, isto é, o fato de que a ação dos positivistas correspondia às suas palavras, a ausência de hipocrisia, pesava muito na propaganda. Ainda segundo Lemos, a aceitação das posições de poder poderia também comprometer os positivistas, expô-los às bajulações e às seduções do poder e, por consequência, afastá-los do objetivo supremo de sua ação que era a incorporação do proletariado à civilização. (Carta de 24 de março de 1883 a Laffitte.)[104]

Nossa tese pode-se aplicar ainda aos aspectos religiosos da ortodoxia positivista. A ênfase na religião e na Igreja não pode ser separada da percepção do fenômeno religioso e suas manifestações rituais no Brasil. Não é ideia de lunáticos tentar servir-se de práticas tradicionais para fazer avançar ideias novas. O culto da virgem-mãe era evidentemente uma referência explícita ao culto católico da Virgem. Os positivistas fizeram aqui a mesma coisa que faziam os escravos africanos quando utilizavam o ritual católico para praticar sua própria religião.

Figs. 6 e 7
p. VI e VII

Pode-se dizer, em conclusão, que os ortodoxos no Brasil mais pareciam um grupo político com ideias muito precisas sobre a tarefa a realizar e os meios a utilizar do que um bando de fanáticos religiosos e loucos. Poder-se-ia mesmo dizer, forçando um pouco a comparação, que propunham um bolchevismo de classe média, isto é, um voluntarismo

---

[103] Ver COMTE. *Appel aux conservateurs*, p. 109.
[104] A lista dos deveres dos membros da Sociedade Positivista do Rio de Janeiro se encontra no *Apêndice E* acrescentado à *Circulaire Collective* de 3 de dezembro de 1883. Além de proibir a posse de escravos e a ocupação de cargos públicos, ela inclui também o dever de não exercer funções acadêmicas nas escolas superiores, não exercer o jornalismo remunerado e assinar o nome em todos os escritos.

político que acreditavam poder forçar a marcha da história pela ação de uma vanguarda política bem organizada, homogênea, disciplinada ou, na expressão de Comte, pela ação de um núcleo fortemente organizado. Como no bolchevismo leninista, não havia contradição com a filosofia da história que lhes servia de fundamento. Para o marxismo tanto quanto para o Positivismo, a história é governada por leis que os homens não podem modificar. Mas isto não impede que eles possam fazê-la caminhar mais rápido. Nos dois casos, era na verdade a crença nas leis que dava aos militantes a certeza e a fortaleza de que tanto necessitavam.

Talvez se possa atribuir ao bolchevismo dos ortodoxos o fato de terem tido influência desmesurada em relação à sua importância numérica. É certo que não conseguiram fazer proclamar uma ditadura republicana, à exceção do caso do Estado do Rio Grande do Sul. Também falharam na luta contra certas medidas, como a imigração estrangeira e as leis contra a vagabundagem, e no esforço em favor de uma legislação social. Mas muitas transformações foram efetuadas senão exclusivamente devido à sua ação, pelo menos com sua contribuição. Enuncio-as rapidamente.

Eles não só pregaram a abolição da escravatura como foram os primeiros a considerar positiva a contribuição da raça negra para a formação da sociedade brasileira. Desde o início foram favoráveis ao movimento republicano como um fator de transformação social. Combateram vivamente a posição da Igreja Católica como religião do Estado. Opuseram-se aos planos do governo, sob a pressão dos escravistas, de importar trabalhadores asiáticos para substituir os escravos negros, e em geral combateram a imigração europeia, considerando-a nociva aos trabalhadores nacionais. Finalmente, lutaram em favor de uma política de proteção aos índios. A adoção de uma legislação social nos anos 1930 também deve ser considerada, pelo menos em parte, como consequência da influência positivista sobre os políticos do Rio Grande do Sul, dentre os quais o Presidente Vargas e o Ministro do Trabalho, Lindolfo Collor.

Mas é preciso também debitar-lhes algumas influências negativas, sobretudo sobre o pensamento político republicano. Faço uma lista sumária.

Os ortodoxos devem ser responsabilizados em boa medida pela separação entre os ideais de reforma social e de democracia representativa que dominou o pensamento político brasileiro desde o início da República até recentemente. Esta separação era consequência da defesa da ditadura republicana e da negação da representação parlamentar.

Deve-se-lhes também a introdução do historicismo no Brasil, isto é, da ideia corrente no século XIX segundo a qual a história obedece a leis e segue uma direção única. Este historicismo facilitou a aceitação do marxismo nos anos 1920 em suas variantes mecanicistas e historicistas.

A rejeição da ideia de conflito, a ênfase na hierarquia e no organicismo, o paternalismo governamental são outros traços da política republicana cuja responsabilidade cabe aos ortodoxos. Isto se deve certamente às características holísticas do pensamento positivista que tornavam difícil a aceitação da diferença e do conflito de interesses como parte integrante da vida social e política.

NA INFÂNCIA DA DEMOCRACIA

Finalmente, no meu entender, os ortodoxos introduziram no Brasil o messianismo dos intelectuais e dos militares. Depois da Proclamação da República, estes dois atores políticos se atribuíram a missão de salvar o Brasil, mesmo apesar dos brasileiros. Trata-se aqui de uma consequência direta da ideia de vanguardismo enraizada em todos os bolchevismos.

No tocante a este último ponto cabe dizer que, se o vanguardismo é uma doença infantil da democracia, não era culpa dos ortodoxos se a democracia brasileira estava na sua infância no fim do século XIX e nela ainda continue. Eles pelo menos tentaram, com dedicação total, lutar por um aspecto importante da democracia, a saber, a incorporação das camadas oprimidas à sociedade nacional. Eu não diria que isto fosse obra de lunáticos e loucos. Era talvez obra de visionários, com a grandeza e os perigos que a ação desse tipo de reformadores sempre acarreta.

(Publicado na *Revista do Brasil*, ano 4, nº 8, 1989, p. 50-56.)

Pensamento político

A utopia de Oliveira Viana

DESCIDA AOS INFERNOS

Segundo Capistrano de Abreu, Oliveira Viana grassava ao final da década de 20. Seu livro de estreia, *Populações meridionais*, tinha tido enorme êxito e crítica quase unânime. Os livros seguintes, embora sem a mesma repercussão, tinham consolidado a fama do arredio fluminense. O coro de elogios vinha de vários quadrantes ideológicos: de Agripino Grieco, Tristão de Ataíde, Taunay, assim como de Fernando de Azevedo, Lourenço Filho, Carneiro Leão. Vinha também, surpreendentemente, de Monteiro Lobato, que publicou desde 1917, na *Revista do Brasil*, vários capítulos de *Populações meridionais* e o próprio livro em 1920. Lobato, que sob muitos aspectos poderia ser considerado um antípoda de Oliveira Viana, dizia de seu editado que era "o grande orientador de que o país precisava".[105] As críticas de Astrojildo Pereira, de Pereira da Silva, e de raros outros, não lhe chegavam a abalar o prestígio.[106]

A década de 30 foi ainda mais generosa com Oliveira Viana. Logo após a Revolução, de que não participou, o interventor no Estado do Rio de Janeiro, Ari Parreiras, pediu-lhe pareceres e quis nomeá-lo prefeito de Saquarema. Em 1932, foi nomeado para a consultoria jurídica do Ministério do Trabalho onde se tornou o principal formulador da política sindical e

---

[105] Citado em VASCONCELOS TORRES. *Oliveira Viana*, p. 62.
[106] A crítica de Astrojildo Pereira ("Sociologia ou apologética", p. 163-174), publicada pela primeira vez em 1929, deu o tom de muitas das críticas posteriores. Centrava-se em *Populações meridionais do Brasil* e denunciava o viés de classe dominante do autor. BATISTA PEREIRA publicou originalmente sua crítica em 1927, no *Jornal do Commercio*. Seu alvo era *O idealismo da Constituição* e focalizou especialmente o caráter arbitrário de muitas das afirmações de Oliveira Viana.

social do governo até 1940. Juarez Távora pediu-lhe, em 1933, um programa para os tenentes. O Partido Econômico também quis sua colaboração intelectual. Sua visibilidade reduziu-se um pouco, pois grande parte do trabalho era de gabinete e o que publicava era de natureza especializada. Mas a influência política chegou ao auge. Oliveira Viana estava nos céus.

A década de 40 já apresentou situação menos favorável. A saída do Ministério e a entrada para o Tribunal de Contas permitiram-lhe voltar aos trabalhos sociológicos. Mas a grande obra da década, *Instituições políticas brasileiras*, só foi publicada em 1949. O livro teve êxito, mas já não havia o entusiasmo de antes. Oliveira Viana ficara marcado pela participação no governo Vargas, pelo apoio à ditadura de 1937. Nos meios intelectuais de esquerda surgia uma reação à sua obra que só fez crescer após a sua morte em 1951. O regime militar agravou a reação pois, para muitos, sua ideologia fundava-se na visão de Brasil e na proposta política do sociólogo fluminense. Xingar Oliveira Viana tornou-se, então, um dos esportes prediletos dos intelectuais de esquerda ou mesmo liberais. Os rótulos acumularam-se: racista, elitista, estatista, corporativista, colonizado, nas críticas mais analíticas. Reacionário, quando a emoção tomava conta do crítico. Oliveira Viana foi mandado aos infernos.[107]

Nos infernos ele ainda se encontra, apesar de um ou outro ensaio tímido de rever a condenação. É lá que lhe pretendo fazer uma visita não diria amigável mas desarmada. Depois da longa condenação parece chegado o tempo de um julgamento menos marcado por circunstâncias políticas passadas. Houve, sem dúvida, boas razões para a condenação. O racismo e o apoio à ditadura foram pecados graves. Mas o julgamento não considerou as atenuantes. Racista era quase toda a elite de sua época, embora nem

---

[107] A primeira crítica mais virulenta veio de Nelson Werneck Sodré, em *A ideologia do colonialismo*. Em livro anterior (*Orientações do pensamento brasileiro*), este autor elogiara a obra de Oliveira Viana. Na mesma linha de denúncia do racismo e da submissão ao pensamento colonialista, embora com maior erudição, está o artigo de Vanilda Paiva ("Oliveira Viana: nacionalismo ou racismo"). A crítica mais extensa, objeto de um livro inteiro, foi produzida por José Honório Rodrigues (*História da história do Brasil. A metafísica do latifúndio: o ultra-reacionário Oliveira Viana*). O título já indica o sentimento deste autor em relação a Oliveira Viana. Para ele o sociólogo fluminense fora nada menos que o responsável intelectual pelos golpes de 1937 e de 1964 (p. 3). Vejam-se também as críticas de Sérgio Buarque de Holanda (*Tentativas de mitologia*) e de Dante Moreira Leite (*O caráter nacional brasileiro*). A tese deste último, que deu origem ao livro, é de 1954, anterior ao livro de Sodré.

sempre o confessasse. Até mesmo a Constituição de 1934, democraticamente elaborada, pregava a eugenia. Além disto, o próprio Oliveira Viana recuou das posições mais radicais expostas em *Evolução do povo brasileiro*. Mais ainda, em nenhum de seus livros de política social o problema da raça é mencionado, tornando-se irrelevante para a avaliação dessas obras. Quanto ao apoio à ditadura, foram muitos os intelectuais que aceitaram posições no governo e de quem não se cobra a adesão com tanto rigor como de Oliveira Viana. Não se cobrou de Carlos Drummond, de Mário de Andrade, de Sérgio Buarque, e nem mesmo de Capanema. É certo que ele não só participou do Estado Novo como também o justificou teoricamente. Mas é preciso entender que o espírito da época era muito menos liberal do que o de hoje, o autoritarismo pairava no ar, da direita à esquerda.

A razão mais importante para uma visita desarmada é a inegável influência de Oliveira Viana sobre quase todas as principais obras de sociologia política produzidas no Brasil após a publicação de *Populações meridionais*. Dele há ecos mesmo nos autores que discordam de sua visão política. A lista é grande: Gilberto Freyre, Sérgio Buarque, Nestor Duarte, Nelson Werneck Sodré, Victor Nunes Leal, Guerreiro Ramos, Raymundo Faoro, para citar os mais notáveis. Até mesmo Caio Prado reconhecia-lhe o valor, ressalvando as críticas. Tal repercussão indica a riqueza das análises de Oliveira Viana e justifica o esforço de revisitá-lo.

Last and least, há o lado pessoal que a mim me predispõe a uma análise menos raivosa. Amigos e inimigos, todos coincidem em afirmar que Oliveira Viana era figura íntegra, totalmente dedicada ao trabalho e aos livros: nunca buscou posições de poder. De hábitos quase monásticos, fugia do brilho das exibições públicas, não aceitava convites para conferências, recusava empregos, como o de juiz do Supremo Tribunal, não frequentava rodas literárias ou antecâmaras de palácios. Respondia aos críticos nos livros seguintes ou nas reedições e mantinha uma postura de respeito pelo debate intelectual. Tão perto do poder por tanto tempo, e do poder arbitrário, nunca disto tirou proveito em benefício pessoal. Foi aquilo que acusava os brasileiros de não serem: um homem público, um républico, posto que a sua maneira.[108]

A visita terá um objetivo preciso. Quero examinar três temas relativos à sua obra. Todos já foram, de maneira ou de outra, objeto de

---

[108] Não existe uma biografia satisfatória de Oliveira Viana. Na falta de coisa melhor, consulte-se a obra de VASCONCELOS TORRES. *Oliveira Viana*.

atenção dos críticos: sua concepção da natureza da investigação histórica, suas fontes intelectuais e sua utopia política. No caso de sua epistemologia, ou de sua meta-história, pretendo matizar o cientificismo positivista de que é acusado; no que se refere às fontes de inspiração, gostaria de ressaltar uma raiz brasileira até agora não levada em conta; quanto à utopia, tentarei distingui-lo de vários autores aos quais é geralmente associado.[109]

A META-HISTÓRIA DE OLIVEIRA VIANA

Oliveira Viana insistia no caráter objetivo de suas análises, na ausência de preconceitos e de preocupação com escolas. Repetia a receita de Ranke: ver os fatos como eles realmente se deram. Queria fazer ciência com a objetividade dos sábios de Manguinhos, isto é, com a objetividade das ciências naturais.[110] A "objetividade" apareceu até mesmo no título de um de seus livros, *Problemas de política objetiva*. Mas creio que estas declarações não devem ser levadas muito a sério. Eram um tributo, talvez meio automático, ao cientificismo do século XIX. Não é difícil mostrar que ele próprio não acreditava nisto.

Em várias ocasiões deixou claro que sua noção de história era mais moderna do que sugere este positivismo estreito. Insistiu mais de uma vez que teorias e hipóteses eram indispensáveis ao conhecimento histórico. Na introdução de *Populações meridionais* foi explícito quanto à contribuição prestada ao historiador por várias áreas de conhecimento, a antropogeografia, a antropossociologia, a psicofisiologia, a psicologia coletiva, a ciência social. Foi ainda mais explícito na conferência que pronunciou em 1924 ao ser recebido como sócio do Instituto Histórico e Geográfico. Afirmou, então, que não bastavam os arquivos e documentos. Eles eram limitados, parciais e podiam ocultar o essencial. Para interpretá-los era necessário o recurso às ciências, particularmente às ciências sociais. O conhecimento do passado exigia o conhecimento do presente.[111]

---

[109] Além dos críticos citados acima, consultem-se as obras recentes de VIEIRA (1976), MEDEIROS (1974), LIMA e CERQUEIRA (1971), FARIA (1977), MORAES (1990), ALVES FILHO (1977), GOMES (1989).
[110] OLIVEIRA VIANA. *Evolução do povo brasileiro*, p. 40.
[111] Veja "O valor pragmático do estudo do passado", discurso pronunciado quando de sua recepção no Instituto Histórico e Geográfico, em 11 de outubro de 1924.

Esta afirmação ainda poderia ser interpretada como cientificista na medida em que admite a possibilidade de elaborar leis gerais para a história, da mesma natureza das leis das ciências físicas. Poderia refletir uma concepção naturalista da história. Mas na mesma conferência ele foi mais longe. A história exigiria uma "indução conjectural", seria uma ciência conjectural. Embora acrescentasse que deveria haver esforço de reduzir o coeficiente subjetivo da conjectura, pode-se deduzir que esta redução tinha seus limites, uma vez que o conhecimento histórico exigiria identificação com o espírito do tempo presente e não dispensaria a ficção. A história devia ser escrita com o cérebro e com o coração. Na verdade, concluía, era o lado de ficção, era o lado artístico, que conferia fascínio à história.

O ponto foi reforçado na defesa contra as críticas de Batista Pereira. Este crítico, segundo ele, se teria apegado a minúcias e filigranas sem importância. Quem usasse microscópio para analisar sua obra não conseguiria entendê-la. Pois,

> eu não sou um puro historiógrafo (...) Eu não sou um pesquisador de arquivos. Eu não sou um micrografista de história. Não sou, não quero ser, uma autoridade em detalhes (...) tenho a paixão dos quadros gerais.[112]

Um livro como *O idealismo da Constituição*, criticado por Batista Pereira, nem mesmo poderia ser considerado obra histórica, segundo seu autor. Era obra de publicista, de propagandista, de panfletário. Fica aí evidente que Oliveira Viana estava muito distante da prática historiográfica de seus colegas do Instituto Histórico.

Além de depender de conjecturas, a história não seria um exercício ocioso. Ela teria finalidade pragmática. Na conferência do Instituto esta finalidade foi descrita como sendo a busca do sentimento de nós mesmos, do fortalecimento do patriotismo. Em *Evolução do povo brasileiro*, no mesmo lugar em que insistia na objetividade, definia a história como mestra da política, numa referência, que é uma redefinição, à história mestra da vida de Cícero.[113]

---

[112] Veja "Do ponto de vista de Sirius...". A crítica de Batista Pereira, publicada no mesmo jornal em 23 de outubro de 1927, tinha título idêntico ao da resposta, menos a reticência. A tréplica de Batista Pereira saiu em 15 de novembro de 1927, com o título de "A passagem de Sirius".

[113] Veja *Evolução do povo brasileiro*, p. 28. Lembre-se aqui também a famosa proposta de Martius sobre como se deveria escrever a história do Brasil. Martius

Na produção de sua vasta obra, Oliveira Viana foi sem dúvida fiel a esta visão de história. Há muito nela de conjectura, de preocupação política, de problemas do presente, de valores, de coração, ao lado do extenso uso de teorias de vária natureza. Na parte final deste trabalho irei em busca do conteúdo desses valores. Na que vem a seguir, tentarei mostrar que muitos deles se enraizavam na tradição do pensamento político imperial.

AS RAÍZES DE OLIVEIRA VIANA

Vários analistas salientaram a abundância das referências a autores estrangeiros na obra de Oliveira Viana (Medeiros, 1974; Vieira, 1976; Faria, 1974; Moraes, 1990). Mas aqui novamente é preciso ter cautela quando se trata de interpretar o sentido dessas citações, de avaliar até que ponto elas representam influência real sobre seu pensamento. Os mesmos analistas já referidos chamaram a atenção para a maneira peculiar que Oliveira Viana tinha de citar autores. Frequentemente, pinçava pedaços da obra e desprezava outros, distorcendo o pensamento do autor, numa indicação clara do caráter instrumental ou mesmo ritual da citação. A citação de estrangeiros como ritual de legitimação era, aliás, uma prática generalizada no Brasil. O próprio Oliveira Viana mencionou-a para explicar o êxito de Rui Barbosa e o fracasso de Alberto Torres. O primeiro citava torrencialmente, o segundo recusava-se a usar "o bordão do autor estrangeiro". Ninguém no Brasil dava crédito ao pensador nacional, por mais original que fosse.[114] Tudo indica que não quis ter o destino de Alberto Torres. Apesar das críticas ao bacharelismo e à nossa alienação mental, sucumbiu à necessidade prática da citação. O que não impede, evidentemente, que em alguns casos, como o das teorias racistas, a influência estrangeira, sobretudo as de Gustave Le Bon e Vacher de Lapouge, tenha sido real.

Pretendo argumentar que vários pontos centrais do pensamento de Oliveira Viana enraizavam-se na tradição brasileira e não na estrangeira. Ele mesmo reconhecia sua dívida com alguns de seus predecessores, par-

---

atribuía à história o papel de mestra do futuro e do presente e de instigadora do patriotismo.
[114] OLIVEIRA VIANA. *Ensaios inéditos*, p. 357-361.

ticularmente com Alberto Torres e Sílvio Romero. Mas creio que deita raízes numa família intelectual que antecede de muito Sílvio Romero e que tem longa descendência. Falo de uma linha de pensamento que começa com Paulino José Soares de Souza, o visconde de Uruguai, passa por Sílvio Romero e Alberto Torres, prossegue com Oliveira Viana, e vai pelo menos até Guerreiro Ramos. Vou deter-me em Uruguai, o patriarca da família, que Oliveira Viana conhecia e citava, embora dele não se declarasse seguidor.

A sintonia de pensamento entre os dois autores é grande. Muitas das ideias de Oliveira Viana podem ser rastreadas em Uruguai. Para iniciar, lá está, em Uruguai, a preocupação com o estudo do Brasil. No prefácio do *Ensaio sobre o direito administrativo*, principal obra de Uruguai, está dito: "Tive muitas vezes ocasião de deplorar o desamor com que tratamos o que é nosso, deixando de estudá-lo, para somente ler superficialmente e citar coisas alheias."[115] O autor referia-se exatamente à experiência liberal que, segundo ele, teria pecado por excesso na cópia de instituições estrangeiras como a federação, o júri popular, a justiça eletiva. Não era um provinciano, pois dava grande importância à experiência de outros países. Antes de escrever o livro viajara pela Europa e examinara com cuidado a prática política administrativa da Inglaterra e da França. De regresso, lera também extensamente sobre os Estados Unidos. O que queria era um cuidadoso exame das condições locais para que a adaptação de instituições estranhas não causasse efeitos inesperados, se não contrários, aos pretendidos. Qualquer leitor de Oliveira Viana conhece a virulência com que criticava o que chamava de idealismo utópico de nossas elites políticas, o deslumbramento com ideias estrangeiras, o analfabetismo quando se tratava da realidade brasileira. Uruguai talvez tenha sido o primeiro a levantar este tema que depois se tornou marca registrada de gente como Sílvio Romero, Alberto Torres, Oliveira Viana, Guerreiro Ramos.

Decorrência ou talvez premissa do ponto acima era a insistência de Uruguai na importância dos usos, costumes, hábitos, tradições, caráter nacional, educação cívica, de cada povo; era a ênfase na importância do

---

[115] Veja *Ensaio sobre o direito administrativo*, p. 9. Privilegio aqui o *Ensaio*, que é a obra mais teórica de Uruguai. *Os estudos práticos sobre a administração das províncias no Brasil* é um imenso repertório de evidências empíricas sobre os problemas administrativos.

momento histórico e das circunstâncias sociais (*Ensaio*, p. 353). Os povos, dizia, não têm a mesma tradição política, os mesmos hábitos, não estão na mesma fase de desenvolvimento. Implantar instituições de uns em outros podia ser desastroso ou, no mínimo, inócuo. Não significava isto que as tradições fossem imóveis e imutáveis. Elas podiam aprimorar-se. Mas enquanto fossem diferentes deviam ser tratadas como tais. De novo, está aí outro tema predileto de Oliveira Viana, que ele naturalmente abordou com aparato conceitual muito mais desenvolvido: a culturologia. Pode-se mesmo dizer que há um nítido viés cultural e psicológico em sua obra. O livro póstumo sobre a história de nosso capitalismo,[116] de que se poderia esperar uma análise mais atenta dos aspectos materiais de nossa civilização, é todo ele dedicado aos componentes culturais e psicológicos.

Outro ponto de contato entre os dois autores está na concepção da relação entre os polos centralização e descentralização e os polos liberdade e opressão. Aqui havia uma clara oposição entre a visão conservadora expressa por Uruguai e a visão liberal melhor elaborada por Tavares Bastos. Segundo Uruguai, os liberais julgavam que a opressão vinha sempre de cima, do governo. Para os conservadores, ela podia vir também de baixo, das parcialidades, das facções. No caso brasileiro, achava Uruguai, ela vinha principalmente de baixo. Ao lado do tema da unidade nacional, a alegação de proteção da liberdade foi a principal justificativa do regresso conservador iniciado em 1837. Mais centralização significava, para este ponto de vista, mais controle sobre a violência e o arbítrio dos mandões locais. E vice-versa. Isto é, menos centralização menos liberdade. Oliveira Viana não só concordava com a tese, como adotava a interpretação de Uruguai para este período da história brasileira citando-o várias vezes. Uruguai e Vasconcelos, a quem considerava estadistas de gênio, é que teriam sido os principais artífices da centralização, teriam, pelas leis do *Regresso*, especialmente pela Interpretação do Ato Adicional, matado o provincialismo e salvo a nação. As instituições liberais, alegava Oliveira Viana na esteira de Uruguai, tinham gerado uma contrafação do *self-government* americano: o domínio do caudilho. A centralização e seus instrumentos — o Rei, o Conselho de Estado, o Senado — eram a melhor garantia de liberdade em país que só conhecia a política de clã.[117]

---

[116] OLIVEIRA VIANA. *História social da economia capitalista no Brasil*.
[117] OLIVEIRA VIANA. *Populações meridionais do Brasil*, cap. XII e XIII.

Mas a centralização podia ser excessiva e prejudicial. Uruguai confessa que as viagens e os estudos que fez provocaram verdadeira revolução em suas ideias e fizeram-no rever em parte o programa do "regresso". A experiência francesa mostrou-lhe uma distinção essencial entre centralização política e centralização administrativa. A primeira era indispensável, a segunda muito prejudicial para os negócios locais. Daí a combinação ideal para o Brasil seria a centralização política com descentralização administrativa. O governo deveria ser distinguido da administração, fórmula frequentemente repetida por Oliveira Viana, que a adaptava a seu modelo de sociedade sindical e corporativa: centralização política, descentralização funcional.[118]

Um desdobramento desta tese é a concepção do papel do Estado no processo político de países como o Brasil. O Estado, segundo Uruguai, longe de ser o inimigo combatido pelos liberais, é o principal fator de transformação política. Onde não há tradição de *self-government*, cabe ao Estado desenvolvê-la. O Estado protege a liberdade, cria o espírito público, molda a nação. O Estado, poderíamos dizer, é o pedagogo da liberdade, cabe a ele educar o povo para a participação na sociedade política (*Ensaio*, p. 405-412). A tradição colonial portuguesa não preparara o povo para o autogoverno. O Estado é que devia assumir a tarefa. Qualquer leitor de Oliveira Viana identificará imediatamente aqui uma de suas teses favoritas.

Finalmente, há em Uruguai outra distinção que foi totalmente adotada por Oliveira Viana. Falo da distinção entre direitos políticos e direitos civis. Não se trata naturalmente de uma originalidade de Uruguai. A distinção já constava da Constituição francesa de 1791 que falava de cidadãos ativos e cidadãos passivos; os primeiros, detentores dos direitos civis e políticos; os segundos, apenas de direitos civis. O importante em Uruguai é a ênfase nos direitos civis, na garantia das liberdades. O visconde diz ter observado na França a possibilidade de convivência de um governo fortemente centralizado com a plena garantia das liberdades dos cidadãos, de sua propriedade, de sua proteção contra o arbítrio do próprio governo (*Ensaio*, p. 417). Era esta uma tese do liberalismo francês pós-revolucionário, ao estilo de Guizot, autor frequentemente citado por Uruguai. Os direitos civis, na época chamados também de sociais,

---

[118] OLIVEIRA VIANA. *Problemas de organização e problemas de direção; Problemas de direito corporativo.*

deviam ser universais e iguais para todos; os direitos políticos deveriam variar de acordo com a capacitação de cada um, pois deles dependia a sobrevivência da sociedade.[119] De novo, estamos diante de uma das teses favoritas de Oliveira Viana, para quem os direitos civis eram prioritários e condição indispensável para o exercício dos direitos políticos. Um dos erros dos políticos reformistas no Brasil, segundo ele, era a ilusão de que a mera introdução dos direitos políticos pudesse redundar em efetiva participação.[120] Ao lê-lo, parece estarmos ouvindo Uruguai repetir a observação de Vergueiro de que os problemas do Brasil provinham do fato de terem as reformas políticas precedido as reformas sociais.

Eis uma lista respeitável de sintonias entre os dois pensadores. Se nem sempre era reconhecida a procedência "uruguaia" de todas essas teses, não há dúvida de que Oliveira Viana conhecia bem o *Ensaio* e citava-o com frequência, especialmente quando se tratava de interpretar a política imperial. Em suas constantes acusações ao idealismo utópico das elites havia sempre lugar para exceções, para os idealistas orgânicos, entre os quais se incluía. Os nomes desses idealistas estão registrados em *Populações meridionais*, em *O idealismo da Constituição*, em *Problemas de organização e problemas de direção*. São gente como Olinda, Feijó, Paraná, Vasconcelos, Uruguai, Euzébio, Itaboraí, Caxias. Com a exceção de Feijó que, no entanto, era um autoritário, temos aí a fina flor do conservadorismo imperial, dos construtores da ordem monárquica. Oliveira Viana chamava-os de conservadores autoritários, de reacionários audazes dotados de uma quase volúpia pela impopularidade.[121] Uruguai é o mais citado pela razão de ter sido o único a produzir obra sistemática. Mas o visconde citava extensamente Vasconcelos a quem considerava seu mestre em política. Era uma família política, uma corrente de ideias de longa duração na história brasileira.

Poderíamos chamá-los de liberais conservadores, utilizando a expressão que Victor Hugo empregou para caracterizar o liberalismo da Restauração, sintetizado na figura de Guizot. A expressão é, sem dúvida, apropriada, pois Guizot era um dos autores prediletos de Uruguai que o citava extensamente para justificar o Poder Moderador ("o rei reina,

---

[119] Sobre o liberalismo conservador francês da geração 1814-1848, baseei-me no excelente trabalho de ROSANVALLON. *Le moment Guizot.*
[120] OLIVEIRA VIANA. *Problemas de política objetiva.*
[121] OLIVEIRA VIANA. *Problemas de organização e problemas de direção*, p. 133.

governa e administra") e como fonte para a história política e constitucional da França. Os liberais conservadores tornaram-se particularmente influentes sob a Monarquia de Julho. Seu principal objetivo político era completar a revolução, construir uma França nova a partir da demolição da antiga. Sobretudo, construir instituições de governo, resgatar a política do domínio da paixão a que a tinham confinado os homens de 1789, e recolocá-la dentro do círculo da razão. Uma das consequências desta postura era a redução da ênfase nos direitos políticos em favor dos direitos civis (Rosanvallon, 1985).

Oliveira Viana absorveu muitos temas do liberalismo conservador do Império. O bom entendimento de sua obra passa pelo reconhecimento dessa filiação, desse enraizamento em uma tradição de pensamento já bastante longa. Mas teríamos com sua inclusão nessa corrente esgotado o conteúdo de sua obra? Certamente que não. Se são muitos os pontos de contato, não são menores as divergências. Os liberais conservadores eram exatamente isto, liberais conservadores. Seu conservadorismo não eliminava o liberalismo. Seu modelo de sociedade, ou sua utopia política, continuava sendo a sociedade liberal e a política liberal. Eles podem ser apropriadamente chamados de autoritários instrumentais, na medida em que o autoritarismo para eles era apenas um meio que certas sociedades em determinadas circunstâncias históricas tinham que empregar para atingir o objetivo, a sociedade liberal plenamente desenvolvida.[122] O autoritarismo não é um fim em si, não é um valor em si. Em todos eles há a admiração pelo liberalismo, especialmente em sua modalidade anglo-saxônica. Nele estaria o modelo para o Brasil. Mas julgavam que para lá chegar, uma vez que nos faltavam tradições de autogoverno, era necessário passar por uma fase intermediária em que a ênfase seria posta na autoridade, na centralização, no papel do Estado. Neste sentido, a diferença entre Uruguai e Tavares Bastos, por exemplo, para citar os dois autores paradigmáticos do conservadorismo e do liberalismo monárquicos, respectivamente, seria apenas de meios e não de fins. Ambos tinham o mesmo modelo diante dos olhos, um julgava que para atingi-lo seria necessário fazer um desvio, o outro acreditava que podia ser adotado imediatamente. Um achava que o caminho para o liberalismo era o autoritarismo, o outro, que era o próprio liberalismo. A concordância

---

[122] A expressão é de Wanderley Guilherme dos Santos (*Ordem burguesa e liberalismo político*).

quanto ao modelo era, aliás, comum ao pensamento dos políticos mais representativos da elite imperial reunidos no Conselho de Estado.[123]

Uruguai era particularmente enfático na defesa do autogoverno que para ele se materializava de modo perfeito no governo local, nas *townships* americanas. É na municipalidade, diz ele, que reside a força dos povos livres. As instituições municipais põem a liberdade ao alcance do povo. Sem instituições municipais um país poderá ter um governo livre mas não terá o espírito da liberdade (*Ensaio*, p. 405). Há aí ecos inconfundíveis de Tocqueville, autor que Uruguai estudou com cuidado quando, desiludido com a política, pôs-se a refletir sobre os problemas do país. Foi por intermédio de Tocqueville que aprofundou o conhecimento da experiência americana. Antes, dela soubera apenas graças às reformas liberais da Regência, que lhe pareciam impróprias e inadequadas para o país. É sintomático que Oliveira Viana nunca cite Tocqueville, embora certamente conhecesse sua obra, nem que fosse por intermédio de Uruguai. Os valores de Tocqueville não eram os seus.

A UTOPIA DE OLIVEIRA VIANA

Quais seriam seus valores, sua utopia? Onde estaria seu coração? Para dizê-lo de uma vez, parece-me que sua inspiração vinha do que se tornou comum chamar de iberismo. O iberismo pode ser entendido, negativamente, como a recusa de aspectos centrais do que se convencionou chamar de mundo moderno. É a negação da sociedade utilitária individualista, da política contratualista, do mercado como ordenador das relações econômicas. Positivamente, é um ideal de sociedade fundado na cooperação, na incorporação, no predomínio do interesse coletivo sobre o individual, na regulação das forças sociais em função de um objetivo comunitário. Creio que este conceito de iberismo não se distancia muito do que foi utilizado por Richard Morse em seu polêmico *Espelho de Próspero*. Como é sabido, Morse postula a persistência de uma tradição cultural ibérica fundada no comunitarismo, em oposição ao individualismo do ocidente anglo-saxônico. A Ibéria, e nós com ela, constituiríamos o

---

[123] A análise do pensamento dos conselheiros foi feita por José Murilo de Carvalho, em *Teatro de sombras*, cap. 4. Ver também nesta coletânea o artigo "Federalismo e centralização do Império".

que José Guilherme Merquior (Merquior, 1990) chamou com felicidade de o Outro Ocidente, uma alternativa ao Ocidente nórdico que hoje parece monopolizar o conteúdo da modernidade.[124]

O modelo de sociedade que orienta toda a obra de Oliveira Viana enquadra-se perfeitamente na visão ibérica de inspiração católica. No pensamento político brasileiro, o mais ilustre precursor dessa vertente talvez tenha sido José Bonifácio, cuja visão de Brasil enfatizava as ideias de nação, de homogeneidade, de solidariedade. Seu abolicionismo, por exemplo, se tinha um pé no direito natural, assentava-se principalmente na alegação de que a escravidão impunha obstáculos intransponíveis à constituição de uma nação homogênea e poderosa.[125] Não se trata, é importante notar, de uma visão católico-ultramontana que teve e continua a ter seus adeptos no Brasil. É uma visão laica da sociedade e da política, embora informada por valores ligados à tradição católica medieval.

Outra corrente poderosa que se enquadra na mesma tradição é o positivismo ortodoxo. Exemplo típico é o livro de Aníbal Falcão, *Conceito de civilização brasileira*. O autor aceita o diagnóstico dos admiradores da cultura anglo-saxônica de que no Brasil inexiste a tradição de liberdade e de iniciativa individual. Mas, à diferença deles, considera o fato auspicioso pois, segundo Comte, a sociedade do futuro seria marcada pela predominância do sentimento sobre a razão, da cooperação sobre o conflito, do coletivo sobre o individual. A latinidade, ou o iberismo, pois tratava-se da herança ibérica, do Brasil colocava-nos, segundo Falcão, na vanguarda da civilização, ao lado do país central, a França.

Oliveira Viana reconhecia explicitamente a inspiração católica, sobretudo em seus textos de política social. Ela é mencionada com mais ênfase em *Direito do trabalho e democracia social* como base de suas ideias sobre sindicalismo e previdência social. A *Rerum Novarum* e a *Quadragesimo Anno* teriam sido os principais guias de sua atuação no Ministério do Trabalho. Em discurso feito em 1945 perante congresso de católicos em Niterói, comentou um manifesto dos bispos em apoio à legislação trabalhista e afirmou que estudara todas as doutrinas sobre o assunto concluindo que "a verdade está com a Igreja; a sua doutrina é que está

---

[124] Quem mais se tem dedicado entre nós a explorar o conceito de iberismo, contrastando-o com o de americanismo, é Luís Werneck Vianna. Ver, por exemplo, desse autor "Americanistas e iberistas" (1993).

[125] Sobre a visão integradora de José Bonifácio, veja nesta coletânea o artigo "Escravidão e razão nacional".

certa".¹²⁶ Insistiu no fato de haver total coincidência entre a legislação brasileira e as encíclicas sociais.

É intrigante o fato de Oliveira Viana não se referir aos mestres do pensamento católico da época, como Júlio Maria e, sobretudo, Jackson de Figueiredo e seus seguidores do Centro D. Vital. A omissão estende-se aos pensadores europeus que eram fontes importantes do conservadorismo católico brasileiro. Penso em De Bonald, De Maistre, Maurras.¹²⁷ A razão, parece-me, é que Oliveira Viana, como já observado, não era um ultramontano, sua postura era laica. Do catolicismo absorveu primeiro a visão social de Le Play, depois as encíclicas sociais e o pensamento do cardeal Mercier (o da *Carta de Malines*). Isto é, absorveu a preocupação com os problemas sociais gerados pelo capitalismo industrial, sobretudo aqueles referentes ao proletariado e à convivência das classes sociais. Da inspiração católica ele tirava a visão de comunidade, de harmonia, de integração, talvez de hierarquia. O Estado justificava-se como promotor da harmonia social. Oliveira Viana apoiou um governo ditatorial, mas insistiu o tempo todo que se tratava de uma democracia social. Não apoiava a ditadura pela ditadura.

Oliveira Viana também não citava os positivistas ortodoxos, apesar das óbvias afinidades com as posições deles. Havia boas razões para a afinidade. Comte derivara boa parte de sua doutrina das tradições do catolicismo medieval e sua concepção da futura humanidade tinha traços do comunitarismo cristão, pois era baseada no altruísmo, versão laica do amor ao próximo cristão. Oliveira Viana falava dos positivistas com respeito mas sem nenhuma simpatia. Achava-os carregados de eletricidade negativa; não atraíam as pessoas, repeliam-nas; suas regras e dogmas lembravam cilícios monacais e severos Batistas pregando no deserto; eram dogmáticos, intolerantes e agressivos; faltava-lhes o *milk of human kindness*, indispensável à comoção das almas.¹²⁸ Criticava a lógica jacobina retilínea que os tornava irritantes.

Irritava-o provavelmente a secura e impessoalidade dos ortodoxos que contradiziam as próprias teses positivistas do altruísmo e da predominância do sentimento sobre a razão. Irritava-o talvez ainda mais o

---

¹²⁶ OLIVEIRA VIANA. *Direito do trabalho e democracia social*, p. 81, 169.
¹²⁷ Sobre o pensamento católico reacionário, especialmente o de Jackson de Figueiredo, consulte-se IGLÉSIAS. *História e ideologia*.
¹²⁸ OLIVEIRA VIANA. *O ocaso do Império*, p. 119-126.

lado jacobino dos positivistas, donde a referência à sua lógica em linha reta. A ideia de uma ditadura republicana não era com certeza de extração católica, vinha da tradição romana combinada com a experiência revolucionária da França. Uma sociedade bem organizada na tradição do comunitarismo cristão deveria dispensar ditadores ou mesmo uma excessiva dependência de indivíduos em posição de poder. A ditadura republicana poderia cheirar-lhe a totalitarismo, regime que ele rejeitava, assim como rejeitava o comunismo e o nazismo.[129]

Uma forte característica ibérica da orientação de Oliveira Viana era o horror ao conflito. A incoerência neste ponto levava-o a ser incoerente em outros. Em *Populações meridionais* foi enfático em apontar o conflito político e social como fator fundamental no desenvolvimento do espírito cívico, da consciência dos direitos, da identidade social. Falou abertamente em luta de classes: "É, entretanto, a luta de classes não só uma das maiores forças de solidariedade nos povos ocidentais, como a melhor escola da sua educação cívica e da sua cultura política." (p.180). Nesta linha de raciocínio, a impossibilidade em que se achava a população pobre de enfrentar o poder do latifúndio seria uma das causas do pouco ou nulo desenvolvimento entre nós do espírito público.

Com base em tal diagnóstico, devia-se esperar a receita de ampliação do conflito como instrumento de educação cívica, ou, pelo menos, a sugestão de maneiras de libertar as forças sociais de modo a torná-las capazes de ação própria em defesa de seus direitos. Mas nada disso acontece. Pelo contrário, na segunda parte de *Populações*, e em todas as outras obras, inclusive nas dedicadas aos problemas concretos de política social e trabalhista, o que se vê é a defesa de forte interferência do Estado como promotor do civismo e, sobretudo, da paz social.

Entre nós não valia a regra, a formação do cidadão devia passar não pelo conflito, mas por sua eliminação, pela implantação de uma sociedade cooperativa, o corporativismo sendo um meio para tal fim.

Não há a menor referência a uma possível diferença entre cidadãos formados por métodos tão opostos. Aqui Oliveira Viana cometeu outra incoerência gritante, de que se deu conta mas que não reconheceu

---

[129] Pode-se perguntar se a rejeição do totalitarismo e a defesa do Estado Novo como regime democrático não passavam de retórica autoritária, ou mesmo de cinismo. Não me parece que a vida e a obra de Oliveira Viana autorizem tal interpretarão. No que se refere a seus valores políticos, ele foi coerente e explícito durante toda a vida, mesmo sabendo-os impopulares.

como tal. Um tema recorrente em sua obra era a acusação de idealismo, de alienação, de marginalismo, de ignorância das elites em relação à realidade nacional, era a denúncia da mania de macaquear ideias e instituições estrangeiras. No entanto, quando ele próprio foi chamado a colaborar na formulação e implementação da política social e sindical, copiou abertamente a legislação estrangeira. Orgulhava-se mesmo de que nossa legislação estivesse à altura da dos países mais avançados. Prevendo a crítica de estar copiando, argumentou que a industrialização gerava problemas que eram universais, que se verificavam independentemente das características de cada país, podendo, portanto, a legislação social ter caráter também universal. Desconsiderava que, neste caso, a legislação só se aplicaria ao setor industrial moderno, reconhecidamente minoritário no Brasil. Ela era, no entanto, destinada também ao campo, embora a aplicação começasse pelas cidades. Quanto à própria industrialização, ele argumentaria em seu livro póstumo que ela possuía características que lhe retiravam parte da natureza capitalista.[130]

Pode-se concluir que toda a sua análise do latifúndio simplificador e eliminador do conflito como responsável pela falta de civismo podia ser sociologicamente verdadeira, mas não era relevante para seus objetivos políticos, porque o conceito de civismo, de boa sociedade, que ele tinha em mente, não era o das sociedades anglo-saxônicas. No livro póstumo citado anteriormente, o ponto aparecia com clareza: seu modelo de sociedade não era o do capitalismo industrial. Ele verificava, ao final dos dois volumes, que se pelo lado material e técnico já havia capitalismo no Brasil, especialmente em São Paulo, pelo lado psicológico e cultural, pela mentalidade, ainda estávamos em um mundo pré-capitalista. E ia ainda mais longe achando que tudo indicava que o fenômeno não era transitório mas permanente, tudo indicava que "essa nossa velha mentalidade pré-capitalista, que tanta nobreza, justiça e dignidade espalhou na vida e nas tradições de nosso povo", sobreviveria ao avanço capitalista.[131]

Quer dizer, a afirmação da inexistência de mentalidade capitalista não era apenas a verificação de um fato, mas também a afirmação de um valor. Ao buscar clássicos da literatura para descrever a mentalidade

---

[130] OLIVEIRA VIANA. *História social da economia capitalista no Brasil*, p. 193-197.
[131] OLIVEIRA VIANA. *História social da economia capitalista no Brasil*, p. 197.

capitalista, como Sombart e Weber, ele carregava nos tons negativos. O capitalismo era a obsessão monetária, o mamonismo delirante, a submissão de tudo ao motivo do lucro, a instrumentalização da inteligência e da cultura. Contra esta mentalidade, sustentava, ainda prevaleciam, e deviam prevalecer, os valores que marcaram nossa herança (e aqui não entrava a distinção de classe ou raça). Eram valores da sociedade pré-capitalista, existentes também na sociedade baseada no latifúndio: a nobreza, a moderação, o desprendimento, a dignidade, a lealdade. Além da influência católica, revelava-se aí o que me parece ter sido a outra fonte de inspiração de Oliveira Viana: as raízes rurais. O ruralismo manifestava-se em seus valores paternalistas, familistas, pessoalistas. Oliveira Viana orgulhava-se de ser fazendeiro, de ter por trás de si quatro gerações de fazendeiros. Nunca vendeu a fazenda do Rio Seco, embora só lhe desse prejuízo, velho banguê decadente que era. Até o fim da vida usava a velha casa para receber amigos íntimos em jantares acompanhados de longas discussões. A fascinação por valores rurais transbordava de vários textos. Um deles é a saudação a Alberto de Oliveira, feita quando este foi recebido na Academia Brasileira de Letras. Referiu-se aí em termos quase líricos a Saquarema, terra natal de ambos. Exaltou tanto a natureza como os valores da vida rural fluminense. Em Alberto de Oliveira estariam personificados a tradição patriarcal, a nobreza, o bom gosto.[132]

Não era apenas o chauvinismo fluminense que o movia. Em outro texto, escrito em 1918, quase simultaneamente a *Populações meridionais*, ele descreveu com imensa simpatia as pequenas comunidades mineiras em que vivera por seis meses por razões de doença. A alma mineira seria, segundo ele, feita do "bom metal antigo, o metal da nossa antiga simplicidade patriarcal". Nela, dominariam os valores domésticos patriarcais, o recato, a modéstia, a hospitalidade. Valores que lhe souberam à sensibilidade como ao paladar dos entendedores sabem os vinhos caros: "Quanto mais antigos, tanto melhores no sabor, na limpidez, no perfume." Era a "Minas do lume e do pão", título com que o artigo foi publicado na *Revista do Brasil*, em 1920.

Vale a pena citar outro texto referente à realidade rural ainda mais distante da fluminense. Em comentário ao romance de Mario Sette, *O vigia da casa grande*, ele elogiou a descrição fina da "alma rude e bela dos

---

[132] Veja "Discurso do Sr. Oliveira Viana", pronunciado na Academia Brasileira de Letras, em 20 de julho de 1940.

nossos caboclos rurais". O romance teria mostrado que valores como a nobreza, cavalheirismo, fidelidade, honra, justiça, bondade não eram limitados à aristocracia mas impregnavam também as classes plebeias. Surpreendentemente para muitos de seus leitores, confessava uma "infinita ternura" pela gente humilde que mourejava à sombra nem sempre grata dos fazendeiros. E concluía: "Toda minha obra (...) respira uma íntima simpatia por ela."[133]

Não há por que menosprezar esses textos. Por não terem pretensão científica, eles são despojados, desarmados, não citam autores, não trazem aparato erudito. Neles talvez se revelasse com mais sinceridade o coração do autor, neles talvez emergissem seus valores mais caros. O que aí transparecia não destoava, aliás, do que se sabe da personalidade de Oliveira Viana, um matuto arredio que raramente aceitava convites para palestras; que ao falar em público era quase inaudível; que só por motivo de doença deixava o Rio de Janeiro, ou melhor, sua casa de Niterói; que nunca saiu do país, embora tivesse uma biblioteca internacional; que nunca fez parte dos círculos intelectuais do Rio, nem da vida mundana da cidade. Um exilado do mundo rural decadente na cidade grande.

Creio que tocamos aqui no ponto central para o entendimento da obra e do pensamento de Oliveira Viana. Um ponto que pode esclarecer o vínculo entre *Populações meridionais* e os textos de política social e também a aparente quebra de perspectiva dentro de *Populações meridionais*, além das contradições já apontadas. Começando com *Populações*, verifica-se neste texto uma guinada no tratamento dos proprietários rurais ao passarmos da primeira e segunda partes para a terceira. Nas duas primeiras partes há uma indisfarçada simpatia pelos proprietários. Eles são definidos como aristocracia (promovida em *Evolução do povo brasileiro* à dolicocefalia germânica), aristocracia audaciosa, altiva, empreendedora, artífice da ocupação do território nacional, desdenhosa do poder público. Esta simpatia deu margem a que Astrojildo Pereira intitulasse sua crítica de 1929 de "Sociologia ou Apologética?". Mas na terceira parte, quando trata da formação do Estado imperial, verificada durante o que chama de IV século, o papel de herói desloca-se para a burocracia estatal, para a Coroa, para os grandes estadistas que tentavam forjar uma nação a partir do arquipélago latifundiário que compunha a ex-colônia. Os aristocratas rurais passam a ser tratados como meros caudilhos territoriais,

---

[133] OLIVEIRA VIANA. *Revista do Brasil*, nº 107, p. 247.

resistentes à obra progressista da Coroa, que devem ser domados em seus excessos de privatismo.

Se estou correto na identificação do mundo de valores de Oliveira Viana, a reviravolta é apenas aparente. O Estado cria a nação, estabelece o predomínio do público sobre o privado, mas de fato não altera valores fundamentais que pertencem à ordem rural patriarcal. Da posição de distanciamento em que hoje nos colocamos, poderíamos dizer que, para Oliveira Viana, o Estado ele próprio era patriarcal, que sua tutela sobre a nação tinha a marca do poder familiar que buscava harmonizar a grande família brasileira sob sua autoridade. Na cabeça desta grande família ou deste grande clã, colocava-se o Imperador que, ao final do Império, com suas longas barbas brancas, era a própria figura do grande patriarca. A verdadeira desestruturação ter-se-ia verificado em 1888, como consequência da abolição da escravidão. Oliveira Viana foi inequívoco ao colocar esta data como marco fundamental na história do país. *Populações meridionais* termina em 1888 exatamente porque o período posterior lhe parecia exigir estudo à parte. Em *Pequenos estudos de psicologia social* foi repetida a ideia do "grande desmoronamento" que se teria produzido com a abolição (p. 79). O mesmo foi dito em *Evolução do povo brasileiro*: o golpe da abolição desarranjou a aristocracia rural que, a partir daí, ou prosseguiu sua rota de decadência ou se dirigiu às cidades em busca de alternativas de vida. O corte devia parecer-lhe ter sido tão violento que nunca chegou a escrever o livro sobre a República, prometido em *Populações*, promessa reiterada em *O ocaso do Império*.

A abolição, logo seguida da República, inaugurou um mundo novo em que a ordem imperial, politicamente centralizada, mas alicerçada em valores rurais, deixou de ter condições de sobrevivência. Novo arranjo fazia-se necessário para substituí-la. Para Oliveira Viana, como para muitos republicanos, estava claro que o federalismo não se prestava à tarefa. Ao retirar do centro político o poder de arregimentação, ele liberava a força desordenada do jogo dos interesses dos grupos, facções e clãs locais. Era um mundo caótico que ameaçava a própria integridade da nação. A situação agravava-se com o fato de terem surgido no cenário político novas forças sociais que escapavam ao controle do mundo rural, como os industriais, os operários, os imigrantes.

Não me parece que Oliveira Viana tenha desenvolvido uma ideia clara sobre a forma que deveria assumir a nova ordem antes de ocupar a posição que lhe deram no Ministério do Trabalho. Em *Pequenos estudos*, publicado em 1921, ele ainda acreditava numa volta ao mundo rural, ao "velho culto nacional da terra opima e nutridora", ainda acreditava em ensinar a juventude a amar a terra, o campo, o arado, "símbolos toscos e obscuros desse patriotismo civil, que é quase tudo" (p. 21-25).

Em *O idealismo*, publicado pela primeira vez em 1924, descria até mesmo de soluções que fossem tentadas por meios exclusivamente políticos. O problema nacional seria antes social e econômico e exigiria medidas como a difusão da pequena propriedade (clara referência a Alberto Torres). Em *Problemas de política objetiva*, de 1930, as reformas propostas eram de natureza puramente institucional e política. Insistia na reforma da Constituição de 1891, no sentido de devolver ao poder central a força que tinha no Império, talvez com a criação de um quarto poder. Lembrava o uso dos conselhos técnicos, já adotados em outros países. As leis sociais só apareciam aí para serem criticadas pelo modo como eram feitas: sem consulta a patrões e operários, o que as fadava ao fracasso por falta da adesão moral do povo. Criticava também as soluções sociais dadas pelo nazismo, pelo fascismo e pelo comunismo. Chegou mesmo a propor soluções individualistas, o que contradizia tudo que escrevera antes e escreveria depois. O que dizia da década de 20, uma época de indecisões, sem fisionomia, podia aplicar-se a ele mesmo no que se referia não ao diagnóstico mas à receita para os problemas do país: era fase de tateamento.

A clareza na receita só parece ter surgido após a nomeação para a consultoria jurídica do Ministério do Trabalho, em 1932. Com a compulsão que o caracterizava, passou a ler tudo sobre sindicalismo, corporativismo, direito do trabalho, direito social. Muitos autores, antes ausentes, passaram a povoar sua bibliografia. Alguns deles são ainda hoje lidos e respeitados, como Gurvitch, Sombart, Tawney, Moreno, Mayo, G. Friedman, MacIver, Tonnies, Sorokin, Veblen, Perroux, Lasswell. Leu também juristas e teóricos do corporativismo e as encíclicas sociais. Analisou a experiência de vários países europeus, dos Estados Unidos, do Japão.

Das leituras, é minha hipótese, emergiu com nitidez o modelo de organização para o mundo com que sonhava. A volta ao passado, ao patriarcalismo rural, foi totalmente abandonada. Conformou-se com o fato de que o mundo moderno era o da indústria, do operariado, das classes sociais. A pergunta agora era como organizar este mundo dentro da utopia de uma sociedade harmônica, incorporadora, cooperativa. O corporativismo, o sindicalismo, a legislação social vinham trazer a resposta. No Brasil, essas políticas teriam a vantagem de poupar ao país os dramas causados pela industrialização capitalista, ainda incipiente, e de lançar-nos na direção de uma nova sociedade harmoniosa e, segundo ele, democrática, pois envolveria graças aos sindicatos e corporações, o grosso da população na direção política do país. A regência da orquestra continuava sendo tarefa do Estado, com a diferença de que agora sua ação ordenadora e educadora não se exerceria sobre os irrequietos clãs rurais, mas sobre os sindicatos, corporações e outras organizações civis. Ao Estado caberia até mesmo forçar classes e categorias sociais a se organizarem, pois a organização seria a única maneira de se exercer a cidadania no mundo moderno.

Se antes a ênfase era nos direitos civis como condição para o exercício dos direitos políticos, agora os direitos sociais passavam a ocupar o primeiro plano. Graças à incorporação do trabalhador e do patrão pela estrutura sindical e pela legislação social é que se criavam as condições para o exercício das liberdades civis e políticas. Operava-se completa inversão da sequência clássica da evolução dos direitos como visto por Marshall. Antes de 1930 Oliveira Viana reclamava a mesma sequência dos países pioneiros da modernidade, isto é, direitos civis antes dos políticos, sem falar ainda nos sociais. Agora, os sociais é que se tornavam precondição dos outros.[134]

As novas concepções foram expostas em *Problemas de direito corporativo* onde Oliveira Viana fez uma lúcida e convincente defesa do novo direito social contra a visão individualista tradicional. Seu principal oponente era Waldemar Ferreira, professor da Faculdade de Direito da USP e relator da Comissão de Justiça da Câmara. O debate girou em torno do projeto de organização da justiça do trabalho, redigido por comissão do Ministério, de que Oliveira Viana fizera parte. Contra o individualismo jurídico defendido por Waldemar Ferreira, assentado na ideia de contrato do Código Civil, Oliveira Viana insistiu em afirmar a natureza coletiva da realidade social moderna que pedia novos princípios de direito, nova exegese, novos órgãos, novos processos, novos ritos, nova jurisprudência. Os conflitos do trabalho, argumentava, eram coletivos, exigiam convenções coletivas, sentenças coletivas com poder normativo. Era dele, sem dúvida, a postura moderna nesse debate.

---

[134] Não é preciso salientar a importância desta proposta e de sua implementação, para a formação da cultura política do Brasil contemporâneo. Ela está no centro do que vimos chamando de iberismo.

O lado político da nova visão foi exposto em *Direito do trabalho e democracia social*, onde foi defendida a política social do governo surgido em 1930 e reformado em 1937. Ficaram aí mais nítidos os princípios orientadores da política social concebida por Oliveira Viana. Sua fonte era a doutrina social da Igreja. Desta doutrina se servia especialmente para criticar o individualismo, em cujo lugar colocava a pessoa, para enfatizar a cooperação em contraposição ao conflito, a justiça e o bem comum em contraposição à simples defesa de interesses individuais. As doutrinas corporativistas e sindicalistas forneciam-lhe a engenharia social e política moderna para implementar valores que não eram substancialmente distintos dos que teriam prevalecido na sociedade agrária do Império. O novo Estado não deixa de ser o grande patriarca benevolente velando sobre o bem-estar da nova grande família brasileira.

A comparação com outros autores também considerados autoritários ajuda a ressaltar o específico da posição de Oliveira Viana. Embora haja traços comuns ao pensamento dos chamados autoritários das décadas de 1920 e 1930, ponto tão bem desenvolvido por Bolivar Lamounier, (Lamounier, 1977), há também importantes distinções. A postura de Oliveira Viana não é, por exemplo, a mesma de Azevedo Amaral, um declarado defensor do moderno capitalismo. Em sua revisão da história do Brasil, Azevedo Amaral adotava uma perspectiva inspirada na lei positivista dos três estados e valorizava tudo que apontasse para a sociedade industrial moderna. Seu corporativismo era mais uma organização do mercado do que um mecanismo de representação política. Daí que muitos de seus exemplos, inclusive de corporativismo, eram tirados dos Estados Unidos. O autoritarismo para ele era uma técnica, uma engenharia social, um caminho para países como o Brasil chegarem ao moderno capitalismo. A ele cabia com propriedade a definição de autoritário instrumental.

Não se trata também do integralismo de Plínio Salgado, autor que Oliveira Viana jamais cita. Havia no pensamento de Plínio Salgado alguns aspectos de que certamente não gostava: o totalitarismo, o apelo à mobilização política, o culto à liderança carismática. As críticas de Oliveira Viana ao totalitarismo eram frequentes. Não rejeitava o individualismo liberal a ponto de pulverizá-lo no bojo do Estado. O conceito-chave era o de pessoa, tirado da tradição católica. A pessoa é o indivíduo inserido numa rede de relações, um indivíduo que mantém sua identidade, que deve ter seus direitos respeitados. Quanto à mobilização, embora, como vimos, a admirasse na formação dos povos anglo-saxônicos, ele a aborrecia e nunca a propôs para o Brasil. Direitos políticos nunca estiveram no topo de sua escala de valores. Organização, integração, incorporação, cooperação, sim, e quanto mais melhor. Mobilização, luta política, conflito, não, pois eram forças desagregadoras como desagregadores eram o latifúndio e o federalismo. Em sua utopia social também não havia lugar para lideranças carismáticas. Admirava, é certo, alguns estadistas do Império, os homens de mil, e o papel do Imperador. Mas na fase social e trabalhista de sua obra, na fase utópica, os atores eram coletivos, eram o governo, as corporações, os sindicatos. Seu ideal de sociedade era um corpo orgânico que deveria funcionar por conta própria, articulado por lideranças funcionais que o permeariam de alto a baixo.

Ainda dentro do exercício comparativo, parece-me que, além das origens rurais, do banguê do Rio Seco e da influência católica, talvez o que mais tenha afastado Oliveira Viana de muitos intelectuais seus contemporâneos tenha sido o modernismo. Ele passou ao largo deste movimento. Ignorou-o totalmente. Ignorou-o mesmo quando, em sua segunda fase, iniciada em 1924, a temática do nacionalismo, do brasileirismo, tornou-se central. Há declarações de escritores da antropofagia e do verde-amarelismo, referentes à necessidade de fundar o nacional, o brasileiro, em oposição, pelo menos provisória, ao internacional ou universal, que poderiam ser facilmente subscritas por Oliveira Viana, que tinha até mesmo seu totem animal, contrapartida do jabuti da antropofagia e da anta verde-amarela. Sugeria, seguindo Gregório de Matos, que se injetasse um pouco de sangue de tatu nas veias de nossos pensadores e legisladores.[135] Quando dizia ainda que entre nós cultura era alienação, poderia ser confundido com um partidário da antropofagia vociferando contra o lado doutor de nossa cultura.[136]

Em que o modernismo o separava de pensadores de quem, de outro modo, estaria muito próximo? Parece-me que o traço modernista determinante da diferença foi o da ruptura, ou da pretendida ruptura, com o passado. A ruptura era a marca registrada do modernismo, tanto em sua vertente antropofágica como verde-amarela. Tratava-se de derrubar o construído, de destruir tradições, os mitos oficiais e falsos, de refazer o Brasil a partir de uma visão abstrata e romântica das raízes indígenas. Alguns modernistas, se não todos, deixavam-se fascinar pela técnica do mundo moderno, pelas máquinas, pelas invenções, pelas grandes metrópoles. Nada disto atraía

---

[135] OLIVEIRA VIANA. *Problemas de política objetiva*, p. 47-48.
[136] Sobre as duas fases do modernismo, veja MORAES. *A brasilidade modernista*.

Oliveira Viana. Sua visão de futuro prendia-se a tradições de longas raízes e se algo de romântico nela havia era o romantismo da vida fezendeira idealizada, em que apareciam brancos e negros ex-escravos (negros que estão quase totalmente ausentes na antropofagia), mas não índios.

A diferença básica entre Oliveira Viana e Sérgio Buarque de Holanda pode estar aí. Há muito em comum no diagnóstico que ambos fazem da sociedade brasileira: o peso da família, das relações pessoais, do ruralismo, e mesmo da inadaptação nacional à democracia. Mas Sérgio era um moderno, um inimigo do passado, um crente nas transformações sociais e econômicas trazidas pela industrialização e pela urbanização, exatamente as forças que vieram destruir o mundo rural tão caro a Oliveira Viana. A mesma comparação talvez pudesse ser feita com Gilberto Freyre. De novo, há muito em comum entre os dois, inclusive a simpatia pelo mundo rural. Gilberto Freyre separava-se de Oliveira Viana pelo lado modernista da irreverência, da iconoclastia, que era também estética mas era sobretudo social. Seu modernismo levava-o a desinteressar-se do poder político e concentrar-se nas relações sociais, inclusive as mais íntimas, com uma irreverência que escandalizaria Oliveira Viana.

Regresso dos infernos sem trazer Oliveira Viana de volta, nem lá fui em missão de Orfeu. Mas talvez tenha conseguido salientar aspectos importantes de seu pensamento que o colocam dentro de uma tradição a um tempo distinta e marcante de nossa tradição cultural. Entre o liberalismo ortodoxo, ou o americanismo, de Tavares Bastos, e o liberalismo conservador, ou o autoritarismo instrumental, de Uruguai, há o iberismo, ou seja lá o nome que se lhe dê, de Oliveira Viana. A pergunta a se fazer é se este iberismo, profundamente antagônico à visão liberal, ortodoxa ou conservadora, não tem raízes mais profundas em nossa cultura, raízes que podem estar na base das dificuldades de implantação de uma sociedade liberal. A pergunta é se o inferno a que condenamos Oliveira Viana em vez de ser o outro, como queria Sartre, não é parte de nós mesmos.

(In: BASTOS, Élide Rugai, MORAES João Quartim de (Orgs.). *O pensamento de Oliveira Viana*. Campinas: Ed. da Unicamp, 1993, p. 13-42.)

Brasil: nações imaginadas

As imagens da nação brasileira variaram ao longo do tempo, de acordo com as visões da elite ou de seus setores dominantes. Desde 1822, data da independência, até 1945, ponto final da grande transformação iniciada em 1930, pelo menos três imagens da nação foram construídas pelas elites políticas e intelectuais. A primeira poderia ser caracterizada pela ausência de povo, a segunda pela visão negativa do povo, a terceira pela visão paternalista do povo. Em nenhuma o povo fez parte da construção da imagem nacional. Eram nações apenas imaginadas.

UM PAÍS FICTÍCIO

Portugal empenhou-se em uma tarefa de descoberta, conquista e colonização que de muito ultrapassava seus recursos econômicos e humanos. Algumas consequências para o Brasil deste fato fundamental foram a fraqueza do governo colonial, a necessidade de dividir as capitanias para governar, e de depender do poder privado local para administrar a Colônia. Como decorrência, a Colônia americana chegou ao final de três séculos de existência sem constituir uma unidade, exceto pela religião e pela língua. Quando as tropas do general Junot forçaram a Corte portuguesa a abandonar Lisboa com destino ao Rio de Janeiro em fins de 1807, não existia Brasil nem politicamente, nem economicamente, nem culturalmente. Havia um arquipélago de capitanias que, segundo Saint-Hilaire, o botânico francês que percorreu boa parte do país no início do século XIX, frequentemente ignoravam a existência umas das outra. No máximo, havia integração precária de regiões.

Esta visão do Brasil Colônia é partilhada por Capistrano de Abreu, o historiador que mais atenção deu ao processo de povoamento e colonização do interior do país e que, portanto, estava em melhores condições de avaliar seu grau de integração econômica, política e cultural. Resumindo a situação da Colônia ao final dos três primeiros séculos, Capistrano afirma existirem cinco grupos etnográficos, cinco regiões, que sentiam pelo português aversão ou desprezo mas não se prezavam uns aos outros de modo particular. E com mais clareza ainda: "É mesmo duvidoso se sentiam, não uma consciência nacional, mas ao menos capitanial, embora usassem tratarem-se de patrício e paisano."

Capistrano nega que existisse uma sociedade no sentido próprio da palavra. As questões públicas eram ignoradas, quando muito sabia-se se havia paz ou guerra, segundo o testemunho de um viajante, T. Lindley. Quanto à independência da Colônia, conclui Capistrano, apenas um ou outro leitor de livro estrangeiro falava de sua possibilidade (Capistrano de Abreu, 1963, p. 228).

Leitores de livros estrangeiros eram, por exemplo, os participantes da conspiração mineira de 1789. Especialmente de livros que falavam da independência da América do Norte. Esses juristas e poetas que sonharam com a independência de Minas Gerais, com uma república segundo o modelo dos Estados Unidos da América do Norte, não falavam em Brasil. Falavam em América ("nós americanos") ou falavam na "pátria mineira". Embora tenham buscado apoio em capitanias vizinhas, como Rio de Janeiro e São Paulo, fizeram-no por razões estratégicas mais do que por qualquer sentimento de identidade coletiva. Os argumentos dos conspiradores em defesa da independência referiam-se sempre ao território de Minas Gerais e a seus recursos econômicos.[137]

O mesmo pode ser dito da maior revolta da época colonial, a que proclamou a República em Pernambuco em 1817. Feita quase dez anos após a transferência da Corte portuguesa, quando o Brasil já era a sede da Monarquia e fora promovido a Reino Unido a Portugal e Algarves, era de se esperar que revelasse maior sentimento de brasilidade. Não foi o caso. O Brasil não era referência importante para os rebeldes. Pátria e patriotas eram palavras frequentes no vocabulário dos revoltosos, mas

---

[137] Ver os *Autos da devassa da Inconfidência Mineira*, nas partes referentes aos depoimentos dos acusados. Os *Autos* foram publicados em vários volumes pela BNRJ, em 1936 e 1937.

tratava-se de patriotismo pernambucano e não brasileiro. Na bandeira, nos hinos, nas leis da nova República de Pernambuco, não há referência alguma a Brasil. Por ocasião da entrega da nova bandeira, o Brasil aparece em um dos discursos então pronunciados apenas como "as províncias deste vasto continente", isto é, uma coleção de unidades políticas aproximadas por contiguidade geográfica (Dantas Silva, 1990).

Após a independência, podem-se encontrar ainda vários sintomas da ausência de um sentido de identidade nacional. Nas Cortes de Lisboa, em 1821, o deputado por São Paulo, Diogo Feijó, futuro regente do Império, dizia que ele e seus colegas de delegação não eram representantes do Brasil mas da província de São Paulo. A revolta pernambucana de 1824 contra a constituição outorgada separou o nordeste do resto do país. Nos textos dos revoltosos transparecia grande ressentimento contra o Imperador, a Corte, o Rio de Janeiro, e nenhuma preocupação em manter a unidade nacional. A palavra pátria ainda tinha sentido ambíguo, mesmo depois da independência. Era ainda muitas vezes usada para denotar províncias e não o Brasil. Em 1828, o deputado Vasconcelos, falando a seus conterrâneos mineiros, referia-se à "nossa pátria", Minas Gerais, em oposição ao "Império", que seria o Brasil (Vasconcelos, 1978, p. 35).

UMA NAÇÃO FICTÍCIA

Se a ideia de Brasil não estava no horizonte mental de grupos locais e da população em geral, estava na cabeça dos políticos que lideraram o processo de independência. Como consequência adicional da escassez de recursos próprios, Portugal foi obrigado a incorporar em sua burocracia elementos provenientes das colônias, previamente treinados na Universidade de Coimbra. Essas pessoas forneceram o traço de continuidade entre a Colônia e o novo país, conservando a monarquia como garantia da unidade política e da ordem social. O exemplo paradigmático desse tipo de político foi José Bonifácio de Andrada e Silva. Educado em Coimbra em leis e ciências naturais, percorreu a Europa durante dez anos a serviço do governo português, ocupou altos postos na burocracia metropolitana, lutou em Portugal contra a invasão francesa e só voltou ao Brasil às vésperas da independência. Antes de regressar, fez um discurso na Academia de Ciências de Lisboa falando sobre o seu sonho de construir na América um grande império. Toda a sua ação durante o processo de independência, do qual foi uma das principais figuras, dirigiu-se a esse fim. Por ele, recuou em sua proposta de abolição da escravidão, pois a medida teria levado à fragmentação do país. Era o mesmo ideal de Bolívar que se tornou viável no Brasil pela existência de muitos outros políticos, provenientes de todas as províncias, com a mesma postura de José Bonifácio. A maioria deles não participava da preocupação de José Bonifácio com a questão da escravidão, mas apoiava fortemente a manutenção da unidade do país. Para os interesses escravistas, a manutenção da unidade podia ser, a curto prazo, benéfica, de vez que evitava possíveis medidas abolicionistas em regiões de pequena população escrava e preservava a ordem social.[138]

A decisão de manter a monarquia foi reiterada em 1831, quando o primeiro imperador foi forçado à renúncia. Políticos, militares e o povo nas ruas do Rio de Janeiro não hesitaram em aclamar Pedro II, uma criança de cinco anos de idade. Mas enquanto durou a Regência (1831-1840), as tendências centrífugas manifestaram-se com força. Houve revoltas em quase todas as províncias. Em três delas, Bahia, Pará e Rio Grande do Sul, foi proclamada a independência da província. Mesmo depois de inaugurado o Segundo Reinado (1840), houve três revoltas em províncias importantes, São Paulo, Minas Gerais e Pernambuco. A revolta de Pernambuco, em 1848, filiava-se ao espírito republicano da revolta de 1824. Somente em 1850 pode-se dizer que estava consolidado o processo de criação de um estado nacional, centralizador e monárquico. Das unidades frouxamente interligadas construíra-se um país.

Mas não se construíra ainda uma nação. O sentimento de identidade que pudesse haver baseava-se mais em fatores negativos, na oposição aos estrangeiros. O nativismo antiportuguês permeou muitas, se não todas as revoltas urbanas da Regência. A identidade brasileira aí se definia pela oposição ao português e era fenômeno local determinado pela forte presença lusitana no comércio e nas posições de poder, civis e militares. Ser antiportuguês não era suficiente para definir identidade comum ao habitante do Rio de Janeiro, do Recife e de Belém. Com mais razão se pode dizer o mesmo do sentimento anti-inglês. Ele surgiu em razão da pressão britânica pela abolição do tráfico de escravos e chegou a um pon-

---

[138] Sobre a elite política imperial, veja CARVALHO. *A construção da ordem*.

to crítico na década de 1840, quando a Inglaterra decidiu violar a soberania brasileira para apreender navios negreiros. Em relação ao nativismo antilusitano, o nativismo anti-inglês tinha a desvantagem de poder ser acusado de estar a serviço de uma causa inglória. Mais tarde, em 1860, o conflito com a Inglaterra chegou ao rompimento de relações diplomáticas, momento em que a população do Rio de Janeiro saiu às ruas em protesto nativista.

De positivo, havia pouco para cimentar a identidade nacional. Grande parte da população de 7,5 milhões continuava fora dos canais de participação política seja por ser escrava (em torno de 30%), seja por não gozar das garantias dos direitos civis indispensáveis para a construção do cidadão. Tratava-se de uma população quase exclusivamente rural e analfabeta, isolada na imensa extensão territorial do país. Por serem precárias as comunicações, notícias importantes, como as da própria independência e da abdicação de Dom Pedro I, levavam três meses para chegar às capitais provinciais mais distantes e mais tempo ainda para atingir o interior. O Brasil apresentava a face externa de um país organizado em modelos europeus, com uma monarquia constitucional, um rei jovem e culto, um congresso eleito, partidos políticos, códigos legais avançados, um judiciário organizado nacionalmente. A face interna estava longe de corresponder a essa imagem externa. A nação brasileira ainda era uma ficção.

A IMAGEM ROMÂNTICA DO PAÍS

Como transformar esta construção política em nação? Como fazer uma população dispersa, mal unida por lealdades locais e provinciais, sentir-se parte de uma comunidade política chamada Brasil? Qual foi a estratégia da elite imperial para conseguir este objetivo?

Um consenso entre a maioria desta elite era a monarquia. Em sua visão, a monarquia continuava sendo o símbolo indispensável para manter a unidade do país. Foi assim na abdicação, em 1831, quando foi aclamado Dom Pedro II, foi assim em 1840, quando os liberais forçaram a antecipação da maioridade do jovem imperador. Esta convicção da elite tinha base popular. Se não havia sentimento de Brasil, três séculos de colônia sob regime monárquico deixara marcas profundas na população. O sentimento monárquico manifestou-se entre a população urbana do Rio de

Janeiro na aclamação de Pedro I e de Pedro II. Entre a população rural, sua expressão mais clara deu-se na revolta dos Cabanos (1832-1835) que ocorreu na divisa entre Pernambuco e Alagoas. Os rebeldes — pequenos proprietários, camponeses, índios, escravos e alguns poucos senhores de engenho — reivindicavam a restauração de Dom Pedro I que consideravam ter sido ilegalmente destituído do poder por ímpias forças jacobinas. Foi necessário enviar-lhes o bispo de Olinda para tentar convencê-los de que Pedro I já morrera (1834) e que Pedro II era o rei legítimo.

O monarquismo das populações rurais manifestou-se várias vezes, mesmo após a Proclamação da República. É conhecida a revolta de Canudos no interior da Bahia na década de 1890. Embora sem ligações com políticos monarquistas como acusavam os republicanos, não há dúvida quanto aos sentimentos monárquicos do líder, Antônio Conselheiro, e de seus seguidores. Como na revolta dos Cabanos, uniam-se os sentimentos monárquicos e católicos reagindo contra a deposição do Imperador, um ato de deslealdade política e de irreligiosidade. A República era a "lei do cão", isto é, a lei do demônio. Mais de vinte anos após a Proclamação da República, outro movimento messiânico, desta vez no sul do país, entre os estados do Paraná e de Santa Catarina, deixou ainda mais clara sua convicção monárquica. O movimento do Contestado, assim chamado por ter ocorrido numa região disputada pelos dois estados, lançou um manifesto monarquista e proclamou rei um pequeno fazendeiro analfabeto. Como no caso de Canudos, foi reprimido com violência pelas tropas do exército. Os rebeldes, cujo número foi calculado entre cinco e 12 mil, tinham como livro sagrado *Carlos Magno e os doze pares de França*.

Mesmo no Rio de Janeiro republicano, há indicações de uma persistente lealdade aos símbolos monárquicos. Um cronista da cidade, escrevendo no início do século XX, atestou que entre a população pobre e marginal a monarquia continuava viva. Ao visitar a Casa de Detenção, verificou que quase todos os presos eram radicalmente monarquistas e muitos traziam as armas do Império tatuadas no corpo. Como os rebeldes do Contestado, também liam romances de cavalaria. Carlos Magno era certamente mais popular entre eles do que o presidente da República.[139]

---

[139] Sobre Canudos, ver o clássico de Euclides da CUNHA, *Os sertões*, publicado pela primeira vez em 1902. Sobre o Contestado ver MONTEIRO. *Os errantes do novo século*. O monarquismo da população encarcerada do Rio de Janeiro é atestado por João do Rio em *A alma encantadora das ruas*.

O sentimento monarquista da população não significava necessariamente sentimento de brasilidade. Era antes fidelidade à tradição monárquico-católica, de natureza religiosa e cultural antes que política. Para que se transformasse em patriotismo era necessário que se vinculasse à figura do monarca como chefe da nação. O que seria de esperar, então, da parte da elite, era uma ação pedagógica, dirigida à população, que buscasse identificar a monarquia ao Imperador e este à nação.

O surpreendente é que pouco foi feito neste sentido. A capital do país e as capitais das províncias quase não apresentam monumentos que indiquem tal esforço. O único marco escultural de importância é a estátua a Pedro I inaugurada no Rio de Janeiro, em 1862. A inauguração foi tumultuada. Setores divergentes da elite, especialmente os de simpatia republicana, protestaram contra o fato de ter sido o monumento localizado no local onde fora executado o líder dos rebeldes da conjuração mineira de 1789. A imagem do proclamador da independência chocava-se com a de um dos precursores da independência, a do herói monárquico com a do herói republicano.

O simples uso de símbolos cívicos clássicos, como o hino e a bandeira, não era feito de maneira eficiente. O hino nacional nunca teve letra fixa. As letras que se usavam tinham a ver com episódios específicos como a abdicação de Pedro I e a coroação de Pedro II. A execução do hino acabou resumindo-se à música de Francisco Manuel da Silva. Seu uso mais espetacular e eficaz foi feito por um estrangeiro, um republicano norte-americano, o pianista e compositor Louis Moreau Gottschalk. Em visita ao Rio de Janeiro, em 1868, aproveitando o ambiente emocional causado pela guerra contra o Paraguai, Gottschalk compôs uma *Marcha Solene Brasileira*, fantasia em torno do hino nacional. Para executar a marcha, organizou um concerto gigantesco, como nunca se vira na cidade, empregando quase todos os músicos disponíveis, incluindo bandas do Exército, da Marinha e da Guarda Nacional. O êxito foi estrondoso. Mas nem assim se interessou o governo em dar ao hino uma letra.[140]

A educação primária também não foi utilizada como instrumento eficaz de socialização política. Exceto na Corte, ela era, desde 1834, atribuição das províncias e municípios. O governo central, apesar da grande centralização política e administrativa (os presidentes de província eram nomeados pelo ministro do Império), não se preocupava em definir o

---

[140] Ver artigo sobre Gottschalk nesta coletânea.

conteúdo dos currículos escolares e em exigir qualquer tipo de educação cívica. Ao final do século, logo após a Proclamação da República, José Veríssimo, educador e crítico literário, fez uma crítica devastadora do sistema educativo acusando-o de não ser nacional, de não procurar formar cidadãos. Na escola brasileira, disse ele, o Brasil brilhava pela ausência. Não havia concepção de pátria, não havia educação moral e cívica. Os livros de leitura empregados no ensino primário não continham temática nacional, eram muitas vezes traduzidos ou publicados em Portugal, usando linguagem estranha ao falar das crianças brasileiras.

José Veríssimo apontava exemplos de vários países (Alemanha, França, Estados Unidos) que faziam da educação instrumento básico da construção nacional. Poderia acrescentar o exemplo mais próximo da Argentina que, pela lei de 1884, reformulara totalmente a educação primária e lhe dera um sentido democrático e nacionalizante. No Brasil, argumentava ele, nem mesmo o ensino da geografia e da história tinham conteúdo nacional. Em vários países, o ensino dessas duas disciplinas fora parte importante do esforço de construção nacional durante o século XIX. Entre nós, na escola primária, o ensino da geografia se limitava ao ato de decorar nomenclatura europeia. O melhor texto de geografia brasileira era de um estrangeiro (Wappoeus). Não havia curso superior sobre a matéria. Nem mesmo a história escapava. O ensino primário de história não passava de listagem de reis, governadores e acontecimentos. O único compêndio nacional era o de Varnhagen. Não havia também ensino superior de história.

Além da ausência de uma política educacional voltada para a formação cívica, José Veríssimo queixava-se ainda do descaso em relação a museus, galerias de arte, festas nacionais, cantos patrióticos, especialmente o canto coral. Não se celebravam as grandes datas, nem mesmo a da Independência. Era geral a apatia da população em relação às grandes datas nacionais.[141]

A preocupação da elite imperial com o problema da identidade nacional resumiu-se em tentar socializar e convencer setores divergentes da própria elite. Foi no campo das instituições de elite que se fizeram os

---

[141] Ver VERÍSSIMO. *A educação nacional*. O texto de Varnhagen a que Veríssimo se refere é a *História geral do Brasil*, cujo primeiro volume saiu em 1854 o segundo em 1857. Sobre a relação entre o ensino da geografia e a política, ver também MORAES. *Estudos históricos*, p. 166-176.

maiores esforços. A começar pelo ensino superior que, ao contrário do ensino elementar, sempre esteve sob estrito controle do governo, seguindo a velha tradição colonial portuguesa. Durante todo o período imperial, a educação superior limitou-se a duas faculdades de medicina e duas de direito, criadas antes de 1830. Além dessas, só foram criadas duas escolas de engenharia, a Politécnica, em 1874, e a Escola de Minas, em 1876. As escolas de direito, sobretudo, tinham seus currículos controlados pelo congresso, pois delas saíam quase todos os políticos imperiais.

A instituição que mais diretamente se empenhou em difundir o conhecimento do país, ao mesmo tempo em que buscava transmitir uma identidade particular, foi o Instituto Histórico e Geográfico Brasileiro, criado em 1838. Composto da fina flor da elite política e intelectual do país, teve apoio constante do poder público e patrocínio pessoal do Imperador que, com frequência, assistia a suas sessões. A partir de 1849, o Instituto passou a funcionar dentro do palácio imperial. Entre suas atribuições estavam a coleta de documentos históricos e o ensino da história pátria, para o que contava com filiais nas províncias. Promovia estudos, debates, expedições científicas, concursos. Publicava uma revista que foi sem dúvida a principal publicação de história, geografia e etnografia de todo o período imperial.[142]

Foi de um dos concursos promovidos pelo Instituto que surgiu o texto que com maior clareza definiu a tarefa do historiador brasileiro. Ironicamente, o texto vencedor do concurso aberto em 1842 sobre como se devia escrever a história do Brasil, foi escrito pelo naturalista Karl Friedrich von Martius, natural da Baviera. Publicado pela revista do Instituto, em 1845, intitulado "Como se deve escrever a História do Brasil", o texto fornece os elementos fundamentais de uma historiografia imperial: incorporação das três raças, com ênfase na predominância dos portugueses sobre indígenas e africanos; atenção às particularidades regionais, sempre tendo em vista a unidade do todo; defesa intransigente da monarquia constitucional como garantia da unidade do país; crença em um destino de grandeza nacional.

A receita de Martius foi seguida pelo principal historiador do século XIX, Francisco Adolfo de Varnhagen. A meta-história de Varnhagen é a visão do país como fruto da ação civilizadora de Portugal na América, ação continuada graças às instituições adotadas, sobretudo monarquia

---

[142] Sobre o IHGB e seu papel, ver GUIMARÃES. *Estudos históricos*, p. 5-27.

constitucional. O contraste com este Brasil eram as repúblicas latino-americanas, marcadas por instabilidade crônica, guerras civis, fragmentação geográfica, ausência de liberdades. A imagem negativa das repúblicas vizinhas foi usada desde a independência como argumento em favor da monarquia e da centralização como únicas garantias possíveis da estabilidade política, da ordem social e da própria civilização. Durante o período tumultuado da Regência, diante das revoltas que atingiam várias províncias, membros da elite nacional, tanto liberais como conservadores, alertavam para o futuro que ameaçava o país, o das repúblicas hispano-americanas.

Havia, no entanto, imagens divergentes do país dentro da elite. A continuidade da tradição portuguesa e a manutenção da dinastia de Bragança davam a muitos a sensação de ausência de verdadeira independência, de obstáculo à formação de uma autêntica identidade nacional. Um Brasil monárquico e português na América republicana era um embaraço para muitos dos que não tinham passado pelo processo de socialização a que nos referimos. Portugal e monarquia lembravam o domínio colonial, a força ainda atuante da presença portuguesa na economia, a tradição absolutista, a cultura retrógrada da antiga metrópole. De início um tanto abstrata, a ideia de América identificou-se aos poucos e cada vez mais com os Estados Unidos. O marco mais importante da mudança foi talvez o livro de Tavares Bastos, *A província*, publicado em 1870, uma declaração de amor ao sistema político e à cultura norte-americana. A identificação da América com os Estados Unidos teve como consequência também a rejeição da tradição cultural ibérica vista como responsável pelo atraso do país. A primeira batalha simbólica entre as duas visões deu-se, como já foi observado, por ocasião da inauguração da estátua de Pedro I. Afirmação da versão oficial, a estátua foi contestada pelos republicanos que consideraram uma ofensa ter ela sido colocada no local da execução de Tiradentes, o precursor republicano da independência e também grande admirador dos Estados Unidos. A estátua foi acusada de ser uma mentira de bronze, um preito à tirania.

A literatura encontrou um caminho intermediário entre as duas propostas. Sem rejeitar a monarquia, o lado americano foi acentuado no indianismo romântico. A obra dos românticos Domingos Gonçalves de Magalhães, um protegido de Pedro II, de Gonçalves Dias e, sobretudo, de José de Alencar, este um desafeto do Imperador, tentou desenvolver o mito do índio como o símbolo por excelência da nação, como sua representação mais autêntica. Poemas como "Os timbiras", de Gonçalves Dias, e romances como *O guarani* e *Iracema*, de José de Alencar, transmitiam uma visão romantizada do índio colocando-o no coração de uma imaginada identidade nacional. Era clara na literatura de Alencar a influência do romantismo europeu e norte-americano, via Chateaubriand e Fenimore Cooper.

A representação do país como índio tornou-se comum durante o Império. A imprensa ilustrada a adotou por unanimidade. Estudo da iconografia das revistas ilustradas do Rio de Janeiro durante a guerra do Paraguai, período privilegiado para revelar as representações da pátria, mostra que raramente o Imperador, ou a Coroa, eram apresentados como símbolos nacionais. A nação era também raramente representada como índia. Quando o era, tornava se Brasília em vez de Brasil. Ou era entidade abstrata como a Concórdia. O Brasil era índio e homem. Talvez a sociedade patriarcal ainda não conseguisse visualizar uma pátria guerreira feminina ao estilo da Marianne francesa. A guerra tinha tornado famosas duas mulheres, mas como enfermeiras. Uma delas, Jovita Feitosa, tentou lutar como soldado, mas não lhe foi permitido. No entanto, alguns caricaturistas dão ao leitor de hoje a impressão de grande ambivalência quanto ao sexo da pátria. Mesmo mantendo o índio como símbolo, desenhavam a figura masculina com volumosos seios que não parecem poder ser atribuídos a simples imperfeição do desenho.[143]

A representação feminina da pátria é rica de significado, embora de interpretação complexa. A República não teve dúvida em adotar a representação feminina seguindo a inspiração francesa. A mulher podia ter o aspecto guerreiro, como Atena ou Marianne, ou maternal como a Clotilde de Vaux dos positivistas. Gilberto Freyre vê aí uma reação ao paternalismo imperial. Mas talvez a explicação esteja na influência francesa e no fato de que a figura feminina também servisse para representar a liberdade, como no famoso quadro de Rudé, *A Liberdade Guiando os Povos*. Os republicanos gostavam de apresentar a República como a inauguração da liberdade no Brasil, como o início do governo do país por si mesmo. O Império, por outro lado, talvez tivesse outras razões além da figura masculina do Imperador para se representar como homem. A ideia de

---

[143] Sobre a iconografia da guerra, baseei-me nas pesquisas de Pedro Paulo Soares, a quem sou grato por permitir usá-las. Veja SOARES. *Imagens da nação: os jornais ilustrados do Rio de Janeiro durante os anos da guerra do Paraguai, 1865-1870.* (Mimeo.)

império envolve grandeza, conquista, domínio. A visão da elite imperial incluía também, como vimos, uma concepção de sua tarefa como sendo a construção de um país forte, antes que a construção de uma nação. Tudo isto levava na direção de uma simbologia masculina, de acordo com os estereótipos vigentes sobre os papéis sexuais.[144]

Um ponto em torno do qual todos pareciam concordar era a exaltação da natureza como motivo de orgulho nacional. Herdeira da visão idílica transmitida pelos descobridores e primeiros viajantes, o uso da natureza como fonte de nacionalismo está presente já entre autores coloniais. Os títulos de algumas das primeiras descrições do país são reveladores quanto a este ponto. De 1618 é o *Diálogo das grandezas do Brasil*, escrito por Ambrósio F. Brandão; em 1711, André João Antonil publicou *Cultura e opulência do Brasil*. O mais conhecido exaltador das riquezas naturais do país é sem dúvida Sebastião da Rocha Pita, um baiano que publicou, em 1730, uma *História da América portuguesa*.

No Brasil independente, os românticos retomaram a tendência ufanista. Embora de inspiração europeia, pois às vésperas da independência Ferdinand Denis propunha o uso da natureza tropical como fonte de originalidade e de inspiração para a poesia nacional, esta postura foi adotada como instrumento de glorificação já no início do movimento romântico, liderado por Domingos Gonçalves de Magalhães.[145] Algumas das poesias produzidas nesse espírito permanecem entre as mais populares até hoje. Os melhores exemplos são "Minha terra" e "Canção do exílio", de Gonçalves Dias, até hoje declamadas nas escolas primárias por ocasião de celebrações patrióticas. Em "Minha terra", o Brasil aparece como terra encantada, jardim de fadas, trono de beleza. Em "Canção do exílio", a terra brasileira é exaltada sobre todas as outras por ter palmeiras, aves mais canoras, mais estrelas, mais flores, mais vida, mais amores.

Se havia consenso em exaltar a natureza, o tamanho do território e sua diversidade, o mesmo não se dava em relação à população. Apesar de Martius ter recomendado ao historiador do Brasil que salientasse a mistura de raças como uma das principais originalidades do país, e apesar do alerta anterior de José Bonifácio quanto à necessidade de integrar negros e índios à nação, enquanto sobreviveu a escravidão predominou a

---

[144] Sobre o uso da simbologia feminina pelos republicanos brasileiros, ver CARVALHO. *O imaginário da República no Brasil*, p. 4.
[145] Sobre as diversas visões da natureza americana, ver VENTURA. *Estilo tropical*.

hesitação. Embora as teorias racistas ainda não se tivessem difundido no país, também não se assumia inequivocamente a contribuição positiva da população negra, a não ser para a economia do país. Os românticos passaram ao largo do tema. Quando o negro era tema literário, era-o antes como símbolo de uma causa humanitária, o abolicionismo. Tal é, por exemplo, o caso de Castro Alves, chamado de poeta dos escravos. O negro aparece em seus poemas menos como pessoa concreta do que como vítima de uma instituição odiosa que envergonhava o país. Os sentimentos atribuídos aos negros são projeções da cultura branca. Outros romances que tomam o negro como temática, por exemplo, *A escrava Isaura*, de Bernardo Guimarães e *Vítimas algozes*, de Joaquim Manuel de Macedo, são também principalmente propaganda abolicionista. O primeiro tenta chocar os leitores ao mostrar uma pessoa com a aparência de branca que é, no entanto, legalmente escrava. O segundo busca assustar os senhores de escravos pintando figuras sinistras de feiticeiros negros engendrando terríveis vinganças. Pensa-se na escravidão como instituição bárbara que é preciso destruir, mas não no negro como eventual cidadão. Pelo contrário, muitos abolicionistas, como Tavares Bastos e Joaquim Nabuco, tinham dúvidas quanto à adequação da população negra como base de uma sociedade civilizada. Ambos recomendavam a imigração de representantes das raças do norte da Europa que consideravam fortes e viris.

Apesar da dificuldade em formular uma imagem da nação que incorporasse a realidade da população, o Império viveu uma experiência coletiva que foi o maior fator de criação de identidade nacional desde a Independência até 1930. Trata-se da guerra contra o Paraguai. Nenhum dos acontecimentos políticos anteriores tinha envolvido diretamente parcelas tão grandes da população de maneira tão intensa. Nem a independência, nem as guerras da Regência (todas elas de caráter provincial), nem a maioridade, nem a guerra contra Rosas em 1852 (rápida e com pequeno envolvimento de tropas). A guerra contra o Paraguai durou cinco anos (1865-1870), mobilizou a nação inteira, colocou em ação mais de cem mil soldados, exigiu grandes sacrifícios materiais e de vidas humanas, abalou a vida de milhares de famílias.[146]

No início da luta, houve genuíno entusiasmo cívico e formação de batalhões de voluntários. As primeiras vitórias também causaram entusiasmo nacional. Talvez pela primeira vez um sentido positivo de pátria

---

[146] Ver também artigo "Brasileiros, uni-vos!", nesta coletânea.

brasileira tenha começado a desenvolver-se entre a população. A imprensa refletiu com clareza esta mudança. A bandeira nacional começou a aparecer nas cenas de partida de batalhões e de vitórias no campo de batalha. O Imperador surgiu como líder da nação empenhado em conseguir a colaboração dos dois partidos políticos. Começaram a ser construídos os primeiros heróis militares nas figuras de Caxias, Osório, Mena Barreto, Barroso.

Três cartuns publicados na imprensa da época são particularmente reveladores. Em um deles, da *Semana Ilustrada* (1865), intitulado "Brasileiros! Às Armas!", o Brasil, representado por um índio sentado no trono imperial, segurando a bandeira nacional, recebe a vassalagem das províncias representadas por guerreiros romanos. As províncias se unem sob o símbolo do Brasil em defesa da pátria comum. Em outro, também da *Semana Ilustrada* (1867), a pátria aparece sob a forma de uma índia, sob o nome de Concórdia, tendo aos pés as armas nacionais, reunindo liberais e conservadores em torno da causa nacional. Finalmente, o terceiro, ainda da *Semana Ilustrada* (1865), representa um voluntário despedindo-se da mãe que lhe entrega um escudo com as armas nacionais e o adverte, a exemplo das mães espartanas, que deve voltar da guerra carregando o escudo ou carregado em cima dele. Baseado aparentemente em episódio real (a mãe é dona Bárbara, "a espartana de Minas Gerais"), o cartum revela o surgimento de um civismo que transcende a lealdade doméstica. O texto que circunda o quadro não deixa dúvida, é o verso do hino da Independência: "Ou ficar a pátria livre ou morrer pelo Brasil." Pela primeira vez, o brado retórico de 1822 adquiria um realismo duro e potencialmente trágico.

O surgimento do sentimento de pátria é também atestado pela poesia popular que celebrou vários episódios da guerra. Muitos versos e canções sobreviveram até os dias de hoje. Várias poesias, recolhidas por Pedro Calmon, falam do amor da pátria e do dever de defendê-la, se necessário com o sacrifício da vida. É comum o tema do soldado despedindo-se da mãe, ou da família, para ir à guerra. Do Paraná há uma poesia que diz: "Mamãe, sou brasileiro/ E não hei de sofrer." De Santos, há outra mais explícita: "Mamãe, eu sou brasileiro/ E a pátria me chama/ Para ser guerreiro." Em Minas, um soldado despede-se da família de maneira estoica: "Não quero que na luta ninguém chore/ A morte de um soldado brasileiro;/ Nunca olvidem que foi em prol da pátria/ Que eu dei o meu suspiro derradeiro." Ao mesmo tempo em que transparece uma hierarquia de lealdades, a pátria acima da família, há nessas poesias, como havia nos cartuns, certa cumplicidade entre a mãe e a pátria. O filho parte, mas com o consentimento da mãe que reconhece a prioridade da outra mãe maior, a mátria, como gostavam de dizer os positivistas. A aproximação entre a visão de pátria e a poderosa imagem da mãe rompe o viés masculino da figura do índio e começa a transformar o país, o Império, em nação, em pátria.

O governo também utilizou o tema da guerra para promover o patriotismo. Encomendou vários quadros aos dois pintores mais prestigiados do momento. Pedro Américo e Vítor Meireles. Suas obras, *A Batalha do Avaí* (Pedro Américo), e *Passagem de Humaitá* e *Batalha de Riachuelo* (Vítor Meireles), passaram a compor a primeira linha dos quadros patrióticos. A Meireles encomendou-se ainda um grande quadro da Batalha dos Guararapes que pôs fim à ocupação holandesa do nordeste no século XVII, numa tentativa de vincular os dois episódios. Fig. 7 p. VII

EM BUSCA DA NAÇÃO

A abolição (1888) e a República (1889) trouxeram mudanças na tática de construir e definir a nação. A campanha abolicionista foi o mais importante movimento cívico de caráter nacional, depois da experiência da guerra contra o Paraguai. A causa da abolição era humanitária mas era também nacional. Desde a guerra, justificada como luta da civilização contra a barbárie, a escravidão tornara-se um constrangimento crescente. Durante o conflito, ela foi usada habilmente pelo inimigo para minar a lealdade dos inúmeros ex-escravos que lutavam pelo Brasil. Os jornais da Corte chamavam a atenção para a cruel ironia: o liberto, agora soldado brasileiro, ao voltar da guerra encontrava sua família ainda escravizada. Abolir a escravidão passou a ser uma questão de dignidade do país, uma condição de ingresso e permanência no mundo civilizado. A abolição teve outra consequência: forçou a tomada de posição em relação à população negra. Antes ela se ocultava sob a capa do escravo. Agora todos os negros eram formalmente cidadãos e era preciso enfrentar a questão de uma nação mestiça.

A República foi proclamada sem um movimento nacional, sem participação popular. Mas os conflitos que se seguiram à sua proclamação e à necessidade de afirmar-se como nova forma de governo em oposição à monarquia contribuíram para renovar o debate em torno do problema nacional. Eliminada a dinastia portuguesa, o país ficava entregue a si mesmo, e a pergunta sobre o que era esse país tornava-se mais premente.

A primeira batalha simbólica deu-se em torno da forma de governo. A República tentou mudar os símbolos nacionais, criar novos heróis, estabelecer seu mito de origem. Boa parte do esforço foi em vão, de vez que faltava ao novo regime o batismo popular. O êxito se limitou à criação do novo herói, Tiradentes. Mesmo assim, ele se deveu em boa parte ao uso da simbologia religiosa ligada a Tiradentes, sempre apresentado como um Cristo cívico. A imagem do Cristo tinha ressonâncias profundas na população católica, o que não acontecia com o novo regime.[147]

Mas a República atacou em outras frentes. Sua proclamação trouxe grande reforço à corrente americanista que vinha do Império. A identidade americana do país foi enfatizada. Em alguns casos, ela vinha acompanhada de um ódio profundo às raízes portuguesas e aos portugueses em geral. No Rio de Janeiro, o jacobinismo antilusitano atingiu grandes proporções durante o governo do marechal Floriano Peixoto (1891-1894). Um dos principais representantes dessa postura foi o romancista Raul Pompéia, fanático florianista. Para ele, a dificuldade encontrada pela República em consolidar-se era devida à presença portuguesa na imprensa, nos negócios e mesmo na população da cidade. A história do Brasil independente resumia-se a um longo esforço de libertar-se da situação colonial. A Independência e a República tinham sido apenas vitórias parciais. Para a constituição definitiva da nação era ainda necessária a revolução da dignidade econômica.[148] Outro representante do americanismo foi Manoel Bomfim. Mais elaborado do que Pompéia, publicou em 1905 um livro em que desenvolvia uma teoria para explicar a situação da América Latina, na qual o Brasil não constituía exceção. O fator explicativo do atraso era, segundo ele, o parasitismo, metáfora que vai buscar na biologia. As metrópoles ibéricas parasitavam as colônias que, após a independência, conservaram dentro de si o germe parasita: o senhor parasitava o escravo; os dominantes, os dominados; o Estado pa-

---

[147] Sobre a transformação de Tiradentes em herói republicano ver CARVALHO. "O imaginário da República no Brasil", p. 4.
[148] Veja a Introdução de Raul Pompéia ao livro de OCTÁVIO. *Festas nacionais*. O antilusitanismo de Pompéia aparece em várias de suas crônicas escritas durante os primeiros anos da República.

rasitava o povo; o capital estrangeiro parasitava a nação. Para sair deste círculo de exploração, propunha uma ampla difusão da educação popular (Bomfim, 1905).

Institucionalmente, a ênfase na América refletiu-se na cópia servil dos Estados Unidos. O modelo da constituição republicana de 1891 foi confessadamente a constituição norte-americana. A diplomacia republicana também buscou o apoio norte-americano, concretizado na intervenção a favor do governo de Floriano, quando este se viu em dificuldades para debelar a revolta da Armada. Os Estados Unidos eram vistos como alternativa à influência europeia nos campos político, econômico e cultural. Eram a imagem da liberdade, da iniciativa, da riqueza, do progresso técnico; enfim, do novo mundo americano em oposição ao velho mundo decadente europeu.

Contra este norte-americanismo exacerbado, protestou um monarquista, membro da elite social e econômica de São Paulo, Eduardo Prado. O livro de Prado, *A ilusão americana*, é um libelo contra os Estados Unidos, sua política, sua sociedade, sua civilização. Sua política, diz Prado, sempre foi egoísta e imperialista em relação à América Latina; sua sociedade baseia-se na plutocracia; sua cultura sustenta-se no predomínio dos valores materiais e na violência. O Brasil nada tem em comum com tudo isto, não devemos copiar mas sermos nós mesmos para sermos alguma coisa (Prado, 1902).

Na posição de Prado estava incluída a defesa da monarquia e das tradições ibéricas. Coube a outro monarquista produzir o texto mais característico de uma visão autocongratulatória do país, cujo título *Por que me ufano de meu país*, gerou a expressão "ufanismo", indicadora da exaltação acrítica dos valores e tradições nacionais. Embora só publicado em 1900, *Por que me ufano de meu país* foi escrito para celebrar o 4º centenário da viagem de Colombo e teve grande êxito, passando a simbolizar o patriotismo baseado na exaltação da grandeza territorial, na beleza da natureza e nas riquezas do solo. Mas o livro era mais que exaltação da natureza. Seis das onze razões dadas pelo autor para o ufanismo tinham a ver com a população (a fusão das três raças), o caráter nacional (povo bom, pacífico, ordeiro, sem preconceitos) e os feitos de nossa história. O Brasil, terminava o conde de Afonso Celso, estava destinado por Deus a um futuro de grandeza.

Em todos esses autores, o problema da raça não se colocava, ou antes, não era considerado empecilho à constituição da nacionalidade. Pelo contrário, na tradição de Martius, a miscigenação era vista como originalidade e como vantagem. Outras correntes, no entanto, sob a influência do pensamento racista europeu, viam a mestiçagem como desvantagem, ou mesmo como obstáculo intransponível ao progresso do país. A raça negra era inferior, e os mulatos, conforme afirmavam Agassiz, Gobineau, Gustave Le Bon, eram produtos degenerados. Agassiz tinha visitado o país e Gobineau aqui vivera por algum tempo como embaixador da França. Este último dizia que a população do Brasil, por causa da mestiçagem, haveria de desaparecer em duzentos anos.

As posições variavam da hesitação em relação à mestiçagem à total negação do valor da população negra e mestiça. No primeiro caso estão pensadores importantes como Sílvio Romero e Euclides da Cunha. Romero de início aceitava a mestiçagem, posteriormente, passou a defender as posições de Gobineau. Euclides julgava severamente os mestiços do litoral, a quem considerava raquíticos e neurastênicos. Mas via na população sertaneja do interior a possível matriz de uma raça saudável. Mais tarde, na segunda década do século, Oliveira Viana retomou de maneira mais elaborada a ideia da inferioridade da raça negra.[149]

Em geral, esses autores admitiam a possibilidade de melhoramentos da população mediante seu progressivo branqueamento. O fim do tráfico, a baixa natalidade da população negra e a grande imigração europeia que se desenvolveu a partir da última década do século XIX favoreciam o ideal do branqueamento. Outros, porém, como Nina Rodrigues, médico e pesquisador, negava qualquer valor a negros e mestiços, a ponto de propor que fossem tratados como civilmente incapazes.[150]

Talvez por não haver acordo quanto à identidade da nação, houve no início da República uma preocupação maior com a construção nacional por meio da educação, sobretudo da educação primária. O já citado livro de José Veríssimo, publicado logo após a Proclamação da República, era um apaixonado apelo em favor da introdução do que chamava educação nacional, isto é, uma educação pública voltada para a formação do cidadão, para a promoção do patriotismo. Depois

---

[149] As posições de Euclides da Cunha estão em *Os sertões*. Sobre as ideias de Sílvio Romero a respeito de raça, veja VENTURA. *Estilo tropical*, cap. 2. De Oliveira Viana, veja *Evolução do povo brasileiro*. Ver também nesta coletânea os artigos "A utopia de Oliveira Viana" e "O último dos românticos".

[150] Sobre a ideologia do branqueamento, ver SKIDMORE. *Preto no branco: raça e nacionalidade no pensamento brasileiro*.

de mostrar a total ausência deste tipo de educação, a ausência de Brasil na escola primária e mesmo secundária, Veríssimo propôs reforma profunda no ensino da história, da geografia e da educação feminina e a introdução da educação física. A exemplo de outros países, como a Alemanha, a França, os Estados Unidos, queria uma educação formadora de cidadãos.

A primeira edição do livro é de 1890. No prefácio à segunda edição, de 1906, Veríssimo mostrava-se totalmente desapontado com o desempenho da República. A situação tinha piorado em vez de melhorar, não havia um só estadista preocupado com a educação pública. Em parte, a queixa de Veríssimo podia ser atribuída ao fato de ter a Constituição de 1891 deixado a educação primária a cargo dos estados e municípios e de não a ter considerado nem obrigatória nem pública, como era no Império. Mas no Distrito Federal, o ensino primário ficou a cargo da União. Aí foi introduzida a educação moral e cívica. Vários autores seguiram a sugestão de Veríssimo de escrever livros brasileiros com temática brasileira para servirem de texto básico de leitura. Esses livros constituem excelente indicação da ideia de pátria que se procurou transmitir à nova geração.[151]

O próprio Sílvio Romero publicou um desses livros em 1890 (Romero, 1890). Nele os fatores raça e clima são secundários, se não irrelevantes. Na introdução, o romancista e educador Júlio Ribeiro fala em reconstituir a pátria pela biografia de seus homens representativos, em lançar as bases éticas do caráter nacional. Romero insiste em que os povos notáveis sempre tiveram uma missão a cumprir e que o Brasil também tem a sua, qual seja, ser a pátria dos deserdados do mundo, uma pátria sem preconceitos de qualquer natureza, sem etnocentrismo e, ao mesmo tempo, guardiã da cultura greco-ibero-latina. Analisa os quatro séculos da história brasileira a partir do exemplo de algumas figuras representativas dos valores centrais do liberalismo, do republicanismo, da unidade nacional. O Império merece seu apreço na medida em que lutou contra o caudilhismo provincial e do Prata. Dirige-se aos jovens com a frase "a pátria somos nós".

Outro livro, este de enorme êxito, foi o de Olavo Bilac e Manoel Bomfim, *Através do Brasil*, publicado em 1910, também como livro de

---

[151] Sobre a educação na Primeira República, ver CURY. *Cidadania republicana e educação*.

leitura para as escolas primárias. A visão do Brasil aí se amplia enormemente. Três crianças, duas brancas e uma mestiça, percorrem o rio São Francisco, "essencialmente, unicamente brasileiro", e ao longo do percurso vão sendo apresentadas ao país, ao mesmo tempo em que o apresentam ao leitor. Há paisagem, mas principalmente tipos humanos e sociais, atividades econômicas, realizações técnicas, costumes populares. As dificuldades são vencidas com a coragem dos meninos e a simpatia e o apoio das pessoas com quem cruzam, inclusive uma maternal preta velha. Valores coletivos da família, da pátria, e individuais da coragem, da bondade, da generosidade, são o tempo todo veiculados pelo texto (Bilac e Bomfim, 1917).

Olavo Bilac, o mais festejado poeta da *belle époque* carioca, produziu vários outros textos de educação moral e cívica para crianças, sozinho ou em parceria. Um de seus parceiros era Coelho Netto, romancista de grande popularidade. Juntos produziram, por exemplo, *Contos pátrios*, texto de educação moral e cívica, em que Bilac se concentra no aspecto cívico e Coelho Netto no lado moral. Mais tarde, em 1916, escreveram *A pátria brasileira*, também de educação moral e cívica para a escola primária. Coelho Netto também produziu textos de educação cívica, como *Viagem de uma família brasileira ao Norte do Brasil*, em que está presente a mesma ideia de *Através do Brasil*, de Bilac e Bomfim. O 4º centenário da viagem de Cabral deu margem a concursos literários. Um dos resultados foi o romance de Xavier Marques, *Pindorama*, de 1900, premiado pelo Instituto Geográfico e Histórico da Bahia, em que é defendida a versão portuguesa e católica da conquista.

O esforço de produzir uma literatura patriótica para as crianças, ou pelo menos uma literatura com linguagem brasileira, acessível às crianças, moveu também livreiros. O editor Quaresma criou, em 1894, uma Biblioteca Infantil da Livraria do Povo, que editava contos estrangeiros adaptados e contos brasileiros. Em 1905, teve início uma das mais exitosas iniciativas editoriais em matéria de literatura infantil, o almanaque *O Tico-Tico*, que sobreviveu até 1956. De início imitação de publicações estrangeiras, foi aos poucos se nacionalizando, especialmente quando a guerra de 1914 dificultou a importação de material estrangeiro. Seus desenhistas, alguns dos quais estavam entre os melhores do país, passaram a criar figuras de inspiração brasileira que se tornaram populares entre crianças de várias gerações. Entre essas figuras salientavam-se o Benjamim de Loureiro, Zé Macaco e Faustina de Storni, Jujuba de J. Carlos.

Após a guerra, o almanaque deu ênfase a temas cívicos e publicou textos patrióticos de Bilac e Coelho Netto.[152]

Outra indicação desse movimento geral em direção a uma nacionalização da literatura infantil foi o uso do folclore. Sílvio Romero fizera sua recuperação no mundo letrado. Coube a uma educadora mineira, Alexandrina de Magalhães Pinto, professora da Escola Normal do Rio de Janeiro, difundi-lo entre as crianças. Começando em 1907 com *As nossas histórias*, seguidas de *Os nossos brinquedos*, de 1909, essa autora recuperou contos populares, artesanato, canções, e os transmitiu ao público infantil (Sandroni, 1980).

Essa literatura revela a presença de uma preocupação em definir a identidade da nação e em desenvolver entre a população infantil o sentimento do patriotismo. O segundo objetivo era novidade e não seria desproposidado supor que tenha sido consequência da abolição e da Proclamação da República. Repudiada a figura paternal do rei, os irmãos necessitavam de outros laços que os mantivessem unidos. Nada melhor do que a mãe pátria para cumprir a missão. Daí que a pátria aparece agora de maneira mais concreta, menos romântica, mais próxima do Brasil real. Os textos mostram um Brasil que não é só e nem predominantemente natureza. As raças e a mestiçagem são sempre vistas de maneira positiva e, sobretudo, aparecem pessoas concretas, líderes exemplares e representantes comuns da população. A diversidade física e humana é assumida e apresentada como riqueza, procuram-se na história pátria exemplos individuais ou coletivos, ações heroicas ou patrióticas que possam ser motivo de orgulho. Mais ainda, os valores patrióticos são vinculados a virtudes privadas como a coragem, a honestidade, a solidariedade, o trabalho honesto. A visão histórica hesita um pouco em relação à apreciação do Império, dependendo do maior ou menor republicanismo do autor. Mas, mesmo entre os republicanos, a tendência predominante é ver uma continuidade e admitir pontos positivos no Império, sobretudo em sua capacidade de manter unido o país. Esta é a posição de Sílvio Romero em sua *História do Brasil*.

A imagem positiva do país, de sua gente e de sua história, limitava-se à literatura infantil. Entre as elites, seria considerada ingênua. O cien-

---

[152] Sobre a literatura infantil no início do século, ver SANDRONI. "A literatura infantil no Brasil de 1900 a 1910", p. 107-122. Ver também ARROYO. *Literatura infantil brasileira*.

tificismo responsável pelos determinismos geográfico, climático e racial, ainda impedia que um país tropical e mestiço fosse visto como competidor sério na corrida da civilização. A população podia ser no máximo objeto de campanhas civilizatórias dirigidas pelas elites. A República foi prolífica, em campanhas desta natureza, especialmente dirigidas às populações do interior. Algumas delas usaram métodos nada civilizados. Contra os sertanejos de Canudos considerados fanáticos, ignorantes e primitivos, foram usados canhões Krupp e as novas carabinas Mannlicher e Coblain. De positivo da luta resultou o grande livro de Euclides da Cunha, *Os sertões*, publicado em 1902, que revelou ao país, de maneira dramática, a realidade sertaneja, o homem do interior. Este homem que já aparecia de maneira positiva e simpática, por exemplo, na *Viagem através do Brasil*, era um desconhecido negativamente estereotipado para as elites litorâneas.

Outras missões civilizatórias foram organizadas na segunda década do século, capitaneadas por médicos sanitaristas. Percorrendo vastas áreas do interior do Nordeste e do Norte, revelaram a uma elite escandalizada um mundo de pobreza devastado pelas doenças. Da experiência resultou outro marco da descoberta do homem do interior, o panfleto de Monteiro Lobato, *O Jeca Tatu*, de 1918. Lobato, inicialmente um racista, se deu conta que mais importante que fatores raciais era a situação sanitária da população. O matuto não era assim, ele estava assim. O país era um vasto hospital que devia ser entregue aos cuidados dos sanitaristas, dos cientistas, e não dos políticos.[153]

A guerra mundial serviu de pretexto para uma campanha patriótica dirigida pela primeira vez aos adultos. Foram criadas ligas de defesa nacional que buscavam despertar o interesse pelo serviço militar, pelas festas nacionais, pelos temas de segurança, de geopolítica, de nacionalismo. Salientaram-se neste esforço Olavo Bilac, Manoel Bomfim, Afonso Celso, nossos conhecidos da virada do século.[154] Paralelamente, outra corrente desafiava o liberalismo da República e propunha uma volta ao estilo intervencionista do estado característico do Império. O Brasil ainda não constituía uma

---

[153] Um dos líderes do movimento sanitarista foi Belisário Pena. Seu livro, *Saneamento do Brasil* (1918), influenciou profundamente Monteiro Lobato que publicou no mesmo ano *O Jeca Tatu*, incluído em *Problema vital* (1918). Sobre o movimento sanitarista, ver SANTOS. *Dados*, p. 193-210.

[154] Sobre o nacionalismo na Primeira República, ver OLIVEIRA. *A questão nacional na Primeira República*.

nação, dizia o principal pensador dessa corrente, Alberto Torres. Cabia ao Estado forjar a nação mediante uma ação deliberada implementada por um governo forte (Torres, 1914).

O marco seguinte na descoberta do Brasil foi o movimento modernista deflagrado em São Paulo, em 1922. Embora de inspiração europeia, alguns dos principais representantes do movimento, especialmente Mário de Andrade, passaram a entender que só se chegaria à universalidade passando pelo conhecimento do próprio país. Os modernistas descobriram a arte barroca brasileira do século XVIII e deram nova valorização simbólica ao índio. Mário de Andrade dedicou-se à pesquisa do folclore, pouco cultivada desde os tempos de Sílvio Romero.[155]

Ainda na década de 1920, outra corrente reformista contribuiu para modificar a visão da ação do Estado na formação da nacionalidade. Em vários estados da federação, assim como no Distrito Federal, surgiram movimentos de reforma educacional inspirados em experiências europeias e norte-americanas. O mais importante dos chamados pioneiros da educação nova, Anísio Teixeira, discípulo de Dewey, insistia na ideia de que a educação era direito universal, instrumento de democratização da sociedade e de formação de cidadãos. Outro reformador, Lourenço Filho, dava à nova escola o papel de nacionalizadora da população num país em que não havia nação constituída. Segundo ele, a nação tomava consciência de si mesma por meio do movimento que iniciavam. A luta pelo que passou a ser chamado de escolanovismo entrou pela década de 1930, tendo que enfrentar a Igreja e o integralismo. Pela primeira vez, desde José Veríssimo, a educação básica era colocada no centro da discussão como instrumento de construção nacional.[156]

Tudo isto se passava no âmbito do pensamento. Como experiência de participação popular, a República foi pobre. As maiores manifestações foram de reação ao governo, se não ao regime. Os exemplos principais foram a revolta de Canudos e do Contestado, no interior, e a revolta contra a vacina obrigatória no Rio de Janeiro. Na década de 1920, houve um renascimento das manifestações, agora com objetivos políticos mais explícitos. Elas culminaram em 1930 com o movimento nacional de natu-

---

[155] Sobre o problema da identidade nacional no modernismo, ver MORAES. *A brasilidade modernista*. Ver também o artigo "Jeca resgatado", nesta coletânea.
[156] Sobre os movimentos pedagógicos nas décadas de 1920 e 1930, ver LOURENÇO FILHO. *A escola nova*; e AZEVEDO. *A cultura brasileira*. Ver ainda GUIRALDELLI. *Pedagogia e luta de classes no Brasil (1930-1937)*.

reza civil-militar que deu fim à Primeira República. Embora estritamente falando não fizesse jus ao título de revolução pelo qual ficou conhecido, o movimento de 1930 inaugurou um período de profundas modificações na postura e na ação do governo federal que acabou também por redefinir as relações entre governo e povo e a visão do país.

O ESTADO DESCOBRE O POVO

Se a proclamação da Primeira República se fez sem povo, sua derrubada teve participação nacional. Em alguns estados a participação foi intensa. O período pós-revolucionário, até 1937, foi agitado por revoltas militares, guerra civil, greves operárias e movimentos políticos de esquerda e direita, pela primeira vez organizados em base nacional. Manifestações de massa surgiram nas principais cidades, a campanha presidencial de 1937 foi marcada por comícios e pelo debate ideológico. Tudo culminou com o golpe de 1937 que pôs fim à política partidária e implantou um Estado autoritário de orientação populista. O poder das oligarquias estaduais foi contido e minado, o poder central tornou-se intervencionista e passou a liderar a formação e a implementação de uma política nacional.

Do ponto de vista que aqui nos interessa, é importante salientar algumas mudanças profundas em relação ao Estado liberal e à política oligárquica da Primeira República. Foram mudanças já sinalizadas anteriormente mas só formuladas com clareza e implementadas após 1937. Em primeiro lugar, o liberalismo político foi totalmente abandonado sob o argumento de que retirava do poder central a capacidade de formular e dirigir a política nacional, bloqueava a ação do executivo e, afinal, estava desaparecendo em todo o mundo civilizado. O federalismo também foi acusado de transformar o país num arquipélago de estados dominados por grupos oligárquicos sem visão nacional.

Em segundo lugar, o regime autoritário desenvolveu uma ideologia segundo a qual Estado e nação constituíam uma unidade indissolúvel que dispensava os mecanismos da representação. A base política dessa unidade era a figura do chefe do governo e sua política nacionalista, antiestadual. Pelo lado simbólico, essa nacionalização foi sinalizada pela queima das bandeiras estaduais e pela introdução da obrigatoriedade do culto à bandeira e ao hino nacionais nas escolas de todos os graus.

A mudança mais importante teve a ver com o uso político da cultura. A falta de participação política foi compensada por intensa atividade na área cultural. A cultura passou a substituir a representação política no papel de ligar a política ao povo. Na visão de um dos ideólogos do regime, o Estado era a concretização de uma cultura.[157] A ênfase na cultura foi operacionalizada por vários órgãos estatais. O mais importante foi o Departamento de Imprensa e Propaganda (DIP), criado em 1937, que possuía seções encarregadas de propaganda, radiodifusão, cinema e teatro, turismo, imprensa e serviços auxiliares. Ao lado da censura que exercia, o DIP atuava intensamente na promoção de atividades culturais em todo o país, por meio da imprensa, do teatro, de bibliotecas e, sobretudo, do novo e revolucionário instrumento de comunicação que era o rádio.

A Rádio Nacional foi comprada pelo governo em 1940 e tornou-se um eficientíssimo meio de propaganda com seus programas políticos e culturais. Os melhores artistas foram contratados e muitos intelectuais também colaboravam em programas de divulgação da história e das tradições do país. A "Hora do Brasil", programa de divulgação das obras do governo, procurava popularizar-se dando voz também a pessoas comuns. Concursos musicais envolviam os maiores cantores da época. O DIP procurava ainda dar ao samba e ao teatro popular uma linguagem e uma temática compatíveis com os objetivos do regime. Data desta época, por exemplo, a exigência de as escolas de samba utilizarem temas nacionais em seus enredos.[158]

Outros órgãos eram as revistas oficiais *Cultura Política* e *Ciência Política*. A primeira dirigia-se aos intelectuais, que eram também cooptados pelo ministro de Educação. Muitos intelectuais, mesmo de esquerda, contribuíam para *Cultura Política* e trabalhavam para o Ministério da Educação. Na revista, os favoráveis ao regime elaboravam sua justificativa teórica; os oposicionistas concentravam sua colaboração na discussão de temas culturais ou históricos. O Ministério contratava os principais artistas do país para construírem prédios modernos, pintarem painéis, organizarem corais. *Ciência Política* dirigia-se a público mais amplo, era menos intelectualizada, mais pragmática. Nela

---

[157] Esta é a visão de Almir Andrade. Sobre ele, ver OLIVEIRA. "O pensamento de Almir Andrade", p. 31-47.

[158] Sobre o uso político da cultura durante o Estado Novo, baseei-me principalmente nos trabalhos de VELLOSO. "Cultura e poder político: uma configuração do campo intelectual", p. 71-108.

colaboravam intelectuais de menor prestígio, dedicados mais à simples propaganda do novo regime do que a discussões teóricas (Velloso, 1979; Schwartzman *et al.*, 1984).

Também o jornal *A Manhã*, porta-voz do regime, serviu de instrumento de campanha por nova visão da cultura, sobretudo da literatura. Na seção "Autores e Livros", segundo Mônica Velloso, insistia-se na necessidade de que a literatura fugisse do subjetivismo, do cosmopolitismo, da retórica ficcional. A literatura devia ser realista, refletir as realidades do país, ser o espelho da nação. A história literária do país foi revista de acordo com este critério, exaltando-se os autores que nele se enquadravam e criticando-se os que dele desviavam. No último caso estava o maior ficcionista nacional, Machado de Assis, considerado inautêntico, sem raízes, cosmopolita, alienado. O Modernismo também não escapava à crítica desta visão naturalista por seu cosmopolitismo, irreverência e visão livresca (isto é, falsa) da realidade. A nova visão devia ser objetiva, sociológica, científica, salientar o regional e o popular onde estava o verdadeiro Brasil (Velloso, 1988, p. 239-263).

Outra instituição criada no mesmo espírito de culto à tradição foi o Serviço do Patrimônio Histórico e Artístico Nacional. Mais do que em qualquer outro lugar, estava aí presente a ideia de continuidade nacional, de construção de uma memória exaltadora do passado e justificadora do presente. O Serviço, entregue aos cuidados de um intelectual de prestígio, teve grande êxito e funciona até hoje, mudado apenas o nome.

A grande novidade em todo esse esforço era a visão positiva do povo. O Brasil era o povo brasileiro, às elites cabia tirar desse povo e de sua cultura a inspiração de brasilidade. Embora, como vimos, tivesse havido entre pensadores da elite alguns que viam positivamente a população mestiça, embora o famoso livro de Gilberto Freyre, *Casa-grande & senzala*, publicado em 1934, tivesse tido grande impacto no sentido de valorizar a mestiçagem, nunca um governo adotara como postura oficial a valorização do popular sobre o erudito, do povo sobre a elite. O modelo de Brasil não estava mais na Europa ou nos Estados Unidos, nem mesmo na canibalização de valores externos, como queria Oswald de Andrade. Estava em nossa própria história, em nossos heróis, em nossas tradições, em nosso patrimônio, em nosso povo.

Esse pensamento foi seguido de ações concretas. Um grande aliado do movimento de 1930, Pedro Ernesto, iniciou, como prefeito do Rio de Janeiro, uma política que depois ficou conhecida como populismo.

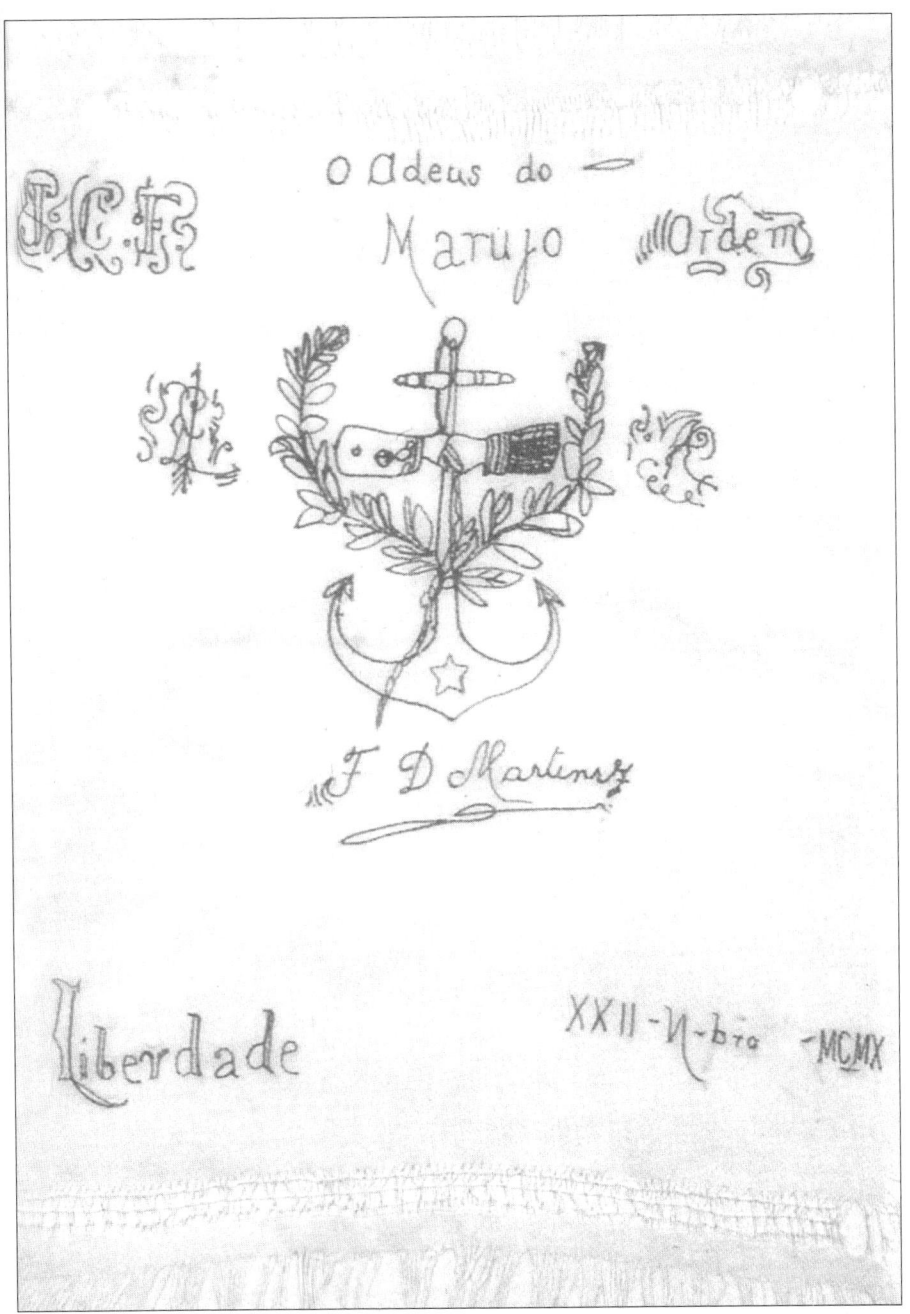

1. *O Adeus do Marujo*, bordado de João Cândido gentilmente cedido pelo Museu Tomé Portes del Rei Pref. Municipal de São João del Rei (MG)

2. Adeus e embarque do 1º Batalhão de Voluntários do Rio de Janeiro
Semana Ilustrada, março de 1865. Charge de Henrique Fleiuss

3. *Semana Ilustrada*, 19/02/1865
Charge de Henrique Fleiuss

4. D. Barbara, a espartana de Minas Gerais
Semana Ilustrada, fevereiro de 1865
Charge de Henrique Fleiuss

5. López representado por Angelo Agostini como Nero do Século XIX
A Vida Fluminense, 6/11/1869

6. Os Voluntários da Pátria despedindo-se de mães e noivas
Semana Ilustrada, fevereiro de 1865
Charge de Henrique Fleiuss

7. A despedida do 5º Batalhão de Voluntários no Rio Grande do Sul
Semana Ilustrada, 7/05/1865
Charge de Henrique Fleiuss

8. Páginas seguintes: *Amôr*, bordado de João Cândido gentilmente
cedido pelo Museu Tomé Portes del Rei
Pref. Municipal de São João del Rei (MG)

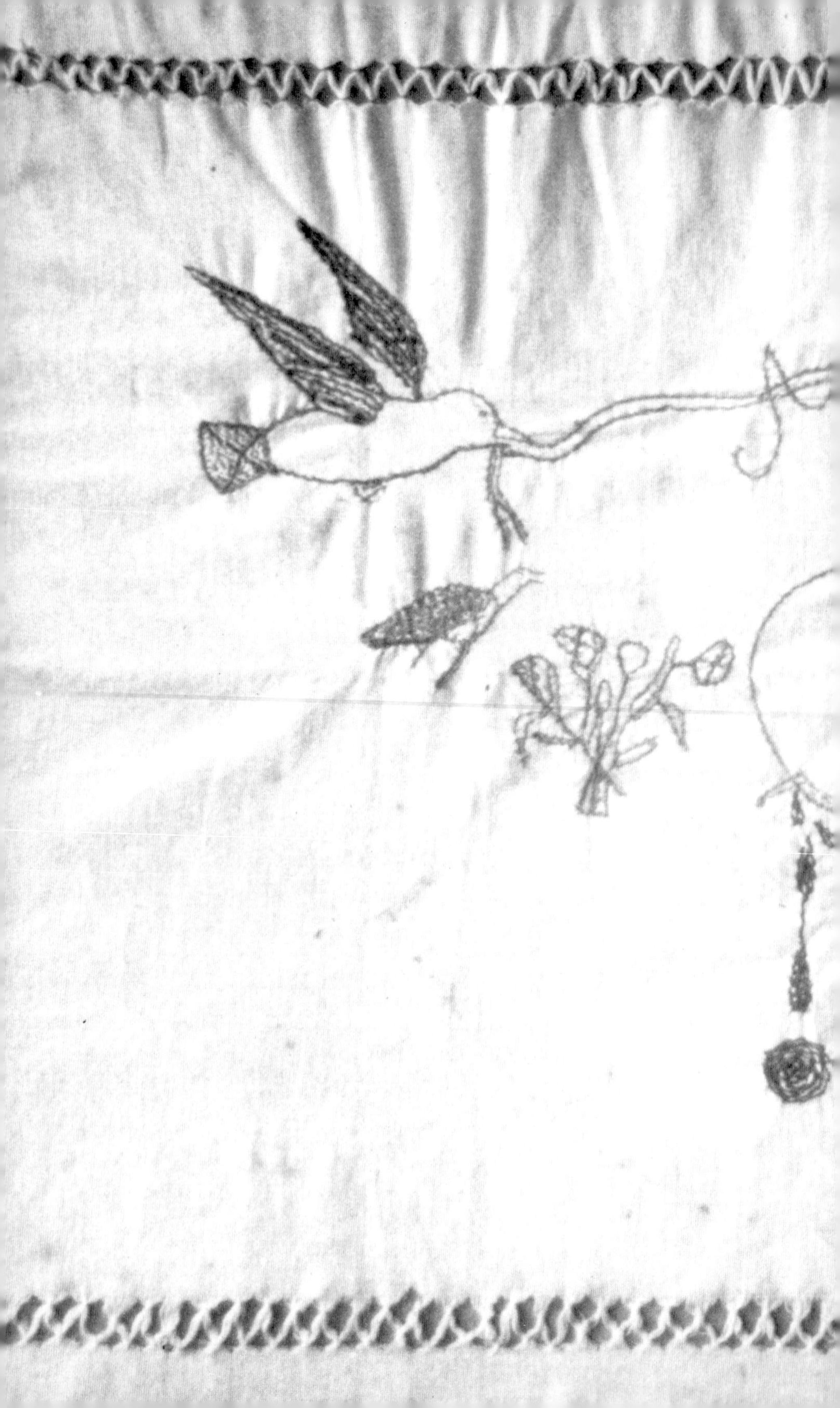

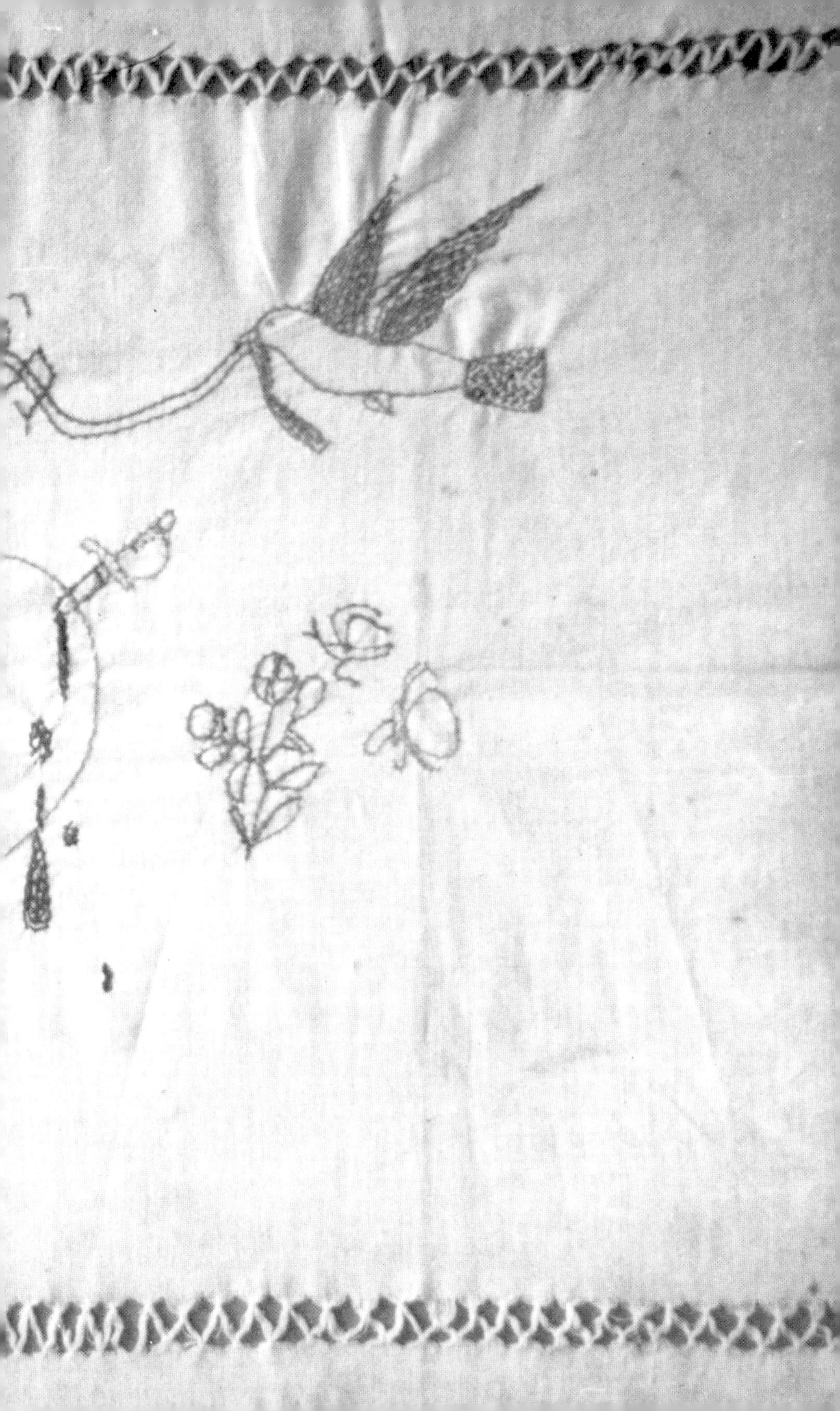

9. Gottschalk
A Vida Fluminense, 12/07/1869
Charge de Angelo Agostini

10. Gottschalk
Semana Ilustrada, 30/05/1869
Charge de Henrique Fleiuss

11. Fachada da Igreja Positivista do Brasil no Rio de Janeiro

12. Altar-mor do Templo da Humanidade no Rio de Janeiro

13. Estandarte da Humanidade. Décio Vilares.
Coleção da Igreja Positivista do Brasil

14. A Humanidade personificada em Clotilde de Vaux
Quadro de Décio Vilares
Coleção da Igreja Positivista do Brasil

15. Página seguinte: Monumento a Benjamin Constant, detalhe.
Décio Vilares representa a Humanidade na figura de Clotilde de Vaux

Fazendo pela primeira vez uso político do rádio, multiplicou o eleitorado da cidade apelando para as populações pobres dos bairros afastados e das favelas. Construiu a primeira escola em uma favela, mostrando aos pobres pela primeira vez que o poder público não era apenas a polícia.[159]

Vargas colocou Pedro Ernesto na cadeia, mas sem dúvida aprendeu com ele as técnicas de comunicação com o povo e as vantagens daí decorrentes. Se o discurso estadonovista valorizava o povo em geral, a ação política dirigiu-se a um setor particular da população, o operariado urbano. No início da década de 1940, um grande projeto de cooptação da classe operária foi colocado em marcha pelo ministro do Trabalho. O projeto tinha como pontos centrais a valorização do trabalho como atividade enobrecedora do homem e como principal virtude cívica. O trabalhador passava a ser o cidadão por excelência na democracia social que se implantava. Em um país em que o legado da escravidão ainda contribuía para desmerecer o trabalho, sobretudo o trabalho manual do operário, em que reinava o bacharel educado à europeia, a nova pregação era surpreendente, sobretudo por vir do governo.[160]

Não há como negar que o regime de 1937 redefiniu a identidade nacional. Alguns pontos dessa redefinição já estavam presentes em formulações anteriores, sobretudo na literatura cívica para crianças, mas nunca de maneira tão integrada e nunca como programa oficial de governo. Os pontos centrais da nova visão de Brasil podem ser resumidos como segue.

Recuperou-se a visão imperial de continuidade da história do país. As raízes portuguesas foram revalorizadas, sobretudo em seus aspectos religiosos (católicos) e de tolerância racial. O Império passou a ser visto sob luz positiva como garantidor da unidade nacional e como ponto de equilíbrio entre o poder central e os poderes locais. Sintomática dessa recuperação imperial foi a escolha de Caxias como herói militar nacional, em detrimento dos militares que proclamaram a República. Caxias aparece em seu papel de vencedor dos movimentos separatistas e principal garantidor da unidade nacional. Um grande monumento lhe foi erguido na capital do país em local onde antes se encontrava a estátua

---

[159] Sobre o populismo de Pedro Ernesto, ver CONNIFF. *Urban politics in Brazil. The rise of populismo, 1925-1945.*
[160] Sobre a criação de nova identidade operária, ver GOMES. *A invenção do trabalhismo.*

de Benjamin Constant, principal ideólogo dos militares que proclamaram a República. Ao mesmo tempo, o regime também se apropriava do herói republicano por excelência, Tiradentes. Em 1942, foi construído um panteão dos inconfidentes mineiros em Ouro Preto. Domesticado, o herói rebelde passou a símbolo popular da nova nacionalidade.

Recuperou-se também a visão positiva do povo brasileiro, negada por muitos até 1930. Na tradição de alguns autores da virada do século, a raça negra e a mistura de raças deixaram de ser vistas como obstáculo ao progresso. O elemento raça deixou de ser salientado, não se permitindo mesmo o funcionamento de movimentos ativistas negros. A imigração estrangeira passou a ser vista como um risco para as tradições nacionais. A natureza não deixou de ser exaltada, mas em posição secundária. O ufanismo de Afonso Celso era criticado por não incluir o homem, exatamente o elemento mais importante. Assim como a natureza deixou de ser motivo central de orgulho, o índio também perdeu seu lugar como símbolo nacional. A imagem romântica do índio, ainda presente no modernismo, não satisfazia os critérios de concretude da nova visão.

Houve também esforço de definir melhor a psicologia do homem brasileiro. Na linha de Eduardo Prado, de Afonso Celso, de José Veríssimo, Olavo Bilac, Coelho Netto, o brasileiro é apresentado como uma pessoa fraternal, cooperadora, generosa, ao mesmo tempo que honesta e trabalhadora. O brasileiro é o homem das relações primárias, familiares, é o homem cordial da expressão de Ribeiro Couto, retomada por Sérgio Buarque de Holanda. Não era compatível com esse homem cordial, não era brasileiro, acentuar os conflitos raciais e nas relações de trabalho. Tudo deveria resolver-se pela cooperação e pelo entendimento. A literatura infantil da época refletia essas posições, como pode ser visto, por exemplo, na obra de Viriato Correa.[161]

Na tradição da literatura cívica infantil do início do século, passou-se também a valorizar os costumes e as tradições populares regionais. A valorização cultural do regional era um contrapeso à ênfase na centralização política e no papel do estado central. Voltava-se ao centralismo político imperial dentro de um federalismo cultural. A revista *Cultura Po-*

---

[161] Ver, por exemplo, CORREA. *A história do Brasil para crianças*. Um caso à parte na literatura infantil é o de Monteiro Lobato, que escapa ao estilo patriota dos outros autores. Sua literatura infantil merece estudo à parte pela riqueza e originalidade.

lítica trazia frequentes artigos sobre costumes regionais, às vezes escritos por intelectuais de esquerda, como Graciliano Ramos. Era uma maneira de cooptar intelectuais sem forçá-los a defender o regime.

IMAGEM OUTORGADA

Foi grande o avanço em relação ao Império e à Primeira República, conseguido pelos ideólogos do regime autoritário, ao verem positivamente a população e as tradições do país, ao interpelarem diretamente o povo, especialmente seu segmento operário, ao colocarem o homem brasileiro como centro da identidade nacional. Mas permaneceu o fato de que este povo não falava por si mesmo, não tinha voz própria, era ventríloquo, sua identidade e a identidade da nação eram outorgadas pelo regime. Mais ainda, o regime de 1937, ao mesmo tempo em que interpelava o povo, calava-lhe a voz ao fechar os partidos e movimentos políticos de esquerda e direita, ao fechar o Congresso Nacional, ao abolir todas as atividades políticas, ao cancelar as eleições em todos os níveis, ao outorgar uma constituição autoritária, ao proibir as greves operárias, ao implantar o sindicalismo corporativista dependente do Estado. A experiência participativa do prefeito Pedro Ernesto foi interrompida. Foram mantidas apenas suas técnicas de aproximação com a população pobre da cidade. O rico aprendizado de participação que se iniciara em 1930 foi paralisado. Nem mesmo uma participação controlada ao estilo nazifascista foi admitida. As manifestações coletivas limitavam-se a paradas militares, festas cívicas, desfiles de 1º de Maio. Calava-se a nação para se falar em seu nome.[162]

A eficácia da propaganda do regime foi inegável no que se refere ao movimento operário. Seus efeitos foram reais na constituição do operariado como ator coletivo, embora dentro da perspectiva paternalista e dependente. Quanto ao resto, a recusa de participação e a ausência de experiências políticas coletivas fizeram cair no vazio os esforços do governo. A participação do Brasil na guerra foi marginal e realizou-se longe do país. Nem de longe podia ter tido o impacto que teve a guerra contra o Paraguai. Afetou setor reduzido das próprias forças armadas e não

---

[162] Sobre a resistência à mobilização política, ver SCHWARTZMAN *et al. Tempos de Capanema*.

gerou heróis, apesar da simpatia com que passaram a ser vistos os soldados que foram à Itália, carinhosamente chamados de pracinhas. Melancolicamente, o principal símbolo gerado pela guerra veio dos estúdios Disney na figura do Zé Carioca, um papagaio tropical personificando o brasileiro, sobretudo o carioca. Zé Carioca era o eterno bem-humorado, meio malandro, que resolvia tudo na esperteza. Contradizia em boa parte a imagem do brasileiro trabalhador e dava visão caricatural de um país em eterna festa. O mais irônico era a própria figura do papagaio. De súbito, revivia-se a imagem da Terra dos Papagaios dos cronistas da descoberta. A velha imagem do paraíso tropical sem povo.

Embora o Estado Novo tivesse tentado aproximar a elite do povo, tivesse em sua retórica tentado projetar um Estado conciliado com a população e com as tradições nacionais, a nação que propunha era ainda apenas imaginada. Nem mesmo era imaginária, se dermos a este termo o sentido de uma construção simbólica ancorada numa comunidade de sentido, possível somente na presença de experiências coletivas concretas.[163]

(Este trabalho foi publicado com o título "Brasil: naciones imaginadas", em ANNINO, Antonio, LEIVA, Luis Castro, GUERRA, François Xavier. De los imperios a las naciones: Iberoamericana. Zaragoza: Ibercaja, 1994, p. 401-423.)

---

[163] Sobre o conceito de comunidade de sentido como premissa para a criação do imaginário social, ver BACZKO. *Les imaginaires sociaux*.

Brasil

Brasil: outra América?

Como entraram os 150 milhões de brasileiros no grande debate gerado pelo 5º centenário da viagem de Colombo? Que têm eles a ver com Colombo, ou com seus patrocinadores espanhóis? A data adequada para os brasileiros repensarem suas raízes e seu futuro não deveria ser o ano 2000, quando se completará o quinto centenário da passagem pela costa brasileira da esquadra portuguesa de Pedro Álvares Cabral? Afinal, Portugal afirmou sua independência no século XII combatendo os mouros e a consolidou lutando contra o reino de Leão. Apesar da fusão das Coroas portuguesa e espanhola entre 1580 e 1640, a rivalidade entre as duas nações foi constante na Europa e na América. Do ponto de vista do Brasil, é preciso lembrar também que houve uma França Antártica, no Rio de Janeiro no século XVI e, no século XVII, uma Nova Holanda em Pernambuco que durou 24 anos.

Haveria algo no estilo colonizador português que pudesse ser responsável por diferenças entre o Brasil e os países saídos da colonização espanhola, para ficar apenas na parte ibérica da América? É possível argumentar que sim. Por brevidade, fixemos apenas alguns pontos.

A expansão portuguesa dos séculos XV e XVI ainda hoje nos deixa maravilhados pela desproporção entre sua magnitude e os parcos recursos humanos e materiais da metrópole. Um pequeno país que no início do século XIX tinha pouco mais de três milhões de habitantes, criou, três séculos antes, um império que abrangia África, Ásia e América. A tática para enfrentar a escassez de recursos foi um grande pragmatismo de que são exemplos, na colônia, a miscigenação racial (era preciso produzir gente), a aliança do Estado com a iniciativa privada, a incorporação de brasileiros à burocracia colonial. Na metrópole, o preço a pagar foi o despovoamento, o abandono da agricultura, a necessidade de recorrer à proteção da Marinha inglesa. Foi, enfim, a transformação da metrópole em entreposto comercial.

À escassez de recursos, acrescente-se, como fator de diferenciação, o espírito da colonização portuguesa: apesar da retórica religiosa, ela teve um caráter muito mais mercantil do que a colonização espanhola. Libertando-se mais cedo dos mouros, a monarquia portuguesa voltou-se desde o final do século XIV para o comércio marítimo. Inaugurou um capitalismo comercial em que o rei era o principal mercador, "o excelso mercador de pimenta", como foi chamado D. Manuel I, o soberano que armou a frota de Cabral. O que se buscava nas Índias Orientais e Ocidentais eram produtos para serem comerciados na Europa. O Brasil revela esta orientação em seu próprio nome: a mercadoria, o pau-brasil, venceu a religião na denominação da nova colônia — em vez de Terra de Santa Cruz, o primeiro nome lembrado pelos descobridores, prevaleceu o de Terra do Brasil. Durante os três séculos da colonização, segundo atestam os cronistas, a preocupação única do reino era chegar, enriquecer-se e voltar. "Vim, enriqueci, e voltei", podiam dizer os práticos césares lusitanos. No século XVI comerciou-se o pau-brasil; no século XVII produziram-se mercadorias de exportação, o tabaco e o açúcar; no século XVIII vieram o ouro e os diamantes.

A ânsia de comerciar foi frustrada no início pela ausência de produtos lucrativos como os das Índias Orientais. Por muito tempo a colônia da América ficou abandonada por não oferecer alternativas comerciais, até que se descobriu a viabilidade da produção do açúcar. Como aos índios brasileiros, seminômades, não se adaptava o sistema espanhol de "encomiendas", e como não havia trabalhadores portugueses disponíveis, resolveu-se o problema da mão de obra com outra mercadoria muito rentável, os escravos vindos das feitorias da África. Como o engenho de açúcar era operação custosa, só acessível a poucos, fundou-se a base da economia colonial na grande propriedade territorial e na escravidão, duas instituições que deixaram marcas profundas e duradouras na economia e na cultura do país.

A integração forçada entre a administração metropolitana e a elite da colônia produziu outro traço marcante da evolução brasileira — a continuidade. Já no século XVIII se falava em transferir a sede da monarquia para a América. Ela foi de fato transferida em 1808, quando as tropas de Junot invadiram Portugal. Quando todas as partes da colônia espanhola se envolviam em grandes batalhas pela Independência, a elite política brasileira, boa parte dela educada em Coimbra, hesitava quanto à conveniência da separação. O exemplo da colônia espanhola era citado com frequência para demonstrar os perigos do desmembramento: guerra, fragmentação, violência civil, ou mesmo guerra racial como acontecera na ex-colônia francesa de Santo Domingo. Chegou-se, afinal, ao compromisso da separação com a monarquia sob um príncipe bragantino. A monarquia servia ao mesmo tempo como penhor da unidade da ex-colônia e como garantia da ordem social. A elite manteve sua posição, o novo império ficou intato, a escravidão foi preservada. Era marcante o contraste com a parte espanhola da colônia. De um lado, guerras de libertação, movimentos populares, heroicos libertadores, fragmentação; de outro, transição quase sem lutas, unidade política, ordem. O preço pago por esta transição foi tipicamente português: dois milhões de libras para Portugal e um tratado de comércio muito favorável à Inglaterra em retribuição por seu papel tutorial.

A grande miscigenação racial, envolvendo portugueses, índios e negros, deixou também marca indelével no país. A enorme presença de mestiços é apontada como responsável pela grande diferença entre a situação racial brasileira e a dos Estados Unidos onde a miscigenação foi quase nula. Se isto não tem necessariamente a ver com a maior ou menor violência do regime escravista nos dois países, afeta profundamente as relações raciais na medida em que dilui as linhas divisórias, dificulta a criação de identidades raciais e, como consequência, reduz o potencial de conflito étnico. A ideia de um paraíso racial brasileiro é um mito, mas isto não impede que as relações raciais sejam muito menos conflitivas do que nos Estados Unidos.

Da necessidade que tinha a Coroa portuguesa de recorrer à cooperação dos brasileiros para administrar a colônia resultaram outras consequências importantes. Uma delas foi o elitismo. O grande esforço centralizador da metrópole deu-se na segunda metade do século XVIII, no governo do marquês de Pombal, e coincidiu com a reforma da Universidade de Coimbra (1772). Com o receio de surgirem focos de rebelião, a metrópole não admitia universidades na colônia. Enquanto a Espanha criava 23 universidades na América, Portugal não criou uma só. Em consequência, os brasileiros que dispunham de recursos iam todos estudar em Coimbra e muitos ingressavam na burocracia metropolitana. A colônia ficava sem educação superior e, após a expulsão dos jesuítas pelo mesmo Pombal, restringia-se até mesmo a educação primária. À época da Independência, havia no país uma pequena ilha de letrados europeizados isolada num mar de analfabetos. Esses letrados deram ao Império

(1822-1889) uma face externa europeizada, em contraste com a face interna marcada pela escravidão e pelo latifúndio.

A fraqueza da metrópole levou também a uma relação de cooptação entre o governo e a elite econômica da metrópole e da colônia. O primeiro esforço de exploração da nova terra foi feito mediante a divisão do território entre ricos membros da aristocracia portuguesa. Posteriormente, a Coroa apoiou e financiou inúmeras expedições ao interior em busca de riquezas minerais. A arrecadação de impostos era frequentemente contratada com particulares; e o oficialato das tropas territoriais, as ordenanças, era todo ele recrutado entre os potentados locais. O Estado atribuía funções públicas a particulares. A opressão nunca era bastante grande para despertar revolta, a não ser em casos localizados; a participação política nunca era bastante grande para ir além dos potentados, os "homens bons" da colônia. Era um conluio da administração com as elites locais que deixava de fora a maioria da população, presa nas malhas do poder privado dos grandes proprietários. Já dizia no século XVII frei Vicente do Salvador, o autor da primeira história do Brasil, citando um bispo de Tucumán, que, no Brasil, as coisas estavam trocadas, pois toda a terra não era república, sendo-o cada casa; no primeiro quartel do século XIX, o naturalista francês Saint-Hilaire fazia observação semelhante: "dans ce pays, la societé n'existe point"; ao final do século XIX, outro francês, o biólogo Couty, mantinha o diagnóstico, dizendo que o Brasil não tinha povo político, apesar de seus 12 milhões de habitantes; na segunda década do século XX, em plena República, um dos mais influentes pensadores do país, Alberto Torres, ainda se queixava: "Este estado não é uma nacionalidade; este País não é uma sociedade; esta gente não é um povo."

Ausência de grandes rupturas, tolerância nas relações raciais e religiosas, política cooptativa e patrimonialista, são heranças da colonização portuguesa. Embora alguns vejam aspectos positivos nessas características, elas vêm acompanhadas de altos custos sociais e políticos. Ao final do século XX, em torno de 60 milhões de brasileiros são analfabetos ou semianalfabetos, e 80% da população ativa ganha menos de US$ 130,00 por mês. O grosso da população não tem acesso à justiça e não confia nos partidos políticos, no Congresso, nos políticos. Frei Vicente do Salvador mantém-se atual: o Brasil não é uma república.

Será este um quadro muito diferente do que é apresentado pelos países de origem espanhola? A elite brasileira sempre fez questão de marcar a especificidade do Brasil em relação a esses países. No século XIX, os países hispânicos eram vistos como exemplo negativo de violência política, de caudilhismo, de barbárie. Contra dois deles o Império entrou em guerra. Os modelos da elite vinham da Europa, embora não de Portugal, eram o parlamentarismo inglês e o liberalismo francês. A República (1889) se fez em nome da solidariedade americana, da reação contra os restos de velho mundo embutidos na Monarquia. Mas a América que os republicanos tinham diante de si e de quem copiaram as novas leis era a anglo-saxônica e não a hispânica. Fascinada pelos Estados Unidos, a nova elite buscou implantar no solo da tradição colonial portuguesa os valores, a ela estranhos, do liberalismo, do individualismo, do industrialismo. O país continuou de costas para a América hispânica.

A insistência em afirmar uma identidade em relação à América hispânica talvez oculte semelhanças importantes. Para alguns observadores, haveria valores ibéricos comuns a Portugal e Espanha que teriam sobrevivido no novo mundo, tais como o personalismo, a recusa do liberalismo, o ideal de uma sociedade baseada na integração e não no entrechoque de interesses. Seja como for, o contexto político e econômico internacional de hoje força os países da ibero-américa a se aproximarem mais uns dos outros e a se distanciarem de suas origens. Une-os a crise econômica, a dívida externa, a defasagem tecnológica, a dificuldade de competir no mercado internacional, a marginalização.

Quinhentos anos após a viagem de Colombo, assiste-se a um recuo da Europa sobre si mesma, em movimento de sístole oposto à diástole que marcou a era dos descobrimentos. Portugal, livre afinal de todas as colônias, volta-se para a Europa numa guinada de 180 graus, já efetuada há mais tempo pela Espanha. O Brasil e os países hispano-americanos terão cada vez mais diante de si a América anglo-saxônica que os ameaça com seu poderio e os desafia com seus valores. Diante desta conjuntura reduzem-se as diferenças e as desconfianças mútuas entre o Brasil e seus vizinhos e talvez não seja impróprio, afinal, que ele participe plenamente dos grandes eventos e das controvérsias em torno do quinto centenário. Brasil e América hispânica se unem como personagens da *Tempestade* shakespeariana, buscando libertar-se da miséria de Calibã e do romantismo de Ariel, sem descaracterizar-se sob o domínio do Próspero anglo-saxão.

(Publicado em *Europa/América, 1492/1992. La historia revisada*. Organizado por John H. Elliott, El Pais, Madrid, 1992, p. 72-74.)

Brasil

Brasileiro: cidadão?*

Começo contando um pequeno episódio de que fui parte. Pequenas histórias do cotidiano são, às vezes, mais esclarecedoras da cultura de um povo do que abstratas especulações acadêmicas. Em sua espontaneidade, podem jogar luz inesperada sobre aspectos importantes dos valores coletivos, inclusive no campo que nos deve ocupar aqui hoje — o da construção de nossa cidadania. Dirigia-me a um sítio localizado a 60 quilômetros do Rio de Janeiro, quando fui interrompido por um grupo de pessoas que me pediram para levar uma senhora ao médico. Atendi e no carro indaguei da razão do pedido. A casa da mulher tinha sido invadida por policiais militares. Ela sofreu um choque e passou mal. De regresso do posto médico, onde fiquei sabendo que o trauma poderia ter sido sério, me detive no posto policial para reclamar. Apenas me viram, os policiais se dirigiram a mim com toda gentileza, dizendo imediatamente: "Pois não, doutor, em que podemos servi-lo?"

Expliquei o caso, argumentei que poderiam ter causado a morte da pobre velha. O sargento não se abalou. Admitiu terem sido ele e um colega os autores do feito, mas negou a acusação: "Não invadi, doutor, não arrombei; foi apenas o peso do meu corpo que forçou a porta do casebre." Continuou explicando que a mulher se declarara crente e fora bem tratada. Havia uma acusação de roubo de galinha — o clássico roubo de galinha! — contra os filhos da mulher, daí a razão da investigação policial. Completou afirmando que o local era ponto de macumba e talvez de tráfico de drogas, o que justificava plenamente a ação da polícia.

---

* Palestra proferida no Ciclo de Debates Brasileiro: cidadão?, promovido pelo Banco Bamerindus e pela Associação Cultural Avelino Vieira, Curitiba, no período de agosto a novembro de 1991.

Esta é a pequena história. O que ela nos diz sobre a cidadania em nosso país?

De início, podemos verificar que, naquele contexto, a igualdade de todos perante a lei, estabelecida no artigo 5º da Constituição em vigor, é balela. Quem define a cidadania, na prática, é a polícia. Na curta conversa de dez minutos com um agente da lei, com alguém que deveria implementar os dispositivos constitucionais, descobrimos que ele estabelece, por conta própria, três classes de cidadãos, a saber: o doutor, o crente, o macumbeiro. Doutor é o cidadão de primeira classe, titular dos direitos constitucionais, merecedor do respeito e da deferência dos agentes da lei. O crente vem em segundo lugar: pode ter alguns direitos violados, mas ainda merece algum respeito. Por fim, o macumbeiro: não tem direitos, nem pode ser considerado cidadão. Na vida real daquela localidade, o que vale mesmo é a constituição da *Animal Farm* (*A revolução dos bichos*), a famosa criação literária de George Orwell. Como todos sabem, após a reforma constitucional de *Animal Farm* feita pelos porcos, a constituição daquele país aparentemente imaginário reduziu-se a um artigo: "Todos os animais são iguais, mas alguns animais são mais iguais do que os outros."

O doutor é, entre nós, o animal mais igual do que os outros. O policial não teve dificuldade em identificá-lo em minha pessoa. Minha roupa era de trabalho, surrada. Mas havia o carro, um Monza, símbolo inequívoco de posição social, e havia a cor branca, o modo de falar, a pele fina, os dentes completos, toda uma série de pequenos indicadores que revelavam, ao olho experimentado, a presença de um "mais igual". O doutor, o cidadão de primeira classe, falando agora do Brasil e não apenas do contexto de minha pequena história, é a pessoa rica, educada, branca. É o empresário, o professor universitário, o político, o fazendeiro, o coronel, o profissional liberal. É a pessoa capaz de defender seus direitos e mesmo seus privilégios, recorrendo a amigos influentes, pagando advogados, comprando a polícia, ou, no caso do Rio de Janeiro e outras metrópoles, recorrendo até a meios heterodoxos. É o um por cento da população com renda de mais de dez salários mínimos.

DIREITOS CIVIS

O crente da história, projetado para o cenário brasileiro, é o pobre honesto: o trabalhador assalariado com carteira assinada, do campo ou da cidade, o pequeno funcionário, o pequeno proprietário. Ele não está, como o doutor, acima de qualquer suspeita, mas tem o benefício da dúvida. Quais de seus direitos serão respeitados, quais serão violados, depende da avaliação concreta de cada caso pelos agentes da lei. Em nossa historinha, foi ignorada a inviolabilidade do domicílio e respeitada a integridade física. O pobre honesto não tem o conhecimento exato de seus direitos civis nem as condições intelectuais e materiais para fazer valer estes direitos. Na antiga sociedade patriarcal, sua única defesa era o fazendeiro sob cuja proteção devia colocar-se apesar dos altos custos em termos de independência pessoal. Hoje, apenas igrejas, sindicatos e associações de moradores proporcionam alguma assistência que, no entanto, se limita a pequena parcela dessa imensa população.

Por fim, o macumbeiro. Em termos de Brasil, o macumbeiro representa um imenso segmento da população das grandes cidades, trabalhadores sem carteira assinada, domésticas, biscateiros, camelôs, menores de rua, mendigos. Quase sempre, é mulato ou negro, analfabeto ou com educação primária incompleta. Este brasileiro faz parte da comunidade política nacional apenas nominalmente. Seus direitos civis são desrespeitados sistematicamente. Ele é culpado até prova em contrário. Às vezes mesmo após prova em contrário.

Crentes e macumbeiros, pobres honestos e párias, formam a multidão dos pobres e miseráveis, os 60 milhões de analfabetos e semianalfabetos, de acordo com reportagem recente da *Folha de S. Paulo*. Formam a imensa base da pirâmide social brasileira, os 83 por cento que recebem até dois salários mínimos (dados de 1985). São a base de uma sociedade hierarquizada, que o antropólogo Roberto da Matta caracterizou como a do "você sabe com quem está falando?". Conta mais a posição social de cada um do que as estipulações da lei, do que o capítulo constitucional que garante a igualdade de todos perante a lei. É uma sociedade cujos valores contrastam radicalmente, por exemplo, com os da sociedade norte-americana, onde a frase equivalente ao "você sabe com quem está falando?" é "quem você pensa que é?", uma afirmação de igualdade em perfeito acordo com a declaração de direitos feita pelos fundadores dos Estados Unidos. No primeiro caso é o doutor, socialmente superior, afirmando sua superioridade civil sobre os inferiores. No segundo, é o socialmente inferior, afirmando sua igualdade civil perante os superiores.

E tudo acontece num país em que o capítulo de direitos políticos da Constituição está em pleno funcionamento. Há eleições regulares e razoavelmente honestas, o sufrágio nunca foi tão amplo, incluindo, pela primeira vez na história da República, analfabetos e maiores de dezesseis anos. Hoje, apenas os conscritos do serviço militar estão excluídos do direito de voto. Partidos políticos podem ser organizados com a maior facilidade, manifestações políticas são livres e frequentes. Os mecanismos da democracia funcionam normalmente. Nossa política é formalmente democrática.

No entanto, apesar da plenitude dos direitos políticos, permanecem a incerteza e a insegurança quanto a nosso futuro democrático, sem falar no futuro nacional. Permanece a sensação de que as instituições democráticas, como o Congresso, os partidos, a Presidência, os sindicatos, ainda não funcionam de maneira satisfatória; de que a democracia ainda continua um sonho irrealizado, planta frágil; de que os problemas básicos da população continuam sem solução.

Certamente, haverá muitas razões para este fracasso. Não é possível abordar todas numa curta palestra. Gostaria de centrar a discussão em uma razão que não é muito discutida, mas que me parece importante.

A razão que gostaria de discutir tem a ver com o episódio relatado. Tem a ver — para usar agora uma terminologia pedante, própria do dialeto da tribo acadêmica a que pertenço — com o maior desenvolvimento dos direitos políticos em relação aos direitos civis. Entendo por direitos políticos o direito de votar e ser votado, o direito de organizar partidos e fazer demonstrações e reivindicações políticas. Os direitos civis, também arrolados na Constituição, são: a igualdade perante a lei, a liberdade, a propriedade. Mais especificamente, liberdade de pensamento, de religião, de associação; a preservação da honra e da privacidade; a inviolabilidade do lar; o direito de não ser processado e sentenciado a não ser pela autoridade competente, de não ser privado da liberdade ou dos bens sem o devido processo legal, de não ser preso a não ser em flagrante delito ou por ordem judicial.

Há um excelente estudo histórico de T. H. Marshall[164] sobre a evolução dos direitos que compõem a cidadania — os civis, políticos e sociais. Marshall diz que em um dos países em que se gerou a moderna democracia, a Inglaterra, esses direitos surgiram sequencialmente. Em primeiro lugar, vieram os direitos civis. Com base na posse dos direitos civis, foram reivindicados os direitos políticos. Finalmente, conquistados

---

[164] T. H. Marshall. *Cidadania, classe social e status*. Editora Zahar, 1967.

os direitos políticos, e graças a eles conseguida participação no poder, foram implantados os direitos sociais: a regulamentação do trabalho, a proteção à saúde do trabalhador, o seguro-desemprego, a pensão, a aposentadoria etc.

A tese parece convincente do ponto de vista histórico, e é lógica. Desenvolveu-se inicialmente, e isto no século XVIII, o senso de alguns direitos fundamentais, como o da liberdade individual e o direito de propriedade. Expandiu-se ao mesmo tempo o aparato da justiça real, que fazia valer esses direitos, que os garantia, mesmo que de maneira imperfeita e desigual. Era a justiça do rei que se sobrepunha lentamente à justiça privada dos barões feudais. A convicção de ser livre e a existência de uma justiça que protegia esta liberdade eram já elementos poderosos na fundação de uma consciência cívica, de uma comunidade política.

O passo seguinte só veio um século mais tarde, na Inglaterra, quando se consolidaram as instituições representativas. Por volta de 1830, naquele país, o voto não era muito mais difundido do que no Brasil. Talvez fosse menos difundido, pois no Brasil votavam os analfabetos, e na Inglaterra só os ricos que pagavam impostos. No final da década de 30 começou, no entanto, um movimento popular pela expansão do voto, chamado Cartismo. A luta foi longa, mas ao final do século se expandira grandemente a franquia eleitoral. Para o sufrágio universal faltava apenas o voto feminino, que teve que aguardar o século XX para ser admitido.

Uma vez ampliado o círculo do poder, formados os partidos socialista e trabalhista, o próximo passo foi reclamar os direitos sociais via a ação do próprio Estado. Os direitos sociais foram uma conquista típica do século XX. Curiosamente, aliás, em alguns países, como os Estados Unidos, eles foram de início considerados incompatíveis com os direitos políticos, pois pensava-se que uma pessoa dependente do Estado não poderia ser suficientemente autônoma para exercer o direito de voto.

ORDEM INVERSA

De qualquer modo, a combinação dos três direitos, e na sequência indicada, em que o exercício de um deles levava à conquista do outro, parece-me ter constituído um precioso elemento para explicar a solidez do sentimento democrático e a maior completude da cidadania nos países do ocidente europeu e nos Estados Unidos. A cidadania foi uma construção lenta da própria população, uma experiência vivida: tornou-se um sólido valor coletivo pelo qual se achava que valia a pena viver, lutar e até mesmo morrer.

Entre nós, as coisas não se deram dessa maneira. A ordem de surgimento dos direitos foi outra. A Constituição imperial de 1824 registrou, de uma vez, os direitos civis e políticos como apareciam nas principais constituições liberais europeias da época. Eles surgiram pelo ato de fundação da nacionalidade, realizado quase sem luta, numa transição pacífica do regime colonial para a vida independente. Transição que estava muito distante da longa luta empreendida pelos ingleses e da dramática experiência da Revolução Francesa. A pressão popular pelo direito de voto, por exemplo, foi quase inexistente no Brasil. No século passado houve mesmo retrocessos, como o da lei da eleição direta de 1881, que tirou o voto dos analfabetos num país em que eles constituíam 80 por cento da população. Talvez o único movimento a demandar participação eleitoral nos 170 anos de vida independente do país tenha sido o das Diretas, comandado especialmente pela classe média urbana na década de 1980. Não houve nada semelhante ao Cartismo, e o movimento pelo sufrágio feminino foi pouco significativo.

As expansões do voto no Brasil se deram por reformas constitucionais em 1934 e 1988, sem que a elas correspondessem grandes pressões populares. Os direitos civis já estavam consagrados na Constituição de 1824, que se inspirava na Constituição francesa de 1792 e na Declaração dos Direitos do Homem e do Cidadão. Mas se esses direitos ainda hoje são letra morta para grande parte da população, que dizer do Brasil do século XIX, quando havia escravidão e quase toda a população chamada de livre vivia sob o estrito controle dos senhores de terra?

Ao ser discutida uma vez no Senado a naturalização dos imigrantes que se buscava atrair para o país, um senador mais franco se opôs à medida, dizendo não querer que os estrangeiros, confiados na lei, cá viessem tomar cacete. Esta foi, literalmente, a expressão usada pelo senador Bernardo Pereira de Vasconcelos, insuspeito de demagogia, pois era um dos chefes do Partido Conservador. A fala confirmava o uso da violência física contra trabalhadores livres, e não apenas contra os escravos. Era violência privada, mas também violência do Estado, de vez que Vasconcelos se referia provavelmente ao recrutamento militar que era uma autêntica caçada aos pobres livres. É uma glória do marinheiro João Cândido ter sido o líder de uma revolta contra o uso da chibata na Marinha, e isto em 1910, já em pleno século XX. A prática, ainda comum no país inteiro, dos maus-tratos e mesmo da tortura contra presos comuns por parte da polícia reflete sem dúvida esta tradição escravista negadora dos mais elementares direitos civis.

A existência dos direitos políticos sem o prévio desenvolvimento de direitos civis, da convicção cívica da liberdade individual e dos limites do poder do Estado, redunda num exercício falho da cidadania política. O voto, como ainda acontece até hoje em largas parcelas da população, passa a ser tudo, menos a afirmação da vontade cívica de participação no governo do país, pela representação. Ele é o penhor de lealdade pessoal, de retribuição de favores, de barganha fisiológica, quando não simples mercadoria a ser vendida no mercado eleitoral.

ESCÂNDALOS DIÁRIOS

Daí, em parte, as frustrações com as práticas da democracia política, com o que por algum tempo se chamou eufemisticamente de Nova República. A Nova República, aprendemos amargamente, era nova no que se refere ao direito de escolher governantes, mas muito velha nas práticas eleitorais, na relação personalista entre eleitor e representante, na irresponsabilidade dos eleitos, no trato inapropriado da coisa pública por parte dos detentores de cargos executivos e legislativos. Particularmente, era muito velha na corrupção, que desde o século XVIII foi detectada pelo autor anônimo do famoso livro *A arte de furtar*. Saímos da ditadura para a democracia e isto em nada parece ter afetado o comportamento de pessoas e instituições no que se refere ao respeito pelo dinheiro público e à impunidade dos criminosos. Escândalos são denunciados quase diariamente, e muito pouco ou quase nada resulta dos inquéritos e das tão famosas como inócuas promessas de investigação "custe o que custar", ou "doa a quem doer".

Mais do que o petróleo das campanhas da década de 1950, podemos dizer que a corrupção é nossa. Os republicanos acusavam o regime monárquico de ser corrupto, os revolucionários de 30 acusavam a Primeira República de ser corrupta, os democratas de 45 acusavam o Estado Novo de ser corrupto, os militares de 64 acusavam a democracia de 45 de ser corrupta, a Nova República acusou a República dos militares de ser corrupta, hoje todos acusam a Nova República de ser corrupta... Está claro que a corrupção não é um simples problema de moralismo udenista, é um fenômeno sociológico que tem a ver com traços profundos de nossa cultura cívica, ou de nossa falta de cultura cívica.

Se o exercício dos direitos políticos, se os mecanismos democráticos de governo aparentemente não funcionam no sentido de representarem os interesses mais prementes da população, de possibilitarem a solução dos problemas mais dramáticos do povo, gera-se o desencanto com as próprias instituições democráticas, gera-se o que todas as pesquisas de opinião revelam: a baixa estima popular por essas instituições, pelos partidos políticos, pelo Congresso e pelos responsáveis por sua operação, os políticos. Gera-se, no final das contas, o desencanto com o sistema político e com o próprio país.

É deprimente o que uma pesquisa da *Folha de S. Paulo*, feita em várias cidades do Brasil, revelou: 40 por cento dos brasileiros não veem razão para orgulhar-se de seu país; muitos brasileiros sentem vergonha de ser brasileiros. Confesso-lhes que em meus 52 anos de vida, e em meu conhecimento da história do século XIX e da Primeira República, nunca vivi semelhante clima de desencanto e frustração, de falta de lealdade com o sistema político e com o próprio país. Não é preciso salientar quão perigosa é esta atmosfera, este caldo de cultura, para a sobrevivência das instituições democráticas.

A situação do país se revela mais peculiar se observarmos que os direitos sociais, os últimos na sequência clássica, expandiram-se antes dos direitos políticos no Brasil. Foram introduzidos não graças à luta política, mas durante um período de ditadura. Não se nega que antes da Revolução de 30 houvesse um movimento operário e demandas de regulamentação do trabalho e de política de assistência social. Mas é um fato também que a legislação social foi introduzida maciçamente num momento em que não estavam em operação os mecanismos representativos. Por isto, foi introduzida de cambulhada com uma política sindical que favorecia o controle estatal sobre as organizações operárias. Deste movimento, surgiu o mito da doação das leis trabalhistas pelo Estado, particularmente por seu executivo na época, Getúlio Vargas. A imagem paternalista de "pai dos pobres" por longos anos conformou a consciência operária, assim como o corporativismo se enraizou profundamente na prática sindical de patrões e operários. Tudo isto era, e é, sintoma e reforço da precariedade da cidadania, da ausência da conquista dos direitos individuais e coletivos pela luta.

O QUE É LIBERDADE

Aqui cabe outra historinha para exemplificar este lado de nossa falha cultural cívica. No início da Nova República, a TV Educativa do Rio de Janeiro fez um documentário sobre cidadania. A ideia era flagrar na prática cotidiana a qualidade do espírito cívico da população. Lembro-me de um dos episódios.

Um cidadão jogava bola em plena calçada de uma rua movimentada da Zona Sul do Rio de Janeiro. A repórter perguntou-lhe se não julgava tal prática perigosa, pois a bola poderia atingir algum carrinho de bebê e machucar a criança, ou quebrar os óculos de uma pessoa. A resposta veio rápida e convicta: "Eu pago imposto e faço o que bem entender, onde bem entender."

Aparentemente, há aí afirmação de liberdade individual, de independência. Até certo ponto é verdadeira a observação. Este cidadão não é o mesmo que aquele que é vítima da tradição escravista, submetido ao arbítrio ou ao paternalismo do governo ou de particulares. Ele tem, sem dúvida, um forte senso de independência pessoal. Mas que liberdade é essa? Eu diria que é exatamente o reverso da medalha da falta de consciência de direitos presente no primeiro caso. Um conhecido sociólogo brasileiro, Oliveira Viana, fez uma observação que me parece perfeita para descrever a situação. O brasileiro, disse ele, diferentemente de povos com maior consciência cívica, tem o senso da independência individual, mas não tem o senso da liberdade. O que ele queria dizer com isso é que o senso da liberdade cívica exige como contrapartida o senso da liberdade do outro. O meu direito, na famosa frase, termina onde começa o direito de meu semelhante. A concepção de liberdade de nosso jogador de calçada é pré-cívica, é incompatível com a convivência civilizada, com a vida democrática. Passa-se, então, de uma situação de dependência para outra de independência selvagem, de puro individualismo. No processo, não se constrói o espaço público, aquele espaço que é a essência do governo democrático por ser o local onde se conciliam os interesses divergentes.

Há muito deste individualismo, desta concepção falha da liberdade, na ênfase que se dá hoje à luta pelos direitos do cidadão. A expressão popular "quero tudo a que tenho direito" é expressão deste fenômeno. Não há aí a visão da contrapartida de dever que está embutida na ideia de direito civil. O professor, para começar com um exemplo que me toca diretamente, quer bons salários, verbas abundantes para pesquisa, independência em relação ao governo. Mas resiste à avaliação de seu trabalho pelo aluno ou pelo governo, resiste ao uso de critérios sociais ou públicos para avaliar sua docência e sua produção. O funcionário público insiste nas vantagens do cargo, na estabilidade, nos fundos especiais de previdência, mas resiste à discussão da qualidade de seu serviço, da qualidade do atendimento ao público, que é a razão de ser de seu emprego. O empresário quer liberdade de atuação, menos impostos, menos burocracia, menos controle por parte do governo. Mas sonega impostos, subfatura, sobrefatura, aumenta despropositadamente os preços, quando não pede abertamente a proteção do Estado na forma de incentivos e subsídios.

A listagem podia prosseguir incluindo todas as categorias sociais. O mal percorre a sociedade de alto a baixo. Já foi mesmo batizado como "a Lei de Gerson" — isto é, a lei de levar vantagem em tudo. Em uma sociedade como esta não há possibilidade de confiança nem entre cidadãos, nem entre cidadão e governo. Porque, evidentemente, o governo é parte deste jogo, quando age arbitrariamente, quando mente, quando nega hoje o que fará amanhã, quando muda constantemente de posição, quando, enfim, desrespeita o cidadão. Não é de menor importância no fracasso das medidas de contenção da inflação esta desconfiança generalizada. O Plano Cruzado terminou quando foi manipulado eleitoralmente, numa falcatrua que o desmoralizou e a todos os planos do governo Sarney que se seguiram. O sequestro da poupança feito no início do atual governo, contra afirmações categóricas em contrário na época da campanha, não podia deixar de ter, como teve, efeitos desastrosos para a credibilidade do presidente Fernando Collor.

Resumindo, é a ausência de cultura cívica, diria, que compromete ou torna pouco eficaz o exercício dos direitos políticos. Esta ausência — é meu outro argumento — deve-se em boa parte à precariedade do desenvolvimento dos direitos civis, base sobre a qual devem se assentar os direitos políticos. Para que o cidadão político possa ter plena eficácia, ele deve sustentar-se nos ombros do cidadão civil, consciente de seus direitos e também de suas obrigações. Esta falha, este defeito de origem, permeia a sociedade de alto a baixo. Dela podemos dizer o que dizia José Bonifácio, o Patriarca da Independência, referindo-se à escravidão, que constitui o câncer que corrói as entranhas da nação.

A referência é apropriada, pois não há dúvida de que a falta de espírito cívico é uma das heranças da escravidão, esta antítese do espírito de liberdade. A escravidão permeou de tal modo a sociedade que muitos escravos, ao conseguirem a alforria, se para tanto tivessem recursos, compravam para si um escravo. E houve mesmo casos de escravos que possuíam escravos. Os valores da escravidão invadiam tudo, todas as classes sociais. Dentro de nosso cidadão sobrevivia a mentalidade do senhor e do escravo. Este fenômeno gerava o que Joaquim Nabuco chamou de mestiçagem política. Se eliminarmos da expressão a conotação racista — até mesmo Nabuco era vítima dos males da escravidão —, se tomarmos mestiçagem no sentido de cidadãos incompletos, fragmentados, a expressão traduz muito bem o argumento que vimos tentando desenvolver até agora.

A REFORMA DO JUDICIÁRIO

Feito o diagnóstico, resta perguntar sobre o que fazer. O fato de termos desenvolvido mais os direitos políticos e sociais do que os civis haverá de condenar-nos à perpétua infantilidade democrática? É preciso acreditar que não. Não há por que não conceber a possibilidade de que, por exemplo, o exercício sustentado dos direitos políticos acabe por possibilitar a maturação dos direitos civis. O aprendizado é certamente lento e cheio de percalços, pelo próprio fato de ser o exercício dos direitos políticos algo desnaturado, como argumentei. Neste sentido, países que fizeram trajetória diferente da inglesa para a cidadania moderna, como a Alemanha e o Japão, estavam em melhor condição do que nós, pois tinham pelo menos um lado da medalha cívica: o senso do dever social. Restava-lhes construir o senso da liberdade cívica, o que fizeram com êxito.

Pode-se, no entanto, perguntar se nas discussões sobre reformas, inclusive constitucionais, que ocupam a atenção do país, não poderia ser dada maior atenção àquelas que possam contribuir para o fortalecimento e a garantia dos direitos civis. Penso, especialmente, na reforma do sistema judiciário, sistema que deveria ser o sustentáculo desses direitos. Volto à hierarquia de nossa cidadania, o doutor, o crente, o macumbeiro. Não digo novidade alguma afirmando que a justiça entre nós, no sentido de garantia de direitos, existe apenas para a pequena minoria dos doutores. Ela é inacessível à multidão dos crentes e macumbeiros, isto é, à grande maioria dos brasileiros. Para eles, existe o

Código Penal, não o Código Civil, assim como para os doutores existe apenas o Código Civil. Sem a garantia das leis civis, é ilusória a cidadania civil, é ilusória a esperança no fortalecimento da independência pessoal, é ilusória a expectativa do desenvolvimento de um forte sentimento de lealdade nacional.

Observe-se que, na área dos direitos sociais, as coisas evoluíram satisfatoriamente. Criou-se uma justiça trabalhista à qual tem acesso uma parcela muito maior de cidadãos do que à justiça civil. O pobre tem muito mais facilidade de entrar em juízo para reclamar hora extra não paga do que para garantir a inviolabilidade de seu lar, a proteção de sua honra, de sua integridade física, mesmo de seu direito de ir e vir, frequentemente violado pelas exigências de carteira de identidade, carteira de trabalho etc.

A única tentativa no sentido de ampliar o acesso à justiça, feita nos últimos tempos, foi a criação dos juizados de pequenas causas. A meu ver, é uma tentativa de enorme alcance. Mas ela não é prioridade de nenhum governo e, em consequência, tem-se expandido muito lentamente, tendo que lutar até mesmo contra o corporativismo dos advogados.

De modo geral, parece-me, uma ampla reforma da justiça no sentido de torná-la ágil, barata e acessível a todos os cidadãos seria um passo indispensável em nosso aperfeiçoamento democrático. Relembro que a administração da justiça foi a primeira garantia da liberdade na fundação do Estado Moderno.

Nas próprias reformas mais estritamente políticas, seria possível enfatizar aquelas que podem fortalecer o senso da responsabilidade individual e coletiva. Penso especificamente no voto distrital, que aproxima o eleitor do eleito e possibilita a revogação do mandato do deputado inadimplente; penso na descentralização política, incluindo aí o município, para forçar a aproximação entre o cidadão e o Executivo, com uma adequada distribuição de recursos e responsabilidades entre os vários níveis de governo.

A formação do cidadão nas circunstâncias históricas em que evoluímos não poderia ser processo fácil e rápido. Mas é preciso reconhecer que este processo está sendo excessivamente lento, assim como foi excessivamente lenta a abolição da escravidão. A pergunta que ocorre logo ao observador é se a lentidão não se deve à falta de interesse em que a cidadania se desenvolva. O cidadão esclarecido é sem dúvida uma peça incômoda, reivindicadora. Sem ele, no entanto, está comprometido nosso próprio futuro como nação. Euclides da Cunha escreveu, em *Os sertões*, refletindo o ambiente do final do século XIX: "Estamos condenados à civilização. Ou progredimos ou desaparecemos". Neste final de século XX, a frase deveria ser: "Estamos condenados à democracia. Ou nos democratizamos ou desaparecemos."

(Publicado sob o título "Interesses contra a cidadania". In: MATTA, Roberto da *et al. Brasileiro: cidadão?*. São Paulo: Cultura Editores Associados, 1992, p. 87-125.)

Parte 2 | **PONTOS**

Cidadania

Cidadania a porrete

O *Jornal do Brasil* de 8 de dezembro último traz fantástica reportagem sobre um ex-marinheiro, Adolfo Ferreira dos Santos, o Ferreirinha. Segundo o repórter Borges Neto, Ferreirinha, já com 98 anos, foi marinheiro contemporâneo e admirador de João Cândido, o líder da revolta contra o uso da chibata na Marinha. Até aí nada demais. Não há surpresa também na revelação de que Ferreirinha, como quase todos os marujos da época, levou marmelo no lombo. O extraordinário está no que segue. Disse Ferreirinha literalmente: "Mas chicotadas e lambadas que levei quebraram meu gênio e fizeram com que eu entrasse na compreensão do que é ser cidadão brasileiro."

Aí está. Um negro, nascido apenas dois anos após a abolição da escravidão, diz que aprendeu no cacete o que significa ser cidadão brasileiro. Entre ingênuo e malicioso, Ferreirinha produziu o comentário mais rude e mais revelador que jamais li ou ouvi sobre a natureza de nossa cidadania. Revelador da original contribuição brasileira à teoria e à prática da moderna cidadania. A cidadania inglesa, na conhecida análise de E. P. Thompson, foi construída em cima de profundo sentimento de liberdade; a francesa assentou nos princípios da liberdade, da igualdade, da fraternidade; a norte-americana emergiu das comunidades livres da Nova Inglaterra. A brasileira foi implantada a porrete. O cidadão brasileiro é o indivíduo que, na expressão de Ferreirinha, tem o gênio quebrado a paulada, é o indivíduo dobrado, amansado, moldado, enquadrado, ajustado a seu lugar. O bom cidadão não é o que se sente livre e igual, é o que se encaixa na hierarquia que lhe é prescrita.

Esta originalidade brasileira, este aspecto de nosso nacionalismo escaparam aos modernistas na década de vinte. Na busca de nossas origens, eles criaram o movimento da poesia pau-brasil. Não lhes ocorreu que nossa política poderia ser colocada também sob o mesmo símbolo: política pau-brasil. É justo que caiba, então, a Ferreirinha o crédito pela descoberta. Vamos chamá-la a lei do Ferreirinha e dar-lhe a formulação mais simples: brasileiro é no pau.

Não é difícil rastrear em nossa história evidência para esta leitura. Suas raízes profundas estão, naturalmente, na escravidão. Já dizia Antonil, o grande cronista do Brasil colônia, que o tratamento dos escravos seguia a regra dos três pês: pau, pão e pano, ou seja, cacete, comida e roupa. Seus colegas, os padres Jorge Benci e Manuel Ribeiro da Rocha, não viam nada de fundamentalmente errado na regra. Apenas exortavam os senhores a serem mais generosos no pão e no pano e mais contidos no pau. Aplicar o porrete em doses razoáveis era mesmo obrigação moral dos senhores, do mesmo modo que é obrigação do pai castigar o filho para o próprio bem deste.

Da colônia para o país independente a mudança não foi grande. Como era tratado o escravo e o agregado, assim foi tratado o cidadão. Em 1848, ao se discutir no Congresso um projeto de lei que regulasse a imigração, e tendo sido proposta a naturalização do imigrante após três anos de residência, o senador Vasconcelos objetou dizendo não desejar que o estrangeiro, confiado na lei, viesse tomar cacete. A expressão usada por Vasconcelos foi essa mesma, tomar cacete. Era este o privilégio do cidadão do novo país no depoimento de um dos representantes mais típicos da elite política imperial. A tanto montava ser cidadão brasileiro: ficar sujeito ao recrutamento forçado para a Guarda Nacional, para o Exército e para a Marinha. Na Guarda esperava-o o porrete do coronel, no Exército e na Marinha, a espadada e a chibatada. Se escapasse dessas três alternativas, não escaparia do inspetor de quarteirão e dos delegados de polícia. O estrangeiro não naturalizado tinha pelo menos o cônsul para o defender.

República adentro, manteve-se a prática. É conhecida a lei de ouro do coronelismo: para os amigos pão, para os inimigos pau. Era a mesma velha regra de Antonil, apenas adaptada à vida política. E não se diga que a regra se aplicava apenas ao mundo rural, ao reino dos coronéis. No mundo urbano que emergia o espírito era o mesmo. Questão social era com a polícia mesmo, era no sarrafo. Para não espichar a estória, basta lembrar a recentíssima declaração do general Medeiros de que, tratando com grevistas, porrete é um santo remédio. Que o digam os metalúrgicos de Volta Redonda.[1]

---

[1] Referência ao uso do Exército para reprimir a greve dos metalúrgicos da Companhia Siderúrgica Nacional.

A prática brasileira de formação do cidadão é corroborada pela riqueza do vocabulário. Ferreirinha virou cidadão, em suas palavras, no marmelo, na lambada, na chibata. Outros entraram no pau, no sarrafo, no cacete, no porrete, no bordão, na manguara, na vara, no cipó. Ou na borduna, a contribuição indígena à nossa pólis. Isto no ciclo do pau-brasil. No ciclo do boi as alternativas ampliaram-se. O candidato a cidadão tinha então a sua disposição o couro, o bacalhau, o chicote, o relho, o açoite, o laço. As técnicas continuaram a diversificar-se. Hoje é o pau-de-arara, o choque elétrico, o "telefone", o afogamento, o fuzilamento simulado. Ou mesmo métodos muito mais refinados para moldar o cidadão: o enquadramento sindical, a lei de segurança nacional, o decreto-lei, a censura. Mudam as técnicas, permanece o espírito da lei: o bom cidadão é o cidadão amansado, inativo. Quase como nos velhos faroestes: o bom índio é o índio morto.

Naturalmente, nada disto impede que sejamos um povo pacífico, extrovertido, amigo, cordial. Pelo contrário, a função do cacete é exatamente dissuadir os que tentam fugir ao espírito nacional de camaradagem, de cooperação, de patriotismo. O cacete é a paternal admoestação para o operário que faz greves, para a empregada doméstica que responde à patroa, para o aluno rebelde, para a mulher que não quer cuidar da casa, para o crioulo que não sabe o seu lugar, para o malandro que desrespeita a "otoridade", para qualquer um de nós que não saiba com quem está falando. O porrete é para quebrar o gênio rebelde e trazer de volta ao rebanho todos os extraviados Como diziam os bons padres da colônia, o castigo é para o próprio bem dos castigados. É um cacete brasileiro, muito cordial. É pau-brasil.

(Publicado no *Jornal do Brasil*, 18 dez. 1988.
Caderno B/ Especial, p. 6.)

Cidadania

Entre o monólogo e o cochicho

Ler Rui Barbosa hoje (e desconfio que também em sua época) não é tarefa das mais agradáveis. O leitor perde-se na floresta dos adjetivos, no emaranhado dos argumentos; tropeça no pedregulho das citações. Mas às vezes é recompensado pela descoberta de uma clareira luminosa, de uma pedra preciosa. Foi o que aconteceu comigo recentemente.

Lia uma de suas conferências, feita em Juiz de Fora durante a campanha presidencial de 1919, em que pela enésima vez atacava com dureza a República presidencial, quando, de súbito, lá estava a clareira na densa floresta, lá estava o diamante na ganga bruta: "As formas do novo regime mataram a palavra." A sentença curta, clara, contundente, luminosa.

Matar a palavra. Só mesmo a Rui, o homem que vivia da palavra e para a palavra, desde os tempos do Império, seja na atuação pública de parlamentar, seja na profissão de advogado, poderia ocorrer caracterizar deste modo o regime republicano. A ele, mais que a ninguém, o presidencialismo republicano cerceara, frustrara, irritara, escandalizara. O importante, no entanto, é que, ao dar vazão a uma frustração pessoal, cravava também uma flecha no calcanhar de Aquiles do regime.

Matar a palavra. A expressão é rica em significado. Matar a palavra é matar a voz, o direito de expressão; é matar o debate, o diálogo, a luta de ideias; é matar a arte do convencimento. Matar a palavra é substituir o debate público dos problemas nacionais pelo monólogo ditatorial, pelo conchavo oligárquico, pelo negócio escuso. Matar a palavra é, enfim, matar a democracia.

Se ampliarmos o horizonte histórico, será possível observar que foram poucos e breves os períodos da história do Brasil independente em que a palavra esteve viva. O Segundo Reinado talvez tenha sido um desses períodos. Apesar da pouca autenticidade das eleições e do peso do

Poder Moderador, os grandes temas da política nacional eram decididos no Parlamento e na imprensa, as duas mais importantes arenas para o exercício da palavra. Foi assim com o fim do tráfico, com a Lei do Ventre Livre, com a Abolição, com a imigração, com as reformas eleitoral e da educação. Rui Barbosa estivera profundamente envolvido em vários desses debates, especialmente nos da Abolição e das reformas eleitoral e da educação. Não admira que sofresse com o fim dessa tradição.

Na República, segundo ele, a palavra foi morta pelo poder irresponsável do presidente da República. Foi morta pela consequente desmoralização do Congresso que, ao perder a autoridade, deixou também de ser ouvido. A Câmara, é ainda Rui quem o diz, deixou de ser o espaço dos grandes debates de ideias para se tornar uma praça dos negócios. Foi morta a palavra pela corrupção da imprensa que passou a depender dos gordos subsídios da presidência da República. O novo regime era o silêncio e o segredo. É, aliás, de Campos Sales, o consolidador do governo civil, a afirmação de que as grandes decisões da política nacional eram assunto para a deliberação de poucos e não das grandes assembleias. Foi ele o criador da política dos estados que deu 30 anos de estabilidade à Primeira República. Estável, mas segundo Rui, em discurso de 1914, "o mais chinês, o mais turco, o mais russo, o mais asiático, o mais africano de todos os regimes".

A ausência da palavra tem sido uma das características mais constantes de nossa política. Não por acaso, tivemos a Independência proclamada pelo grito de um príncipe, que o hino nacional tenta transformar em brado de um povo heroico. A própria República foi proclamada no grito de um marechal, ao qual também se tentou desajeitadamente somar a voz popular. República adentro, foram poucos os momentos, se houve algum, em que a diferença, a discordância, a oposição, não foram tratadas seja com um cala-boca, seja com o suborno. O cala-boca nos períodos ditatoriais, oito anos no Estado Novo, vinte anos na República dos Generais. Alternância de cala-boca e suborno (dependendo do interlocutor) na República dos Coronéis (a Velha) e nos períodos de relativa liberdade, inclusive o atual.

A expressão republicana assume, assim, duas formas básicas: o monólogo presidencial e o cochicho parlamentar. Eventualmente, como reação a essas formas, faz-se ouvir o baixo de Calibã, na expressão de Francisco Campos – o urro das ruas. Nenhum desses – monólogo, cochicho, berro – é compatível com o reino da palavra, com o reino da democracia, porque nenhum deles admite a contradita, o debate, o convencimento. Incompatível também é o monólogo autoritário, o monólogo do sabe-com-quem-está-falando, seja ele militar ou tecnocrático. Também o é o cochicho, o pé de ouvido, o conchavo, o toma-lá-dá-cá, que ocorrem nos bastidores da burocracia, dos partidos, do Congresso, das corporações. O mesmo pode-se dizer do berro popular. Embora justificado como reação ao monólogo e ao cochicho, ele não é forma adequada de uso da palavra em uma democracia moderna. Exercida sem uma gramática política, a palavra destrói-se a si mesma.

Se o presidencialismo republicano já escandalizava Rui Barbosa por seus traços antidemocráticos, cassadores da palavra, o que dizer do presidencialismo de hoje, quando a máquina do Estado adquiriu dimensões inimagináveis para um político liberal ao estilo do Segundo Reinado? As garras e as entranhas do Leviatã que nos governa são o caldo de cultura ideal para o desenvolvimento do monólogo e do cochicho. A luta pela palavra assume hoje dimensões e dificuldades ainda maiores. No entanto, a República só merecerá este nome no dia em que o cidadão, qualquer cidadão, puder dizer, com confiança de ser ouvido: peço a palavra.

(Publicado no *Jornal do Brasil*, 19 fev. 1989.
Caderno B/Especial, p. 4-5.)

Cidadania

Res-púbica

O púbico é público? O público é púbico? A res-pública é uma res-púbica? Tais são as questões transcendentais que ocupam as atenções da República neste carnaval, depois que o Presidente foi fotografado ao lado da vedete e seu púbis.[2] A mídia traz declarações de bispos e generais, de governadores, deputados, senadores, de empresários e líderes sindicais. E também a conversa das ruas, nas bancas de jornais, nos clubes, nas casas. Há a indignação dos moralistas de plantão, que parecem ignorar que a exibição da genitália é rotina do carnaval. Há a crítica dos hipócritas que gostariam de estar no lugar do Presidente. Há o riso dos calhordas que não conseguem ver além do púbis. Mas há também uma reação mais profunda, dolorosa, de constrangimento e vergonha. É ela que merece atenção, é ela que resgata o episódio de sua mediocridade e vulgaridade, é ela que nos dá sua dimensão meta-púbica.

A República brasileira tem longa e atribulada relação com a mulher. Ao ser proclamada, ela quis representar-se na figura solene de deusas gregas e romanas, símbolos grandiosos da guerra, da paz, da sabedoria. A República queria ver-se no espelho de Atena, ou na alegoria feminina da liberdade inspirada na Revolução Francesa. Mas a prática do regime logo esvaziou a alegoria. Passado o carnaval financeiro do Encilhamento, a festa instalou-se em palácio: um ministro da Fazenda da segunda presidência civil, às voltas com o combate à especulação e à inflação herdadas do Encilhamento, mandou colocar nas cédulas do tesouro o retrato de uma beldade, sua amante. O episódio determinou a troca de alegorias.

---

[2] Trata-se do rumoroso episódio protagonizado pelo presidente Itamar Franco.

Os caricaturistas não tiveram dúvidas: o símbolo da República não era Atena, não era Marianne, não era a Liberdade de Delacroix. Era a cocote, a mulher da vida, a prostituta. A República não era a virtude pública, era a mulher pública.

O episódio deste carnaval em si é medíocre e provinciano como seus protagonistas. Podemos imaginar os comentários do Presidente e de seu Ministro: ô trem bão, sô!, diria um. Bá, que guria linda, tchê!, responderia outro. Uma vedete esperta e exibicionista, um ministro embalado pelas generosas doses de J&B, um Presidente tornado Zélia de si próprio. Não passaria de mais um entre os milhares de pequenos escândalos do carnaval, matéria para comentários dos moralistas, hipócritas e calhordas.

O sentimento de humilhação e vergonha talvez se deva ao involuntário caráter alegórico da cena. Enquanto na passarela desfilavam as alegorias preparadas e ensaiadas, sonhos de uma realidade desejada, no camarote presidencial representava-se uma alegoria espontânea e inconsciente, pesadelo de uma realidade humilhante, que retomava o enredo já centenário. A vedete saltou de uma alegoria carnavalesca em que os seios expostos não causavam estranheza, para uma alegoria política em que o sexo exposto decorou (indecorou?) as páginas da imprensa nacional e internacional. Comparado ao retrato da amante do ministro, o quadro é tosco e grosseiro. Mas isto é secundário. Cada época tem a alegoria que merece. O importante é o conteúdo da alegoria que a aproxima da anterior: o chefe do Estado, o representante do poder público, confunde-se publicamente, sob o *flash* dos fotógrafos, com a parte privada, ou com as partes privadas, de uma moderna cocote em busca dos holofotes da publicidade. Completa-se o quadro alegórico com o cenário de um camarote pertencente aos banqueiros do jogo do bicho.

Talvez o que tenha humilhado e envergonhado a muitos tenha sido esta fatal e persistente alegoria de uma República privatizada e prostituída em seu conteúdo mais autêntico, obrigada a contemplar suas vergonhas expostas publicamente. De uma res-pública confundida com uma res-púbica. A cena era a versão carnavalesca dos dramas do regime. Estavam lá, simbolizadas nas vergonhas da vedete abraçada ao Presidente, todas as vergonhas da República sem calcinhas, todos os escândalos do Congresso, do Executivo, do Judiciário, dos empreiteiros, dos sonegadores, dos prevaricadores, dos ladrões, dos privilegiados, dos corruptos e corruptores impunes. Falar em impedimento do Presidente é hipocrisia e oportunismo político. Ele foi apenas o destaque ingênuo de um enredo de que somos todos autores e figurantes. Não adianta culpar o destaque, o enredo é que tem de ser mudado.

(Publicado em *O Estado de S. Paulo*, 19 fev. 1994, p. A-2.)

Cidadania
TWOV em Miami

A passagem para o México pela United Airlines exigia escala de umas três horas em Miami, com troca de avião. Eu seria em Miami um TWOV ("transit without visa", em trânsito sem visto). A companhia aérea me entregou um cartão com essas letras gravadas em destaque. O cartão ainda me dava boas-vindas aos *friendly skies* da United e me pedia que o mostrasse ao pessoal da companhia e às autoridades de imigração dos Estados Unidos. Tudo parecia normal e amigável até que me dei conta do que significava ser um TWOV nos Estados Unidos.

As seis horas que passei no aeroporto de Miami, contando ida e volta do México, foram as mais humilhantes da minha vida. Pela primeira vez experimentei a sensação do que significa ser tratado como cidadão de segunda classe, do que significa ser olhado como um criminoso disfarçado, ser condenado sem julgamento. Tudo começou no embarque no Rio, quando me tomaram o passaporte e o bilhete da passagem, deixando-me civilmente nu e desprotegido. Em Miami fui entregue às autoridades do aeroporto e mantido sob custódia até ser devolvido ao pessoal da UA no avião para o México. Na volta, o mesmo procedimento. O passaporte me foi tomado no México e só devolvido quando desembarquei no Rio. Nem mesmo no avião pude recuperar o documento que atestava minha cidadania. Nas alturas dos *friendly skies* ainda era uma ameaça. A que mesmo?

A humilhação maior foi no aeroporto. Colocaram uma pessoa para me vigiar o tempo todo. Não podia dar um passo sem autorização. Não é retórica de latino. Mandaram-me sentar numa cadeira. Como tinha passado horas sentado durante o voo, resolvi levantar-me e dar uns passos para espichar as pernas. Fui imediatamente repreendido por meu guardião. Perguntei-lhe se me devia considerar seu prisioneiro. Respondeu que só podia levantar-me com sua permissão. Um pacato casal de chilenos e um não menos pacato boliviano eram meus companheiros de desventura e sofriam a humilhação com uma resignação que eu gostaria que fosse menor. Ir ao banheiro era permitido, mas com guarda na porta.

Não parava aí o insulto. O agente de imigração também fez questão de deixar clara sua opinião sobre o TWOV latino. Olhando o passaporte, observou que eu viajava muito. Respondi que era a primeira viagem que fazia este ano. Encarou-me, então, com ar de insulto explícito e perguntou se era o único passaporte que tinha. A intenção de agredir era óbvia. Só faltava me chamar abertamente de traficante, muambeiro, contrabandista. Fiquei imaginando qual seria o tratamento se minha pele não fosse branca.

No seminário de que participei no Colégio do México, tive que ouvir um professor norte-americano, especialista em federalismo, afirmar que os brasileiros não têm capacidade para a prática da democracia. A experiência de TWOV em Miami e na UA deixou-me com dúvidas sobre o destino da democracia do professor. Experiência semelhante à minha me foi relatada por Nicolau Sevcenko quando juntos participamos de um seminário no Haiti. Nicolau esquecera-se do visto e ficou detido no aeroporto por algumas horas sob a mira da metralhadora. Mas os haitianos tinham pelo menos a atenuante de que não lidavam com viajante em trânsito. Nicolau queria entrar no país vindo da Inglaterra e não se lembrara do visto. TWOV é uma situação prevista e legal.

Em minha perplexidade, lembrei-me apenas de prometer a meu carcereiro em Miami que jamais me esqueceria de que aquilo se passara comigo em seu país. Ele reagiu com um sorriso entre desdenhoso e benevolente. Ao receber já no Rio, o passaporte de volta, não pude deixar de sentir que recuperava a cidadania. Esta era também uma sensação que sentia pela primeira vez ao regressar ao país. Talvez, afinal, deva agradecer aos funcionários da UA e do aeroporto de Miami, *Thanks*, TWOV.

(Publicado no *Jornal do Brasil*, 6 jul. 1984, p. 11.)

Cidadania

A OAB na contramão da democracia

O *Diário Oficial* de 5 de julho publicou lei que dispõe sobre o Estatuto da Advocacia e sobre a OAB. O novo estatuto dos advogados, elaborado e defendido pela OAB, segundo informação da imprensa, vem salpicado de manchas corporativistas e antidemocráticas. Algumas das manchas já foram denunciadas pelo Procurador-Geral da República e por alguns advogados, como Hélio Saboya e Jorge Hilário de Gouveia.

Umas são privilégios e mordomias que, por socialmente inofensivas, não deixam de ser odiosas. O advogado tem jornada de trabalho de quatro horas. Para que seja preso em flagrante por atividade ligada ao exercício da profissão exige-se, sob pena de nulidade, a presença de um representante da OAB. Preso, o advogado só pode ser recolhido em sala de Estado Maior "com instalações e comodidades condignas, assim reconhecidas pela OAB". Só faltou especificar as comodidades, certamente uma geladeira, ar condicionado, televisão, celular. Para advogado, só prisão cinco estrelas.

Mas há outras nódoas corporativas que são socialmente danosas, como a exigência da assinatura de advogado em atos constitutivos de pessoas jurídicas e o direito de receber honorários de causas ganhas, em acréscimo ao salário. Mas o que mais choca no novo estatuto é a exigência da presença de advogado nas demandas perante juizados especiais, inclusive o de pequenas causas. Trata-se aqui de verdadeiro retrocesso democrático, de sacrifício da proteção dos direitos civis da população no altar do corporativismo classista.

Reconheça-se a coerência da OAB. Quando da criação dos juizados de pequenas causas, em 1984, a Ordem insistiu na exigência da presença obrigatória do advogado. Os proponentes da lei conseguiram preservar o espírito democrático do documento e manter optativa tal presença. A intenção dos proponentes era simplificar, baratear e agilizar o processo de prestação jurisdicional, para usar a linguagem dos juristas. Em linguagem comum, tratava-se de tornar a justiça mais próxima, mais barata, mais acessível ao cidadão, sobretudo àquele de menor capacidade econômica. A presença obrigatória do advogado só viria encarecer ou, no mínimo, complicar o processo. Em causas pouco complexas, como as que são levadas a tais juizados, o cidadão pode sem dúvida apresentar pessoalmente seu pleito perante o juiz, cabendo a este aconselhar a assistência do advogado, ou do defensor público, apenas nos casos em que entenda não ter o reclamante condições de se defender adequadamente.

Entre a lei que introduziu os juizados de pequenas causas e a lei que redefiniu o estatuto dos advogados, interveio a Constituição de 1988. Este documento legal não só confirmou os juizados como os tornou obrigatórios e mais democráticos. Em vez de definir sua competência pelo valor das causas, definiu-a pela complexidade das mesmas, ampliando o alcance de sua jurisdição. Ampliou ainda mais a jurisdição ao incluir nela as causas criminais de pequeno potencial ofensivo. E foi ainda além: permitiu nos juizados especiais a atuação de juízes leigos, ao lado dos togados. Isto sem falar na determinação da criação de juízes de paz leigos, a serem eleitos para mandatos de quatro anos, retomando velha tradição imperial.

Derrotada em 1984, a OAB voltou à carga e, enquanto cochilavam os democratas, no Congresso e fora dele, conseguiu fazer aprovar o novo estatuto na contramão da Constituição, na contramão da democracia. A Constituição superou até mesmo o corporativismo dos juízes ao admitir juízes leigos nos juizados especiais. Sua inspiração cidadã cai agora frente ao corporativismo dos advogados. Perdem os milhões de brasileiros para os quais os juizados de pequenas causas representam uma possibilidade, embora ainda limitada, de acesso ao sistema judiciário; perde a própria OAB que se vê desacreditada como defensora de interesses públicos; perdemos todos nós na vitória da corporação sobre a nação.

Resta aos que se preocupam com a democratização da Justiça, entre os quais estarão sem dúvida muitos advogados, protestar com veemência contra a nova lei e exigir do Congresso sua reforma. Alternativamente, como propõe o professor João Batista Herkenhoff, da Universidade Federal do Espírito Santo, poder-se-ia reformar a lei que criou os juizados de pequenas causas, no sentido de adaptá-la aos avanços da Constituição e de corrigir o retrocesso patrocinado pela OAB.

(Publicado no *Jornal do Brasil*, 24 jul. 1994, p. 11.)

Cidadania

A bilheteira e o presidente

No dia 29 de outubro de 1994, um sábado, em Brasília, capital da República, deu-se um fato extraordinário que merece ficar registrado na crônica da democratização brasileira. Nesse dia, Neuza Helena da Cruz, mulher e negra, bilheteira de uma sala de cinema do Parkshopping, barrou o presidente da República e sua namorada impedindo-os de ver o filme *Forrest Gump*. O argumento de Neuza Helena foi simples e transparente: a sala estava lotada e o casal não tinha ingressos. Na quarta-feira seguinte o casal voltou com bilhetes pré-adquiridos e assistiu ao filme. As manchetes dos jornais durante a semana salientaram o novo amor do Presidente e o êxito de seu *marketing* romântico. No entanto, a grande manchete devia ter sido outra. Não devia ter sido "Presidente Namora no Cinema", ou coisa parecida, mas "Bilheteira Barra Presidente". Esta era a grande notícia, o fato extraordinário, o acontecimento inédito nos anais da República.

Quando é que a autoridade suprema do país já teve sua vontade contrariada por alguém hierarquicamente inferior? Quando é que qualquer autoridade deste país aceitou ser contrariada por inferiores? Inversamente, quando é que um inferior ousou com êxito peitar um superior em nome do princípio constitucional da igualdade de todos perante a lei? A maioria dos brasileiros nem ousa tentar, por receio de represália ou por certeza da inutilidade do gesto. Os poucos que ousam enfrentam dois tipos padronizados de reação. O mais comum é o do famoso "Você sabe com quem está falando?", de que Roberto DaMatta fez a exegese definitiva.

Quantos guardas de trânsito, quantos policiais, quantos fiscais, quantos funcionários de repartição pública, quantos empregados de hotéis, lojas, aeroportos, cinemas, quantos cidadãos comuns, já não ouviram esta frase dita por quem se considera socialmente superior pela riqueza, pelo poder, pela educação, pelo *status*, pela cor da pele, pelos laços familiares, ou por simples presunção e arrogância? Com o "você sabe" o superior tenta impor sua vontade reafirmando a hierarquia social à margem e por cima da lei. Ele está fora e à margem da lei, mas está acima dela. É sintomático da cultura da desigualdade que ele não seja considerado marginal como os que estão por fora e à margem da lei, mas por baixo dela. O marginal de cima é "doutor", o marginal de baixo é bandido. Entre os dois marginais, labuta a multidão dos sofridos cidadãos sujeitos aos rigores da lei. No caso do "você sabe", se o inferior atrevido insiste na aplicação da lei, pode ser punido por desacato à autoridade.

O outro tipo de reação é o apelo ao jeito, esse recurso intermediário entre a chantagem e o suborno. Se o jeito pode ser usado por todo mundo, e nesse sentido é mais democrático do que o "você sabe", como demonstrou Lívia Barbosa, não deixa de ser discriminatório, pois o forte tem mais jeito do que o fraco, o superior do que o inferior. O forte tem mais a retribuir, como recompensa ou como ameaça, em troca do favor do fraco. Quem é insensato para recusar um favor ao "doutor"? Além de evitar represália, quem faz o favor credencia-se a possível recompensa. O jeito entre desiguais é apenas uma variante açucarada do "você sabe".

Neuza Helena, negra e mulher, localizada na base de nossa hierarquia social, ousou peitar quem ocupa a posição mais alta, ousou aplicar ao presidente da República o artigo mais desrespeitado da Constituição, o 5º, que começa afirmando nossa maior ficção jurídica: "Todos são iguais perante a lei." Ela o fez sem drama, sem receio ou agressividade, como se se tratasse de rotina banal. A naturalidade do gesto indica que é sólida a convicção de Neuza Helena referente ao princípio da igualdade. Que alguém de sua posição tenha absorvido tal convicção é um alento para os que ainda esperam ver a democracia, o regime da igualdade, implantado no país. A médio prazo, a difusão da crença na igualdade e sua tradução em comportamento são mais importantes para o enraizamento da democracia do que a decretação do impedimento de um presidente da República. O impedimento é mais espetacular mas também mais superficial e mais dependente de fatores conjunturais. A convicção da igualdade é que pode garantir, permanentemente, a rejeição de toda autoridade arbitrária, do síndico do condomínio ao presidente da República.

É de justiça reconhecer também a contribuição do presidente. Ele não recorreu ao "você sabe", nem ao jeitinho. Não tentou colocar-se acima da lei nem pela tática arrogante, nem pela simpática. Aceitou o não e voltou para casa. Se o fez por virtude cívica, por cálculo político, ou por mero acaso (afinal, ia assistir a *Forrest Gump*...), não se sabe. O fato é que o fez e contribuiu para a exemplaridade do episódio. Pode-se imaginar qual seria a atitude de Collor. Seria de puro "você sabe". Sarney provavelmente teria recorrido ao jeitinho. Dos governantes militares nem é preciso falar.

Fico pensando em um país de 150 milhões de brasileiros com a mesma convicção de Neuza Helena, dispostos a fazer valer o princípio da igualdade em todos os momentos, em todas as circunstâncias. Alguns talvez achassem esse país hipotético menos divertido, menos cordial, menos pacífico, menos simpático. Mas a imensa maioria certamente o acharia mais justo, mais igualitário, mais democrático, mais humano. E não haveria razão para o novo país não ser também mais alegre. Como os bens materiais, a alegria também está hoje mal distribuída no Brasil. A igualdade perante a lei seria um passo indispensável para sua melhor distribuição.

(Publicado no *Jornal do Brasil*, 17 nov. 1994, p. 11.)

Cidadania

Cidadania e seus dois maridos

A jovem Cidadania caiu na boca dos políticos, dos intelectuais, dos jornalistas, dos "onguistas". Não a deixam em paz. Perseguem-na dia e noite, obrigam-na a opinar sobre tudo, a participar de tudo, quando não lhe põem palavras na boca e não lhe atribuem as atitudes e opiniões mais disparatadas. Muitos se autonomeiam seus porta-vozes. Nada se faz sem que o nome de Cidadania seja invocado, muitas vezes em vão. Cidadania já não consegue esconder certo desconforto com a situação, uma sensação de estar fazendo papel de azeitona na empada dos outros. A atitude defensiva da jovem se justifica pois possui história familiar algo atribulada, já tendo perdido irmão e irmã.

Cidadania descende, pelo lado paterno, do Dr. Cidadão, figura que floresceu no final do século passado. Dr. Cidadão era gente fina, bacharel em direito, falava francês, dançava valsa, era político de profissão. Vangloriava-se de descender de um tal Citoyen, francês nascido em 1789. Para se dar ao respeito nesse país de avacalhadores, acrescentou um doutor ao nome, distinguindo-se deste modo da arraia-miúda que, segundo ele, tinha comprometido a reputação do ancestral francês. Quando lhe observavam que o doutor não ia bem com o Cidadão, sorria e replicava complacente: – Quem liga para a lógica nesta terra? Por ironia, ou por falta de lógica, um filho da arraia-miúda da época, Zé Povinho, acabou tornando-se também ancestral de Cidadania pelo lado materno. Zé Povinho era em tudo o oposto do Dr. Cidadão. Não falava francês, era quase analfabeto, jogava no bicho, dançava maxixe, tocava violão e cuidava de sua vida. Dr. Cidadão só tomava conhecimento de Zé Povinho nas revistas de humor ou quando o pobre se irritava e partia para a ignorância.

Na década de 50, um neto do Dr. Cidadão pelo lado pobre da família, o Dr. Nacional-Progressista, casou-se com uma neta de Zé Povinho,

Dona Classe Operária. O casamento cheirou a escândalo público e só foi possível graças ao apadrinhamento de um espírita influente chamado Gegê. Dr. Nacional-Progressista conservava do ilustre ascendente a finura da educação, ainda lia seu francês, mas já não se preocupava tanto com o ancestral gaulês, embora não abrisse mão do doutor. O pai, Dr. Modernista, transmitira-lhe o gosto pelas coisas e gentes tupiniquins. Dr. Nacional-Progressista já ensaiava mesmo alguns passos de samba. O casamento teve para ele sabor de aventura, de salto no escuro, ou na escura, pois a noiva, puxando ao avô, era um tanto trigueira. Dona Classe Operária, por sua vez, sob influência do pai, Seu Sindicato, perdera um pouco do caráter arredio e áspero do avô. Tornara-se mais sociável, aperfeiçoara o vernáculo e já circulava com certa desenvoltura em rodas importantes. Apesar da distância que ainda a separava do noivo, viu o casamento como oportunidade de dar aos filhos vida melhor.

O casal não teve, de início, muita sorte. O primeiro filho, Populismo, nascido em início dos anos 50, trouxe grandes esperanças aos pais e amigos. Mas teve infância atribulada, marcada por acidentes e doenças. Ao entrar na adolescência, quando os pais já o julgavam fora de perigo, foi atropelado por um tanque durante um desfile militar em 1964. Pais e amigos ficaram inconsoláveis com a morte violenta e extemporânea do jovem Populismo. O trauma provocou a esterilidade do casal. Por longos anos Dr. Nacional-Progressista e Dona Classe Operária tentaram em vão todos os recursos, mesmo os mais drásticos, para recuperar a fertilidade. Na década de 70 nasceu-lhes uma filha, Armada, mas antes não nascera. Morreu tragicamente, ainda muito jovem, vítima de imperícia médica quando submetida a sessão de cirurgia. Foram precisos mais de dez anos de espera para que a luta dos pais fosse recompensada. No início dos anos 80, já um tanto avançados em idade, nasceu-lhes, afinal, um terceiro filho, que era outra filha. Deram-lhe o nome de Cidadania, nossa heroína.

Rodeada de cuidados, a menina prosperou. No batismo teve padrinhos ilustres, Dr. Ulysses e Dona Constituição. Deram-lhe boa educação. Um pouco para o desgosto do pai, não aprendeu francês mas, em compensação, ganhou fluência em inglês graças a um programa de intercâmbio internacional financiado por uma fundação norte-americana. Já adolescente, fez vários cursos intensivos na rede internacional de cursinhos ONG, onde aprendeu as duas principais linguagens da modernidade, as linguagens PC, do *Personal Computer* e da *Political Correctness*. Cidadania virou xodó da nação e o partido mais cobiçado do país.

No cerco que se lhe faz, salientam-se dois pretendentes, o Dr. Liberal Jr. e o Dr. Social. Liberal Jr. pertence ao ramo rico da descendência do Dr. Cidadão, é bem falante, viajado, esbanja autoconfiança e charme. As origens de Social são obscuras, sendo, porém, certo que tem um pé na sala de visitas. Foi em outros tempos jovem confiante e seguro de si. Um grande desencanto amoroso, no entanto, fez dele uma pessoa tímida e algo insegura. Mas timidez e insegurança também têm seu charme, e Cidadania não lhe é insensível. As pressões para que a jovem se decida por um dos pretendentes tornam-se cada vez mais fortes e contribuem para lhe atribular a vida.

Decisão não é o forte nacional nem é o forte de Cidadania. Como escolher? Quem escolher? Em suas escassas leituras brasileiras, a jovem encontrou dois exemplos em que se inspirar: Flora e Flor. Flora, incapaz de escolher entre Pedro e Paulo, preferiu morrer. Flor, incapaz de escolher entre dois maridos, ficou com os dois. A quem seguir? Flora ou Flor? O coletivo ou o singular? Machado ou Jorge? Pelo caráter dos tempos, é de crer que Cidadania prefira Flor a Flora e fique ao mesmo tempo com Dr. Liberal Jr. e Dr. Social. Seu drama é que, em assim fazendo, estará apenas adiando a decisão mais importante: qual dos dois, Júnior ou Social, será o marido fantasma? Seria a palidez que alguns têm notado no rosto do Dr. Social indicação de que será dele o destino de fantasma? A nação, tensa, aguarda.

(Publicado no *Jornal do Brasil*, 15 jan. 1995, p. 11.
Publicado também sob o título "Citoyenneté et ses deux maris",
em *Cahiers du Brésil Contemporain*, nº 25-26, 1995, p. 169-171.)

Cidadania

500 anos de pau-brasil

Quatro glosas e um epílogo a propósito do episódio de violência policial na Favela Naval de Diadema.

500 ANOS DE ESCRAVIDÃO (LEGAL ATÉ 1888, ILEGAL DEPOIS)

Trabalho forçado, trabalho de menores, confinamento, senzala, calabouço, palmatória, vara, cacete, porrete, tronco (ciclo do pau), açoite, chicote, látego, chibata, relho, bacalhau, vergalho (ciclo do couro), corrente, máscara de flandres, gargalheira, colar de ferro, anjinho, grilhões, calceta, peia, ferro de marcar (ciclo do ferro), mutilação, estupro, mulheres grávidas jogadas ao forno (o ventre explode: plof!), força, assassinato (ciclo do homem).

500 ANOS DE LATIFÚNDIO

Servidão, expropriação, expulsão, exploração, cambão, balcão, destruição de cerca, incêndio de casa, capanga, pistoleiro, polícia, delegado, estupro de mulher e filha, surra, clister, castração, tocaia, assassinato.

500 ANOS DE PATRIARCALISMO

Casa grande, mulheres e filhas confinadas, mandadas para o convento, dominadas, caladas, vigiadas, casadas à força, espancadas, estupradas, assassinadas.

500 ANOS DE VIOLÊNCIA INSTITUCIONAL

Na Colônia, índios preados e escravizados, Palmares arrasado, Felipe dos Santos amarrado a cavalos e esquartejado, Tiradentes enforcado e esquartejado, no Império, Frei Caneca fuzilado, 30 mil mortos na Cabanagem, rosários de orelhas de cabanos no pescoço dos soldados; na República Velha, presos degolados na revolta Federalista (os que pronunciavam o "jota" à castelhana), Canudos arrasada, seus prisioneiros degolados (os que se negavam a dar um Viva à República), fuzilamento sumário de rebeldes no Rio de Janeiro e em Santa Catarina durante a revolta da Armada, surra de espada nos soldados, chibata no lombo dos marinheiros, dezesseis marinheiros asfixiados entre nuvens de cal na solitária da Ilha das Cobras sob a guarda da Marinha; no Estado Novo, na Delegacia de Ordem Política e Social, espancamento de presos políticos nos rins e na sola dos pés com canos de borracha, queimaduras com pontas de cigarro, alfinetes sob as unhas, pedaços de nádegas tirados com maçarico, esponja embebida em mostarda enfiada na vagina das prisioneiras, assassinato; na outra ditadura, prisão, sequestro, bofetão, espancamento, pau-de-arara, telefone, toalha molhada, quarto escuro, afogamento, choque elétrico, estupro, cassetete no ânus e na vagina, assassinato; na era da Constituição cidadã, Candelária, Vigário Geral, Carandiru, Eldorado, Corumbiara, Manaus, Diadema, extorsão, tortura, massacre, pena de morte sem julgamento.

Pau-Brasil

Tortura
(diz a Aeronáutica)
Fácil de fazer:
Maltrata, maltrata
Até morrer.

(Publicado no *Jornal do Brasil*, 13 abr. 1997, p. 8, sob o título: "500 anos de tortura e repressão".)

Cidadania

Nacionalismo mineralógico

Não deixaram de ser surpreendentes a diversidade e a intensidade da mobilização contra a proposta de privatização da Vale do Rio Doce. Em torno da causa uniram-se pessoas e grupos heterogêneos do ponto de vista social e ideológico: bispos, sem-terra, estudantes, políticos da oposição e do governo, advogados, funcionários públicos, sindicalistas, juízes. Só faltaram os militares. Naturalmente, parte da mobilização pode ser explicada pelo fenômeno da carona. Como já acontecera com a marcha dos sem-terra, todos os que, por uma razão ou outra, e há muitas, se opõem ao governo federal pegaram carona na causa para tirar sua casquinha (escrevo este artigo no primeiro de maio sob o bombardeio do som de um alto-falante em que durante o dia inteiro oradores sucessivos vinculam a luta contra a privatização da Vale a quase tudo que se possa imaginar, desde a crítica a FH, ao neoliberalismo, ao salário mínimo, à reforma do Estado, à violência policial, ao assassinato do índio pataxó, ao racismo, ao metrô do Rio, até à defesa da pátria, da democracia, da liberdade, da luta armada, da ditadura do proletariado, da derrubada do governo). Mas esta explicação não é suficiente. Pois, se muitos buscaram, e buscam, carona na causa é porque ela é capaz de sensibilizar setores distintos da população. O que se tem que explicar, então, é a capacidade mobilizadora da defesa da Vale.

    A defesa do patrimônio mineral do país tem sua história. Pode-se dizer que começou em 1910 por ocasião do congresso mundial de Estocolmo sobre reservas de minérios de ferro. No congresso foram divulgadas as primeiras avaliações científicas sobre as reservas de Minas Gerais, feitas por Gonzaga de Campos. Gonzaga falava em reservas de um bilhão e meio de toneladas e de um potencial de três bilhões. A revelação desencadeou uma corrida pela compra das terras em que se localizavam as jazidas. Já em 1911, fundou-se a Itabira Iron Ore Co., que comprou o Pico do Cauê, em Itabira, a famosa "montanha de ferro". Começou, então, a reação comandada por engenheiros da Escola de Minas de Ouro Preto, liderados pelo professor Clodomiro de Oliveira. Na década de 20, a batalha colocou de um lado o presidente de Minas, e depois do Brasil, Artur Bernardes, de quem Clodomiro fora secretário de governo em Minas e, de outro o empresário Percival Farquhar que comprara a Itabira Iron, em 1919. Na defesa da reivindicação da Itabira salientou-se Ferdinand Labouriau, professor da Politécnica do Rio, que acusava a posição de Clodomiro de ser "poesia siderúrgica", fruto de "jacobinismo pretensioso".

A luta contra os planos da Itabira de exportar minérios de ferro durou até 1942, em pleno Estado Novo, quando Vargas desapropriou suas jazidas e as entregou à exploração da recém-criada Vale do Rio Doce. Em 1941, Vargas já criara a Companhia Siderúrgica Nacional, separando o que Clodomiro queria unir: mineração e siderurgia. Alunos e professores da Escola de Minas ainda estiveram presentes na luta contra outra mineradora estrangeira, a Hanna Corporation. Essa luta, que também assumiu dimensão nacional, se deu na década de 60 e obedeceu ao *slogan* cunhado por Artur Bernardes: "Minério não dá duas safras." Dessa vez, a luta foi perdida e a Hanna aliou-se ao grupo Antunes para criar a MBR.

Não é preciso lembrar também que foi a defesa de outra riqueza mineral, o petróleo, que deu lugar à maior campanha nacionalista da história do país. Iniciada na década de 30, ela culminou na de 50, no segundo governo Vargas, quando até mesmo o Clube Militar se envolveu intensamente na luta, vendo-se em posições opostas os generais Horta Barbosa e Juarez Távora. Como a campanha de hoje pela Vale, a do petróleo uniu os grupos mais diversos, da esquerda à direita. Artur Bernardes, odiado pelos militares desde 1921, foi agora recebido no Clube Militar com palmas e flores. A batalha culminou na criação da Petrobrás, em 1953. Escaramuças menores verificaram-se também em torno da defesa da monazita do Espírito Santo e do nióbio de Araxá.

A defesa da Vale tem, portanto, uma história. Mas essa história levanta outra pergunta: por que no Brasil as campanhas nacionalistas se deram no passado e continuam a se dar no presente em torno da defesa de recursos naturais e não de outros temas? Naturalmente, há por certo fatores importantes de natureza econômica e estratégica envolvidos. Mas são fatores que explicam o envolvimento de grupos selecionados e articulados como os industriais, intelectuais e militares. Não explicam a amplitude da coalizão apontada no início do artigo e muito menos a paixão despertada. Quer me parecer que a explicação deva ser encontrada no que se pode chamar de motivo edênico do nosso imaginário coletivo.

Desde os cronistas coloniais, a natureza com suas belezas, grandiosidade e riquezas aparece como marca principal da identidade do país. De Gandavo a Simão de Vasconcelos, a Rocha Pita, a Gonçalves Dias, ao Conde de Afonso Celso, a Osório Duque Estrada (para os distraídos, autor da letra do Hino Nacional), o ufanismo brasileiro gira em torno das belezas e riquezas naturais. Pesquisas de opinião pública feitas ano passado pela Vox Populi e pelo Centro de Pesquisas e Documentos da Fundação Getúlio Vargas e Instituto Superior de Estudos da Religião atestam a vitalidade do motivo edênico. No Brasil inteiro, tanto quanto no Rio, o principal motivo de orgulho do brasileiro é a natureza com sua grandiosidade, seu clima, sua beleza, suas riquezas minerais. O caráter do povo vem em segundo lugar e, em distante terceiro, as conquistas sociais dos brasileiros.

Essa forte identificação com a natureza pode explicar o caráter amplo e emotivo das reações à possibilidade de que capitalistas estrangeiros, ou mesmo brasileiros, venham explorar nossas riquezas naturais. Em nosso inconsciente coletivo, é como se as sondas e escavadeiras da empresa privada viessem estuprar e desonrar nossa Mãe Natureza, violar seu ventre e arrancar dele o motivo de nosso orgulho, parte de nossa vida. Nas entranhas da Mãe Natureza só pode penetrar a escavadeira do Pai Estado.

(Publicado no *Jornal do Brasil*, 4 maio 1997, p. 11.)

Cidadania

Brasileiros, uni-vos!

A Guerra do Paraguai foi o fator mais importante na construção da identidade brasileira no século passado. Superou até mesmo as proclamações da Independência e da República.

A Independência provocou forte mobilização em apenas alguns pontos do país, Rio de Janeiro, Bahia, Pará. As grandes lutas internas, desde a Confederação do Equador até as da Regência, foram localizadas e muitas vezes separatistas. A ideia e o sentimento de Brasil, até a metade do século, eram limitados à pequena parcela da população. A Proclamação da República, por sua vez, foi o que se sabe. Em contraste, a guerra pôs em risco a vida de milhares de combatentes, produziu um inimigo concreto e mobilizou sentimentos poderosos. Indiretamente, afetou a vida de boa parte dos brasileiros, homens e mulheres, de todas as classes e em todas as partes do país.

A força de terra que lutou no Paraguai compunha-se de 135 mil soldados, dos quais 59 mil pertenciam à Guarda Nacional e 55 mil aos corpos de voluntários. Pela primeira vez, brasileiros de todos os quadrantes do país se encontravam, se conheciam, lutavam juntos pela mesma causa. E muitos não o faziam por coerção. A preocupação em denunciar a coerção tem predominado nos estudos sobre os voluntários. Mas é preciso distinguir os vários momentos da guerra. Sem dúvida, à medida que o conflito se prolongava, reduzia-se o entusiasmo e surgiam resistências, aumentando, em consequência, o recrutamento forçado. Mas, no momento inicial, houve entusiástica e surpreendente resposta ao apelo do governo. Corpos de voluntários formaram-se em todo o país. Descrições da partida desses voluntários indicam tudo, menos coerção.

Em Pitangui, interior de Minas, 52 voluntários despediram-se em meio a celebrações religiosas e cívicas a que não faltaram os discursos

Fig. 2
p. II

patrióticos, a execução do Hino Nacional e a entrega solene da bandeira ao primeiro voluntário, feita por uma jovem vestida de índia. Na Corte, que forneceu quatro corpos de voluntários, as despedidas, sempre acompanhadas do toque do hino e exibição da bandeira, contavam ainda com a presença do Imperador.

Alguns exemplos de voluntários são paradigmáticos. No interior da Bahia, um negro livre, Cândido da Fonseca Galvão, dizendo-se inspirado "pelo sacrossanto amor do patriotismo", reuniu 30 voluntários e se apresentou para "defender a honra da pátria tão vilmente difamada". Feito alferes honorário do Exército, cuja farda usava com orgulho, Galvão viveu o pós-guerra no Rio de Janeiro, dizendo-se Príncipe Obá II d'África, segundo nos conta Eduardo Silva.

Em Teresina, a cearense Jovita Alves Feitosa, de 18 anos, cortou o cabelo, vestiu roupa de homem e se apresentou como voluntário da pátria para bater-se contra os monstros paraguaios que tantas ofensas tinham feito a suas irmãs do Mato Grosso. Descoberta sua identidade, foi mesmo assim aceita como voluntária no posto de sargento. Nas capitais provinciais em que aportou o navio que a trouxe ao Rio de Janeiro, foi cercada de homenagens oficiais e populares. A retórica patriótica a transformou em heroína, Joana d'Arc nacional. Um negro pobre e uma mulher pobre, de descendência indígena, representantes dos mais baixos escalões da sociedade, queriam lutar por uma abstração que era a pátria. Algo de novo nascia no mundo dos valores cívicos.

A poesia popular e erudita, a música, popular e erudita, e os cartuns, atestam o esforço de mobilização e o êxito alcançado. As revistas ilustradas da Corte, embora frequentemente críticas do governo, dos partidos e dos políticos, contêm farta produção de símbolos destinados a construir o sentimento de identidade.

O Brasil aparece com frequência representado por um índio, unindo as províncias acima dos partidos e do governo. Alguns episódios são dramatizados, como o de dona Bárbara, a mãe espartana de Minas Gerais. Um cartum de H. Fleiuss, da *Semana Ilustrada*, a representou entregando ao filho um escudo gravado com as armas nacionais. A exemplo das mães espartanas, dona Bárbara adverte o filho de que deve voltar da guerra carregando o escudo ou sobre ele. O texto que encima o quadro é o verso do Hino da Independência: "Ou ficar a pátria livre ou morrer pelo Brasil." Pela primeira vez, o verso de 1822 deixava de ser retórica e se tornava potencialmente trágico.

Fig. 4
p. IV

O tema do voluntário despedindo-se da mãe é poderoso e recorrente em várias poesias populares recolhidas por Pedro Calmon. Em uma delas, vinda de Santos, o filho diz: "Mamãe, eu sou brasileiro/ E a pátria me chama/ Para ser guerreiro." A lealdade à pátria aparece aí como superior à lealdade familiar. A mãe reconhece a precedência de outra mãe, que os positivistas mais tarde chamariam de mátria. O chamado da pátria também se sobrepõe ao da amada, inclusive na poesia erudita. Bernardo Guimarães, em "O adeus do voluntário", canta: "Dever de leal soldado/ Me arranca dos braços teus,/ Hoje a pátria que padece/ Me manda dizer-te adeus." O consolo do voluntário é poder um dia, após a guerra, "às grinaldas dos amores, unir os lauréis da glória".

Episódio que ilustra bem a exaltação patriótica na Corte é o da presença no Rio, em 1869, em plena guerra, do compositor Louis Moreau Gottschalk. Dotado de grande talento musical e publicitário, Gottschalk compôs a *Marcha Solene Brasileira* que incluía o Hino Nacional. Para sua execução, organizou um concerto monstro, no qual reuniu 650 músicos e quase todas as bandas da cidade com 44 rabecas, 65 clarinetas, 55 *saxhorns*, 60 trombones, 62 tambores, entre outros instrumentos. O pano de fundo eram as bandeiras do Brasil e dos Estados Unidos.

O Teatro Lírico estava lotado, assim como as ruas adjacentes. Na apoteose final, foi executada a *Marcha Solene* acompanhada do troar de canhões nos bastidores. A plateia, que incluía o Imperador, entrou em êxtase cívico-estético. Era a consagração do hino, já ouvido por milhares no campo de batalha e nas despedidas de voluntários. Entende-se porque, mais tarde, a população do Rio exigiu a manutenção do velho hino contra a tentativa republicana de o substituir.

A imprensa contribuiu também para construir a imagem do inimigo, fator crucial para a construção da própria identidade. A tarefa era fácil, porque a presença do inimigo era convincente. Outros inimigos, como o português e o inglês, prestavam-se menos à tarefa. O primeiro era parte de nós mesmos, o segundo aparecia esporadicamente, como na Questão Christie. López, ao contrário, invadira o país, matara centenas de brasileiros e comandava milhares de soldados leais até o fanatismo. Foi apresentado pelo governo, imprensa e intelectuais, como ditador, cruel opressor de seu povo, símbolo da barbárie e da selvageria.

Angelo Agostini o representou em 1869, na *Vida Fluminense*, como o Nero do século XIX, de pé sobre uma montanha de ossos de paraguaios. Fig. 5
A ele se opunha a civilização brasileira, marcada pela liberdade política p. V

e pelo sistema constitucional e representativo de governo. Até o discreto Machado de Assis mostrou-se escancaradamente patriótico: a guerra era pela pátria, pela justiça, pela civilização. Do lado paraguaio, naturalmente, houve esforço idêntico de despertar o sentimento patriótico. Também lá se tentou criar imagem negativa do inimigo. O jornal de campanha, o *Cabichuí*, representava os brasileiros como macacos, referência racista à grande presença de negros entre as tropas imperiais. Caxias era *El macaco-jefe*, o Imperador, *El macacón*. Até hoje perdura, mesmo entre nossos antigos aliados argentinos, o estereótipo do brasileiro como macaco.

É inegável a força da guerra como elemento de formação da identidade brasileira (e paraguaia). Mas é de lamentar que, além dos milhares de mortos, o processo tenha custado ainda o preço da desumanização do outro. O inimigo, dos dois lados, deixou de ser gente: era monstro ou animal.

(Publicado em coautoria com Pedro Paulo Soares, na *Folha de S. Paulo*, 9 nov. 1997. Caderno Mais! p. 5.)

Política

Eu chamo o velho!

Instado pelos conspiradores republicanos, o marechal Deodoro viu-se à testa do movimento de 15 de Novembro e acabou chefe do governo provisório, ou ditador, como preferiam os positivistas. Homem de caserna por excelência, profundamente identificado com sua corporação, era alérgico à política e aos políticos, os "casacas", como diziam os militares à época. A expansão democrática e a efervescência política que caracterizaram os primeiros momentos da República lhe pareciam antes manifestações de anarquia, de desrespeito à autoridade, de falta de patriotismo. De temperamento arrebatado, explodia a qualquer contrariedade maior, pondo em risco ao mesmo tempo sua precária saúde e a estabilidade do novo regime, não menos precária.

Muito popular ao início do governo, o marechal, já agora aclamado generalíssimo, foi perdendo aos poucos o apoio do público devido aos constantes atritos com seus próprios ministros, com a imprensa e, posteriormente, com o Congresso. Em meio a estas crises, tinha frequentes rompantes emocionais e ameaçava renunciar ao cargo e chamar de volta o Imperador: "Eu chamo o Velho!". Um dos conflitos mais dolorosos para ele deve ter sido o que o lançou contra o companheiro de armas e de conspiração, o ideólogo do Exército, general Benjamin Constant. Por motivo de promoções no Exército, os dois se enfrentaram em reunião do Ministério em setembro de 1890. O generalíssimo acusou o general de promover patriotas de rua. Revidou o general chamando o generalíssimo de monarca de papelão. Descontrolado, o generalíssimo desafiou o general para um duelo à espada, ao que redarguiu o general exigindo que o duelo fosse ali mesmo e já. Intervieram, então, os ministros e conseguiram serenar os ânimos.

De consequências mais trágicas foi o episódio que envolveu o jornal *A Tribuna*, cuja redação se localizava no centro do Rio. O órgão monarquista criticava duramente o novo governo, sobretudo nos artigos de Eduardo Prado, mandados da Europa. Foi crescendo a irritação do generalíssimo a ponto de querer mandar prender o redator e fechar o jornal. Em novembro de 1890, ausente a polícia, apesar dos avisos e queixas do redator, oficiais do Exército à paisana, entre os quais parentes do chefe do governo e o notório coronel Piragibe, invadiram a redação, destruíram o que encontraram e feriram seis pessoas, uma das quais, um revisor, morreu um mês depois. O ataque provocou crise no Ministério e teve enorme repercussão pública. Mas o inquérito para apurar o empastelamento não encontrou culpados.

Outro caso rumoroso foi o que envolveu seu amigo íntimo, o engenheiro Trajano de Medeiros. Insistia em conceder ao engenheiro garantia de juros para construir o Porto das Torres, no Rio Grande do Sul. O Ministério discordou, houve ameaças de renúncia de ambos os lados, acabando por sair o Ministério em janeiro de 1891. Deodoro o substituiu pelo que se chamou "Ministério dos Áulicos", dominado pela figura do seu amigo e compadre, o ex-monarquista Barão de Lucena. O episódio indispôs o generalíssimo com os republicanos históricos que o tinham colocado à frente do governo.

A insatisfação refletiu-se logo na eleição indireta para a presidência e vice-presidência feita pelo Congresso em fevereiro de 1891. A votação foi feita sob clima de grande tensão devido aos boatos que corriam a cidade de que haveria intervenção militar caso não fosse eleito o generalíssimo. Afinal, ganhou Deodoro, mas teve que amargar a votação maior dada ao candidato a vice-presidente, Floriano Peixoto. No dia da posse, ele foi acolhido no Congresso com frieza, ao passo que o vice-presidente lhe roubava a popularidade recebendo apoteótica aclamação.

O período constitucional foi de crescente divórcio entre o governo e os vários setores da política e da sociedade. Os históricos não aceitavam o Ministério do ex-monarquista Lucena; o Congresso, sob a presidência do líder civil da oposição, Prudente de Morais, não aceitava os métodos autoritários do generalíssimo; este, por sua vez, irritava-se com frequência com as críticas da imprensa e do Congresso. A este último passou a chamar de ajuntamento anárquico dominado por radicais e intransigentes. Passara também a euforia do Encilhamento e já se faziam sentir as consequências no aumento da inflação, na queda do câmbio, na falência de empresas fraudulentas criadas com fins puramente especulativos. O ambiente da época foi descrito pelo insuspeito Aristides Lobo como de "descrença pública cada vez mais cavada e mais profunda".

O impasse chegou em novembro de 1891. O generalíssimo fechou o Congresso e fez cercar a Câmara e o Senado com batalhões do Exército. Mas o apoio indiscutível que tivera a 15 de novembro de 1889 já não existia. Deixara-se Deodoro envolver pela influência de alguns amigos fiéis mas que o tinham isolado e afastado do sentimento da Nação. Seus próprios colegas de farda o abandonaram. A revolta começou na guarnição do Rio Grande do Sul. Seguiram-se greves operárias na Central do Brasil e um levante da Marinha. Amargurado, o generalíssimo renunciou 20 dias após o fechamento do Congresso e entregou o governo ao vice-presidente.

O desencanto fora tão intenso que ameaçou jogar ao mar farda e condecorações. Morreu menos de um ano depois, após exigir que fosse enterrado em trajes civis e sem cerimônias oficiais. O povo, no entanto, concorreu ao enterro. Como que percebia a contradição daquele soldado de impulsos generosos, que abraçara a causa da República e que amava a glória, mas que não estava preparado para o exercício do cargo em que o colocaram e fora incapaz de conviver com a prática do conflito democrático, a única capaz de viabilizar o regime que ajudara a construir.

NOTA: o artigo refere-se à frase que o então presidente Figueiredo, em um de seus rompantes, dissera referindo-se ao Ministro da Guerra: "Eu chamo o Pires!".

(Publicado na *Folha de S. Paulo*, 14jun. 1984, p. 3.)

Política

O exército e os negros

No dia 11 de maio, a Marcha dos Negros contra a Farsa da Abolição, organizada por lideranças negras do Rio de Janeiro, foi bloqueada por 600 soldados do Comando Militar do Leste, auxiliados por contingente da polícia militar, frente ao panteão de Caxias na avenida Presidente Vargas. O incidente, profundamente inquietante, revelou conflitos impensáveis cem anos atrás, quando se deu a abolição cujo sentido a marcha tratava de discutir à luz dos problemas atuais da população negra. Mesmo admitindo que houvesse da parte dos manifestantes intenção de protestar frente ao panteão, a reação militar, nos termos em que se deu, não se justificava. Na parte que toca ao movimento negro, é preciso entender que ele dá vazão a um século de frustrações: é natural que haja alguns exageros e impropriedades em sua reação. Na parte do Exército, a instituição já viveu melhores dias no que se refere a sua relação com os negros.

De fato, o Exército da época da abolição tinha grande proporção de negros e mulatos entre as praças, isto é, entre soldados, cabos e sargentos. Como não havia serviço militar obrigatório, as praças eram recrutadas quase à força entre a população pobre das cidades e do campo. Esta população, como acontece até hoje, era, em sua maioria, não-branca. No oficialato não era rara a presença de negros e mestiços, sobretudo nos escalões inferiores (alferes, tenentes, capitães). A Guerra do Paraguai, em que tantos negros lutaram, inclusive ex-escravos, facilitara a promoção por mérito de muito graduados ao oficialato. Não consta que houvesse generais negros. Caboclos havia, como Floriano. Mas sob o ponto de vista racial a situação era bastante democrática, muito mais, certamente, do que a da Marinha.

Não é de admirar, portanto, que o Exército se revelasse simpático à causa da abolição. Oficiais e alunos de escolas militares tomaram abertamente posição abolicionista. A primeira das chamadas questões militares do Império teve origem em atitude abolicionista do tenente-coronel Sena Madureira. Este oficial foi punido por ter recebido na Escola de Tiro de Campo Grande o jangadeiro Francisco do Nascimento, líder dos abolicionistas cearenses. Mesmo oficiais conservadores, como Deodoro, apoiaram a abolição. Deodoro teve o apoio dos abolicionistas em sua campanha para o Senado em 1887. Neste mesmo ano, o futuro proclamador da República enviou à princesa Isabel documento do Clube Militar, a que presidia, solicitando que o Exército não fosse empregado na captura dos escravos que fugiam das fazendas. O documento afirmava ser a liberdade o maior bem que possuímos sobre a terra e que não era tarefa para os soldados brasileiros capturar, como capitães-do-mato, os que pacificamente buscavam este bem supremo. Tal atitude do Exército contribuiu para o apressamento da abolição. A Guarda Nacional estava desmobilizada e as polícias provinciais eram demasiado fracas para manter a ordem escravista.

Mudou o Exército? Por razões diversas, mudou. As transformações por que passou a instituição, a partir da década de 1930, tanto internamente como em seu papel político, afetaram também sua relação com a população negra. A efetivação do serviço militar obrigatório contribuiu para embranquecer o contingente dos conscritos, agora recrutados também entre outros setores da população. A seguir, ainda na década de 1930, o bloqueio do acesso de sargentos ao oficialato reduziu substancialmente a presença de negros e mulatos neste segmento crucial da organização. Finalmente, já durante o Estado Novo, e refletindo o ambiente da época, foram baixadas instruções referentes à admissão de candidatos às escolas militares que permitiam, na prática e de acordo com o critério dos comandantes, o veto a candidatos negros, judeus, não-católicos e filhos de estrangeiros. Tais instruções foram posteriormente revogadas, mas o Exército se embranquecera e por um período admitira a discriminação. Isto se deu exatamente no momento em que a instituição assumia papel central na política do país.

O branqueamento interno e o branqueamento político do Exército podem explicar em parte o incidente da avenida Presidente Vargas. Note-se, a propósito, que a promoção de Caxias a herói nacional data também da década de 1930. No Império ele era um general respeitado, mas um general do Partido Conservador. O herói militar dos liberais era Osório. O incidente, a reação desproporcional do Exército, colocou a instituição militar em posição oposta a que assumiu há cem anos. Não significa isto acusar o Exército de racismo, pois em princípio procurava preservar a memória de seu patrono. Mas houve, sem dúvida, perda de sensibilidade em relação à população negra. A ninguém pode escapar a gravidade para a nação de um possível conflito, ou mesmo de simples antagonismo, entre o Exército e os negros. Tal conflito, além de contrariar as tradições do Exército, só dificultaria completar a tarefa inconclusa da abolição pela absorção da população negra dentro da comunhão plena da cidadania brasileira.

Vale lembrar outro trecho do documento enviado pelo Clube Militar à princesa Isabel: "Em todos os tempos, os meios violentos (...) não produziram nunca o desejado efeito." Há cem anos, o Exército se recusou a parar a marcha dos escravos que buscavam a liberdade. Não pare ele hoje a marcha dos descendentes dos escravos que continuam a buscar os plenos benefícios dessa liberdade que a nação ainda lhes nega.

(Publicado no *Jornal do Brasil*, 21 maio 1988, p. 11.)

Política

Eleição em tempo de cólera

As análises da sucessão presidencial têm sido feitas com base em definição de interesses e classificações ideológicas. Fazem-se incidir as posições dos candidatos sobre um prisma racional que as difrata nas cores do arco-íris ideológico. A partir daí alocam-se os candidatos na esquerda, no centro ou na direita. Ou então, com um pouco mais de refinamento, descrevem-se as cores segundo os vários compartimentos do mundo ideológico contemporâneo: fascistas, liberais, neoliberais, socialistas, comunistas. No máximo, utilizam-se classificações intermediárias ou oriundas de outros critérios analíticos: os candidatos são modernos ou tradicionais, liberais ou corporativistas, corruptos ou moralizantes, nacionalistas ou cosmopolitas, caudilhescos ou democráticos.

Não é de estranhar que assim seja. Este é o arsenal normalmente utilizado pelos analistas da política. Parte-se sempre do suposto de que as pessoas tenham interesses bem claros e que formulem suas opções políticas em função desses interesses, distribuindo-se deste modo ao longo do espectro ideológico. O passo seguinte, em tempo de eleição, é supor que as pessoas busquem o partido ou o candidato que melhor se identifique com seus interesses.

Tal tipo de análise pode funcionar bem em democracias organizadas e estáveis, sobretudo em momentos de normalidade política. Os interesses estão aí mais cristalizados, são mais facilmente identificáveis e formulados. Os instrumentos de ação política estão aí também consolidados, são reconhecidos e legítimos. Daí ser mais fácil o cálculo racional da ação, a escolha dos meios adequados aos fins. É um mundo de razão.

Não é assim em sociedades como a nossa. Aí as identidades sociais são menos nítidas, as práticas democráticas não são consolidadas, as instituições têm baixa credibilidade, os agentes da política são desprezados, se não odiados. Torna-se difícil definir com clareza os interesses e, mais ainda, visualizar as opções políticas e ideológicas que melhor convenham. A situação agrava-se quando, à precariedade das práticas e das instituições, se acrescentam a insatisfação social e a crise de ideias e valores, como acontece hoje. Passado o momento romântico da campanha pelas diretas e o momento racional da elaboração da Constituição, chegamos ao tempo da decepção e do desencanto com a nova República. Para alguns este é um tempo de cinismo. Para muitos, de tensão, de apreensão, de receio do futuro. Para quase todos é tempo de frustração, é tempo de cólera.

Em tempo de cólera, de paixões, se os interesses não desaparecem, eles recuam ou se disfarçam sob a capa de elementos mais profundos do imaginário individual e coletivo. Descerram-se as cortinas do mundo do sonho, dos desejos, dos medos. Este mundo extravasa os limites do cálculo instrumental que é condição para o bom funcionamento do mecanismo ideológico-partidário que formalmente rege as eleições. É um mundo que se pauta por lógica distinta da lógica discursiva. Ele se expressa na linguagem dos sonhos, dos mitos, dos símbolos. Não quer isto dizer que se trate de um mundo da anti-razão, ou mesmo da falta de razão. Mas sua razão tem razões desconhecidas pela razão instrumental, discursiva, cartesiana.

Será difícil, a meu ver, entender a presente campanha eleitoral, entender a distribuição da preferência popular entre os candidatos, sem o recurso a esses elementos imaginários e simbólicos. Será certamente impossível, sem tal recurso, entender o impacto de uma candidatura como a de Collor. Não há raciocínio lógico, baseado em cálculo de interesses e em definições ideológicas, que possa dar conta, de maneira satisfatória, do êxito até agora conseguido por essa candidatura. Por outro lado, nada indica que vá haver mudanças radicais na situação do país que possam reduzir o peso dos fatores emotivos na eleição. Pelo contrário, tudo indica a continuação, se não o agravamento, da deteriorização econômica e, portanto, o aumento da incerteza, da angústia, da cólera, isto é, do caldo de cultura favorável às decisões baseadas em elementos de sonho e de mito.

Se estou no caminho certo, os candidatos poderiam ser classificados não por sua posição ao longo do espectro ideológico mas por sua maior ou menor capacidade de apelar para o imaginário coletivo. A meu ver, são apenas três os candidatos que têm esta capacidade: Brizola, Lula e

Collor. Todos os outros, de esquerda ou de direita, modernos ou tradicionais, honestos ou corruptos, apelam predominantemente para a razão, definem uma postura ideológica, possuem um programa de governo explícito ou facilmente dedutível. Quanto a este ponto, não se distinguem o comunista Roberto Freire do liberal Afif Domingos, o moderno Mário Covas do tradicional Aureliano. Estão todos no time da razão e lutam em desvantagem com os que combinam a razão com a paixão.

Qual seria o imaginário em cujo seio se moveriam as candidaturas de Brizola, Lula e Collor? Pela própria natureza do objeto, a análise começa aqui a ficar escorregadia. Mas se coloquei o problema, tenho que o enfrentar. O que será feito com uma pequena ajuda de Raoul Girardet.[3]

Comecemos pelo mais velho dos três candidatos, velho tanto no sentido biológico como político. Nos 25 anos em que luta pela presidência da República, Brizola vem tentando manipular dois dos mais comuns mitos da política, o do salvador e o do complô. Em sua visão, ou na visão que procura vender, o Brasil se apresenta sempre em situação de impasse político cuja única saída reside na aceitação de sua liderança, de sua chefia. Trata-se de um messianismo que pode ter raízes em sua formação protestante, mas que certamente também se alimenta na tradição caudilhesca e positivista gaúcha, já encarnada por figuras como Júlio de Castilhos e Getúlio Vargas. O Messias, a Força da Luz, está sempre em luta contra o Reino das Trevas. No caso de Brizola, a luta se dá tanto no campo pessoal como coletivo. O Inimigo hoje, no campo pessoal, é a Rede Globo, já foi a CIA. No campo coletivo, é o capital estrangeiro, sobretudo os bancos credores. Em outros tempos, foi a AMFORP (*American Foreign Power*), a companhia de eletricidade que estatizou quando governador do Rio Grande do Sul.

Os referentes históricos dessa mitologia, aí incluída a tentativa de reencarnar o mito de Vargas, já estão um tanto bolorentos. Mas ela ainda possui forte apelo para setores importantes do eleitorado. O Salvador é tradicionalmente procurado por pessoas ou grupos em crise de identidade, pelos que sofrem as consequências de mudanças radicais na estrutura social, pelos que passam por grande mobilidade, seja geográfica, seja ocupacional. O recurso ao bode expiatório, a escolha de um alvo maligno sobre o qual descarregar ódios constituem também poderoso apelo para

---

[3] GIRARDET, Raoul. *Mitos a mitologias políticas*. São Paulo: Companhia das Letras, 1987.

os que acumulam ressentimentos e frustrações, seja de natureza pessoal, seja coletiva. A definição de um inimigo é reconhecidamente um dos mecanismos clássicos de construção de identidades sociais. A mais conhecida dessas identidades é o nacionalismo. Em outros momentos históricos, Brizola poderia ter mesmo boa aceitação entre os militares, como foi o caso de Júlio de Castilhos.

Lula representa outro tipo de imaginário, o da Revolução Redentora da Classe Operária. Trata-se também de um messianismo, mas de caráter coletivo e não individual. Ecos mais longínquos desse messianismo podem ser buscados no mito da Democracia Direta, do Governo Popular, que lança suas raízes na Antiguidade Clássica, mas que foi revivido e reelaborado pela Revolução Francesa. O messianismo da Classe Operária se deve naturalmente à Revolução Soviética. A origem mista desse imaginário gera certa ambiguidade, ou mesmo tensão. A tensão entre o Povo e a Classe. O setor da classe operária que deu origem à CUT e ao PT não é coextensivo ao povo e nem mesmo ao que era a classe operária a que se dirigia Getúlio Vargas. Há também uma ambiguidade na posição de Lula: ele hesita em assumir o messianismo individual como complemento ao messianismo coletivo. O Lula candidato comporta-se cada vez mais como um líder representativo de um mundo político regido pela razão. Historicamente, o messianismo coletivo, tanto do povo como da classe operária, não dispensou o carisma pessoal, fosse ele de Robespierre ou de Lênin.

De qualquer modo, o imaginário representado por Lula também apela para importantes setores do eleitorado. A começar, naturalmente, por parcelas substanciais da classe operária. Passa também por grupos sob a influência de elementos messiânicos do clero católico, alojados nas CEBs (Comunidades Eclesiais de Base) e na Pastoral da Terra. E não se esqueça a parcela romântica da juventude de classe média e alta, aí incluídos artistas e intelectuais, muitos também imbuídos de espírito messiânico em relação à classe operária. A capacidade de administrar a tensão entre povo e classe, entre messianismo coletivo e individual, será fator importante na definição do alcance e da intensidade do apelo de Lula.

Finalmente, Collor. Se é aqui que se tornam, a meu ver, mais relevantes os elementos de análise que proponho, é também aqui que é mais difícil sua aplicação. No caso de Brizola, os elementos imaginários e os fundamentos históricos são claros. Lula tem raízes históricas menos profundas mas a mitologia envolvida é também conhecida. O imaginário que parece estar por trás do êxito de Collor é mais difícil de detectar. Certamente, está presente a figura do Herói, do combatente solitário, do Santo Guerreiro contra o Dragão dos Marajás. Mas não se trata do Messias, do líder de características religiosas, que vem salvar seu povo. Não há fanáticos de Collor. Os que o apoiam são realmente coloridos, isto é, multicores, ou de cores mescladas. Talvez se trate da figura do Herói modernizada pelo cinema, do mocinho dos filmes de faroeste, justiceiro, jovem e bonitinho. Melhor ainda, talvez estejamos diante do apelo de um Indiana Jones, aventureiro solitário, sem raízes, sem compromissos, lutando contra as forças do Templo da Perdição, isto é, contra os marajás e políticos deste Templo da Perdição em que se transformou o governo da nova República.

No caráter difuso do apelo de Collor é, talvez, onde resida sua vantagem sobre Brizola e Lula. Ele não se dirige a um grupo específico, podendo mais facilmente canalizar a raiva geral contra o governo e os políticos. As pesquisas confirmam este ponto: ele é apoiado por todas as camadas da população, sem embargo de algumas diferenças relacionadas aos níveis de educação e riqueza. É um público amplo como o de Indiana Jones. A ginástica que terá de fazer para sustentar a vantagem até o final consistirá em manter o apelo difuso e generalizado sem deixar que os ataques dos opositores, sobretudo diante da câmeras da TV, o desmascarem como um herói de papel. Ou de celuloide.

A conjuntura política tem variado quase dia a dia. Mais do que nunca, observar a política entre nós é como observar as nuvens (foi Tancredo quem disse isto?). A cada momento que se olha, o quadro é diferente. Mas o pano de fundo da crise econômica e de legitimidade dificilmente mudará até as eleições. Neste caso, serão favorecidos os candidatos que conseguirem apelar também para as forças do imaginário coletivo. Vencerá aquele que, no momento das eleições, melhor encarnar o sentimento de rejeição da população em relação ao governo e às condições de vida. O vencedor será antes fruto do Imaginário do que da Razão. Lamentarão o fato aqueles que temem as incertezas do Imaginário. Não o lamentarão aqueles a quem incomoda a pobreza da Razão.

(Publicado no *Jornal do Brasil*,
Caderno de Ideias, 16 jul. 1989, p. 4-5.)

Política

Esse debate é real

Os republicanos, cem anos atrás, fracassaram na tarefa de vender o novo regime, de republicanizar o país. Mas em uma coisa tiveram pleno êxito: em desmoralizar a monarquia perante as camadas educadas. Quando crescia a aceitação popular do regime monárquico, inclusive da princesa Isabel, como consequência da abolição da escravidão, diminuía sua legitimidade entre proprietários rurais, irritados com a mesma abolição, entre pessoas educadas e, sobretudo, entre professores e estudantes das escolas superiores, duas faculdades de direito, duas de medicina, a Politécnica e a Escola Militar do Exército.

A campanha antimonárquica tirava proveito da total liberdade de imprensa e de palavra então existente. Silva Jardim fazia discursos virulentos pedindo o exílio ou a execução do conde d'Eu, e insistia: "Matar? Matar, sim!" Em São Paulo, Hipólito da Silva criou um jornal propositalmente dedicado a desmoralizar o conde, pois supunha-se que, na hipótese de um terceiro reinado, seria ele o governante de fato. A figura do conde, é preciso reconhecer, ajudava Hipólito. Feio, meio surdo, unha de fome, dono de cortiços, era alvo fácil de sátiras. Isabel também não escapava: era acusada de beata, festeira, ignorante, despreparada para o governo, e (era o jacobino Silva Jardim quem o dizia) de mulher. Contra ela Medeiros e Albuquerque conclamava o povo às armas. Nem mesmo o velho e diabético Pedro II escapava. Era o Pedro Banana, o Rei Caju (referência a sua fisionomia), a quem Angelo Agostini retratava, impiedosamente, cochilando nas reuniões do Instituto Histórico e Geográfico. Quinze anos mais tarde, Hipólito da Silva confessaria não saber explicar como o Império tinha tolerado sua "franqueza brutal".

O ataque pessoal era completado pela guerra ideológica. Das trincheiras intelectuais vinha a desqualificação da monarquia como regime adequado aos tempos modernos. Os positivistas e seus simpatizantes ocupavam aqui a linha de frente do ataque. Como se sabe, o positivismo professa uma filosofia da história de natureza evolucionista, a chamada lei dos três estados. A humanidade passaria pelo estado teológico, dominado por teólogos e guerreiros; pelo metafísico, governado por legistas e filósofos, para chegar afinal ao estado positivo, de industriais e cientistas. Monarquias constitucionais como a brasileira no máximo qualificavam-se para o estado metafísico. O primeiro passo para a transição para o estado positivo era a Proclamação da República, ou melhor, da ditadura republicana. A República, como o próprio Silva Jardim o proclamava, era o regime da ciência, da indústria, do progresso.

Atacado, o Império revelou-se incapaz de se defender no campo das ideias. O esforço de grandes monarquistas da época, como Joaquim Nabuco, no sentido de combinar monarquia e federação para atender a uma das principais demandas republicanas, caiu em terreno árido. André Rebouças, o grande reformista, em vão tentava argumentar que a monarquia era o melhor instrumento para promover medidas sociais. A 15 de novembro, apesar da ausência de participação popular, o movimento republicano teve êxito fácil. O Imperador estava sozinho. A simpatia popular que sem dúvida lhe restava não tinha quem a mobilizasse. Em São Luís, no Maranhão, 20 libertos morreram inutilmente em defesa de seu governo.

A imagem da monarquia como regime de privilégio, de opressão, sobretudo de atraso, enraizou-se nas camadas educadas da população, especialmente naquelas ligadas às áreas técnicas, que se consideravam portadoras do progresso. Até hoje, falar em monarquia entre essa gente é sujeitar-se inevitavelmente a ter como resposta um sorriso irônico e superior. Monarquia? É assunto para saudosistas, reacionários, ociosos. É piada.

O mesmo não acontece fora desses setores. A monarquia era popular em 1889 e há bons indícios de que a popularidade sobreviveu à proclamação do novo regime. Os propagandistas da República quando eram perseguidos pela população, sobretudo a população negra, atribuíam o fato a manobras da polícia imperial. Mas a mesma explicação não pode aplicar-se às informações de João do Rio de que, 15 anos após a proclamação, a marginália do Rio de Janeiro era toda monarquista. Gatunos, prostitutas, capoeiras, malandros da Saúde, pivetes, pais de santo eram monarquistas e muitos traziam a coroa imperial tatuada no corpo. Ela também não dá conta do monarquismo dos rebeldes de Canudos, para quem a República era a lei do cão; não dá conta das simpatias monárquicas dos rebeldes do Contestado. Até mesmo o *Jornal do Brasil*, que começou como publicação da elite monarquista e foi fechado por Floriano, reabriu insistindo em temas populares, ficando famosa sua coluna Queixas do Povo. Ganhou o título de *O Popularíssimo*.

Seria evidente exagero falar hoje de monarquismo entre as camadas populares. Mas há certamente grande aceitação de símbolos monárquicos. O exemplo clássico são as escolas de samba com seus inúmeros enredos e alegorias de referência monárquica. A congada, festa negra do interior, gira toda ela em torno do tema da realeza. Em Minas Gerais, rei e rainha congos são ainda escolhidos todos os anos. No país inteiro, qualquer pessoa que se destaque em alguma atividade é logo proclamada rei. Temos rei de futebol, reis de corrida da Fórmula 1, rainhas de beleza, reis momos, reis do bicho. Em contraste, a palavra cidadão, marca registrada do igualitarismo republicano, teve triste sina no linguajar popular. É termo quase pejorativo.

Por mais que a monarquia do século XIX desse margem às críticas que se lhe lançavam, não faz sentido algum insistir hoje nos argumentos do privilégio, da opressão, do atraso. Continuam monárquicos hoje países que estão na vanguarda do progresso e da democracia. São monarquias a Holanda, a Inglaterra, a Bélgica, a Suécia, a Dinamarca, a Noruega, a Espanha, o Japão. Descartar a discussão sobre o tema com base nos argumentos de 100 anos atrás é teimosia, preconceito, ignorância, má-fé, ou simples atraso.

Mas com isso não fica ainda justificada a discussão do tema. É preciso perguntar se, embora não signifique atraso, retrocesso social e político, a monarquia ainda constitui regime que possa fazer sentido para o Brasil de hoje. Se não é piada, é preciso ainda mostrar que o debate não é ocioso.

Quero argumentar que o debate não é ocioso, que ele pode ser uma boa oportunidade para discutir aspectos centrais de nossa engenharia política. Não defendo a monarquia. Defendo o uso do plebiscito como oportunidade única para debater tais aspectos, oportunidade tanto mais adequada pelo fato de se discutir ao mesmo tempo o parlamentarismo, regime indissociável das monarquias modernas.

Que poderia oferecer um regime monárquico a essa república centenária ainda tão sem rumo? Vou limitar o argumento a um ponto que me parece o mais relevante. Independentemente do poder que exerça, o que a figura real sempre fez foi permitir uma representação simbólica da nação mais eficaz do que a que qualquer presidente da República pode oferecer. A Revolução Francesa teve que inventar nova representação da nação, porque antes a nação era o rei. O presidente é eleito, é membro de partido, de facção. Por mais que o cargo lhe confira a unção da representação do país, ele sempre será visto como partidário. Apenas em um ou outro caso, algum presidente pode escapar desta limitação e alçar-se acima dos partidos, como De Gaulle. Sintomaticamente, é logo chamado de presidente imperial.

A representação simbólica da nação em uma pessoa cercada de convenções que lhe dão caráter de permanência (a linha dinástica) confere um grau de estabilidade ao sistema político que não pode ser desprezado em países marcados pela instabilidade crônica. Não se trata de introduzir imobilidade, mas exatamente do contrário. Uma vez estabilizada a representação nacional, fica o espaço livre para o exercício do conflito, para a luta de partidos, facções, classes, o que for. Fica livre o conflito de interesses, que não mais precisa ser coibido em nome da estabilidade do sistema. Estamos cansados de apelos à união nacional, a consensos, acordos, pactos, entendimentos *et caterva*. Ora, esta é uma sociedade desigual ao extremo, injusta, autoritária, dividida. Nada mais natural e mais saudável que o conflito campeie de alto a baixo. Mais conflito, mais briga, mais disputa, mais pauleira, é disto que precisamos. No entanto, o aumento da taxa de conflito só é viável se for garantida a sobrevivência do sistema. Do contrário ouviremos o de sempre quando aumenta o conflito: querem desestabilizar!

Em termos institucionais, a distinção mais geral entre representação da nação e representação dos interesses acopla-se imediatamente à distinção entre a chefia do Estado e a chefia do governo. Dentro de uma monarquia, isto significa discutir a natureza do poder do rei, tema central do debate político no Império. Opunham-se, então, as duas fórmulas clássicas: "o rei reina, governa e administra" e "o rei reina mas não governa". Não imagino que para o Brasil de hoje fosse adequado o modelo de rainha da Inglaterra. Mas certamente não o seria também o poder moderador do Império, ainda com resíduos absolutistas. Para fazer sentido político, o modelo deveria ser algo semelhante ao espanhol, no qual o rei exerceu e exerce, além da representação simbólica, um papel arbitral. É, aliás, curioso que se fale tanto na experiência espanhola e em seu papel exemplar para o Brasil, sem se levar em conta o papel central que nela desempenhou a figura do rei Juan Carlos.

O problema do equilibro dos poderes sempre perseguiu a república brasileira. Abolido o poder moderador, seus poderes deslocaram-se quase de imediato para o presidente, que se tomou um déspota sem os controles do parlamentarismo monárquico ou de uma Suprema Corte no estilo americano. Os poderes legislativo e judiciário viram-se desde logo amesquinhados. Os próprios republicanos reconheceram de imediato o problema. Alberto Sales dizia em 1901, quando seu irmão era presidente, que a república gestara um despotismo pior do que o do poder moderador. Outro insuspeito republicano, Borges de Medeiros, escreveu um livro propondo a adaptação do poder moderador à república presidencial. Mais tarde, o Exército e, a seguir, as Forças Armadas como um todo tentaram usurpar as funções moderadoras com os resultados imoderados que todos conhecemos.

A Primeira República viu-se desde o início incapacitada para lidar com o conflito. Os partidos que funcionavam sem limitação no Império passaram a ser malvistos, pois eram focos de facciosismo e desestabilização. A estabilidade foi conseguida ao custo da quase total eliminação da participação sob o garrote dos partidos únicos estaduais. Depois de 1930, foi a alternância espasmódica de fases em que se permitia o exercício limitado do conflito e fases em que ele era eliminado pela força. Nosso presidencialismo, como, aliás, o de toda a América Latina, é alérgico a divisões e conflitos. A coincidência na mesma pessoa da chefia do Estado e do governo leva à concentração exagerada do poder e à consequente reação via conspirações e golpes de Estado. Não há mecanismos adequados para o exercício da luta política. O presidencialismo americano, tomado como regra por todos esses países, é antes exceção do que regra. Sustenta-se numa tradição histórica que confere grande legitimidade ao conjunto do sistema e de suas instituições, aí incluídos o Congresso e o Judiciário, além da infinidade de organizações civis.

A essa altura, percebo novamente o sorriso irônico do colega acadêmico acompanhado da observação vitoriosa: "Separação das chefias do Estado e do governo é parlamentarismo. Não é preciso enfiar monarquia no meio. Concedo que o debate não seja piada, mas continua ocioso." Sem dúvida, no que concerne à parte puramente institucional do problema, à engenharia da política, a adoção do parlamentarismo responderia em boa parte à necessidade de equilibrar os poderes, introduzindo um elemento de arbitramento no sistema. Mas não por acaso separei a representação da nação da chefia do Estado. No parlamentarismo o presidente chefia o Estado e por isso mesmo tem mais legitimidade do que no presidencialismo para representar a nação. Mas ele permanece fruto de eleição, membro de partido político, representante de facção. A pergunta a se fazer é se ele teria a mesma condição de um rei para colocar-se acima dos conflitos, e assim legitimar esses mesmos conflitos, em países como o nosso, em que política é sinônimo de facciosismo. É matéria para especulação. Pode-se perguntar, no entanto, por que países muito mais estáveis e maduros politicamente, como os das modernas monarquias, não se livram do regime, tornado, pelo argumento acima, inútil. Seria por razões puramente folclóricas? É verdade que os ingleses adoram discutir as fofocas da família real. Mas são todos países modernos e altamente racionalizados. Manter uma instituição complexa e cara como a monarquia apenas para divertimento, ou como patrimônio histórico, não parece compatível com a modernidade e a economia.

Piada ou alternativa? Alternativa. Pelo menos como oportunidade para um debate institucional indispensável sobre a construção de uma república que hoje, para o ser, não precisa mais do nome. Um debate que não pode limitar-se às ridicularias de disputas dinásticas como fazem muitos monarquistas. Um debate, se necessário, apesar dos monarquistas. República, que tem suas virtudes, embora não discutidas aqui, e monarquia, cujas virtudes procurei mostrar, são instrumentos de governo que interessa discutir em benefício da fundação de um sistema que permita a reforma da sociedade mediante conflito político amplo e irrestrito, em benefício da construção de instituições que permitam ao país livrar-se de césares caricatos, na acusação de um monarquista do Império, e de presidentes *aquilo roxo*, em autodefinição de hoje.

(Publicado no *Jornal do Brasil*, 14 abr. 1991,
Caderno de Ideias, p. 4-6.)

Política

O cólera das legiões

Convites feitos por diretores de instituições militares a professores universitários para fazer conferências e participar de debates têm contribuído para lançar pontes sobre o abismo que separa militares e intelectuais desde 1964. Tive oportunidade de participar de alguns destes encontros, o último deles organizado sob a responsabilidade do diretor da Escola de Guerra Naval, o contra-almirante Fernando Diégues. Diretor e oficiais da Escola esmeraram-se em bem receber os conferencistas civis. O ambiente dos debates foi marcado pela franqueza e pela vontade de estabelecer um diálogo que todos entendiam ser necessário para construir bases sólidas para nossa democracia política.

Reconhecendo o grande mérito de tais iniciativas, particularmente as que vêm sendo tomadas no âmbito da Marinha, e no espírito de aprofundar o diálogo, quero discutir um ponto que me parece constituir uma pedra no caminho do entendimento.

Os militares, como instituição, têm procurado adaptar-se aos mecanismos que regem um sistema democrático de governo, salvo uma ou outra escorregadela, acobertada ou não por citações de centuriões romanos. Seu comportamento durante o processo de impedimento de Collor foi exemplar. Mas eu diria que eles, como indivíduos e como instituição, ainda não se adaptaram a uma convivência democrática quando se trata de discutir sua própria existência e seu papel na sociedade.

Por mais liberal que seja o militar, ele não admite que um brasileiro possa achar que sua instituição não seja essencial para o país, na forma e com as atribuições que eles querem. Tal brasileiro há algum tempo seria certamente acusado de comunista, hoje seria suspeito de estar a serviço de algum outro interesse escuso. As forças armadas, na visão de quase todos os militares, devem definir suas tarefas, seu tamanho, seu recrutamento, sua organização, sua distribuição geográfica, seu treinamento, seu armamento e apresentar a conta ao governo que a deve patrioticamente pagar.

Aos militares parece absurda a ideia de terem que justificar seu papel e mais ainda sua existência. No entanto, num ambiente democrático seria perfeitamente normal exigir tal justificativa. Lembro-me, a propósito, de uma cena que me causou profunda impressão. Lecionava em uma universidade norte-americana da costa oeste. Uma vez por ano, a universidade, que era pública, abria suas portas para que as empresas montassem seus estandes de propaganda na tentativa de atrair bons alunos para seus quadros. Até aí tudo bem. A grande surpresa veio quando vi, entre barracas da Standard Oil, GM, IBM, Lockheed, e similares, uma barraca do Exército americano, disputando em pé de igualdade a preferência dos futuros bacharéis, mestres e doutores.

A novidade era tão grande que fui conversar com o coronel responsável pela barraca. Ele me deu folhetos de propaganda em nada diferentes dos de qualquer empresa procurando vender seu produto. Os folhetos falavam das vantagens do engajamento no serviço ativo do Exército (nos Estados Unidos o serviço militar é voluntário), ou em unidades de formação de reservistas: bons salários, benefícios sociais, boa educação, treinamento especializado. Perguntei ao coronel se achava o método adequado para atrair candidatos a soldados. Mais especificamente, estranhei que não se falasse em pátria e patriotismo. A resposta veio rápida e segura: o patriotismo se exerce em qualquer profissão, não é monopólio nem obrigação só dos militares.

Para o coronel, era natural que o exército estivesse ali a disputar com empresas a preferência dos futuros bacharéis. Certamente não ficaria ofendido se alguém preferisse a IBM, se alguém lhe dissesse que jamais escolheria a carreira militar, ou mesmo se alguém se manifestasse contrário à existência de forças armadas. Seria tudo parte do jogo democrático.

É difícil imaginar situação semelhante no Brasil. Desde a Guerra do Paraguai e, sobretudo, desde a República, os militares se sentem donos absolutos do patriotismo e credores da gratidão da pátria. Deodoro marcou a nova fase ao alegar, a 15 de novembro de 1889, que sua ação política de derrubar o ministério justificava-se pelos sofrimentos que padecera no Paraguai. Durante os 20 anos que governaram discricionariamente o país, os militares trataram como subversão da ordem qualquer crítica a suas instituições e ações. Com todo o progresso que tem havido, sobrevive ainda forte resíduo dessa atitude. Civis que admitem a necessidade e a importância das forças armadas mas as querem sob supervisão democrática e adaptadas às circunstâncias do país e do mundo, como é o caso do autor, esbarram nesse obstáculo todas as vezes que sugerem ajustes e reformulações. A ideia de que as forças armadas devam reformular alguns aspectos de sua atuação, para melhor justificar socialmente sua existência e melhor competir no Congresso por recursos escassos, parece ainda ofensiva à maioria dos militares.

Esta resistência em abandonar a postura de monopolizadores do patriotismo e de credores da pátria é uma espécie de cólera-morbo que afeta a tropa, irmã gêmea daquela outra doença recém-ressuscitada, a *cholera legionum*.

(Publicado no *Jornal do Brasil*, 19 dez. 1993, p. 11.
O artigo refere-se à declaração do ministro de Guerra,
gen. Zenildo Lucena, ameaçando a oposição com a cólera das legiões.)

Política

O bicho que deu

No livro *História do Brasil pelo método confuso*, publicado em 1920, o extraordinário Mendes Fradique, recentemente recuperado por Isabel Lustosa, dá sua versão da Proclamação da República. O Brasil acordou no dia 15 de novembro e, ainda sonolento, perguntou: — "Que bicho deu?" Responderam-lhe rápido: — "Deodoro". Hoje aprendemos, entre ofendidos e humilhados, que o bicho que deu foi muito pior do que o velho e ingênuo general. O próprio Mendes Fradique já profetizara, com a lucidez que lhe dava seu método confuso, os tempos que viriam. O jogo do bicho, segundo ele, teria sido "convertido em instituição nacional permanente, sob a guarda das autoridades civis e militares".

O problema da promiscuidade entre o jogo do bicho e a política no Rio de Janeiro vem, portanto, de longe, faz parte da incultura política da cidade. A promiscuidade ia além do jogo dos bichos, como se dizia na virada do século. Abrangia capangas e capoeiras, muitos deles assassinos confessos. Capangas e capoeiras eram os cabos eleitorais no país dos Bruzundangas, agudamente descrito por Lima Barreto. Nesse país, candidatos desfilavam ao lado de assassinos, a ordem compactuava com a desordem, enquanto os cariocas fugiam das urnas para jogar no bicho, desfilar no corso da avenida Central, dançar maxixe nos cabarés, enrolar-se nos braços das cocotes.

Nada mudou um século depois? Um século não passa impunemente. Houve, sem dúvida, mudanças mas para pior. Nos últimos tempos, realizou-se com abundância a profecia de Mendes Fradique, o bicho virou instituição protegida, tolerada, cortejada por autoridades civis e policiais. Mais do que isso, o bicho, agigantado pela incorporação do crime, do tráfico e do contrabando, penetrou no coração da política e da sociedade, invadiu o mundo da criatividade popular, o samba e o futebol, comprou autoridades do Executivo, do Legislativo, do Judiciário, espirrou lama em símbolos de civismo. Se o Brasil perguntasse hoje que bicho que deu, a resposta seria simplesmente: deu o Bicho. A Cidade, no sentido cívico da palavra, está bichada.

Como chegamos a isto? Como é que o desvio de um século atrás, em vez de ser corrigido, foi agravado? Eu diria que o Rio carrega a herança maldita de ter sido por tanto tempo capital da colônia e do país. Desde que se tornou capital houve aqui Estado demais, governo demais, emprego público demais, com o agravante de ter havido também muito escravo, muito imigrante e pouco emprego no mercado de trabalho. Uma das consequências dessa mistura foi que povo e Estado nunca se juntaram em condições propícias para gerar o cidadão e a democracia. Juntaram-se apenas nas núpcias adulterinas do clientelismo e do populismo. Para ficar na história recente, tivemos o clientelismo chaguista, cevado no bojo do regime militar, e o populismo brizolista marcado pelo paternalismo elitista. Clientelismo e populismo não são democracia nem produzem democracia. Neles nem é o povo soberano nem é o Estado democrático. Do lado do Estado permanecem o arbítrio e o paternalismo, do lado do povo a fisiologia e a lealdade personalizada.

Nas brechas deixadas por este conúbio perverso é que o bicho prosperou e se tornou um monstro de enormes tentáculos. O que antes apenas arranhava a pele da política penetrou-lhe nas entranhas. Autoridades passam a tratar publicamente com os contraventores, já transmutados em criminosos, recebem-nos em palácio, recorrem a seus cofres. Por seu lado, contraventores reconhecem de público a dívida com o governo populista assegurando que este lhes deu plena tranquilidade para operar. O bicho transformou-se em Estado paralelo, Mr. Hide de um Dr. Jekyll conivente.

Se vem de tão longe este conluio, argumentam alguns, não seria ele a cidadania possível para o Rio de Janeiro? Outros sugerem a preservação dessa tradição política como contribuição cultural original, usando um argumento que lembra o do antropólogo Gilberto Freyre, quando defendia a preservação dos mocambos como parte da paisagem cultural do Recife. Há ainda os que não se incomodam, os que acham que o carioca se safará de mais essa pulando Carnaval por sobre as ruínas da Cidade. Entre o amargo ceticismo de Mendes Fradique e o oba-oba maravilhosista, também centenário, tem que haver lugar para uma terceira margem onde se refugiem os que rejeitam as duas opções e ainda acreditam na possibilidade de um Rio cidadão e de um governo democrático. Não há samba, não há malandragem, não há jeitinho, não há cordialidade, charme e simpatia, que possam servir de álibi à criminalidade, aos massacres de menores e maiores, aos sequestros, ao tráfico de drogas, à corrupção das autoridades, à negação da justiça à maioria da população.

Nas *Memórias de um sargento de milícias*, de Manuel Antônio de Almeida, outro clássico retrato da vida carioca, D. Maria diz ao major Vidigal: — "Ora, a lei... O que é a lei, se o major quiser?" A construção da Cidade no Rio exige que a resposta à pergunta seja simples: — "A lei é a lei", queiram ou não os majores de ontem e de hoje. Nada impede que a resposta seja dada em dialeto local: — "A lei é a lei, bicho."

(Publicado no *Jornal do Brasil*, 12 abr. 1994, p. 17.)

Política

Kennedy em Piedade

"Não pergunte o que seu município pode fazer por você, mas o que você pode fazer por seu município." "O importante não é criar favores, mas oportunidades." A paráfrase do conhecido apelo de Kennedy e a recusa da tradicional política de favores constavam de faixas estendidas na praça em que se realizava a festa de posse do novo prefeito de Piedade do Rio Grande. Prefeito de onde? — perguntará todo mundo. De Piedade do Rio Grande, repito, município de uns cinco mil habitantes, situado na região dos Campos das Vertentes, em Minas Gerais, e que vive sobretudo da pecuária leiteira. Pequenos e médios fazendeiros e trabalhadores rurais compõem o grosso da população do município. A sede é uma cidadezinha sonolenta, de pouco mais de mil habitantes, construída à margem do rio Grande. Ainda lembra as cidades de domingo do século XIX descritas por Saint-Hilaire: só se enche de gente nos dias de domingo e nos feriados religiosos. Duas igrejas garantem o espaço para as celebrações religiosas. Nas fazendas, onde o grosso da população vive e ganha a vida, a rotina é secular: levantar muito cedo, ordenhar as vacas, almoçar cedo, cuidar das lavouras e dormir cedo. A luz elétrica e a televisão alteraram um pouco os horários, mas as tarefas permanecem as mesmas.

Para quem se acostumou a ver nos municípios do interior nada mais que o domínio dos coronéis, o paraíso da política familista e clientelista, descritos no texto clássico de Victor Nunes Leal, *Coronelismo, enxada e voto*, as frases soavam no mínimo surpreendentes. Mera retórica trazida pela televisão? Sem dúvida, alguma retórica estaria presente. Mas pergunto-me se existe essa coisa, "mera retórica", significando expressões vazias de sentido, palavras ocas, sons inúteis. O vocabulário político, posto que inseparável da retórica, nunca é gratuito, embora nem sempre de leitura simples e direta. No caso presente, há que explicar, por exemplo, como é que Kennedy foi virar faixa no interior de Minas. Há que explicar, sobretudo, como é que duas frases que se opõem radicalmente à cultura política dominante no Brasil, principalmente no interior, a do clientelismo, que faz as pessoas esperarem tudo do Estado sem nada dar em troca, e a do nepotismo, que obriga políticos a distribuírem empregos a amigos e parentes, se tornaram palavras de ordem de uma nova administração. De fato, a frase de Kennedy conjura uma cultura política cívica em que o governo é visto como coisa pública valorizada acima do interesse pessoal. A segunda frase supõe um governo moderno que abre espaço à iniciativa do cidadão. As duas frases, no mínimo, criam uma contradição incômoda entre o dito e o feito.

De que se trata? Estaríamos, sem perceber, caindo numa democracia? Mais ainda, seria no interior rural ou semirrural, seria nas cidades pequenas e médias, que se estaria operando, silenciosamente, a transformação dos valores e das práticas políticas que em vão buscamos nas megalópoles? Estariam os analistas da política nacional cultivando uma visão torta do Brasil, acreditando que a modernidade estaria confinada às grandes cidades, relegando o interior ao domínio da oligarquia, da opressão, do arbítrio, do atraso, da ignorância, quando o oposto é que seria a verdade?

Nada de ingenuidade. A política de Piedade ainda exibe marcas tradicionais, muita picuinha, muita briga de famílias, muita interferência de políticos de fora, muita dependência do governo do Estado. Particularmente pesada é a herança da luta de famílias. Desde 1906, quando os Monteiros foram acusados de matar um Teixeira num tiroteio eleitoral, a rivalidade de famílias se implantou em Piedade e sobreviveu a todas as reformas partidárias. Fossem quais fossem as etiquetas partidárias, "veados" e "caranguejos", Monteiros e Teixeiras, adversários e partidários do visconde de Arantes, definiam a luta política local. Mas a vida está insensivelmente superando essas rivalidades. O próprio prefeito que assumia, um comerciante, argumentou no discurso de posse que os entrelaçamentos matrimoniais já tinham acabado na prática com a rivalidade das famílias e que estava aberto o caminho para uma política de cooperação em benefício do município.

De fato, apesar do orçamento minguado, nas escolas primárias municipais há material escolar e há merenda. As professoras recebem em dia um salário mínimo. Um pequeno povoado de trabalhadores rurais, com o sugestivo nome de Esbarrancado, longe da sede do município, possui telefone público que funciona melhor do que os da Telerj. Pode-se dizer que não há vantagem alguma em ser melhor do que a Telerj, o que é verdade. Mas nesse caso também pode-se perguntar como é que os esclarecidos e modernos cidadãos do Rio suportam serviço público tão ordinário sem levar sua reação além de choradeiras na imprensa, sem apelar para a justiça, sem se negar a pagar as contas etc.

Mais ainda. A festa da posse, apesar do temporal que ameaçava cair, e que, de fato, caiu, contou com um público de mais de mil pessoas, composto de fazendeiros, comerciantes, trabalhadores rurais, que ouvia atento os discursos, intercalados por músicas tocadas pela bandas Santa Cecília e Lira Piedense. O prefeito que saía se derramou em elogios ao inimigo político que entrava. O prefeito que entrava retribuiu o rapapé e conclamou todos a cooperarem com o governo na administração do município.

Novamente, nada de idealizações ingênuas. Depois dos discursos haveria um churrasco, servido, aliás, e consumido, com grande civilidade. Mas, cinismo à parte, anoto que essas pessoas, que em 1906 se matavam por causa de eleições, hoje compareciam em massa a uma transmissão de governo pacífica e festiva. Nos dois momentos, uma marcante participação política, mais intensa no primeiro, mais extensa no segundo. Seria correto desprezar a primeira pela falta de extensão e a segunda por falta de intensidade? Não se verificaria, nos dois momentos, uma nítida vivência da política, mesmo que distinta da que aprendemos a considerar correta? Pode parecer meio confuso, mas o que estou tentando dizer é o seguinte: o que desprezávamos como oligarquia e clientelismo não abrigava o germe de um envolvimento político que, por caminhos alheios aos que conhecemos e admiramos, pode levar a uma cidadania moderna?

Se estou certo nessas suspeitas, os que se decepcionam com o espetáculo da corte brasiliense poderiam buscar consolo nesse imenso Brasil que se constrói longe dos olhos e da preocupação dos intelectuais metropolitanos.

(Publicado no *Jornal do Brasil*, 7 fev. 1997, p. 11.)

Política

PMs, instituições centenárias

Um dos argumentos usados pelo ministro da Justiça para que não se toque nas Polícias Militares é o fato de serem instituições tradicionais, centenárias.

Quanto à idade dessas corporações, não há dúvida. Trago aqui o testemunho de Rui Barbosa. Percorrendo o volume 25, tomo 1º, das *Obras Completas*, que contém textos de Rui publicados no jornal *A Imprensa*, em 1898, encontro dois artigos referentes às PMs, à do Rio Grande do Sul e à do Rio de Janeiro.

O primeiro, de 24/10/1898, tem por título "Exércitos estaduais". Rui comenta o manifesto do general Carlos Teles, comandante do 6º Distrito Militar (Bagé), em que se criticam os gastos excessivos com o "exército policial" gaúcho.

O general fala em força estadual fardada, armada e organizada de maneira idêntica à do Exército nacional e comenta: "A existência desse exército policial constitui um abuso criminoso perante a Constituição da República", constitui ameaça ao governo federal, desmoralização das Forças Armadas nacionais. O fenômeno só se explicaria, na opinião do general, pelo objetivo de intimidar o governo federal ou separar o Estado.

Rui concorda com os termos do manifesto e diz que fenômeno semelhante se passa em São Paulo, Rio de Janeiro, Bahia, Pernambuco, Pará. Os governos estaduais, diz ele, formam polícias nos moldes das tropas do Exército, como se fosse para defender os Estados contra a União, cujas forças são superadas pelas dos Estados. O nome de "polícia" é mantido apenas para não agredir abertamente a Constituição.

Essa "excrescência arrumadora e dissolvente" é, segundo ele, ameaça à sobrevivência da União. E termina; "Não pode haver perigo maior,

maior abuso contra a autoridade de um governo regular e a existência de uma nação."

O segundo artigo é de 31/10/1898 e se intitula "O estigma policial". Nele Rui Barbosa comenta episódio relatado pelo *Jornal do Brasil*.

Um bonde ia pela rua do Jardim Botânico. Ao passar por dois policiais, alguém dentro do veículo gritou: "Mata cachorro!" O policial número 31, da 5ª Companhia do 1º Batalhão, parou o bonde, puxou de dentro dele um menino e lhe deu duas bofetadas no rosto. O pai, um deputado federal, estava por perto, acudiu e foi destratado pelo policial. A mãe também apareceu e foram todos levados presos para a 20ª Circunscrição Policial.

Rui comenta que o episódio ("alarvaria", diz ele) "é dos que esgotariam a paciência de qualquer povo que não este". Trata-se, prossegue, de sintoma de gangrena social. O que mais espanta, no entanto, é a "feição natural da horrível mazela que se chama, nesta cidade, a polícia".

O texto merece continuar sendo citado: "Hoje não há vício que ela (a polícia) não proteja, crime que não encubra, miséria que não acoroçoe, violência que não pratique, ilegalidade que não explore." As crianças irão necessitar de guarda-costas para andar nas ruas do Rio de Janeiro.

A conclusão é um comentário sobre a qualidade do civismo brasileiro: como é que as mães irão incutir nos filhos o sentimento da pátria, "quando as primeiras imagens da lei e da autoridade se lhes vão gravar no espírito sob a forma do brutamontes policial, o esbofeteador fardado?"

Os dois artigos dispensam comentários. As PMs são, sem dúvida, instituições centenárias. A premissa do ministro está certa. Mas, se em cem anos elas não mudaram, a conclusão deveria ser exatamente o oposto da que aparece no raciocínio ministerial. Pelo menos para aqueles que mantêm ainda hoje os princípios que regiam a visão de Rui Barbosa. Princípios, esses sim, sempre vivos, embora ainda meras aspirações de nossa democracia.

(Publicado na *Folha de S. Paulo*, 20 ago. 1997, p. 3.)

Profissão

Burocracia cabocla ataca nos Estados Unidos

Anos atrás, tive que revalidar diploma de doutorado obtido na Universidade de Stanford. Percorri, então, itinerário kafkiano que agora tive que refazer para mandar para o Brasil uma prosaica procuração. Em benefício dos incautos e como desopilante pessoal, divido com o leitor a experiência.

O fato serviu de ilustração viva de certas tendências básicas da burocracia brasileira, senão do próprio sistema político nacional. E permitiu-me formular o que se poderia chamar a lei básica do comportamento burocrático no Brasil. Com licença de Millôr Fernandes, esta lei poderia ser formulada num haicai: ATÉ PROVA EM CONTRÁRIO / TODO MUNDO / É SALAFRÁRIO. Nesta premissa se baseia a estrutura e o funcionamento de nossa burocracia. O cidadão não é o constituinte, não é a razão de ser do aparato administrativo. É antes o súdito que precisa ser fiscalizado, o inimigo potencial que precisa ser contido. Esta desconfiança universal leva à obsessão do controle universal. Como todos são potencialmente desonestos, como todos estão sempre à procura de como burlar as leis, de como lesar o Estado, é necessário multiplicar os controles, bloquear todas as possíveis válvulas de escape.

O resultado final desta paranoia institucional é uma profecia que se autorrealiza. O excesso de controle derrota-se a si próprio. A desconfiança da fraude provoca a própria fraude, restando de permeio uma enorme rede de instituições, cargos e procedimentos inúteis que, se faz o ganha-pão de alguns, faz também o pesadelo da maioria. Para os poucos privilegiados e iniciados, há sempre os possíveis curtos-circuitos de eficiência, frutos da corrupção, da amizade ou do poder. Para o resto, há apenas a via-sacra das tramitações normais. Ou, reformulando a velha lei do coronelismo: "Para os amigos, o jeito, para os outros, os canais competentes."

Mas vamos aos casos do diploma e da procuração. Misturo os dois para simplificar a estória. No caso do diploma estava envolvido o Consulado de Los Angeles, no caso da procuração, o de São Francisco. O primeiro se deu em 1973, o segundo, em 1977.

De posse de meu diploma de doutor que, se não valia muito, pelo menos tinha excelente visual, procuro saber como revalidá-lo. O itinerário me é dado, e inicio a longa peregrinação, de carimbo em carimbo, por uma dezena de repartições dos dois países. Primeiro tenho que procurar um *notary public*, ou tabelião, para que reconheça a firma do reitor da Universidade. Depois de três anos de Estados Unidos, era a primeira vez que ouvia falar aqui desta figura, graças ao zelo de nossa legislação. Na Califórnia, o tabelião é licenciado pelo governo estadual para exercer o cargo por determinado período de tempo. Perguntei a vários amigos americanos sobre os tabeliães e a maioria deles jamais tinha procurado tal figura. O que no Brasil é uma rotina, aqui é uma exceção. Lá fui eu, e em dois minutos a firma foi reconhecida. De graça. Mas já o primeiro carimbo manchava a beleza de meu diploma.

Perguntei ao tabelião qual achava ele dever ser meu próximo passo. Disse-me ele ser o Consulado. Mas era um ingênuo. Nosso burocrata caboclo é mais vivo. Quem garante, raciocina ele, que o tabelião é um verdadeiro tabelião e não um enganador? Quem garante que ele, ou ela, não falsificou a licença? Não, é necessário que alguém reconheça a firma do tabelião. Sou mandado pelo Consulado ao *county clerk*, ou escrivão do condado, que, por sinal, fica em outra cidade. O escrivão me atende em cinco minutos e me cobra um dólar. E grampeia o primeiro pedaço de papel em meu diploma, que sofre um pouco mais em sua estética.

Mas o escrivão é um gringo desconhecido e portanto se faz necessário que uma autoridade verde-amarela no país garanta a autenticidade desse senhor. O cônsul brasileiro deve reconhecer a assinatura do escrivão. Dirijo-me ao Consulado, no caso o de São Francisco. Sou atendido com gentileza: a taxa, meu senhor, é de apenas seis dólares. Não, lamentamos mas não podemos aceitar cheques. Sentimos muito, mas não temos troco para sua nota de dez dólares. Quando fica pronto o reconhecimento da firma? Podemos garantir-lhe que em três dias o senhor poderá vir buscar o documento. Infelizmente, não é possível entregar antes, há muito trabalho acumulado. (O Consulado reabrira três dias antes. Tinha sido fechado há alguns anos aparentemente por excesso de "imaginação criadora" do cônsul em suas transações comerciais. O horário de funcionamento era de 11:00 às 15:00 horas.)

Desta vez o papel grampeado e colado com dois grandes selos vermelhos era maior do que o diploma que teve um de seus lados totalmente encoberto.

Mas o burocrata continua a raciocinar. Quem garante a autenticidade do cônsul? Não há tantos cônsules por aí? Não há até geladeira cônsul? É necessário que alguém ateste a veracidade desse funcionário. O diploma vai, então, ao Itamaraty em Brasília onde a firma do cônsul é reconhecida. Tudo pronto, afinal? Absolutamente. Quem garante que o funcionário do Itamaraty é realmente um funcionário do Itamaraty? O ministério não estará infiltrado de oposicionistas a fim de sabotar a ação do governo? A assinatura do funcionário tem que ser reconhecida em cartório. Lá vou eu para mais um carimbo. Não me lembro de quanto paguei.

Poupo ao leitor os passos seguintes de meu diploma que teve de ser traduzido por tradutor juramentado e passou ainda por quatro órgãos da Universidade Federal de Minas Gerais para exame e aprovação. Hoje, ele teria que ir também ao Ministério da Educação e Cultura, pois, afinal, quem disse que uma universidade federal é capaz de julgar acertadamente sobre a conveniência da revalidação? Ao final, outro pedaço de papel é colado do lado ainda livre do diploma, desaparecendo por completo o outrora lindo atestado de minha sabedoria.

Pronto. Salvou-se a pátria. Evitou-se mais uma possível fraude. Os trâmites legais foram seguidos.

Mas o tragicômico da coisa é que todos sabem que toda esta papelada não garante coisa nenhuma. A única garantia real em todo o processo é a seriedade da Universidade que emitiu o diploma. Falsificado este, todo o processo seguiria o mesmo caminho como se tudo fosse autêntico. O tabelião e o escrivão americanos reconheceriam as firmas do mesmo modo pois, como me disse o último, a burocracia aqui parte do princípio de que todo mundo age de boa-fé. Isto é, de que ninguém é salafrário a não ser que se prove o contrário. O cônsul reconheceria a assinatura do escrivão, o Itamaraty, a do cônsul. Quanto aos cartórios brasileiros, todos sabem que reconhecem assinatura até de Jesus Cristo. No caso da procuração, por exemplo, ao invés de passar por todo este labirinto, alguém poderia simplesmente ter ido a um cartório brasileiro, assinado meu nome e tudo estaria resolvido rapidamente, embora ilegalmente.

Dada a insensatez da legislação, não é de estranhar que as pessoas procurem defender-se seja violando a lei, seja burlando-a mediante o suborno de funcionários. A lei gera seu próprio desrespeito.

Poder-se-ia perguntar se algo semelhante não acontece ao sistema político brasileiro como um todo. Tratado mais como súdito do que como cidadão, mais taxado do que representado, mais tutelado do que consultado, não seria de esperar do brasileiro em geral apenas uma reação de cinismo, apatia, ou, na melhor das hipóteses, de oposição?

Stanford, março de 1977.

Profissão

Basta de brasilianista brasileiro

Formar um doutor no exterior custa hoje em média 22 mil dólares por ano. O tempo necessário para completar um doutorado gira em torno de quatro a cinco anos. O custo total de um doutor estaria, então, em torno de cem mil dólares. Nosso doutor custaria ainda muito menos do que o homem de seis milhões de dólares, mas representa mesmo assim ônus razoável para um país de 110 bilhões de dólares de dívida externa. Há, portanto, que haver critério no gasto deste dinheiro, há que haver uma política que não se limite a estabelecer metas quantitativas.

Diga-se logo, para evitar mal-entendidos, que seria botocudo e insensato extinguir, ou mesmo reduzir, por razões de economia, a formação de pessoal no exterior. Países como o Brasil, a meio caminho para a modernidade, não podem cortar os laços com os centros avançados de ciência e tecnologia, sob pena de, a médio prazo, aumentarem ainda mais a distância que os separa desses centros. O custo posterior para eliminar a distância, se ainda fosse possível eliminá-la, seria muito maior do que o da manutenção da política de intercâmbio.

O que se precisa é repensar os critérios que têm presidido à política de treinamento no exterior. E aqui refiro-me à área de ciências humanas, sobretudo das ciências sociais e da história. Já tem havido um início de redefinição de critérios em alguns dos comitês assessores do CNPq nessas áreas. Mas falta ainda melhor especificação dos novos critérios e, sobretudo, falta levar o debate à comunidade acadêmica e mesmo para a sociedade. Lanço-me pois às feras.

Uma última qualificação, porém. As observações que seguem valem sobretudo para o treinamento na Europa. Como se sabe, o doutorado europeu, apesar de algumas mudanças recentes no sistema francês, ainda se baseia fundamentalmente na relação entre aluno e orientador e limita-se quase só à produção da tese. O caso extremo é o inglês, que só exige a tese. O aluno ideal para o orientador inglês é o que já leva os dados e começa logo a produzir capítulos da tese. Se o orientador fala português, o aluno não precisa nem mesmo aprender inglês: manda verter a tese e estamos conversados. Não discuto aqui o doutorado americano, que exige carga pesada de disciplinas e de exames. Este doutorado possui seus problemas próprios, que devem ser discutidos à parte.

O que tem acontecido no passado e o que acontece ainda hoje com nossos doutores na Europa? Temos gasto cem mil dólares para que alguém vá a Londres ou Paris, para citar os centros preferidos, escrever uma tese de doutorado sobre o Brasil, utilizando material empírico colhido no Brasil, sob a orientação de professores especializados em Brasil. Isto é, para formar um brasilianista brasileiro. Tal política poderia justificar-se há uns dez anos, quando inexistiam, ou eram muito poucos, os programas de doutorado no país. Hoje, quando vários desses programas, de boa qualidade, se acham implantados, não se justifica mais. Além de representar desperdício de dinheiro, é inapropriada para a maturação das ciências humanas no país, como se explica adiante.

Alguns exemplos, para a coisa ficar mais clara. Os exemplos são fictícios, mas todos baseados seja em casos concretos de bolsas concedidas, seja em pedidos encaminhados ao CNPq. Mandamos alguém para Oxford estudar com um brasilianista inglês o sindicalismo brasileiro da década de 30. O aluno volta com o título prestigioso, mesmo que o orientador pouco saiba de sindicalismo em geral, ou de sindicalismo brasileiro em especial. Se a tese sair boa, será mais por mérito do aluno. Com grande probabilidade, poderia ter sido feita no Brasil com melhor qualidade e menor custo. Outro bolsista vai para Paris estudar as características da cultura brasileira. Um terceiro quer ir para a Alemanha a fim de comparar o Brasil a Argentina. Um outro passa cinco anos em Glasgow, escrevendo sobre as classes médias do Recife. Outro, ainda, quer estudar em Roma os processos de abertura política na Espanha e no Brasil.

Há, sem dúvida, casos em que se justifica a ida a país estrangeiro para estudar o Brasil. Os mais óbvios são aqueles em que inexistam no Brasil documentos ou bibliografia indispensáveis. Mas nesses casos bastaria estada de três a seis meses nos arquivos e bibliotecas pertinentes. Não seriam necessários quatro ou cinco anos. Tal tipo de bolsa, aliás, a que se deu o horrível nome de "bolsa sanduíche", já existe, mas é muito pouco utilizada. O atrativo do diploma estrangeiro, por mais vazio que este seja, ainda pesa muito.

Em que caso seria, então, justificado enviar bolsistas ao exterior para um treinamento completo de doutorado, para um treinamento de cem mil dólares? A meu ver, pelo menos em dois casos. O critério da escolha desses casos tem a ver com o que me parece mais adequado para o atual estágio em que se encontram as ciências humanas entre nós. Justifica-se plenamente que alguém passe cinco anos no exterior estudando teoria sob a orientação de quem tenha reconhecida liderança internacional na área. Faz todo o sentido, por exemplo, que se mande alguém a Frankfurt estudar teoria política com Habermas; que outro se forme em antropologia estrutural com Lévi-Strauss, no Collège de France; que um terceiro vá estudar história com Maurice Dobb, em Cambridge, ou com François Furet, na École des Hautes Études en Sciences Sociales; que outro, enfim, se aprofunde em teoria sociológica com Bourdieu, em Paris.

O segundo caso em que se justificaria — mais ainda, em que seria recomendável a ida ao exterior, seria para estudar o país em que se vai fazer o curso. Ou, para comparar aspectos da vida brasileira com aspectos similares de outros países. Quem quiser ir para Londres, que estude, por exemplo, com os documentos, a bibliografia e os especialistas de lá, o *Labour Party*, e o compare com nosso antigo PTB ou com o novo PT. Quem quiser passar cinco anos em Paris, pode investigar o sistema educacional francês, ou o sistema sindical. Quem preferir a Alemanha, poderá investigar o sistema de valores daquele país ou a formação do Estado alemão, e estabelecer comparações com nossos valores e nossa formação social. É exatamente este o exercício que faz o brasilianista estrangeiro que vem para cá. O que nos cabe é fazer o mesmo lá fora. Não sair do Brasil para estudar o Brasil. Não ser brasilianista lá fora, mas ser francesista, inglesista, alemanista, italianista, ou que outro "ista" estrangeiro for necessário ou aconselhável. O fenômeno é tão raro que até as palavras para expressá-lo inexistem.

A importância crucial do estudo comparado está em que só por meio dele é possível criar teoria. Só desenvolveremos teoria própria quando sairmos do paroquialismo e começarmos a estudar os outros. Não há teoria de um caso só. Não pode haver teoria do Brasil, apesar de haver livro com este título. Nossa maturidade intelectual será atingida quando for invertido o fluxo atual de ideias. Isto é, quando começarmos a usar teorias nossas para estudar os outros, em vez de estudarmos a nós mesmos com teorias dos outros; quando deixarmos de ser tupiniquins na escolha dos temas de estudo e de ser metropolizados na seleção de ideias. Quando deixarmos de ser brasilianistas brasileiros, enfim.

(Publicado no *Jornal do Brasil*, 17 jul. 1988.
Caderno B / Especial, p. 1.)

Profissão

O negócio da história

O historiador norte-americano Robert Darnton publicou há tempos um livro cujo título surpreende à primeira vista: *O negócio do Iluminismo*. O tema era a comercialização dos livros iluministas, sobretudo a *Enciclopédia*, na França pré-revolucionária. O título veio-me à lembrança quando participava, graças ao apoio da Fundação de Amparo à Pesquisa do Rio de Janeiro, do 104º Encontro Anual da Associação Americana de História (American Historical Association, ou AHA), realizado em São Francisco de 27 a 30 de dezembro último. Veio não pelo lado do Iluminismo mas pelo do negócio. De fato, tanto pelas dimensões como pela natureza das atividades, a reunião dos historiadores americanos (e certamente também as de outros profissionais deste país) apresenta aspectos mercadológicos que a distanciam enormemente de nossas modestas reuniões tão dependentes de apoio governamental.

Algumas estatísticas são indispensáveis, perdoe-me o leitor. A AHA possui mais de 13 mil sócios. Somando-se os sócios de umas 80 sociedades que lhe são afiliadas, o total de pessoas envolvidas chega a 80 mil. Às reuniões anuais comparecem entre três a quatro mil pessoas. A deste ano contou com a presença de mais de 70 historiadores estrangeiros, muitos deles franceses, uma vez que o tema do encontro foi o bicentenário da Revolução Francesa. Muitas das sociedades afiliadas realizam seus encontros ao mesmo tempo que a AHA. Este ano, 50 sociedades o fizeram, entre as quais a Conference on Latin American History, de que participei.

O negócio da história aparece mais claramente nas finanças da AHA. A receita para o ano fiscal 1988/89 foi de 1,3 milhão de dólares. Sua origem é diversificada, mas as fontes principais são as anuidades, as assinaturas das publicações, a publicidade, a venda de publicações, as doações de particulares. As doações financiam os quase vinte prêmios que são distribuídos anualmente e que atingem no total uns 70 mil dólares.

Negócio muito maior podia ser apreciado nos vastos salões do Hotel Hilton de São Francisco que sediou a reunião deste ano. Quase cem editores estavam presentes com seus estandes de livros. Desses, uns quarenta eram editores universitários. Lá estavam representantes das editoras de grandes universidades como Harvard, Yale, Princeton, Oxford, Cambridge. E também das principais editoras comerciais: Harper & Row, MacMillan, McGraw-Hill, Viking Penguin etc. Estavam ali sem dúvida para vender livros, para convencer professores a adotarem seus textos, para indicar livros às comissões de premiação. Mas não só. Estavam também comprando, estavam em busca de textos para publicar, contratando autores, discutindo negócios. O imenso salão era um vasto mercado em permanente agitação a que não faltava o terrível café americano bebido em doses assustadoras.

Havia mais. Em outros grandes salões outro mercado funcionava ininterruptamente. O ambiente aí era totalmente distinto. Nenhuma agitação, sinais de silêncio e de não fumar nas paredes. Em dezenas de mesas, duas a três pessoas conversavam em voz baixa. Eram professores de várias universidades entrevistando candidatos a emprego. As vagas são anunciadas em uma publicação da AHA; os pretendentes se candidatam, são entrevistados e eventualmente convidados para um contato pessoal com todo o departamento, quando então a decisão final é tomada. Nada de concurso público. Um mercado nacional de emprego, regulado apenas pela legislação federal que proíbe discriminação quanto a sexo, cor, idade, raça, preferência sexual etc., uma lista de restrições que não cessa de crescer. A cada ano uns 700 novos Ph.Ds em história entram no mercado, além dos que buscam uma posição melhor em universidades de maior prestígio. Professores titulares encontram-se nos corredores do Hilton e se perguntam: você está vendendo ou comprando?

Como quase tudo neste país, a profissão da história se rege pelo mercado e pela competição. Mesmo os departamentos das universidades públicas têm que entrar nesta lógica. Há um mercado de ideias, um mercado de livros, um mercado de Ph.Ds. Nada mais distante de nossa realidade raquítica, burocratizada e dependente do Estado. A diferença é mais gritante no que se refere ao mercado de trabalho. Sob o disfarce democratizante do concurso público, nosso mercado profissional é segmentado, regionalizado, quando não totalmente dominado por critérios personalistas. Não há um mercado nacional de professores e de livros e, consequentemente, também não há um mercado nacional de ideias.

Diante desse espetáculo de tamanho e de vitalidade, o observador subdesenvolvido não pode evitar uma sensação de frustração e de inveja. Mas ocorrem-lhe também algumas dúvidas. A dúvida principal pode ser resumida na pergunta: o negócio da história é um bom negócio para a história? Parece-me que, em certo sentido, a força exibida pela AHA é ao mesmo tempo sua fraqueza. A contrapartida desta força é o isolamento do historiador em seu departamento, em sua associação, em seu mundo profissional. Esse mundo o absorve totalmente, suga todas as suas energias. Há que ensinar, circular, buscar recursos, pesquisar, especializar-se, publicar, manter-se informado sobre o mercado editorial e sobre o mercado profissional — há que competir. Acontece que esse mercado profissional não passa de uma gota d'água no oceano do mercado nacional, no oceano das centenas de outras associações. Se é independente do Estado, o historiador fica, em contrapartida, também longe do cenário do debate público dos grandes temas nacionais. Dificilmente se verá aqui, como é comum se ver na França, por exemplo, um historiador escrever em jornais e revistas de grande divulgação, ou aparecer em debates na televisão.

A pergunta seguinte é mais complexa, mas talvez não despropositada. Tal posição social do historiador, tal isolamento do cenário público, seria favorável a uma produção historiográfica que não caísse no historicismo do século passado, segundo o qual fazer história é apenas estabelecer fatos? Seria favorável a uma concepção de história, geralmente aceita hoje, que a vê como um esforço permanente de recriação do passado, feito dentro de uma vinculação umbilical aos problemas do presente?

Existe aqui nos Estados Unidos a expressão "historiador público" que não me lembro de ter encontrado em outro lugar. Mas, sintomaticamente, ela é aplicada apenas aos que estudam bens públicos como arquivos, parques, monumentos. Como se todos os outros fossem historiadores privados, mesmo que estudem a civilização egípcia, a Idade Média, a Revolução Francesa, a Guerra Civil americana. Não haveria um lado inescapavelmente público em todo o trabalho historiográfico, lado que ficaria pelo menos em parte eclipsado pelo negócio da história?

São algumas perguntas que me surgiram enquanto circulava, eu também uma gota d'água, pelos vastos e movimentados corredores e salões do Hilton. Se feitas a colegas americanos, elas provavelmente pareceriam a alguns despropositadas, a outros ociosas, a uns poucos curiosas. Quanto a mim, apenas as coloco, sem ter resposta no momento. Sinto que devo antes entender um pouco mais do negócio, o que procurarei fazer nos próximos dois meses.

Irvine, 10 de janeiro de 1990.

(Publicado no *Jornal do Brasil*, 4 fev. 1990, sob o título "Quando a história é negócio". Caderno Ideias, p. 4.)

Gente

Juntos, ainda que errantes

"O professor Heraldo telefonou avisando que seu companheiro de viagem foi atropelado e morto. O corpo encontra-se no necrotério."
    Recebi a mensagem às quatro e meia da tarde ao voltar ao Hotel São Domingos, em Recife, a fim de apanhar minha bagagem para regressar ao Rio.
    Meu companheiro de viagem era Duglas Teixeira Monteiro. Saíramos na terça-feira, de Brasília, em visita aos programas de pós-graduação em Ciências Sociais da Universidade Federal da Bahia, em Salvador, e da Universidade Federal da Paraíba, em Campina Grande; Duglas representando a CAPES, eu representando, a pedido da CAPES, a Associação Nacional de Pós-Graduação e Pesquisa em Ciências Sociais.
    A mensagem seca anunciando o fato brutal soou-me ao mesmo tempo como totalmente absurda e totalmente verdadeira.
    Como era possível, se ainda anteontem sentia o cheiro de seu cigarro de palha? Como era possível, se ainda o ouvia falar, manso e tranquilo, de religiões, de santos e de beatos? Como era possível, se ainda o via compenetrado lendo relatórios e ouvindo professores e alunos dos dois programas, procurando a avaliação equilibrada e o melhor caminho para ajudar? Como era possível, se na quinta-feira, no mercado de Salvador, ainda comprava fumo de rolo de Minas Gerais e hesitava diante de um berimbau que alguém lhe encomendara? Como era possível, se no sábado, em Campina Grande, ainda discutia com um padre franco-paraibano assuntos de sua revista *Religião e Sociedade*? Como era possível, se me propusera, no sábado, passarmos o domingo em Fortaleza em vez de Recife, só não o fazendo porque a passagem de avião ficaria cara demais para nossos orçamentos?

No entanto, a mensagem tinha o peso de uma verdade inelutável que caiu com a violência do anúncio da morte de um amigo de longa data, apesar de nos termos encontrado de fato, pela primeira vez, em Brasília na terça-feira. Antes só nos víramos rapidamente em São Paulo por ocasião do encontro da Associação, no início do ano. Conhecia-o, naturalmente, por sua obra acadêmica, particularmente por seu livro sobre o Contestado, *Errantes do novo século*. Mas nesses cinco dias de convivência em Brasília, em Salvador, Recife, Campina Grande, senti-me como na presença de um velho amigo. Seu cigarro de palha, sua fala mansa, seu jeito tranquilo, seu senso de equilíbrio, tudo nele lembrava minhas origens no interior de Minas. Éramos amigos de infância.

Nossa viagem tinha por fim sugerir medidas de apoio a dois programas de pós-graduação. O resultado foi desfalcar severamente um terceiro programa e roubar à sociologia da religião um de seus melhores especialistas no Brasil.

Não sou religioso e não sei se Duglas o era. Mas, religioso ou não, errante ou não do novo século, você caminhou rápido demais, meu amigo. Você sabia que o novo século estava próximo. Você tinha que esperar por ele para podermos caminhar juntos, mesmo errantes.

Segunda-feira, 25 de setembro de 1978.

(Publicado em *Religião e Sociedade*, 4 out. 1979, p. 11-12.)

Gente

In memoriam – Victor Nunes Leal (1914-1985)

Ao abrir seu programa de doutorado em 1980, os professores do Instituto Universitário de Pesquisas do Rio de Janeiro buscaram um nome que, pela obra acadêmica, pela atuação profissional e pela vida pública, pudesse simbolizar o espírito do empreendimento que se iniciava. Houve consenso em que tal nome deveria ser o de Victor Nunes Leal. Passados cinco anos e desaparecido Victor Nunes, o IUPERJ só tem que se orgulhar da escolha feita.

Como sociólogo-político — o aspecto que nos interessa aqui salientar — Victor Nunes foi homem de um livro só. Santo Tomás dizia ter medo de tais homens. Mas Victor Nunes não era de assustar quem lidasse no mundo das ideias. Temeram-no apenas — e pela força o aposentaram em 1969 — os homens de muitas espadas. Mas em um ponto se aplica a observação do doutor da Igreja: o livro único, *Coronelismo, enxada e voto: o município e o regime representativo no Brasil*, tinha a solidez que lhe dera a longa gestação, o trabalho árduo e a feliz inspiração. Desde que assumiu a cadeira de Política da antiga Universidade do Brasil, em 1943, Victor Nunes passou a trabalhar no tema que seria sua tese de concurso. Defendida, afinal, em 1948, foi publicada pela Editora Forense no ano seguinte. *Coronelismo*, como muitas outras obras que marcaram época, teve de início vida obscura. Por muito tempo não fez parte do elenco de obras consideradas importantes para o entendimento da realidade brasileira. Não era parte dos debates que se travavam nos principais centros de pensamento na década de 1950, como a USP e o ISEB. Nem mesmo era citado nos estudos de poder local difundidos pela *Revista Brasileira de Estudos Políticos*. Está ainda por ser escrita a história da descoberta de *Coronelismo* pela academia. O certo é que, pelo final da década de 1960, fotocópias começaram a circular nos departamentos de Ciências Sociais, especialmente nos cursos de pós-graduação (a edição inicial esgotara-se e o autor opunha-se a nova edição). Logo após, começaram as citações e, em seguida, vieram teses de mestrado que explicitamente usavam o livro como guia de pesquisa. Em 1975, veio afinal a permissão para a segunda edição (Editora Alfa-Ômega) e, dois anos depois, saiu a tradução inglesa pela prestigiosa Cambridge University Press.

Por certo período, então, *Coronelismo* correu o perigo de se tornar o clássico muito citado e mal lido. A má leitura se dava sobretudo na confusão que se fazia entre coronelismo e mandonismo, que levava a perder de vista o ponto teoricamente mais rico que era o aspecto de sistema embutido no conceito desenvolvido por Victor Nunes. A partir do início da década de 1980, algumas críticas rigorosas fizeram com que se retomasse a leitura de *Coronelismo* em bases mais cuidadosas, surgindo então um debate que tem contribuído para melhor esclarecer as distinções entre os conceitos de coronelismo, mandonismo e clientelismo. Com isto, *Coronelismo*, mesmo revelando alguns pontos frágeis, demonstra sua capacidade de provocar leituras distintas e de renovar o debate acadêmico fazendo-o progredir. Eis aí a característica dos clássicos.

Victor Nunes, ao ser homenageado pelo IUPERJ, em 1980, manifestou sua melancolia por ter-se tornado, como disse, um exilado dos estudos políticos, mas terminou com uma nota otimista, esperando que lhe restasse, depois da aposentadoria, algum sopro de vida para retornar do exílio. Assim não quis o destino. Mas *Coronelismo*, filho único embora, permanecerá como marco da moderna Sociologia Política brasileira. Permanecerá pelas inovações metodológicas, pela elegância de sua construção teórica, pelo poder explicativo, e pela inspiração reformista e democrática. Seja-nos permitido salientar aqui este último ponto. Victor Nunes desapareceu num contexto político de democratização, semelhante àquele em que escrevera *Coronelismo*. Sua preocupação em 1948 é a mesma que domina grande parte do país nos dias de hoje: como proceder à construção social da cidadania, para usar a expressão de Nestor Duarte. Era continuação de linhagem ilustre que passara por André Rebouças, por Martins de Almeida e por Virgínio Santa Rosa, e que via na transformação da estrutura agrária condição indispensável para a maturidade política do país. As circunstâncias que presidem ao esforço de construir a cidadania estão hoje modificadas, mas não deixa de ser um elogio a mais a Victor Nunes, ao mesmo tempo que um comentário melancólico sobre o país, o fato de que o grande obstáculo que via há 37 anos atrás — a estrutura agrária obsoleta e oligárquica — permaneça ainda hoje tema que desperta as mesmas histéricas reações.

A Victor Nunes, como a Tancredo Neves, não foi dado entrar na terra por que tanto aspiraram e por que tanto lutaram. Desvendador dos segredos da República dos "Coronéis", acabou vítima da República dos Generais. Mas para os que ficaram e que buscam, como estudiosos, entender o sistema desta última república sem povo e, como cidadãos, procuram superar-lhe a herança, ele deixou, nas páginas de *Coronelismo* e nas páginas de sua vida, régua e compasso.

(Publicado em *Dados – Revista de Ciências Sociais*, Rio de Janeiro, v. 28, nº 2, 1985, p. 141-142.)

Gente

Francisco Iglésias, crítico de história

As pessoas que se relacionam com Francisco Iglésias podem ser divididas em três grupos: o dos que o chamam de professor Iglésias, formado por alunos e pessoas menos próximas; o dos que o chamam de Iglésias, de ex-alunos e amigos em geral; e o dos que o chamam de Chico, constituído por amigos íntimos. Tal estruturação dos círculos de relacionamento é em parte feitura do próprio Iglésias, como seria de esperar que fosse. Contaram-me, a respeito, que deu a seguinte resposta a um amigo que insistia em discutir com ele uma derrota do time do Cruzeiro: "Futebol eu discuto com poucas pessoas e você não é uma delas."

Eu pertenço ao grupo dois, ao grupo do Iglésias. Depois de ter sido seu aluno, mantive contato permanente com Iglésias, a ele com frequência recorri para ajuda e fui sempre distinguido com seu apoio, inclusive em prefácios e resenhas de livros meus. Talvez a pessoa ideal para saudá-lo fosse alguém do grupo três, da turma do Chico. Mas, convidado pela direção da ANPOCS para a tarefa, não podia perder a oportunidade de dizer de público duas ou três coisas que sei dele. Garanto a Iglésias que o faço com muito prazer. Sabedor de sua ojeriza aos holofotes da publicidade, prometo ser sóbrio e razoavelmente breve.

Fui aluno de Iglésias de 1962 a 1965, na Faculdade de Ciências Econômicas da antiga Universidade de Minas Gerais, onde ele era professor de História Econômica Geral e do Brasil. A Faculdade daquela época era das poucas escolas superiores do Brasil que deixavam saudades. Olhando agora para trás, 25 anos depois, ela aparece como algo quase irreal. Os professores não faltavam às aulas e chegavam no horário previsto, mesmo que fosse às sete horas da manhã; os alunos assistiam às aulas, liam os textos indicados e vários eram bolsistas de horário integral; os funcionários mantinham todos os serviços em funcionamento. Até os banheiros dos alunos eram limpos e, pasmem, tinham papel higiênico.

Iglésias, aos 40 anos, era a estrela da área de história. Já defendera, em 1955, tese de livre-docência sobre *A política econômica do governo provincial mineiro* e completara dois textos didáticos utilíssimos, "Introdução à historiografia econômica" e "Periodização do processo industrial no Brasil", ambos de consulta indispensável para os alunos.

Às aulas, ele comparecia indefectivelmente de terno e gravata. E falava como bem sabem os que o conhecem: rápido, fluente, abundante. Confirmava a fama que o precedia, de ter lido tudo, de saber tudo. Suas aulas tinham por característica mapear o tema, abrir caminhos, sugerir direções. E rompiam fronteiras disciplinares. A propósito de história econômica do Brasil, Iglésias podia comentar um romance ou trazer o exemplo de um filme. Sua paixão pela literatura deu mesmo origem, entre os alunos, ao boato de que teria vários romances na gaveta. Passados 25 anos, receio que se tratava mesmo de um boato. Quanto a queixas, lembro-me apenas de que as colegas lamentavam sua aparentemente irreversível decisão de se conservar solteirão. Passados 25 anos, as queixas revelam-se fundamentadas.

A passagem de aluno para ex-aluno, do grupo do professor Iglésias para o do Iglésias, foi lenta mas sem traumas. Uma das características de Iglésias é exatamente não fazer discípulos, não formar seguidores. Ele transmite antes uma atitude intelectual, uma postura frente à ciência, um método de trabalho. Desse modo, seus ex-alunos não precisam passar pela experiência psicanalítica de matar o pai para estabelecer a própria identidade. Pelo contrário, vão aos poucos, ao fazerem seus próprios caminhos, se dando conta, de maneira crescente, do conteúdo e do alcance do que absorveram na sala de aula.

A visão que tenho hoje é a do colega mais jovem. Espero que mais completa do que a do aluno. Que visão é esta? Saliento alguns pontos. Uma das imagens da época de aluno permanece: Iglésias é um leitor voraz, lê tudo, está sempre a par do que se produz, tanto em história como em áreas afins. É consulta segura para quem inicia uma pesquisa ou para quem não quer deixar lacunas na bibliografia. Ser ponto de referência lhe traz o inconveniente de ser procurado por muita gente. Não há, por exemplo, historiador estrangeiro que, a caminho de Ouro Preto, não pare em Belo Horizonte para consultá-lo. Mas a acolhida é sempre atenciosa.

Outra característica que se confirma é a da interdisciplinaridade. Embora se defina como historiador profissional, e disto se orgulhe, Iglésias mantém aberto vasto leque de interesses intelectuais e está sempre atento às mudanças nas relações entre disciplinas. Mais ainda, tem incentivado constantemente a fecundação mútua entre história e ciências sociais. Está neste fato, sem dúvida, uma das principais razões desta homenagem que a ANPOCS lhe presta.

Terceira característica: além de ser ponte entre disciplinas, Iglésias é também ponte entre tribos acadêmicas. Do terreno neutro de Belo Horizonte, ele é chamado ao Rio de Janeiro, a São Paulo, ao Paraná e a outros lugares do país e do exterior para dar cursos e participar de bancas examinadoras, de congressos, de debates. Por muito tempo, talvez tenha sido o único estranho a quem se tenha dado acesso livre à fortaleza do Departamento de História da USP. Na guerra permanente entre grupos e pessoas que caracteriza nossa vida acadêmica, ele circula à vontade com o salvo-conduto de sua autoridade e de seu bom senso.

A natureza de seu trabalho acadêmico é coerente com esses traços gerais de sua atuação. Iglésias, a meu ver, é antes de tudo um ensaísta e um crítico de história. À exceção de sua tese de livre-docência, de caráter monográfico, quase toda a sua produção é ensaística e de crítica historiográfica. Sua fonte de inspiração é confessadamente o pai do ensaísmo, Montaigne, certamente reforçada pela leitura dos autores que marcaram sua geração, como Ortega y Gasset, Unamuno, Malraux. O ensaio, em sua concepção, é o texto aberto que tenta aproximação, que explora, que busca antes abrir perspectivas do que fechá-las. O melhor de sua ensaística está no livro *História e ideologia*, publicado em 1971. Nele estão os belos estudos sobre o conceito de história universal, sobre a ideologia do colonialismo, e sobre as obras de Celso Furtado, Jackson de Figueiredo e Fernando Pessoa.

Nos ensaios e na vasta produção como autor de resenhas de livros, de prefácios e introduções, de capítulos de livros, de artigos de jornal, e mesmo como membro de bancas examinadoras, Iglésias é principalmente um crítico de história, e uso a expressão no mesmo sentido de crítico literário ou crítico de arte. É nesta qualidade que ele exerce sua maior influência. Não se pode exagerar a importância deste papel de crítico numa subcultura como a nossa em que o debate acadêmico oscila entre o formalismo, a bajulação e o bate-boca. Iglésias consegue ler, comentar e criticar mesmo os amigos mais próximos — e alguns ele os tem bastante criticáveis — sem se incompatibilizar, sem criar inimizades. Do alto de seu posto de observação em Belo Horizonte, a 850 metros acima do nível do mar, acrescidos de seus 1,80 metros de altura, ele olha por sobre nossas cabeças, observa nossa produção e avalia sua qualidade. Ele é o interlocutor, a referência, o outro de inúmeros pesquisadores.

Como critica Iglésias? Eu diria que a partir de uma base comum de generosidade e de boa vontade em relação aos autores, ele não foge à crítica clara e às vezes contundente. De modo especial, não perdoa faltas como desconhecimento da literatura pertinente, o facciosismo, a mediocridade da análise, a falta de imaginação, a platitude. Também não lhe escapa o mau trato da língua nacional. Seu culto da língua, aliás, chega às vezes quase ao preciosismo. Iglésias é quase cruel com certos vícios de linguagem. Os artigos indefinidos, por exemplo, não têm vez em seus textos. Jamais escreverá: "Fulano cometeu um deslize de linguagem." Dirá sempre: "fulano, cometeu deslize de linguagem." Trata-se de um verdadeiro, perdão, de verdadeiro carrasco de artigos indefinidos. Dá até filme: "O exterminador de artigos indefinidos."

A condição de ensaísta, de crítico, de interlocutor, reflete, em minha visão, valores mais gerais que Iglésias mantém perante a vida e a política. Trata-se de um democrata radical, embora frustrado como todos nós. Iglésias tem ódio a ditadura e a ditadores. E não foram poucos os ditadores que infestaram sua vida, desde Franco, Salazar e Vargas até os mais recentes de quatro estrelas. O radicalismo democrático talvez denuncie restos de anarquismo de sua origem espanhola, anarquismo temperado pelas águas tranquilas do rio São Francisco, em cujas margens ele implausivelmente nasceu. Iglésias não busca impor ideias, fazer escola, doutrinar, fechar questões. Ele ensaia, discute, sugere. Respeita religiosamente a liberdade do outro, assim como defende, eu diria ferozmente, se não se tratasse de um reconhecido *gentleman*, sua própria liberdade de ação e de criação. Está aí, a meu ver, sua lição maior.

Termino fazendo-lhe uma cobrança. Esta homenagem não lhe sairá de graça: estamos, afinal, no país da lei de Gérson. Iglésias comentou comigo certa vez, em um de seus saborosos papos, que o único historiador contemporâneo que teria condições de escrever uma história geral do Brasil, de ser o Varnhagen do século XX, seria Sérgio Buarque de Holanda. Mas Sérgio não o fizera por ser, cito Iglésias, meio boêmio e um tanto preguiçoso. Pois muito bem. Em *História e ideologia* Iglésias nos prometeu uma história das ideias no Brasil. Já lá se vão 17 anos e a promessa ainda não foi cumprida. Tenho quase certeza de que Iglésias não é boêmio e não ficaria bem sugerir nesta homenagem que ele seja preguiçoso (o que certamente não é). Daí que termino cobrando a promessa. Ele está sem dúvida, pelo vasto domínio da matéria, em condições melhores do que as de qualquer outro para executar a tarefa. Pela amostra dos ensaios que já produziu sobre o pensamento de Celso Furtado, de Caio Prado Jr., de Jackson de Figueiredo, de Alberto Torres, se completasse a obra ficaríamos a lhe dever muito mais do que já lhe devemos, embora a dívida atual já tenha justificado a homenagem que os cientistas sociais lhe prestam aqui hoje.

(Saudação lida por ocasião da homenagem prestada a Francisco Iglésias pela Associação Nacional de Pós-Graduação e Pesquisa em Ciências Sociais, durante o 12º Encontro Anual, realizado entre 25 e 28 de outubro de 1988. Publicado na *Revista do Departamento de História*, nº 9, 1989, p. 180-186.)

Gente

Da *cocotte* a Foucault

O Rio de Janeiro foi francês antes de ser português ou brasileiro. Villegagnon aqui se estabeleceu antes dos portugueses, sonhando fundar a França Antártica como refúgio para os huguenotes. Mas a imagem que deixou nada tem a ver com a que no Brasil independente veio marcar a presença dos franceses e, especialmente, das francesas, no Rio. Conquistador, trouxe quase só homens em seus navios; calvinista, era intransigente em matéria de amores. A seus homens incendidos pela visão das índias nuas só permitia a satisfação dos desejos no casamento. A fracassada experiência da França Antártica definiu, no entanto, o estilo que caracterizaria permanentemente a relação do carioca com o francês: a antropofagia. Alguns dos homens de Villegagnon foram sem dúvida devorados pelos tupiniquins. Nelson Pereira dos Santos divertiu-se com o fato no filme *Como era gostoso o meu francês*. A deglutição desenfreada de coisas francesas seria traço marcante da vida carioca até os dias de hoje. Deglutição e assimilação de roupas, perfumes, estilos, palavras, livros, revistas, ideias. Especialmente deglutição de francesas. Já mais civilizado que os antepassados tupiniquins do século XVI, o carioca do século XIX, particularmente da *belle époque*, preferia dizer, ou sonhar: como é gostosa a minha francesa.

A segunda invasão francesa do Rio deu-se após a vinda da Corte portuguesa em 1808. Pela época da Independência do país, em 1822, os franceses já tinham construído na rua do Ouvidor uma fortaleza mais sólida que o forte de Coligny do século XVI. Era a fortaleza da moda. Visitantes estrangeiros, inclusive franceses, já se referiam nesta época à rua do Ouvidor como "rue essentiellement française". Era comum a comparação da Ouvidor com a rue Vivienne de Paris. A única coisa que nela lembrava o Brasil, lamentavam os cronistas, era a presença dos negros. Pois a rua do Ouvidor era uma sequência de casas francesas: lojas de roupas e de chapéus, alfaiates, costureiras, modistas, cabeleireiros, que ditavam as regras da elegância. Na virada do século XIX ainda lá existiam várias casas francesas, como a Tour Eifell, a Palais Royal, l'Opéra, Notre Dame de Paris. Modistas conhecidas eram por esta época madames Dupeyrat, Coulon, Estoueigt, Douvizi, Rozenvald, Dreyfus.

Junto com os comerciantes, homens e mulheres, vinham da França levas de artistas, cantoras, mulheres da vida, tentar a sorte no Rio, "faire le Brésil". Alguns comerciantes mandavam vir moças bonitas para incrementar as vendas. Muitas mulheres vinham por conta própria. Entre elas não eram raras as que já não conseguiam na França competir com as mais novas e mais belas. O Rio era para elas uma segunda oportunidade.

Em aqui chegando não havia mais francesas: todas eram parisienses. Adotar o nome mágico da capital da elegância era tática infalível para aumentar o charme. No ambiente estreito da sociedade recém-saída do domínio colonial, elas exerciam grande fascínio sobre os homens, mesmo as que já se achavam no outono de seus encantos. O carioca, ou fluminense, como se dizia na época, era extremamente generoso em presenteá-las com joias e em pagar seus favores. O próprio Imperador, D. Pedro I, sucumbiu aos encantos das modistas. Causou escândalo público seu romance com madame Saisset, mulher de um lojista da rua do Ouvidor. Da relação resultou um fruto bastardo e, naturalmente, o florescimento dos negócios do marido compreensivo.

Objeto do desejo dos homens, da ira, inveja e secreta admiração das mulheres, modistas e *cocottes* não perdiam o senso prático do "faire le Brésil". Adolphe D'Assier anota a justificativa da modista que vendia por 250 francos uma renda que comprara em Paris por 5 francos: não tinham saído da França, ela e suas colegas, não enfrentavam no Brasil mosquitos, a febre e a catinga para bancarem as honestas. Mas nelas era perdoada a preocupação com o ganho material. Com os comerciantes franceses a tolerância era menor. Segundo o testemunho insuspeito de Charles Expilly, que possuía fábrica de fósforos na cidade, negócio afrancesado era no Rio sinônimo de negócio pouco honesto.

Seja como for, a influência francesa ampliou-se ao longo do século XIX, atingindo o auge durante a *belle époque* no Rio *fin-de-siècle*. Nesta época, o Café Paris, no Largo da Carioca, era o mais "chic" da cidade, frequentado por *cocottes* e pela *jeunesse dorée*, onde o francês era língua dominante. O Café Provenceaux gabava-se de ser *meublé, tapisé, rideauné à la mode de Paris*. Os *café-concert* eram outro baluarte da presença francesa.

Havia o Moulin Rouge na atual praça Tiradentes, o Maison Moderne, e outros. Em um deles, o Guarda Velha, Jeanne Cayot exibia o *desabiller d'une parisienne*: ficava nuinha.

O teatro era outra atividade em que francesas competiam vantajosamente com italianas, espanholas e portuguesas. A juventude romântica, os literatos e os boêmios apaixonavam-se pelas atrizes que com frequência possuíam outros talentos além dos da representação. Algumas eram divas acima do alcance das paixões dos admiradores. Tal foi o caso de Sarah Bernhardt que por três vezes esteve no Rio. Na primeira visita, em 1886, Joaquim Nabuco, descansando um pouco da campanha abolicionista, saudou sua vinda dizendo ser a própria França que chegava. E não só no palco brilhavam as francesas. Nos camarotes do Teatro Lírico ou nas frisas do recém-construído Municipal, exibiam-se nos intervalos as *cocottes* mais finas e eram observadas com misto de escândalo e secreta inveja pelas senhoras da sociedade que lhes copiavam a *toilette* e os figurinos. Talvez a mais conhecida das *cocottes* tenha sido Suzanne de Castera. Luiz Edmundo conta a estória do guarda que impediu a passagem de alguém que se dizia a serviço do Paço Imperial, argumentando que nem mesmo Suzanne conseguiria passar.

O auge da influência cultural francesa também se deu durante a *belle époque*. Começara ela com a chegada da missão artística de 1816, em que se salientavam os irmãos Taunay, um pintor, outro escultor, o arquiteto Grandjean de Montigny, o pintor Jean Baptiste Debret e os irmãos Ferrez, todos fugindo da restauração monárquica de 1815. Foram eles os primeiros professores da Academia Imperial de Belas Artes, responsável pela formação artística dos brasileiros em linhas francesas até bem entrado o século XX. Por ela passaram os principais pintores do país, muitos dos quais completaram sua formação com longos estágios na França.

Na literatura era também dominante a influência francesa. Liam-se Anatole France, Flaubert, Zola, Renan. Os literatos cariocas falavam francês; alguns escreviam em francês; todos sonhavam com viagem a Paris. Era um *frisson* quando Olavo Bilac, o poeta mais em moda, voltava de Paris trazendo as novidades literárias. Em 1909, Anatole France veio ao Brasil e foi recebido na Academia Brasileira de Letras por Rui Barbosa, o mais prestigioso intelectual dublê de político do país.

O vocabulário, até mesmo de pessoas comuns, vinha recheado de palavras francesas. Algo era *chic*, marcava-se *rendez-vous*, andava-se de *coupé*, usava-se *pince-nez*, as pessoas tinham *aplomb*, os homens vestiam *par-dessus*, *gilets de soirée*, as mulheres *desabillés*, *jupons*, *plastrons*, *corsets*. Dois dos principais livreiros da cidade eram franceses: B. L. Garnier e Briguiet. A livraria de Garnier, estabelecida em 1846, era o principal ponto de encontro dos literatos, que lá se abasteciam das últimas novidades vindas da França, falavam mal da vida alheia e às vezes conseguiam ter livros publicados. O proprietário correspondia ao estereótipo do comerciante francês: era sovina. Chamavam-no o Bom Ladrão Garnier.

No mundo das ideias, era forte a influência do positivismo graças à Igreja Positivista, guardiã da ortodoxia comteana, contra mesmo os seguidores franceses do filósofo. A propaganda republicana recorria com frequência ao exemplo da Revolução Francesa como modelo a ser seguido. No dia da Proclamação da República, exatamente um século após a Revolução de 1789, cantou-se a Marselhesa nas ruas da cidade.

O ambiente geral do fim do século, a ideia de que a cidade se civilizava, prendiam-se à noção de maior aproximação com a França, especialmente com Paris. A reforma urbana da cidade, feita no início do século, seguiu o modelo parisiense de Hausmann. Até no aspecto físico a cidade procurava copiar Paris. Tornou-se a *ville merveilleuse*, nome dado, suprema glória, por uma poetisa francesa.

A chegada do cinema começou a mudar as coisas. A nova invenção, introduzida em 1896, tornou-se logo popular à medida que os cinematógrafos se espalhavam pela cidade. Os filmes americanos começaram a introduzir novos valores culturais, novas modas e novos comportamentos. A República voltou-se também para os Estados Unidos como modelo político. O ideal do *dandy* à francesa começou a ser substituído pelo do *sportsman* à americana, cultor do corpo, praticante da natação, do tênis, entusiasta das corridas de carro. A Guerra veio minar ainda mais a presença francesa e incentivar a americana.

Em 1921, o prefeito Carlos Sampaio criou a Cinelândia, área de grande concentração de cinemas e de teatros. A Cinelândia tornou-se o centro da vida noturna do Rio e das mensagens de Hollywood. Gloria Swanson, Annette Kellerman, Mary Pickford passaram a ditar modas e comportamentos. O rádio e a vitrola, dois novos inventos, difundiam o *charleston* e o *fox-trot*. Os loucos anos 20 já são mais americanos do que franceses. Por esta época, também a música popular produzida na cidade, o samba e o maxixe, já começa a ser aceita pela elite. Mais ainda: em 1922, o samba vai a Paris com Pixinguinha e seus Oito Batutas. Era a inversão completa. A cultura popular do Rio, ainda mal aceita na cidade, exibia-se com êxito no velho centro da civilização.

Na década de 1920, ocorreu também o movimento modernista nas artes brasileiras. Embora localizado principalmente em São Paulo, o Rio não podia ficar totalmente à margem. Talvez sua mais importante contribuição tenha sido a pintura do carioca Di Cavalcanti. Mulato ele mesmo, Di Cavalcanti começou a pintar mulatas em quadros que ficaram famosos e que operaram uma pequena revolução. O modelo da mulher sensual, ocupado antes pela *cocotte*, passou a ser substituído pelo produto nacional. Sem a sofisticação da francesa, a mulher mulata era, no entanto, mais exuberante e mais generosa.

Por certo, a influência francesa não desapareceu de todo. A melindrosa dos anos 20, com pernas de fora, decotes, boca pintada, ainda tinha a ver com as inovações do figurinista Doucet. Os modernistas de São Paulo ainda elegiam como patrono o poeta Blaise Cendrars. Mas era sem dúvida o fim de uma era cultural. Os novos inventos tecnológicos introduziam cada vez mais os valores americanos. As mudanças internas promoviam a valorização do nacional. A *cocotte* agonizava.

Nos anos 30, a principal marca francesa no Rio foi o traço racionalista da arquitetura de Le Corbusier. O prédio do Ministério da Educação, planejado em conjunto com jovens arquitetos brasileiros, tornou-se o símbolo da nova arquitetura. Mas a destruição da Europa pela Segunda Guerra Mundial aumentou ainda mais a presença americana, que passou a ser avassaladora. Brigitte Bardot restaurou por um momento, nos anos 1960, o mito da francesa. Foi fenômeno passageiro e mais universal do que propriamente carioca.

Nas duas últimas décadas, a presença francesa no Rio, como aliás em quase todas as grandes cidades do Brasil, se dá por meio dos gurus intelectuais que vêm e vão ao ritmo de outra moda, a acadêmica. Nisto o carioca continua a exercer sua insaciável antropofagia, iniciada pelos tupiniquins. Não devora mais huguenotes e *cocottes*. Exerce hoje sua deglutição sobre Althusser (que já veio e se foi), em Foucault (que ainda permanece), em Lacan, em Derrida, em Lévi-Strauss. Mas trata-se agora de sobremesa de intelectuais, reservada a poucos, como os finos restaurantes de *chefs* franceses aqui recentemente estabelecidos no Le Saint-Honoré ou no Claude Troisgros.

(Publicado no *Jornal do Brasil*, 8 jul. 1990. Caderno Ideias, p. 10-11. Publicado também com o título "De la cocotte à Foucault".

Gente

Gottschalk: glória e morte de um pianista no Rio

Lia alguma coisa com a televisão sintonizada num canal educativo da Califórnia, quando me pareceu ouvir acordes familiares. Abandonei a leitura e fixei-me na tela. Não havia dúvida, eram acordes do Hino Nacional, o nosso. Pouco depois, julguei reconhecer ruas de Paquetá nas imagens mostradas. Nosso hino e Paquetá na televisão americana? Mas se aqui só dá Brasil quando se trata da floresta amazônica ou dos micos-leões? O mistério esclareceu-se logo após: o programa era dedicado ao pianista americano Louis Moreau Gottschalk. Mas surgiu outra curiosidade. Sabia de sua fantasia sobre o hino brasileiro, mas ignorava sua estada no Rio. Principalmente, desconhecia sua morte na capital do Império em 1869.

A um tempo envergonhado de minha ignorância e fascinado pela história, corri na manhã seguinte ao terminal de computador da biblioteca que, em um minuto, me indicou tudo que havia sobre o pianista nos nove *campi* da Universidade da Califórnia. De particular importância havia as *Notas de um pianista*, do próprio Gottschalk, e o livro de Francisco Curt Lange sobre sua estada no Rio. Extraí o bastante para cobrir minha ignorância, embora não para saciar a curiosidade.

Gottschalk nasceu em Nova Orleans em 1829, de pai inglês educado na Alemanha. A mãe pertencia a uma família de nobres franceses, quase toda massacrada durante a revolta haitiana. Passou a infância sob a influência da cultura europeia do pai, das histórias da avó sobre o Haiti e da música negra de Nova Orleans. Aos treze anos, foi mandado a Paris a fim de se aperfeiçoar no piano. Por onze anos andou por lá, estudando, compondo, dando concertos, convivendo com Victor Hugo, Gautier, Chopin, conquistando a admiração de Berlioz. Voltou aos Estados Unidos, em 1853, para começar uma vida inquieta, de incessantes peregrinações e de imensa popularidade. Em 1857, estava em Havana onde começou a redigir o diário, mais tarde publicado com o título de *Notas de um pianista*. Por cinco anos, percorreu vários países do Caribe, compondo, dando espetáculos individuais ou organizando imensos concertos. No Haiti, emocionou-se com as lembranças trágicas da família ouvidas na infância da avó materna. Às vezes, ficava meses em um pequeno povoado, preso por afeições que não tinham a ver com a habilidade de seus dedos ao piano. Em um desses povoados, esqueceu o mundo e viveu só para dois olhos negros que se umedeciam quando ele falava em partir.

Entre 1862 e 1865, percorreu o Canadá e os Estados Unidos dando concertos. Ao final de 1865, estava em São Francisco, na Califórnia, onde despertou grande entusiasmo e foi presenteado com medalha de ouro. Mas uma pequena aventura amorosa virou contra ele as iras puritanas da cidade forçando-o a uma fuga menos que honrosa. Começou, então, um longo giro pela América do Sul. Por quatro anos, percorreu o continente, passando pelo Peru, Chile, Argentina, Uruguai e, finalmente, Brasil. No diário anotava sua atividade musical e também os acontecimentos políticos, as guerras, as revoltas, a corrupção. Seu republicanismo militante revoltava-se contra as deturpações do regime nos países por que passava.

Finalmente, a três de maio de 1869, chegou ao Rio de Janeiro, precedido da fama de grande pianista. Retomou logo a amizade com Arthur Napoleão, que conhecera em Cuba e fez novos amigos, como o diretor de teatro Furtado Coelho e o litógrafo Henrique Fleiuss, que lhe daria grande cobertura em *A Semana Ilustrada*. O Rio da época era uma cidade de aproximadamente 230 mil habitantes, de rica vida musical, e vivia o entusiasmo cívico do final da guerra contra o Paraguai. Desta ambiência musical e cívica soube aproveitar-se Gottschalk que aliava ao talento musical um afiado tino publicitário. Estreou a três de junho no Teatro Lírico Fluminense, o maior da cidade, localizado na antiga Praça da Aclamação. Angelo Agostini observou que a sala estava cheia como um ovo, entre os presentes o Imperador e a família imperial. O êxito foi estrondoso e repetiu-se nos concertos dos dias 6 e 15 de junho. Das composições do próprio Gottschalk as preferidas do público eram *Tarantela, Banjo, Tremolo* e, principalmente, *Morta*, que arrancava lágrimas do público feminino.

No concerto do dia 18, o pianista executou pela primeira vez suas Variações sobre o Hino Nacional Brasileiro que, a partir daí, foram exigidas pelo público em todas as apresentações. Gottschalk virou assunto da cidade. O Imperador o recebia e não faltava a seus concertos, a imprensa era unânime em elogiar seu virtuosismo e a emoção que colocava na execução das peças, lembrando a expressão de Berlioz que o chamara de poeta do piano. Em julho, apesar de seu republicanismo, foi convidado a dar um concerto no palácio de São Cristóvão, onde repetiu a fantasia sobre o Hino Nacional. O pianista retribuía as gentilezas do Imperador elogiando seu espírito liberal e seu amor pelas artes. Do Brasil dizia que, apesar de governado por instituições monárquicas, era o país mais liberal da América do Sul.

Mas o Rio do século XIX era também a cidade das epidemias, contra as quais o talento não imunizava. Gottschalk foi pego pela febre amarela que o fez delirar durante quatro dias. No delírio pronunciava discursos políticos. Conseguiu salvá-lo o dr. Severiano Martins. Depois de breve passagem por São Paulo e Santos, voltou ao Rio e retomou os concertos em setembro, já de posse de seus pianos Chickering, chegados de Boston. Em outubro começou a dar concertos grandiosos. A 5, 7 e 10 desse mês apresentou-se com 16 pianos e 31 pianistas no Teatro Lírico Fluminense, executando entre outras peças a Marcha do *Tannhäuser* e o Coro dos Soldados do *Fausto* de Gounod. Nem mesmo o pânico espalhado na cidade pelo boato de que o mundo acabaria no dia 5 impediu que o teatro esgotasse a lotação.

Encorajado pelo êxito, Gottschalk quis voar mais alto, apesar da saúde precária. Planejou um concerto-monstro, algo jamais visto na cidade. O Imperador colocou as bandas militares a sua disposição. Ao final, conseguiu reunir 650 músicos. Só da Guarda Nacional havia nove bandas, acrescidas de quatro da Marinha e duas do Exército, além de várias orquestras particulares, duas das quais alemãs. Eram 44 rabecas, 65 clarinetas, 55 *saxhorns*, 60 trombones, 62 tambores, e assim por diante. O pianista lançou-se na febril atividade de preparar as partituras e ensaiar a pequena multidão de músicos. Descreveu seu estado de espírito em uma carta: "Sou uma pilha voltaica sinfônica. Meu coração é um vulcão, minha cabeça um caos!"

O conceito foi a 24 de novembro no Teatro Lírico, naturalmente repleto. Uma multidão se comprimia nas ruas adjacentes na expectativa de ouvir alguma coisa. O Imperador não faltou. Ao fundo do imenso palco, as bandeiras do Brasil e dos Estados Unidos. O programa incluiu uma fantasia sobre o *Fausto*, *Carnaval de Veneza*, *Tarantela*, a marcha do *Profeta*, de Meyerbeer, a *Chasse du Jeune Henri*, e *Noite dos Trópicos*, esta última de Gottschalk. A apoteose final foi a *Marcha Solene Brasileira*, em que o pianista inseriu o Hino Nacional. Durante sua execução, canhões troaram nos bastidores. No ambiente de final de guerra, a exaltação ao hino, tendo a bandeira nacional como pano de fundo, levou a plateia ao delírio cívico-estético. Fig. 10 p. XI

Tal foi o êxito que o pianista planejou outra exibição para o dia 27. Mas tinha chegado aos limites das forças. No dia 25, ao tentar executar *Morta*, nos salões da Sociedade Filarmônica Fluminense, teve um desmaio. A 26, teatro cheio, plateia ansiosa, não conseguiu sair dos bastidores, contorcendo-se em cólicas. O concerto foi cancelado. Vítima do que a certidão de óbito chamou de "pleuro-pneumonia abcedada", não lhe valeram desta vez os cuidados do dr. Severiano Martins. Morreu a 18 de dezembro no Hotel Bennett, na Tijuca. Tanto quanto os concertos, sua morte comoveu a cidade por que passou como um meteoro musical.

Romântico incurável, Gottschalk amava as mulheres e a glória do aplauso das multidões. Mas em momentos de desencanto fugia de todos e buscava conforto no convívio com a natureza. Quando nas Antilhas, passou uma vez vários meses no alto de um vulcão extinto, acompanhado do piano e de um louco. Às tardes, colocava o piano no terraço, à beira da cratera. No imenso anfiteatro que se estendia por mais de cem quilômetros, acima o azul do céu, à frente o verde das florestas, ao longe o azul profundo do mar, Gottschalk tocava. Tocava para si mesmo, envolvido pelas harmonias da natureza, pela grande voz do silêncio.

Irvine, 27 de março de 1990.

Gente

Richard Morse e a América Latina: ser ou não ser

Antes que assentasse a poeira da controvérsia causada pela publicação de *O espelho de Próspero*, publicado pela Companhia das Letras, em 1988, Richard Morse retorna à carga com *A volta de McLuhanaíma. Cinco estudos solenes e uma brincadeira séria*, também pela Companhia das Letras. O novo livro é uma coletânea de ensaios escritos ao longo dos últimos quinze anos, anteriores e posteriores ao *Espelho*. A variedade de datas e de temas não impede a manutenção do *leitmotiv* de Morse: a busca obstinada e apaixonada pela alma da América Latina. Com maior ou menor intensidade, a preocupação está presente nos cinco estudos solenes e na brincadeira séria que compõem o volume.

Outra marca registrada de Morse permeia todo o livro: a centralidade do tema da cultura. Tratando da linguagem, da visão de mundo de quatro poetas — Mário e Oswald de Andrade, T.S. Eliot e William Carlos Williams —, da ideologia, da formação do latino-americanista nos Estados Unidos, ou na deliciosa paródia de *Macunaíma*, Morse está o tempo todo às voltas com os valores (expressão de que não gosta), com o foco cultural, com a visão de mundo que marcam distintas civilizações. Suas referências teóricas podem ter sofrido alterações ao longo do tempo, mas denunciam consistentemente a ênfase no cultural. Weber e Mannheim, Adorno e Horkheimer, Dumont e Foucault, apesar das grandes diferenças, são todos autores que colocam a cultura no centro das preocupações. É sem dúvida esse aspecto do pensamento desses autores que atrai as simpatias de Morse, para quem a própria ideologia deve ser tratada como produto cultural a ser antes interpretado do que submetido ao crivo da lógica e da comprovação.

O livro revela ainda um lado de Morse ignorado dos que só o conheciam de *O espelho de Próspero*: o humor ferino e sarcástico que fez dele o *enfant terrible* dos latino-americanistas norte-americanos. Este humor está presente no ensaio sobre a formação dos brasilianistas e, sobretudo, na paródia de *Macunaíma*, intitulada "McLuhanaíma, The Solid Gold Hero, ou o Herói com Bastante Caráter (uma fuga)". "McLuhanaíma" tem organização e notas de M. Cavalcade Prowess, Tony Frank e Harry O'Tields, que o leitor atento rapidamente identificará como sendo os críticos literários M. Cavalcanti Proença, Antonio Candido e Haroldo de Campos. O texto descreve a introdução do herói McLuhanaíma/ Morse ao mundo cultural brasileiro. Sob o disfarce de pseudônimos humorísticos, desfilam pelo texto os nomes que fizeram a cabeça brasileira de Morse. Lá estão desde os componentes do clã dos Andrade (Mariândrade, Oswândrade, Drummândrade, Carmemirândrade), até Althussio Cebrapinus Gramescu, criador do lema "Dependência ou morte!", passando pelo Ermitão de Apipocas, autor de *Conventos e bordéis*, e por Sérgio Beato de Antuérpia, o historiador de *Raízes da raiz*.

"McLuhanaíma" lembra o que há de melhor em Mendes Fradique — em particular, sua *História do Brasil pelo método confuso* —, e em Sérgio Porto, sem esquecer, é claro, a inspiração direta de Mário de Andrade. Na percepção de McLuhanaíma, nosso lema nacional torna-se "Orifício e ingresso", ao qual Mariândrade reage aceitando o orifício e dizendo estar o problema na distribuição dos ingressos. Com esta observação teria nascido a Economia na Terra dos Papagaios. A grande renovação urbana de São Paulo, o desaparecimento das antigas construções em favor dos arranha-céus, têm também explicação original e mitológica, embora não muito poética. O herói McLuhanaíma foi levado por um garçom a comer sua primeira feijoada. Ingeridos os 59 quilos de feijão preto e demais acompanhamentos, McLuhanaíma saiu para a rua e com um monumental traque derrubou 53 palacetes da avenida Paulista. A repetição diária das explosões levou à radical transformação física da cidade.

Mas, atenção! Não se trata de humorismo gratuito. Como o próprio autor adverte, "McLuhanaíma" é uma brincadeira séria, assim como *Macunaíma* é um texto seriíssimo. O que é aí exposto de maneira gozativa não se distingue do que foi discutido em *O espelho de Próspero* e do que é discutido nos capítulos "solenes" do livro atual. O tema de fundo continua sendo o contraste de duas civilizações, de duas visões de mundo. McLuhanaíma, herói com algum caráter, chega ao Brasil sustentado pela parafernália do brasilianista e pelo generoso apoio de fundações norte-americanas. Rapidamente se vê às voltas com um mundo em que suas teorias não funcionam, em que o mitológico e o fantástico ainda afetam a vida das pessoas. Diante disto, seus métodos de pesquisa se revelam impotentes, se não ridículos. Morse salta facilmente do fio dental, pelo qual tem inegável e inegada atração, para o fio mental (se o leitor me permite um infame trocadilho, ao estilo do próprio Morse) que, segundo ele, costuraria a identidade cultural da América Latina. A este tema, fascinante e polêmico, passo a dedicar o resto destes comentários.

Apropriadamente para um culturalista, o debate em torno da identidade latino-americana retomado por Morse se dá sob a inspiração de Shakespeare, cuja peça *A tempestade* foi escrita já sob a influência dos relatos da descoberta do novo mundo. Os personagens centrais da peça, Próspero, duque de Milão, exilado em uma ilha; Ariel, o espírito do ar que o serve; e Calibã, o escravo bronco e repugnante, tornaram-se, desde o *Ariel* do uruguaio José Henrique Rodó, escrito em 1900, alegorias da América Latina e dos Estados Unidos, variando ao longo do tempo quem representava quem. A figura de Próspero talvez seja a que tenha sofrido maiores deslizamentos semânticos. Sábio e aristocrático para Rodó, imperialista para Retamar, ele se transforma nas mãos de Morse no símbolo dos prósperos Estados Unidos, enredado no beco sem saída da civilização ocidental moderna. É o Próspero do epílogo de *A tempestade*, privado dos poderes mágicos, dependendo da prece para não cair em desespero. A este ser, a esta civilização para a qual não vê futuro, e que o aborrece profundamente, Morse quer apresentar a alternativa da civilização ibérica.

O desapontamento com a sociedade individualista, racional e desencantada dos Estados Unidos talvez tenha sido a motivação principal da busca empreendida por Morse de uma alternativa que ele acredita ter encontrado ao sul do Rio Grande. Aí, na América ibérica, ele julga existir uma civilização distinta, portadora de valores, ou de um foco cultural, que por serem pré-modernos, não seriam menos desejáveis. Pelo contrário, por ter esta civilização escapado da reforma protestante e da revolução científica, teria preservado elementos de comunitarismo, de organicidade, de encantamento, que podem constituir alternativas ao impasse do mundo anglo-saxônico.

Seus críticos atacam-no pelos dois lados: denunciam como excessivamente pessimista seu retrato de Próspero e como rósea demais sua descrição da civilização ibérica. Alguns, mais impacientes, como Simon Schwartzman, veem profundo equívoco nas ideias de Morse, detectam mesmo consequências potencialmente danosas do ponto de vista político. A valorização do comunitário, do mitológico, do afetivo, do não redutível à racionalidade ocidental, seria para esse crítico uma receita para aventuras messiânicas, para populismos autoritários. Não menos cético quanto à validade da opção ibérica é José Guilherme Merquior, que também não vê salvação para a América Latina fora da modernidade ocidental. Ao canibalismo de Morse, à sua radical oposição ao que representa o mundo de Próspero, Merquior contrapõe o canibalismo de Oswald de Andrade, a absorção e a adaptação dos valores ocidentais na construção do que nunca seria um anti-Ocidente, no máximo uma modulação do Ocidente. Uma América Latina não ocidental, fala ainda Merquior, seria um mito gerado pela frustração, pelo ressentimento, oriundos do fracasso no caminho do progresso e da modernização.

O debate é demasiadamente vasto e complexo para ser aqui tratado em toda a sua dimensão. Além de intrincadas questões teóricas, envolve ainda quase insolúveis problemas metodológicos. Pode-se falar, por exemplo, como o faz Morse, da persistência de uma cultura política neotomista que teria sobrevivido na América Latina desde o século XVI, apesar de todas as vicissitudes de natureza econômica, política e social por que passou o continente? Haveria uma longa duração da cultura, para usar a expressão que Braudel aplicava aos aspectos materiais da civilização? Por outro lado, como demonstrar que diferenças de comportamento se devem a matrizes culturais distintas e não a outros fatores como, por exemplo, o nível de educação, o grau de urbanização, de industrialização? Mais espinhoso ainda é o problema da avaliação dos aspectos positivos e negativos das alternativas culturais. O caráter mais humano que Morse atribui à cultura ibérica, o maior solidarismo, seriam compatíveis com o grau de miséria social que afeta as populações do continente? Inversamente, o unidimensionalismo do homem ocidental, para usar uma expressão da Escola de Frankfurt, cara a Morse, não teria também sido responsável pela geração da vasta riqueza que trouxe para os modernos países ocidentais níveis nunca vistos de progresso e bem-estar? Não correria Morse, ao enfatizar os traços não ocidentais, ou não modernos, da cultura latino-americana, o risco de aproximar-se de Gilberto Freyre, em detrimento de Sérgio Buarque de Holanda, contra suas próprias declarações de simpatia pelo último?

Assim como não seria justo atribuir a motivos pessoais de desencantamento com a cultura anglo-saxônica a busca de Morse por uma alternativa latino-americana, também não se pode reduzir o ceticismo, ou mesmo a oposição, em relação a suas teses à alienação de intelectuais da América Latina diante da realidade de suas sociedades, ou a seu deslumbramento frente às maravilhas do mundo de Próspero. Por mais simpatia que possa despertar a hipótese de Morse — a minha simpatia, pelo menos — não é fácil enxergar em nosso mundo sintomas inequívocos de que esteja em gestação qualquer alternativa de um mundo mais humano, mais solidário. Morse é, aliás, o primeiro a reconhecer as distorções a que pode levar a tradição ibérica, nas várias formas de autoritarismo, de populismo, de maquiavelismo, que têm flagelado a região. Sua sugestão de que talvez um estilo participatório inspirado no modelo de Rousseau, mais comunitário que individualista, esteja cozinhando nos subterrâneos da sociedade não é de todo convincente. Haveria, em primeiro lugar, no que se refere a Rousseau, o difícil problema teórico da sobrevivência da liberdade dentro dos constrangimentos da vontade geral. E haveria também a dúvida sobre a natureza e importância dos movimentos sociais que ele julga portadores de tal alternativa, as comunidades eclesiais de base. Receio que tais comunidades tenham atingido seu ponto de saturação, sem ter tido condição de alterar substantivamente as práticas participatórias do país como um todo. É possível mesmo que estejam declinando sob o ataque cerrado das seitas fundamentalistas protestantes, inspiradas no detestado mundo de Próspero. Ironicamente, o êxito destas seitas talvez seja devido à erosão do sagrado promovida pela teologia da libertação que informa as comunidades eclesiais de base. A própria Igreja Católica pode ver-se forçada a voltar atrás para não ter reduzida sua influência. O fato demonstra a dificuldade na América Latina de hoje de transferir um comunitarismo de base religiosa para o domínio da política.

Este é um problema central. Se é inegável a característica mais comunitária da cultura católica, se a multiplicidade de éticas e a fragmentação das lealdades podem constituir elementos de um saudável pluralismo social em nossos países, não estão ainda visíveis mecanismos que indiquem a operacionalização política deste comunitarismo e deste pluralismo. Está certo, Morse não gosta de cientistas políticos e propõe mesmo desinfetar o domínio sociedade-religião dos termos mistificadores perpetrados pela economia e pela ciência política, termos como Estado, poder, burocracia, administração, planos etc. Mas por mais que se concorde com a acusação de estreiteza de visão de muitos economistas e cientistas políticos, fica difícil entender como uma proposta de cultura alternativa pode passar ao largo do problema da organização política da sociedade, chame-se a isto como quiser. Se as sociedades não podem ser concebidas exclusivamente como sistemas de poder, excluir delas o lado político será também mutilar o todo social, eliminando um aspecto que lhe é inerente, com todos os riscos próprios de tais mutilações.

Cabe aqui uma dúvida que me tem intrigado. Morse demonstra sistematicamente em seus ensaios uma impressionante erudição, um vasto conhecimento da produção intelectual latino-americana. No entanto, ele deixa de lado em sua análise o grupo de pensadores que mais se aproximou de uma proposta neotomista para nossas sociedades. Falo dos positivistas ortodoxos, sobretudo dos que se reuniram em torno da Igreja Positivista Brasileira. Ninguém mais do que eles criticou o individualismo das sociedades anglo-saxônicas, a abstração de sua visão de liberdade, a farsa de muitas de suas práticas democráticas. Ninguém mais do que eles propôs uma alternativa que ia buscar inspiração direta no comunitarismo católico da Idade Média e na tradição dos países latinos. Pode-se mesmo interpretar o pensamento dos ortodoxos como uma rejeição final do Estado em favor das formas comunitárias de convivência que iriam desde a família até a humanidade, passando pelos elos intermediários das cidades, das regiões, das nações, estas últimas concebidas também como comunidades à moda de Rousseau. Por que a omissão?

Militam também contra a tese de Morse as transformações recentes na Europa do Leste. As interpretações do fenômeno como significando a vitória definitiva da modernidade capitalista talvez sejam demasiado apressadas. Mas não deixa de impressionar o colapso da tentativa de construir um mundo alternativo, e é difícil evitar a impressão de que Próspero, liberto de sua ilha, pode estar prestes a expandir seu domínio sobre todo o planeta, para desespero das tribos de Calibãs, ainda sobreviventes, e dos Ariéis românticos. Concomitantemente a essas transformações, e em parte delas consequência, varre a América Latina uma onda de liberalismo no mais puro estilo thatcheriano. Pode-se perguntar se não estaríamos vivendo uma dessas encruzilhadas históricas em que a vitória de um modelo de civilização destrói alternativas minoritárias.

Dito isto, expostas as grandes dificuldades teóricas e práticas enfrentadas pelo desafio de Morse, é preciso reconhecer que ele exerce um poderoso fascínio, pelo menos sobre este leitor. Não me é difícil aceitar a existência de culturas distintas e o fato de que estas culturas frequentemente resistem a transformações de natureza social, política e econômica, ou de que pelo menos afetam esses outros domínios da vida social tanto quanto são por eles afetadas. Não é preciso ser culturalista radical para admitir isto. Também não tenho problemas em admitir que a América Latina guarda traços culturais específicos, embora não seja simples defini-los e avaliar sua profundidade e alcance. A perspectiva de desaparecimento de formas de cultura sob a hegemonia de uma delas é profundamente perturbadora pela perda que pode representar em termos de experiência humana.

Nesta linha de raciocínio, a se confirmarem as análises que veem nas recentes transformações o surgimento de um mundo tripartido entre a Europa sob hegemonia alemã, a Ásia sob controle japonês, e a América Latina debaixo das asas norte-americanas, a tese de Morse ganha um caráter ainda mais dramático. A onda de liberalização e de modernização capitalista que percorre o continente será reforçada pelos incentivos e pela pressão de Próspero, tornando ainda mais problemática a sobrevivência do que possa existir de alternativa em termos culturais e humanos. Se Morse tiver razão em afirmar a existência de tal alternativa, a destruição da cultura latino-americana poderá constituir uma tragédia histórica. O mais angustiante é que tais tragédias frequentemente só são percebidas após sua consumação. Morse pode ser um observador equivocado, como querem Schwartzman e Merquior, e neste caso o desaparecimento de nossa cultura não deixará saudades. Mas pode ser também um profeta incompreendido em seu tempo. Neste caso, ai de nós.

Morse refere-se, em geral, à América Latina como um todo, mas tem uma relação especial com o Brasil. Foi aqui que iniciou sua vida acadêmica escrevendo uma tese de doutoramento sobre São Paulo (publicada em português, em 1970). A presença do Brasil em *A volta de McLuhanaíma* é intensa. O Brasil é o centro das atenções de quatro dos seis ensaios que compõem o livro. Além da paródia de Mário de Andrade, em que recompõe sua introdução à cultura nacional, o Brasil aparece também no capítulo em que são comparados os quatro poetas, no estudo comparado de São Paulo e Manchester, e na crítica mordaz aos brasilianistas norte-americanos. Nesta última, volta a insistir nas características culturais do país, alegando que os brasilianistas que aqui aportam, sustentados por ricas bolsas de pesquisa das fundações norte-americanas, escrevem suas teses com riqueza de dados mas sem nada entenderem, pois lhes falta o domínio da matriz cultural que é a chave para a compreensão do país.

Neste momento em que somos bombardeados com uma propaganda estridente em favor da modernização do país, em que nos querem fazer entrar a todo custo no mundo desenvolvido, em que se repete a frase de Euclides da Cunha escrita há cem anos — ou progredimos ou desaparecemos — é mais do que oportuna a publicação de um livro como este de Morse. Em particular, quando a modernidade que nos querem impingir não encontra espaço para a ação do Estado na área cultural, quando trata a cultura a golpes de demissões, numa espécie de "corte modernológico" que faria corar o próprio Euclides. A ênfase na cultura, que é a marca da obra de Morse, mesmo que não se aceite totalmente sua tese de uma alternativa viável a modernidade anglo-saxônica, constitui um saudável antídoto à barbárie que nos ameaça.

A propaganda modernizante de hoje não deixa de ter um aspecto irônico e, por vias transversas, dá certa razão a Morse. Ouvimos diariamente um vocabulário em que se repetem *ad nauseam* palavras como racionalidade, impessoalidade, eficiência burocrática. No entanto, a campanha teve êxito nas urnas e é sustentada por apelos carismáticos e messiânicos, em que predominam o emotivo, o pessoal, o teatral.[4] A óbvia contradição talvez seja um indicador de que haja forças culturais de resistência em ação, de que a macaqueação da modernidade esteja condenada ao fracasso, de que o moderno que nos é apresentado se resuma a puro consumismo de produtos de alta tecnologia. Mesmo ao nos modernizarmos, estaríamos condenados a uma contrafação da cultura ocidental?

De qualquer modo, continuará nosso dilema existencial, seguiremos sendo puxados em direções distintas por tradições culturais conflitantes. Afinal, talvez não seja *A tempestade*, a obra de Shakespeare que melhor sirva de símbolo a nossa condição. O drama latino-americano talvez se retrate melhor na dúvida existencial de Hamlet, o atormentado príncipe da Dinamarca. Ser ou não ser moderno, ser ou não ser uma proposta original de civilização, ser ou não ser uma cultura com identidade própria.

---

[4] O artigo foi escrito durante o governo de Fernando Collor de Mello.

O reencontro de Shakespeare neste final é um tributo a Morse. A discussão em torno do problema da identidade cultural da América Latina pode de alguma maneira ser iluminada pela obra de um poeta inglês do século XVI. Morse vem insistindo na necessidade do recurso à literatura como instrumento indispensável para o entendimento de culturas nacionais. Aos colegas norte-americanos que tentam entender o Brasil pergunta: por que não começar com Guimarães Rosa?

(Publicado no *Jornal do Brasil*, 21 de julho de 1990, no Caderno Ideias, p. 6-9, com o título "A saga de um brasilianista nos trópicos".)

Gente

As duas mortes de Getúlio Vargas

Dois documentos assinados por Getúlio Vargas e deixados como despedida revelam duas mortes distintas, a de Vargas, político vitorioso, e a de Getúlio, homem derrotado. O primeiro foi o que se tornou conhecido como carta testamento, e que foi irradiado para todo o país logo depois do suicídio. Seu início era: "Mais uma vez, as forças e os interesses contra o povo coordenaram-se novamente e se desencadeiam sobre mim." O segundo, escrito a lápis, que chamarei de carta despedida, foi encontrado posteriormente e começava com a frase: "Deixo à sanha dos meus inimigos o legado da minha morte." Bilhete com as duas primeiras frases desta carta fora encontrado pelo ajudante de ordens, major Fittipaldi, não antes do dia 13 de agosto e, reproduzido de memória pelo major, foi também divulgado no dia 24.

A carta testamento foi encomendada a José Soares Maciel Filho, a 9 de agosto, cinco dias após o assassinato do major Vaz. Maciel Filho redigiu a primeira versão ao mesmo tempo em que escrevia o discurso que Vargas pronunciaria na inauguração da Mannesmann, em Belo Horizonte, a 13 de agosto. Podem-se detectar ecos da carta no discurso. O manuscrito original incompleto tem a letra de Maciel Filho.

A relação entre os dois documentos foi sempre cercada de muita confusão. A própria Alzira, detentora dos originais, contribuiu para o mal-entendido. Em entrevista à revista *O Cruzeiro*, em 1956, disse que a carta despedida era o original da carta testamento. Em 1967, na mesma revista, afirmou saber quem tinha *penteado* a primeira e lhe dado à redação final. Em entrevista ao *Estado de S. Paulo*, em 1978, ainda definia a carta despedida como rascunho da carta testamento. A carta despedida não é nem uma coisa nem outra. O pedido feito a Maciel Filho antecedeu o encontro do bilhete por Fittipaldi. Portanto este bilhete, que começava com as mesmas frases da carta despedida, não poderia ter sido base para o texto da carta testamento. Não há nenhuma referência por parte de Maciel Filho ou de seus filhos, no sentido de ter recebido de Vargas algum rascunho da carta. A única fonte a mencionar a entrega de um papel contendo a ideia da carta-testamento e suas frases finais é o depoimento de Miguel Teixeira a Hélio Silva. Mas se tal papel existiu, nunca foi encontrado. Não pode ser a carta despedida, pois, além do problema das datas, nenhuma frase sua foi reproduzida na carta-testamento.

Pelo conteúdo da carta testamento, e segundo o testemunho de várias pessoas, inclusive de Lutero Vargas, depreende-se que Maciel Filho, ao redigir o texto, não sabia de uma eventual decisão de Getúlio de se matar (se esta decisão já fora tomada). Não lhe foi solicitado escrever a despedida de um suicida, mas o testamento de um presidente disposto a resistir aos golpistas até a morte.

A carta despedida, ao contrário, transmite a nítida impressão de um adeus de alguém que decidira matar-se. É o extravasamento de sentimentos de amargura diante das agressões de inimigos rancorosos, de desencanto diante da fraqueza dos amigos, de decepção frente à traição dos que receberam favores. Predominam temas emotivos e pessoais: amigos e inimigos; lealdade e traição; mentira, calúnia, malignidade, de um lado, sofrimento, amargura, humilhação, de outro. O tom geral é de derrota, de impasse. Nem mesmo a renúncia é vista como solução, pois continuariam as humilhações, as tentativas de destruição. Como agravante do quadro de desânimo, há a sensação de velhice (Getúlio tinha 71 anos) e de cansaço bloqueando a vontade de reagir. Segundo Miguel Teixeira, Getúlio lhe dissera na manhã do dia 23 que não queria resistência pois, na expressão gaúcha, "já tinha comido muita carne". Nesse transe doloroso, o velho agnóstico se vê apelando para Deus, duas vezes mencionado, diante de quem prevê um breve comparecimento. O lado político é secundário nesta despedida. Há apenas a referência costumeira, após 1945, aos humildes e necessitados e aos interesses contrariados dos poderosos. O povo entra apenas como objeto de benemerência: dele se espera apenas o reconhecimento futuro.

A carta testamento, redigida por Maciel Filho, é um texto radicalmente distinto, afirmativo, agressivo, quase triunfante. E é sobretudo político. Podem-se distinguir nela três partes. Há uma curta introdução que lembra um pouco a carta despedida, mas sem sua passividade. Segue-se uma parte de sabor histórico e econômico. Na versão manuscrita, a eventual deposição do presidente é colocada na linha histórica dos dois imperadores, um forçado à renúncia, o outro deposto. Na versão final preservou-se o retrospecto desde 1930. A luta enfrentada por Vargas é vista na perspectiva economicista típica de Maciel Filho, para quem a política é reflexo de interesses econômicos, sobretudo os das grandes empresas internacionais e nacionais. Refletem-se aí também as lutas nacionalistas e populistas da década de 50 contra os trustes internacionais, a favor da Petrobrás, da Eletrobrás, da limitação da remessa de lucros, do aumento do salário mínimo. Em certos momentos, surge Maciel Filho, presidente do BNDES e diretor da Sumoc, citando cifras sobre lucros excessivos e grandes fraudes.

Por último, a extraordinária e contundente parte final, intrinsecamente política. Nela o povo é diretamente interpelado. E o povo agora não são os humildes e necessitados, objetos de cuidados paternalistas. É um povo político a quem se oferece um motivo e uma bandeira de resistência para que se transforme em sujeito da luta pela própria libertação. A morte aí não é saída para um drama pessoal. É um grito de guerra, é um sacrifício redentor, é uma transmutação mística que permite ao presidente sacrificado sobreviver no coração do povo numa permanente eucaristia. Não há confissão de cansaço, de velhice, de derrota. Há afirmação de ânimo inquebrantado de luta e proclamação de vitória. Deus não aparece nem como juiz, nem como testemunha. O presidente apenas transpõe a barreira temporal para viver na eternidade e na memória.

Nunca se saberá ao certo qual a verdadeira parte de Maciel Filho na carta testamento, embora a redação seja inegavelmente sua. Mas Getúlio, sem dúvida, lhe passou a ideia geral do documento. Além disso, a longa convivência dos dois permitiria ao amigo reproduzir, com a empatia de um perfeito *ghost-writer*, o pensamento do Presidente. Maciel Filho escreveu, com o brilho estilístico que lhe era próprio, o testamento político que Getúlio tentaria escrever não fosse o peso do drama pessoal que o acabrunhava. Por seu intermédio, o presidente preparou suas duas mortes.

A decisão do suicídio parece ter sido tomada com alguma antecedência e determinação. Sabe-se que o Presidente, dias antes de se matar, informou-se com o filho médico sobre a localização exata do coração (não obedeceu à indicação, pois atirou dois dedos à esquerda e não abaixo do mamilo). Consta também que acrescentou um "serenamente" à frase final do texto de Maciel Filho, indicação de uma decisão amadurecida.

Pelo que se sabe hoje, a ideia de morte autoinfligida foi recorrente na vida de Getúlio Vargas. Segundo Batista Luzardo, em declaração a Hélio Silva, durante a preparação do movimento de 1930 ele já teria dito que, em caso de fracasso, não se entregaria, não o pegariam vivo, não passaria pela humilhação de ser aprisionado. A afirmação foi entendida pelos amigos como significando o desígnio de matar-se. Documento agora liberado por Celina Vargas do Amaral Peixoto revela que, em 1932, um dia após a deflagração da revolta paulista, Getúlio redigiu uma nota parecida com a de 1954, em que a morte voluntária aparece como a única saída digna em caso de derrota. Em conversa com Assis Chateaubriand sobre o episódio, teria mencionado o suicídio de Balmaceda, o presidente chileno que se matou em 1891, após ter sido deposto por uma revolta armada. Informação da filha de Maciel Filho, Izabel Veloso, não confirmada por Alzira, dá conta de que em 1938, durante o ataque integralista ao Palácio da Guanabara, o Presidente teria dito à filha que guardasse três balas no revólver, uma para ele, outra para ela e a terceira para a mulher. A mesma decisão que comunicou aos ministros na madrugada de 24: "Se vierem depor-me pela força encontrarão meu cadáver." Das grandes crises do governo Vargas, só para a de 1945 não há, até agora, referência documental a desígnio do Presidente de matar-se em caso de derrota.

A morte voluntária e solitária, fruto de uma personalidade que não admitia derrota e humilhação frente ao inimigo, acabou sendo o ingrediente que forneceu à morte política seu tremendo poder para mobilizar o sentimento coletivo e redirecionar a história. A bandeira da carta testamento não teria a força que teve sem o patos embutido na carta despedida. A soma das duas mortes, a do homem Getúlio e a do presidente Vargas, é que gravou na memória coletiva a presença de Getúlio Vargas.

(Publicado no *Jornal do Brasil*, 24 ago, 1994, p. 11.)

Gente

Jeca resgatado

Tadeu Chiarelli propõe-se a tarefa de desmontar um mito criado por modernistas e historiadores do Modernismo: o mito de Monteiro Lobato como algoz de Anita Malfatti, como mau pintor, crítico incompetente, defensor do academicismo. Recorde-se o episódio central da estória.

Depois de estadas relativamente longas na Alemanha, onde absorveu influência expressionista, e nos Estados Unidos, onde ampliou seus estudos, Anita Malfatti, então com 21 anos, realizou em São Paulo, em dezembro de 1917, uma exposição de trabalhos seus e de alguns colegas norte-americanos, intitulada "Exposição de Pintura Moderna — Anita Malfatti". Monteiro Lobato comentou a exposição em artigo publicado em *O Estado de S. Paulo* sob o título "A propósito da exposição Malfatti". O artigo foi republicado em 1919 em "Ideias de Jeca Tatu", com o título pelo qual ficou conhecido: "Paranoia ou mistificação?". Em estilo contundente e ferino, Lobato desanca a arte moderna em suas várias manifestações, futurismo, cubismo, expressionismo. Para ele, as representações distorcidas da realidade só poderiam ser fruto de mentes doentias (paranoia). Fora dos manicômios, seriam apenas mistificação. Anita Malfatti, após a exposição, recuou das posições de vanguarda e não teve o papel que lhe parecia estar destinado de pioneira da modernidade nas artes plásticas nacionais.

Sentindo o dano que poderia causar ao movimento o recuo da artista, os modernistas, Mário de Andrade e Menotti del Picchia à frente, e mais tarde historiadores do Modernismo, como Mário da Silva Brito, abriram as baterias contra Lobato. O ataque cruel do escritor teria sido responsável pelo recuo de Malfatti e pela frustração de sua carreira. O ataque em si foi desqualificado como fruto de ressentimento de alguém que não conseguira êxito como pintor e que não tinha qualificação para ser crítico de arte. Finalmente, Lobato seria prisioneiro do academicismo, incapaz de entender e aceitar as novas tendências artísticas.

Chiarelli procede a minucioso e sistemático trabalho de desmentir todas essas acusações. Capítulo a capítulo, seção a seção, demonstra que Malfatti já começara a recuar mesmo antes da exposição, embora tivesse incluído nela obras mais radicais, não se devendo, portanto, a Lobato o recuo; que Lobato era na época o mais militante e o mais respeitado crítico de arte de São Paulo; que o ataque não foi dirigido diretamente a Malfatti, por quem Lobato demonstra admiração, mas à arte moderna em geral; que a carreira de pintor não tinha para Lobato a importância sugerida pelos modernistas; que, finalmente, em matéria de estética, Lobato não era acadêmico mas naturalista à moda de Zola com concepção definida sobre qual deveria ser o papel do artista e a natureza da arte no Brasil.

O desmascaramento do esforço de desacreditar Lobato para defender e preservar a hegemonia modernista é a grande contribuição do livro. Ele vem envolto em abundante informação sobre a vida artística de São Paulo na segunda década do século. Importante para o caso específico do conflito entre Lobato e os modernistas, o livro contribui ainda para reforçar o lado revisionista da historiografia recente, não hesitando em dirigir o olho crítico em direção a instituições sagradas como a do Modernismo de 1922.

O autor vai mais além, no entanto. Examina a base valorativa da convicção estética de Lobato, que localiza em sua postura radicalmente nacionalista. Aqui, o argumento não é tão cerrado e convincente como na desmontagem do mito. Está muito clara a preocupação nacionalista de Lobato. Como ele mesmo diz no prefácio de "Ideias de Jeca Tatu", seu objetivo central é a luta contra o macaco, contra o copiador de ideias e padrões estéticos estrangeiros, sobretudo franceses. O que Chiarelli não esclarece de maneira satisfatória é a relação entre o nacionalismo político e o naturalismo estético. Em sua exposição, Lobato parece recuar ainda mais do que Malfatti após 1917, cedendo no nacionalismo para se concentrar na defesa do naturalismo, às vezes recuando mesmo para o academicismo. Antes que acontecesse a Semana de Arte Moderna já abandonara a crítica de arte para se concentrar na literatura e na atividade editorial.

Para Lobato, o naturalismo era condição para se fazer arte nacional? Condição suficiente certamente não era, pois, para ele, Pedro Américo teria sido o maior dos pintores brasileiros e o menos brasileiro dos pintores. Era brasileiro quando pintava a *Batalha do Avaí* ou o *Grito do Ipiranga*. Não era brasileiro em quase todo o resto, mesmo em *A Carioca*, em que uma possível carioquice poderia ser vislumbrada apenas na negrura dos olhos.

Almeida Júnior, por outro lado, era brasileiríssimo porque pintava caipiras e paisagens brasileiras, porque fazia arte brotada da terra e da raça. A arte brasileira devia, então, combinar naturalismo e temática brasileira? A importância do naturalismo seria neste caso a indispensabilidade de uma visão "normal" das coisas para que fosse possível identificar e reproduzir figuras, paisagens, cores brasileiras. Quem visse anormalmente as coisas, quem as desfigurasse, caricaturasse, como faziam expressionistas e cubistas, segundo a crítica de Lobato, estaria impedido de fazer arte nacional pela própria escolha da linguagem estética. Seria possível pintar um Saci Pererê cubista ou dadaísta?

Problema semelhante colocava-se para os modernistas. Após a guinada operada pelo "Manifesto da Poesia Pau-Brasil", de Oswald de Andrade (1924), a mesma preocupação nacionalista de Lobato passou a dominar setores do Modernismo. Oswald emprega a mesma expressão usada por Lobato para definir a atitude que era preciso combater com todas as armas: macaquear, copiar o estrangeiro, fugir do local e do nacional. Aliás, no que se refere à preocupação nacionalista, nem Lobato nem Oswald traziam novidade. O tema e o problema do nacional preocuparam boa parte da intelectualidade brasileira na segunda década do século e tornaram-se quase obsessivos após a Primeira Guerra. Na verdade, já antes, escritores como Manuel Bomfim, Sílvio Romero, Euclides da Cunha, Afonso Celso, Graça Aranha, para citar apenas alguns, perguntavam-se pela natureza do ser nacional. Na segunda década, ao lado de Lobato, ou mesmo influenciando Lobato, estavam Belisário Pena, Alberto Torres, Olavo Bilac, Álvaro Bomílcar, também para dar apenas alguns nomes, além de movimentos como a Liga de Defesa Nacional (1916), a Liga Nacionalista de São Paulo (1917), a Propaganda Nativista (1917) e a própria *Revista do Brasil* (1916), que Lobato comprou e passou a dirigir.

O que seria brasileiro na arte modernista? A primeira fase modernista foi pura macaqueação. Mesmo o Pau-Brasil tinha a ver com o primitivismo europeu. Paulo Prado observou que Oswald descobriu o Brasil em Paris. A diferença entre Lobato e Oswald estaria no fato de um ter descoberto o Brasil em Paris e o outro em uma fazenda do Vale do Paraíba? O que seria mais, ou menos, brasileiro, a *Carioca*, de Pedro Américo ou o *Abaporu*, de Tarsila do Amaral? Se Lobato só via de brasileiro na *Carioca* o nome e o negro dos olhos, não se poderia dizer que o que há de brasileiro em *Abaporu* é apenas o nome e o verde-amarelo? Ou tome-se o exemplo do excelente Vicente do Rego Monteiro, que presenteou

Lobato com uma estilização do Jeca. Seu quadro *Mulher Sentada*, de 1924, pode ser chamado de arte brasileira, quando poderia ter sido pintado em qualquer lugar do mundo?

A antropofagia foi tentativa de elaborar melhor a ideia de nacional dentro do Modernismo. Não se tratava mais de evitar a importação de ideias e modelos estéticos, mas de os devorar e absorver e os transformar em linguagem e matéria nacional. Mas também nisto não há muita diferença em relação a Lobato, que aceitava a importação dos cânones da arte tradicional, para ele imutáveis, independentes de tempo e espaço. A coisa se complica se trazemos para o debate a briga entre os próprios modernistas, entre a antropofagia e o verde-amarelismo, sem falar na posição independente de Mário de Andrade. Qual era a briga, afinal? Era estética ou era política? Ou a estética se tornava o campo de uma briga política? Quem estava politicamente mais próximo de Oswald, os modernos Plínio e Menotti del Picchia ou o naturalista Lobato?

De uma perspectiva política, o naturalismo conservador de Lobato perde importância diante do revolucionarismo de trazer o caboclo, o Jeca Tatu, para o centro do debate político. Di Cavalcanti talvez seja menos revolucionário pelo traço cubista do que por ter minado o racismo colocando mulatas e samba em suas telas. Lobato e Di, por caminhos estéticos distintos, chegaram ao mesmo resultado de resgatar setores marginalizados da sociedade e contribuir assim para a redefinição inovadora da identidade nacional. Do mesmo modo, o moderno Plínio ligava-se ao tradicional Afonso Celso na visão conservadora da tradição brasileira. Mas se a briga era, afinal, em torno de ser brasileiro, talvez todos, Lobato e os modernistas, fossem conservadores em matéria de arte, pois esta acabava sempre julgada em função de critérios externos limitadores da imaginação criadora do artista.

São temas que o livro de Chiarelli não explora a fundo mas deixa formigando na cabeça do leitor. Pelo inovador tratamento do conflito Lobato-Malfatti e pelas intrigantes perguntas que desperta a propósito da relação entre arte e política, o livro deve ser saudado e recomendado.

(Publicado na *Folha de S. Paulo*, 5 jun. 1995.
Jornal de Resenhas, p. 14-15.)

Gente

Os fantasmas do Imperador

Marguerite Yourcenar, no que se poderia chamar de nota metodológica a *Memórias de Adriano*, diz que sentiu necessidade de adotar técnica que eliminasse intermediários entre ela e o Imperador, técnica que deixasse o personagem falar à medida que a autora silenciava. A técnica escolhida foi a autobiografia ficcional que lhe permitiu transportar-se para dentro do personagem, ou melhor, transportar o personagem para dentro de si, num ritual de possessão análogo ao dos cultos mediúnicos. Foi também esta a técnica empregada por Jean Soublin para tentar entender o ser humano chamado Pedro II, em livro que lembra o romance de Yourcenar em pontos que não se limitam à metodologia. Nos dois casos, separados por dezessete séculos, dois imperadores com vocação especulativa resolvem avaliar suas vidas enquanto aguardam estoicamente a morte. O toque amargo das memórias ficcionais de D. Pedro II fica por conta da situação de Imperador deposto, exilado, doente, recentemente enviuvado, abandonado de quase todos, exceto familiares e pequeno grupo de amigos fiéis e admiradores.

Pode-se perguntar se já não há suficientes biografias de Pedro II e se já não se conhece satisfatoriamente sua personalidade. Sobre sua vida escreveram, entre outros, Pinto de Campos, Afonso Celso, Taunay, Max Fleiuss, Heitor Lira, Pedro Calmon, Amaral Gurgel, Alberto Rangel, Mary W. Williams, Lídia Besouchet, Herculano Mathias. Além disso, o próprio Imperador deixou diversos escritos, diários, os "Conselhos à Regente", vasta correspondência pessoal, poesias, e a fé de ofício, escrita à mesma época em que Soublin o faz redigir as memórias. Acrescente-se ainda a visão comum do Imperador como sendo dotado de personalidade transparente, moldada que foi por seus educadores, e a visão de que teria passado a vida a representar o papel para que foi ensaiado.

A curiosidade que ainda desperta a personalidade do Imperador talvez se deva à desconfiança de que tudo isto é simples demais para ser verdadeiro. Que tentaram moldá-lo, não há dúvida. O órfão de seis anos foi entregue a tutores (José Bonifácio, depois Itanhaém) que o isolaram em São Cristóvão e o submeteram a uma educação militarizada. As instruções de Itanhaém, redigidas em 1838, estabeleciam: levantar às sete, almoçar às oito, acompanhado do médico que, entre outras coisas, devia evitar que comesse muito (receio de que puxasse ao avô?), estudo das nove às onze e meia, jantar às quatorze, quando a conversa devia limitar-se a assuntos científicos ou de beneficência, estudos, passeio, ceia às vinte e uma e trinta, cama às vinte e duas. Ao seu redor circulavam figuras medíocres como o próprio Itanhaém e D. Mariana de Verna, ao lado de outras de valor como Aureliano Coutinho, Araújo Viana e Félix Taunay. O Imperador reconheceu mais tarde a influência desses mestres, sobretudo de Araújo Viana e de Taunay. Algumas das lições que lhe ensinaram ele as seguiu, ou tentou seguir, à risca, como a de ler todos os jornais, de se informar sobre tudo e sobre todos, de obedecer às leis, de não ter validos e, sobretudo, validas (medo dos educadores de que saísse ao pai?).

Mas permanece a pergunta: é possível moldar dessa maneira uma pessoa, transformá-la em máquina de governar, passando totalmente por cima de seus sentimentos? Afinal, a infância e adolescência de Pedro II foram marcadas por acontecimentos traumatizantes. O Imperador ficou órfão de mãe quando tinha um ano de idade, foi afastado do pai e da madrasta aos seis, perdeu um irmão aos oito, ficou órfão de pai aos nove, tornou-se imperador aos 14, casou-se sem amor aos 17, perdeu logo a seguir dois filhos homens, os únicos que teve ("Para tamanha dor não há conforto", diria em soneto de 1850, a propósito da morte do segundo filho). O mundo de emoções oculto sob a máscara que lhe colocaram, e que ele adotou, é o que continua a atrair a curiosidade de historiadores e de leigos como Jean Soublin. Como transpor a muralha, como chegar ao ser humano por trás do Imperador? Como também dar conta desse fenômeno exótico de um imperador erudito, fascinado pela ciência, europeizado, liberal, legalista, disciplinado, governando por quase meio século um povo que era exatamente o oposto de tudo isso? Sem falar da figura física de um Habsburgo alto, louro, de olhos azuis, numa terra de mestiços. Talvez pela possessão.

Os dotes de médium de Soublin são médios. A voz de Pedro II que consegue captar lhe vem quase sempre dos escritos do Imperador e dos documentos da época como, aliás, acontece também com Yourcenar que inclui vasta bibliografia ao final de seu livro. O leitor surpreende-se às vezes acreditando estar diante de uma autêntica autobiografia. Se conhecer um pouco o período, pode ser despertado da ilusão por algum deslize histórico, dos poucos que comete o autor, como o de falar de uma população majoritariamente republicana na década de 30, de colocar Benjamin Constant como mestre das filhas de Pedro II e não dos netos, de chamar O guarani de poema, ou pelo uso eventual de terminologia que mais lembra a política francesa da época do que a brasileira (esquerda, centro, direita, burguesia católica etc.). Mas, de modo geral, Soublin revela surpreendente (para estrangeiro não historiador) conhecimento da época e de Pedro II, e grande sensibilidade na reconstituição do pensamento e dos sentimentos do Imperador. O livro pode ser lido, e com prazer, como verdadeira autobiografia, sobretudo nas partes referentes aos contatos do Imperador com pessoas e ideias europeias.

No entanto, a ambição do autor parece ir além. Ele parece consciente de que os diários e a correspondência do Imperador podem constituir uma armadilha se vistos como guias seguros para revelar sentimentos íntimos. O mais provável é que esses documentos reproduzam em boa parte a autoimagem que o Imperador incorporou e que transmitia, mesmo inconscientemente. No diário de 1862, por exemplo, escrito aos 37 anos, raramente aparecem comentários que não tenham a ver com assuntos de Estado e com declarações de princípios. Uma das poucas pistas fornecidas ao ficcionista está na frase seguinte: "[...] viveria inteiramente tranquilo em minha consciência se meu coração fosse um pouco mais velho do que eu", seguida, depois de ponto e vírgula, da reveladora autojustificação: "Contudo, respeito e estimo sinceramente minha mulher, cujas qualidades constitutivas do caráter individual são excelentes." Por esta pequena fresta entreaberta, pode-se vislumbrar vasto campo para a exploração dos sentimentos do Imperador em relação à Imperatriz e de suas sempre discretas aventuras extraconjugais. São essas escassas pistas que permitem ao ficcionista exercer seus dotes criativos e fugir do ventriloquismo dos documentos.

Soublin revela criatividade no caso particular das relações do Imperador com as mulheres, sobretudo com a condessa de Barral. Vai além do que têm dito os biógrafos, em geral excessivamente contidos, sem cair na caricatura de versões popularescas. As relações com a condessa adquirem densidade humana, em que amor e amizade se misturam a dolorosas frustrações. Outro ponto alto do texto é o aproveitamento do episódio histórico da conversa do Imperador com um tenente paraguaio feito prisioneiro em Uruguaiana. Há pequena torção dos fatos quando Soublin faz os dois conversarem em guarani, posto que apenas discutiram as semelhanças entre o guarani da época da descoberta e o guarani falado no Paraguai. Torção perfeitamente aceitável por colocar em relevo a paixão do Imperador pela linguística (só mesmo ele para discutir linguística com um prisioneiro de guerra no campo de batalha). Mas o que sobressai do episódio, na versão de Soublin, é a conclusão que D. Pedro tira do diálogo. Diante da recusa (real) do jovem tenente em aceitar anistia e salvo-conduto, sob o argumento de que, ao chegar ao Paraguai, seria fuzilado por ordem de López por se ter rendido e, mais ainda, diante da convicção do oficial de que a execução seria justa, Soublin faz o Imperador concluir que, frente a tal fanatismo, era indispensável levar a guerra até a destruição pessoal de López. Enquanto vivesse o chefe paraguaio, a luta continuaria. A imaginação do romancista fornece razão plausível para o enigma histórico da insistência de Pedro II, radicalmente avesso à violência, em continuar a guerra depois da derrota militar do inimigo. Tanto quanto à violência, o Imperador tinha ojeriza a fanatismos.

O melhor do romance é a cena final em que os fantasmas de sete medos invadem, um após outro, o quarto de hotel, em Vichy, como outros tantos cavaleiros do Apocalipse. Os fantasmas atormentam o Imperador trazendo-lhe à consciência remorsos e angústias do passado. Entra um rabino em forma de gárgula acusando-o de plágio em tradução penosamente feita dos *Cantos de Comtat*, escritos em provençal. Toda a vasta erudição de que se orgulhava teria sido uma fraude? Toda a fama de conhecedor de línguas, inclusive do hebraico, que usava para discutir com rabinos nas sinagogas da Europa, estaria destruída? Vem o fantasma da guerra que o transporta para as margens de um rio cujas águas se tornam rubras do sangue paraguaio. O Imperador-filósofo com as mãos tintas de sangue? Surge a seguir o fantasma do pai que dança nu entre bailarinas. Teria valido a pena todo o escrúpulo e discrição no trato com as mulheres para evitar o constrangimento causado pelo comportamento escandaloso do pai? Um tanto estranhamente, pela inversão cronológica, aparece o fantasma do Conselheiro seguido de multidão de miseráveis em que o Imperador crê reconhecer seu próprio povo. Por fim, um fantasma ainda mais perturbador, um sábio que põe em dúvida suas crenças e convicções mais profundas: o amor às leis e às regras, em vez de facilitar, não teria sido obstáculo à realização da felicidade do povo? Um pouco de caos e desordem não teria sido mais útil para produzir as mudanças necessárias?

Desaparecem os fantasmas, o Imperador tranquiliza-se e passa a aguardar a morte com serenidade. Nestes parágrafos finais, Soublin liberta-se dos documentos e busca, pela imaginação, contato imediato com os sentimentos do velho Imperador. Seriam esses, no entanto, os verdadeiros sentimentos de Pedro II, escondidos por trás dos escudos protetores construídos na infância? A pergunta talvez não importe. Quais foram os sentimentos verdadeiros do Imperador, ninguém poderá saber. Nem os documentos os revelarão, nem possessão alguma. Talvez o importante seja perguntar pela capacidade do ficcionista em imaginar complexidades humanas insuspeitadas.

(Publicado na *Folha de S. Paulo*, 20 out. 1996. Caderno Mais!, p. 9.)

Gente

Com o coração nos lábios

> Se fosse possível reunir todos os artigos, todos os discursos, com que Patrocínio atacou a escravidão e seus defensores, o livro em que ficassem compendiados esses libelos seria o mais belo poema da Justiça [...]
>
> OLAVO BILAC

O filho do padre João Carlos Monteiro e de sua escrava de 13 anos, Justina Maria do Espírito Santo, nascido em Campos, em 1853, conhecido oficialmente como José Carlos do Patrocínio, que era Zeca para os amigos, Zé do Pato para o povo, Proudhomme para os combatentes da abolição, foi um homem complexo que viveu na fronteira de mundos distintos, se não conflitivos. A começar pela fronteira étnica: pai branco, mãe negra, um mulato, como se dizia na época, cor de tijolo queimado, em sua própria definição. Depois, a fronteira civil: mãe escrava, pai senhor de escravos e escravas. A fronteira do estigma social, a seguir: oficialmente registrado como exposto, só mais tarde constando o nome da mãe, nunca legalmente reconhecido pelo pai. Mais: a fronteira entre o mundo interiorano em que se criou e viveu até os 15 anos e o mundo da Corte em que exerceu a atividade profissional e política. Ainda: a fronteira intelectual de uma formação superior mas de baixo prestígio, a de farmacêutico, convivendo com a formação dos bacharéis em direito, medicina e engenharia. Por fim, a fronteira entre o reformismo e o radicalismo políticos.

A marca dessas determinações variadas, às vezes contraditórias, combinava-se em Patrocínio com um temperamento apaixonado e explosivo. Momentos de grande cólera eram seguidos de outros de imensa ternura. Sua reconhecida generosidade era tisnada por acusações de desonestidade e venalidade feitas com insistência pelos inimigos. A absoluta coerência e a constância na luta pela abolição não se repetiam em relação a outras causas, como a da República, e com amigos e inimigos. O produto de tudo isto era uma apurada sensibilidade para captar as contradições da época e a capacidade para encarná-las na própria personalidade. Patrocínio era um vulcão de paixões que despertava grandes entusiasmos e grandes aversões. Como ele próprio confessou, falava e escrevia com o coração nos lábios. Do coração brotavam a crítica devastadora e o ataque impiedoso mas também o apelo dramático e o aplauso entusiástico. Ninguém podia ficar indiferente a sua ação e ninguém ficou. Teve amigos incondicionais como Olavo Bilac e Angelo Agostini e inimigos irreconciliáveis como Medeiros e Albuquerque.

Acima de tudo, estava sua paixão pela causa abolicionista, nascida talvez já em Campos no convívio com a mãe escrava. Esta paixão deu sentido a sua luta e a sua vida, sobretudo desde que passou a redator do jornal abolicionista, a *Gazeta de Notícias*, de Ferreira de Araújo, em 1877. A luta ganhou nova dimensão a partir de 1878, quando Joaquim Nabuco foi eleito deputado pela primeira vez e deu início à batalha parlamentar do abolicionismo. Nesse ano os liberais voltaram ao poder depois de dez anos de ausência. Embora as duas grandes leis abolicionistas do Segundo Reinado, a de 1850 e a de 1871, tivessem sido aprovadas por gabinetes conservadores, a bandeira do abolicionismo era dos liberais. Era lógico que os abolicionistas pusessem grandes esperanças na nova situação. A expectativa em relação aos liberais era ainda justificada pela morte do grande abolicionista conservador, Rio Branco, em 1880. Patrocínio fez o elogio fúnebre do Visconde afirmando que ele minerara cidadãos nas jazidas negras da escravidão (artigo de 8 de novembro de 1880).

O ano de 1880 foi ainda particularmente importante por outras razões. Na Câmara, Nabuco provocou os escravocratas pedindo urgência para a discussão de projeto de abolição imediata. O pedido foi derrotado por 77 votos a 18. A luta extravasou, então, do Congresso. Foi criada por Nabuco, Rebouças, João Clapp, Patrocínio e outros, a Sociedade Brasileira Contra a Escravidão, inspirada na *British and Foreign Society for the Abolition of Slavery*. Como produto da Sociedade, começou a ser editado o jornal *O Abolicionista*. Surgiu ainda nesse ano a *Gazeta da Tarde* do abolicionista negro Ferreira de Meneses, mais militante do que a *Gazeta de Notícias*. Do ponto de vista da propaganda, a iniciativa mais importante de 1880 foi o início das Conferências Abolicionistas organizadas pelos mesmos lutadores da Sociedade. Não era ainda a rua, mas eram os teatros do Rio que se tornavam arena de luta, ampliando e democratizando o que até então se passara dentro do limitado espaço das Câmaras. Nesse contexto mais popular, assim como posteriormente nas ruas da cidade, Patrocínio sentia-se à vontade e foi aí que desenvolveu sua vocação oratória, responsável por seus maiores triunfos. Lembre-se ainda que 1880 foi o ano da Revolta do Vintém que trouxe de volta o povo às ruas da capital. Entre os oradores que arengavam o povo estava o republicano José do Patrocínio.

De 1880 a 1889, Patrocínio dedicou-se integralmente à causa da libertação dos escravos e à luta contra os que exigiam indenização. Primeiro na *Gazeta de Notícias* (1878), depois na *Gazeta da Tarde* (1881), finalmente na *Cidade do Rio* (1887), jornal que comprou com a ajuda do sogro. A passagem de um jornal para outro significava sempre uma escalada no radicalismo da luta. A campanha desenrolava-se ainda nos teatros, nos banquetes, nos comícios, nos leilões. Tentou também eleger-se para a Câmara dos Deputados, em 1884, pelo terceiro distrito da Corte mas foi derrotado. Elegeu-se, no entanto, vereador em 1886, em seguida à campanha feita em cima do tema da abolição à qual não faltaram comícios populares. Chegaram até nós seus artigos de jornal. Eles são retrato fiel do pensamento de Patrocínio e da tática de campanha desenvolvida ao longo da década. É possível que nos discursos em que arengava plateias populares sua linguagem fosse algo distinta, talvez mais incendiária. Mas como nunca o acusaram de jogo duplo, é provável que as ideias e a tática não fossem muito distintas das que aparecem nos artigos de imprensa.

Ao ler os artigos, é necessário que se levem em conta, além da personalidade de Patrocínio, as circunstâncias em que foram escritos e a finalidade a que se destinavam: eram armas de combate esgrimidas no calor da refrega. O objetivo final de Patrocínio nunca variou: abolição imediata sem indenização, a ser conquistada no máximo até 1889, centenário da Revolução Francesa. Quatro anos antes da abolição, ele chegou a indicar com antecipação profética o texto da Lei Áurea: "Fica abolida, nesta data, a escravidão no Brasil" (artigo de 11 de abril de 1885). Mas se o objetivo não mudava, a tática variava, as alianças variavam, assim como variava o julgamento de pessoas e instituições. Ele próprio dizia durante a campanha para vereador que para combater a escravidão todos os meios eram legítimos e bons. Não há, pois, que buscar coerência em pontos que não se referiam ao objetivo final. A Lei do Ventre Livre é às vezes elogiada, às vezes criticada; ministros e políticos em geral são avaliados de acordo com suas posições diante de propostas abolicionistas.

Com alguns polemizou sempre. Foram os casos do conservador Cotegipe e do liberal Martinho Campos, ambos escravistas, presidentes do Conselho de Ministros, em 1882 e 1885-1888, respectivamente. A outros defendeu com unhas e dentes, como ao liberal Dantas, e ao conservador João Alfredo, o primeiro presidente do Conselho, em 1884, e autor do projeto original da Lei dos Sexagenários, o segundo chefe do gabinete abolicionista de 1888.

Com outros teve relações cambiantes, de acordo com as vicissitudes da luta. Com Sílvio Romero, aliado no começo, brigou feio quando o sergipano escreveu um artigo racista e ofensivo aos abolicionistas, chamando Nabuco de pedantocrata e Patrocínio de *sang-mêlé*. No artigo, Sílvio Romero afirmava ainda que o negro era "um ponto de vista vencido na escala etnográfica". A resposta de Patrocínio foi exaltada e cheia de ataques pessoais. Sílvio Romero era o "teuto maníaco de Sergipe", o "Spencer de cabeça chata", uma alma de lacaio, um canalha.[5] Outro com quem teve relações complexas foi Rui Barbosa. Aliados em alguns momentos da luta, separaram-se em outras, quando Rui, por exemplo, em nome de formalidades jurídicas, se opôs à proposta do governo, feita após a abolição de perdoar os escravos condenados nos termos da Lei nº 4, de 10 de junho de 1835, que estabelecia pena de morte para crimes violentos de escravos contra seus senhores. Patrocínio acusou Rui de defender o sequestro social do ex-escravo em artigos "lúgubres como tribunal de inquisidores" (artigo de 29 de abril de 1889).

Complicada foi também sua relação com o Partido Liberal. A emancipação dos escravos constava dos programas liberais de 1868 e 1869. Era, pois, natural que, voltando ao poder em 1878, o partido fosse sensível à questão. Cedo, no entanto, os abolicionistas descobriram que as coisas não eram tão simples. Assim como Rio Branco dividira o Partido Conservador, em 1871, ao fazer aprovar a Lei do Ventre Livre, o Partido Liberal estava dividido em relação à abolição. Ao lado de abolicionistas como Dantas, havia "escravocratas da gema", como se autodefinia Martinho Campos. Em posição intermediária tímida ficavam líderes como Paranaguá, Lafaiete, ex-republicano, e Saraiva, todos presidentes do Conselho de Ministros no período. Patrocínio deblaterou contra Martinho Campos, entusiasmou-se com Dantas e irritou-se com os outros. Dantas foi

---

[5] Para informações sobre a polêmica, ver MAGALHÃES JÚNIOR, R. *A vida turbulenta de José do Patrocínio*. Rio de Janeiro: Ed. Sabiá, 1969, cap. 10.

duas vezes derrotado pela Câmara liberal. Saraiva esvaziou a Lei dos Sexagenários. Contra este último, Patrocínio lançou ainda a acusação de ter feito aprovar a lei da eleição direta em 1881, que tirara o voto a centenas de milhares de brasileiros, e cujo efeito teria sido devastador sobre os candidatos abolicionistas. A prática levou-o a concluir que os liberais só eram capazes de fazer democracia na oposição e que era mais eficaz entregar aos conservadores a solução do problema da abolição, como fez Isabel, em 1888, repetindo o que Pedro II fizera com Eusébio de Queiroz em 1850 e Rio Branco em 1871 (artigo de 19 de março de 1888).

Relação tumultuada foi também a que manteve com os republicanos. Republicano ele próprio, Patrocínio não perdoava aos correligionários as hesitações e tergiversações em relação ao problema da abolição. Assim como Luís Gama não conseguira definição clara do Partido Republicano de São Paulo, Patrocínio também teve dificuldades com os republicanos do Rio, sobretudo com seu chefe, Quintino Bocaiúva. A questão central estava na hierarquia de prioridades. Os outros republicanos colocavam a República em primeiro lugar. A abolição ou vinha em segundo lugar, ou não era vista com simpatia. Para Patrocínio, a abolição era prioridade absoluta, a República vinha depois. Não via, aliás, como falar em República sem abolição. Neste ponto concordava com Nabuco que colocava a campanha abolicionista acima dos partidos. O republicano Patrocínio a colocava acima da forma de governo. Por essa razão, não hesitou em ficar ao lado da regente Isabel, e da Monarquia, quando ela se decidiu pela abolição imediata. Abandonou a República e só voltou a apoiá-la no dia 15 de novembro de 1889.

Assim como não perdoava a ambiguidade dos republicanos, esses não lhe perdoavam ter trocado a República pela abolição. O período que mediou entre a abolição e a Proclamação da República foi um inferno astral para Patrocínio. Vencedor, sofreu cruel campanha de desmoralização por parte dos republicanos, inclusive Silva Jardim. O epíteto que lhe deram de "último negro que se vendeu", além de racista, era de crueldade atroz, pois o que fizera fora apenas antepor a reforma social à reforma política. Patrocínio passou o período defendendo-se das acusações e contra-atacando os republicanos por sua aliança com os ex-senhores de escravos que buscavam indenização. Sua linguagem ferina não ficou atrás da dos inimigos em cunhar expressões duras e candentes: "republicanos de 14 de maio", "piratas do barrete frígio", "pirataria *sans-culottte*", "neorepublicanos da indenização", e outros assemelhados. A briga marcou-o pelo resto da vida. Mesmo o fato de ter promovido a única ação autenticamente popular no dia 15 de novembro, quando o chefe republicano, Quintino Bocaiúva, acompanhava a parada militar, foi suficiente para o redimir aos olhos dos republicanos. Sua vida após a proclamação foi um decair constante até o final melancólico.

Por fim, Patrocínio também mudou várias vezes de posição em relação à Coroa, ao Poder Moderador e à própria Monarquia. Entusiasmava-se quando o Imperador chamava ao poder um abolicionista como Dantas, desesperava-se quando o chamado era Martinho Campos ou Cotegipe. Em um momento via a Coroa à frente da luta, em outro acusava-a de ser o principal sustentáculo do escravismo. Dirigia-se frequentemente ao próprio Imperador incentivando-o a solidificar o reinado pelo apoio à causa emancipacionista, ou ameaçando-o com a queda da Monarquia, caso ele não desse ouvidos ao clamor popular. Os elogios foram grandes durante o gabinete Dantas e, sobretudo, na regência de Isabel. As ameaças maiores no governo Cotegipe. Diante da frequente resistência da Câmara em aprovar medidas abolicionistas, fato que atribuía ao afastamento entre a nação e seus representantes causado pela lei da eleição direta de Saraiva, chegou a pedir o exercício ditatorial do Poder Moderador como único meio de fazer aprovar a reforma. Seria a maneira de aproximar o Imperador da opinião nacional por cima da representação parlamentar (artigo de 16 de julho de 1887). Quando a Regente decidiu chamar o abolicionista João Alfredo, que em dois meses fez aprovar a abolição total sem indenização, o entusiasmo de Patrocínio não conheceu limites. Começara, segundo ele, naquela data, a história moderna do Brasil; operara-se a maior revolução social de nossa terra. Isabel era a redentora, ao lado dos batalhadores do abolicionismo que vinham desde José Bonifácio.

Idiossincrasias de um temperamental que falava com o coração nos lábios? Sem dúvida. Mas não só isto. Sua condição de homem de fronteira permitia-lhe refletir com precisão as contradições da política e dos políticos da época. Os partidos Liberal, Conservador e Republicano estavam de fato divididos frente à questão da abolição; a lei da eleição direta cassara de fato o voto a milhares de brasileiros, dando maior consistência à Câmara mas afastando-a da opinião pública; o Poder Moderador tornara-se nesta conjuntura de fato ambíguo: seu exercício podia ser formalmente ditatorial mas estar, ao mesmo tempo, substantivamente mais próximo da opinião pública. Neste sentido, a batalha da abolição corroeu a base dos partidos nacionais e contribuiu não só para o fim da Monarquia como para a proclamação da República *manu militari*. Culpa dos abolicionistas? Sem dúvida, não. O sistema representativo é que não funcionava adequadamente.

Patrocínio apenas ajustou-se às condições da luta. Combinou a perspectiva da elite ilustrada da época com seu toque popular. Distinguia-se de Nabuco e Rebouças pelo lado popular, pelo gosto do contato com o povo na praça pública, pela volúpia de agitar as multidões. Era um agitador dionisíaco em contraste com o organizador estoico que era o extraordinário Rebouças. Seu lado popular fazia com que em alguns momentos ameaçasse o governo e a Monarquia com a ira dos escravos e libertos, a quem apresentava Spartacus como modelo. Mas a ameaça não passava de retórica. Logo depois acusava o povo brasileiro de ser um "cordeiro submisso" que deixava nas mãos do Imperador a solução de seus problemas mais graves (artigos de 21 de novembro de 1887 e de 30 de agosto de 1884). Punha-se ao lado do aristocrático Nabuco que preferia que a questão fosse resolvida de cima para baixo e não de baixo para cima. A abolição, segundo Patrocínio, foi literalmente uma "revolução de cima para baixo", feita mediante a aliança do soberano com o povo (artigo de 19 de março de 1888).[6]

Era inegável a paixão de Patrocínio pela liberdade dos escravos. Havia aí um lado pessoal, gravado na cor da pele e no fundo da alma, que estava ausente, por exemplo, em Nabuco. Não se duvida da sinceridade do abolicionismo de Nabuco, mas nele tratava-se de uma batalha filantrópica e política antes que pessoal. Ou melhor, o lado pessoal não era nele tão profundo, tão vital, como em Patrocínio. Mas, fora este aspecto, e fora o estilo plebeu e exaltado de Patrocínio, não se separavam muito na maneira de encarar o problema da escravidão. Taticamente, preferiam dirigir-se ao Imperador, à elite política, aos proprietários, à população livre, antes que aos próprios escravos. Esta opção, no caso de Patrocínio, talvez tenha se consolidado durante o Gabinete Dantas que lhe fez vislumbrar a possibilidade de uma solução monárquica do problema. Ele mesmo admitiu que, naquele momento, o abolicionismo aceitou recu-

---

[6] Sem aceitar a conclusão de que a voz abolicionista abafou o brado dos escravos, concordo com a interpretação da natureza do pensamento de Patrocínio feita por Humberto Fernandes Machado em *Palavras e brados: a imprensa abolicionista no Rio de Janeiro, 1880-1888*, tese de doutorado, Universidade de São Paulo, 1991.

ar para o segundo plano, reduzir o ímpeto, para permitir uma solução parlamentar (artigo de 11 de abril de 1885). Substantivamente, ao argumento da liberdade acrescentava sempre o argumento político da razão nacional. A honra do país, o patriotismo, os interesses da nação em contraposição aos interesses dos proprietários e dos partidos, a imagem externa do país são expressões e argumentos que estão presentes desde o primeiro artigo. A razão nacional parece predominar sobre a razão da liberdade individual. Neste ponto ele não estava também muito distante da tradição do abolicionismo luso-brasileiro.[7]

Ficou, no entanto, como marca registrada de Patrocínio, a paixão com que se dedicou de corpo e alma à luta abolicionista; ficou sua contribuição insubstituível em levar para a rua uma batalha até então limitada ao parlamento; ficou seu papel central na criação do primeiro grande movimento político popular da história do país. Quanto a este último ponto, é preciso observar que a afirmação de que a abolição foi uma revolução de cima para baixo deve ser interpretada também levando-se em consideração a conjuntura em que foi feita. Patrocínio precisava justificar o apoio dado a Isabel. Com esta preocupação, acabou fazendo injustiça a si próprio e aos outros abolicionistas que, desde 1880, tinham dado início à campanha extraparlamentar contra a escravidão. É verdade que não se materializou sua expectativa de que um exército de ingênuos invadisse as ruas para lutar pela liberdade dos pais. Mas é também verdade que a partir de 1880 houve mudança qualitativa na luta abolicionista, mudança em que ele teve papel importante. Se as leis de 1850 e 1871 tinham sido decididas dentro do governo, o mesmo não se deu com as leis de 1885 e 1888. Mesmo deturpada, a Lei dos Sexagenários foi precedida da mobilização popular que acompanhou o gabinete Dantas. Quanto à Lei Áurea, ela apenas ratificou o que já fora feito revolucionariamente fora do parlamento, como reconheceu o próprio Cotegipe. O que fora feito deve ser creditado a Patrocínio, aos outros abolicionistas e aos próprios escravos. É difícil superestimar a importância do abolicionismo como o movimento que permitiu falar-se no Brasil, pela primeira vez, em algo parecido com uma opinião pública, uma vontade nacional.

Diante desses méritos, não cabe censurar Patrocínio por não ter invadido as portas das fazendas para lá dentro incitar os escravos à revolta

---

[7] Sobre essa tradição, ver José Murilo de Carvalho, "Escravidão e razão nacional", ensaio incluído nesta coletânea.

contra os senhores. O saldo de sua ação é mais do que positivo. Não há também por que diminuir um patriotismo que era feito de uma visão democrática da política, que se baseava na ideia de uma nação construída com a participação do povo. Sobre seu patriotismo, aliás, não resisto à tentação de repetir a história, verdadeira ou falsa, não importa, relatada por Magalhães Júnior, da resposta genial atirada aos que o chamavam, durante um discurso, de negro vendido: — "Sou negro, sim! Deus me deu a cor de Otelo para que eu tivesse ciúmes da minha pátria!"[8]

O amigo João Marques conta que, em meio ao delírio das aclamações populares a Patrocínio, no dia 13 de maio, lhe teria dito: "Que belo dia para morreres, Patrocínio!" Foi uma observação perfeita. Patrocínio deveria ter morrido de uma síncope naquele dia, enquanto era aclamado pela multidão. Depois da República, rejeitado pelos republicanos, não encontrou outra causa à altura de seu talento e de sua paixão. Os abolicionistas monárquicos também se recolheram. Nabuco refugiou-se na diplomacia e na redação da magnífica biografia do pai e das próprias memórias. Rebouças escolheu o exílio e terminou tragicamente pondo fim à própria vida, O fim de Patrocínio foi melancólico. Sem causa política por que lutar, viu-se envolvido nas agitações dos primeiros anos da República. Desterrado para Cucuí, por Floriano, para onde foi no mesmo vapor *Alagoas* que levou Pedro II ao exílio, ao voltar teve que se ocultar da polícia. Correu mesmo o boato de que teria sido fuzilado por ordem de Floriano. Depois da posse de Prudente, acabaram-se as perseguições mas ficou preso a disputas mesquinhas indignas de seu talento.

A partir de 1894, buscou sua própria fuga no sonho de construir um balão dirigível, o Santa Cruz. Sonhava poder desprender-se da terra para voar acima de seus concidadãos, "longe, respirando o grande ar virgem das alturas", como confidenciaria a Coelho Netto. Refugiava-se no sonho, assim como Rebouças se refugiara na morte. Em 1903, perdeu por falência o *Cidade do Rio*. Já tuberculoso, dedicou-se, então, integralmente, à construção do balão que jamais levantou voo. Morreu em 1905, em meio a uma hemoptise, pobre e abandonado, em modesta casa de Inhaúma. Tinha 52 anos.

Milhares de pessoas desfilaram perante o caixão depositado na igreja do Rosário, e outras tantas acompanharam o féretro até o cemitério de

---

[8] MAGALHÃES JUNIOR. *A vida turbulenta de José do Patrocínio*, p. 248.

São Francisco Xavier. Pálido reconhecimento para quem conquistou a liberdade sonhada de seus irmãos negros e sonhou em vão com a conquista da própria liberdade voando nas alturas: "Lá vai o Zé do Pato!"

(Publicado em: *José do Patrocínio, Campanha abolicionista*. Coletânea de artigos. Introdução de José Murilo de Carvalho. Notas de Marcus Venício T. Ribeiro. Rio de Janeiro: Fundação Biblioteca Nacional/INL, 1996, p. 9-18.)

Gente

O último dos românticos

A Edusp acaba de publicar uma consolidação da correspondência ativa de Euclides da Cunha, organizada por Walnice Nogueira Galvão e Oswaldo Galotti. Trata-se da mais completa compilação desde a que foi feita por Afrânio Coutinho em 1966 nas *Obras completas*. Além de crítica cuidadosa do material já anteriormente publicado, a nova consolidação traz material novo, sobretudo do acervo de Reinaldo Porchat. A edição vem enriquecida com um elenco de destinatários e com um índice de cartas e destinatários. Salvos alguns deslizes de cópia ou impressão, trata-se de obra preciosa não só para os admiradores de Euclides, como para todos os interessados em Brasil. A lamentar apenas a falta de notas que esclareçam para o leitor de hoje episódios a que a correspondência faz alusão.

As cartas começam em 14 de junho de 1890 e terminam em 12 de agosto de 1909, três dias antes do assassinato de Euclides. Apesar do fato de já terem sido na maior parte publicadas antes, ninguém pode escapar ao impacto de sua leitura, porque ninguém pode escapar ao impacto de Euclides. Nelas está desenhado, com a honestidade de que tanto se orgulhava, um autorretrato do genial caboclo. Um autorretrato, em texto, que lembra os de Van Gogh, em tela, cujas linhas tortuosas revelam uma personalidade inquieta e atormentada. Nesta breve resenha será possível transmitir apenas parcela mínima do impacto causado a este leitor.

Creio que não poderia fazer melhor do que deixar que as próprias cartas desvendem aos poucos a personalidade e o pensamento de Euclides. No campo do pensamento, nota-se a única mudança significativa ao longo dos anos, a que se verifica na visão da República e da política. Pela data em que começam, as cartas não revelam a fase de republicanismo rubro e militante, referente ao período da Escola Militar até a Proclamação da República, embora haja referências retrospectivas a ela. Na primeira carta da coleção, no entanto, de 14 de junho de 1890, endereçada ao pai, já aparece o desencanto com a especulação financeira, com a decomposição de caracteres, com o aniquilamento de individualidades. Dói, sobretudo, a Euclides, ver o antigo ídolo, Benjamin Constant, por quem seria capaz de sacrificar-se, descer à vulgaridade de outros políticos quaisquer, desmoralizar-se na prática do filhotismo. Mantém, no entanto, a fé na República. Retrai-se apenas da política, arrependido de ter algum dia se interessado por tal assunto ("Carta a Porchat", 23/05/1893).

A Revolta da Armada, 1893/1894, desperta-lhe o chauvinismo nativista contra países estrangeiros, sobretudo a civilizada Inglaterra. Até 1897, época da campanha de Canudos, mantém a crença na República como princípio, aliada à profunda descrença nos homens que a representam. Prefere trabalhar por ela exercendo a obscura profissão de engenheiro em recantos afastados da agitação política. A revolta de Canudos leva-o, num primeiro momento, a envergonhar-se da República por ter ela curvado a cerviz ante "uma horda desordenada de fanáticos maltrapilhos" ("Carta a João Luís", 14/03/1897). Declara-se descrente da terra onde lamenta ter nascido. Mas ainda insiste que a República, como ideal, é imortal. Depois da viagem à Bahia, nem mais como princípio a República lhe parece atraente. Fala em República hilariante, em bandalheira sistematizada, em atmosfera moral própria de batráquios, e chega a admitir a hipótese de uma Monarquia, desde que guerreira e atrevida, capaz de nos levar a invadir o Prata e subordinar a Argentina ("Carta a Escobar", 21/04/1902). A política é vista como "grande conspiração contra o caráter nacional" ("Carta a Escobar", 25/12/1901).

O Brasil, como um todo, é então visto como o pior dos piores países possíveis e imagináveis. A grande valia da carreira diplomática, diz Euclides a Oliveira Lima, é de ser uma carreira para fora do Brasil. A única razão que o reconcilia ainda com o país nos últimos anos é o barão do Rio Branco, seu chefe no Ministério das Relações Exteriores, a quem dedica enorme admiração. Considera-o "o único grande homem vivo desta terra", superior a sua época, insubstituível, reminiscência de uma idade de ouro desaparecida ("Carta a Escobar", 13/06/1906 e "Carta a Domício da Gama", 15/08/1907).

Seu patriotismo é inquestionável. Revela-se na obsessão de trabalhar pela pátria, como anônimo engenheiro no interior de Minas e São Paulo, ou como demarcador de fronteiras no Purus. João do Rio chama-o, por isso, de único funcionário público romântico. O amor pelo Brasil revela-se ainda quando se comove com o apoio do monarquista conde de Afonso Celso, autor de *Por que me ufano de meu país*, a sua candidatura à Academia Brasileira de Letras. Acima da divergência política, diz ele, une-os "o amor à nossa terra", o apego ao Brasil. A mesma emoção ele sente ao tomar posse no Instituto Histórico, entre trêmulos velhinhos, representantes do Brasil velho e bom. É o único momento em que confessa não ter contido as lágrimas.

No entanto, a visão de Euclides sobre o Brasil e sua população é consistentemente pessimista. Mesmo depois da publicação de *Os sertões*, tal visão não se atenua. Em 1893, fala de um povo sem vigor, brio, sentimento ou espírito, de um povo que, a 15 de novembro, abdicou junto com o Imperador. No início de 1897, ainda antes de Canudos, acha ridículo o título de filho de uma terra que tem desmoralizado a história, e em que lamenta ter nascido. Em 1902, depois de Canudos e de *Os sertões*, fala em uma raça liquidada; em 1906, declara seu crescente e assoberbador desprezo pelas coisas do país e em 1908, confessa considerar uma felicidade poder deixar a gente parasitária que explora nossa famosa natureza ("Carta a Oliveira Lima", 13/11/1908).

Tal desencanto talvez explique, em parte, a obsessão de Euclides com a fuga. Ele se descreve, com frequência, como bandeirante, pioneiro, peregrino, árabe, um Ashverus em perpétuo movimento, em fuga constante para as pequenas cidades, para o sertão, para o deserto (assim ele caracterizava a Amazônia). O fascínio com o sertão está presente desde 1892 ("Carta a Porchat", 26/08/1892). À sogra, manifesta, em 1894, a vontade de refugiar-se em recanto qualquer de nossos sertões. A João Luís revela, em 1897, o ideal de viver na roça, em cidade pequena. Em 1904, confessa a José Veríssimo: "Não desejo a Europa, o *boulevard* [...] desejo o sertão, a picada malgradada, e a vida afanosa e triste do pioneiro" ("Carta a J. Veríssimo", 07/07/1904). A Amazônia é o deserto bravio e salvador que anseia enfrentar em duelo trágico. Ele parte para o Purus com o mesmo entusiasmo com que os rastaqueras arrumam as malas para viajar a Paris. Em alguns momentos, o desejo de isolamento adquire conotações monacais, e ele fala, então, de tebaidas caipiras, referindo-se a Campanha, em Minas Gerais, e a Lorena, em São Paulo.

A fuga para o sertão, por sua vez, liga-se à autoimagem de urso, de desadaptado à vida urbana das grandes cidades, sobretudo do Rio de Janeiro com sua "deplorável Rua do Ouvidor", incapaz de resolver o simples problema de um laço de gravata. Haveria nele um "ursismo incurável", uma "virtude ferocíssima de monge" ("Carta a Coelho Netto", 07/08/1904). Na mesma linha, aparece com frequência a autodefinição como caboclo, seguida dos adjetivos triste, ladino, teimoso, desconfiado, ou como bugre triste e manso.

A insatisfação com o mundo urbano, litorâneo, oficial, utilitário, politiqueiro, prende-se a uma postura definitivamente romântica perante a vida: "Reivindico, assim, o belo título de último dos românticos, não já do Brasil apenas, mas do mundo todo, nestes tempos utilitários" ("Carta a Oliveira Lima", 25/05/1906). A Nabuco declara-se um "romântico incorrigível" (18/10/1903). Como autêntico romântico, seus sentimentos estão em permanente oscilação entre o idealismo otimista, o pessimismo e a melancolia. Desde 1893, refere-se a oscilações entre o desânimo maior e as maiores esperanças. Em 1895, fala a João Luís de sua vida "incoerente, sulcada de desânimos profundos, agitada de aspirações tumultuosas, iluminada às vezes por esperanças imensas" ("Carta a João Luís", 09/10/1895). É impossível não ligar essa autodefinição com a descrição que ele faz dos mestiços em *Os sertões*: "Espíritos fulgurantes, às vezes, mas frágeis, irrequietos, inconstantes."

Euclides confessa ter tentado reprimir seu lado romântico. Admite tentativas de esmagar a idealização romântica com indagações objetivas e estudos positivos, de envolvê-la no cilício dos algarismos. Mas "ela revive-me, cada vez maior, e triunfante" ("Carta a Escobar", 10/04/1908). A engenharia é para ele um meio de vida e um refúgio para os desapontamentos da política e da vida. É a possibilidade de reduzir a visão da vida ao campo estreito do teodolito. Mas ela é um desvio morto de que procura escapar para seguir a "verdadeira estrada" da literatura. Mesmo a ciência, que todos os comentaristas concordam ter tido peso tão forte em seu pensamento, se vê relativizada. Em carta a Coelho Netto (22/11/1903), afirma: "... na minha miserabilíssima e falha ciência sei, positivamente, que *há alguma coisa que eu não sei*" (ênfase de EC). E o que não sabe, continua, adivinha e sente pelo idealismo e pela "perpétua ânsia do belo".

No entanto, Euclides não se livra do peso da ciência, ou do que acreditava ser a ciência. Nos comentários sobre *Os sertões*, ele evita falar sobre a tese central, declarada na nota preliminar do livro, de que o sertanejo é um retardatário condenado à extinção. Define o livro de modo a corroborar a tese, enfatizando o lado de protesto indignado, de libelo vingador, de defesa dos pobres sertanejos assassinados por uma sociedade pulha, covarde e sanguinária ("Carta a Escobar", 21/04/1902). Ele seria o novo Dante a castigar os desmandos da sociedade. O livro, monstruoso poema de brutalidade e força, teria sido escrito por piedade pelos infelizes sertanejos, dirigia-se mais ao coração dos leitores e seria compreendido sobretudo pelos poetas e pelos bons. Feita a denúncia do crime hediondo, ordenada por seu senso de justiça, Euclides parece manter a crença na incapacidade de sobrevivência do sertanejo ao assalto da civilização.

Permanece, assim, na correspondência, o problema do real impacto da experiência de Canudos sobre Euclides. Durante a redação do livro, em São José do Rio Pardo, ele praticamente interrompe a correspondência. Apenas dez cartas são enviadas nos três anos, entre 1898 e 1900. Um ano depois da publicação, em 1903, o número de cartas sobe a 59, atingindo o máximo de 68 em 1904. Há a impressão de que passa por um processo de profunda reformulação de ideias, corroborada pelo contraste entre as imagens do "arraial maldito", anterior à campanha, e a dos infelizes sertanejos, posterior a ela. No entanto, a única mudança detectada em suas posições é a já apontada: o desencanto final com o governo republicano, com o regime, com a política e os políticos. Aparentemente, a possibilidade de o sertanejo vir a ser a rocha viva da raça, capaz de cimentar nossa futura integridade nacional, continua sendo apenas a "arrojada conjectura", distante do horizonte previsível, mencionada em nota adicionada à primeira edição de *Os sertões*.

Sua ideia de nação parece perder-se entre as imagens de um sertão autêntico, mas retrógrado e sem futuro, de um deserto amazônico, desafio e paraíso, mas já perdido, e de uma "civilização pesteada", utilitária e parasitária dos centros urbanos do litoral. Panteísta confesso, ao final da vida a nação parece dissolver-se na natureza. Seus últimos serviços à pátria, de 1905 em diante, foram, coincidentemente, ligados à natureza, ao território nacional, inicialmente demarcando as fronteiras com o Peru, depois desenhando e refazendo mapas de fronteiras no Itamaraty, a pedido do visconde do Rio Branco. Por pouco não voltou à Amazônia, como queria, para a fronteira com a Venezuela ou como fiscal da estrada Madeira-Mamoré.

Cavaleiro andante da honra e da justiça, Euclides nos aparece na correspondência como um cruzado medieval perdido na pecaminosidade dos trópicos. As damas que buscou defender, no entanto, lhe fugiram todas e o levaram à ruína. A República, que primeiro o fascinou, prostituiu-se na mesquinhez e na corrupção; a ciência se tornou uma feiticeira que lhe ocultou, com o véu da teoria racial, a face de seu outro amor, a pátria; a mulher, outrora rival da República, relegada a segundo plano, vingou-se destruindo-lhe o lar e trazendo-lhe a morte prematura. Sintomaticamente, o drama doméstico, que há três anos corroía seu lar, quase não aparece na correspondência. Os mapas do Itamaraty serviam também para fugir à *débâcle* (palavra que repete mais de uma vez) doméstica, uma entre tantas outras.

Salvou-o o gênio artístico que do fundo de tantas *débâcles*, como um vulcão das entranhas da terra, fez jorrar a obra imortal.

(Publicado na *Folha de S. Paulo*, 11 abr. 1997. *Jornal de Resenha*, p. 1.)

Conclusão

O historiador às vésperas do terceiro milênio

INTRODUÇÃO

Pareceu-me mais adequado nesta aula inaugural que serve, ao mesmo tempo, para abrir o ano letivo e me apresentar formalmente aos colegas, ao corpo discente e aos funcionários deste Instituto, não lhes trazer um texto que comunicasse resultados de pesquisas, mas dividir com todos algumas ideias sobre a natureza do ensino e da escrita da história neste final de milênio. Ideias, confesso desde logo, permeadas de preocupações e angústias diante das incertezas e dos perigos desse momento a um tempo excitante e temeroso. Peço aos colegas e alunos dos cursos de Ciências Sociais e Filosofia que me desculpem por limitar minhas reflexões à história. Os que me conhecem sabem que a ortodoxia disciplinar não está entre minhas preocupações centrais. Mas a questão que me coloquei já é suficientemente complexa para que a complique ainda mais ampliando o leque das áreas de conhecimento envolvidas.

Dividirei a aula em três partes. Na primeira passarei em rápida revista algumas das mudanças em curso neste final de século que considero mais relevantes para o tema que me ocupa; na segunda apontarei, também de maneira sumária, algumas transformações já verificadas na maneira de se escrever história; na última trarei a reflexão sobre as mudanças apontadas para o momento e as condições brasileiras.

DO FIM DO MILÊNIO

As recentes notícias sobre a possibilidade concreta, e a curto prazo, de clonagem de seres humanos lembra-nos, de maneira dramática, que o final do segundo milênio e o início do terceiro terão importância muito maior do que a que se justifica pelo simbolismo da data. Nesse sentido, a ausência de movimentos milenaristas neste fim de século não corresponde à importância real das mudanças que estão ocorrendo, muito mais profundas, sem dúvida, do que as que se verificaram no final do século passado. Pois a possibilidade de clonagem de seres humanos, de interferência direta no processo de criação da vida dos seres racionais, aliada aos avanços já feitos na engenharia genética, é apenas um aspecto dramático de um leque mais amplo de mudanças radicais nas condições de reprodução das sociedades.

Recordemos apenas algumas dessas mudanças. A aventura espacial, embora um tanto travada pelo fim da competição da guerra fria, adquire novo interesse com a descoberta da possibilidade de vida em marte. A hipótese de o homem desprender-se da nave terra amplia enormemente os horizontes da humanidade. Para o que nos interessa aqui mais diretamente, ressalta, sobretudo, o processo chamado de globalização que é um salto qualitativo em relação aos avanços anteriores na direção da unificação do planeta iniciados desde a Renascença. A instantaneidade das informações, possibilitada pela mídia eletrônica, aproxima os habitantes da terra de maneira nunca antes sonhada. Um pequeno mas significativo exemplo do que isso pode significar para a política foi o fato de que os guerrilheiros de Chiapas puderam, via internet, anunciar-se ao mundo antes que o próprio governo mexicano deles tomasse notícia. Conhecendo a tradição mexicana de lidar violentamente com dissidentes, pode-se afirmar que tal fato constituiu razão importante para o êxito, ou pelo menos para a sobrevivência do movimento. As televisões a cabo, por seu lado, colocam o mundo dentro da casa de cada um e servem de poderoso instrumento de homogeneização cultural e, por conseguinte, de solapamento de culturas nacionais mais frágeis.

E o que é ainda mais importante, a globalização do capital, agora tendo diante de si o campo aberto pelo fim dos experimentos socialistas, tem gerado consequências econômicas e políticas cujo alcance ainda estamos longe de perceber. Já se vislumbra, no entanto, a criação dos novos focos de poder mundial, localizados nos bancos centrais de alguns países hegemônicos e nos comandos dos grandes conglomerados internacionais. São óbvios os constrangimentos que esse processo gera para a liberdade de ação dos governos de países pequenos e de países periféricos no que se refere, sobretudo, à capacidade de formular autonomamente políticas macroeconômicas. Como já observou José Luís Fiori, tais constrangimentos, sobretudo a necessidade de se adequar às exigências para o acesso a mercados externos de produtos e de capital, podem ter consequências negativas para o próprio processo de consolidação democrática.

Como ponto crucial do processo de globalização, está à vista o desafio a essa forma de organização política, aperfeiçoada no século XIX, a que chamamos estados-nacionais. Os estados-nacionais se enfraquecem seja pela unificação econômica e política, como se dá na Comunidade Europeia, seja pelo fim dos impérios, como o soviético, seja pela explosão interna de casamentos forçados entre estados e nações, como se dá nos Bálcãs e, em menor medida, em países como a Espanha e a Itália, onde nações se rebelam contra os estados que as oprimem. A redução do peso dos estados-nacionais reflete-se diretamente no destino do nacionalismo, presença tão forte na cultura política brasileira desde a década de 30. A esse respeito, tive imensa surpresa há poucos anos na Holanda quando me disseram que o título do livro de João Ubaldo Ribeiro, *Viva o povo brasileiro*, teve de ser modificado na edição local porque sugeria conotações nazistas. Tal é a ojeriza a exaltações nacionais prevalecente desde a Segunda Guerra em alguns países europeus.

Além do estado-nacional, a globalização coloca ainda em questão o próprio conteúdo dos direitos tradicionais vigentes nas das democracias ocidentais. Alguns direitos sociais básicos, como o direito ao emprego, se veem desafiados pelo desemprego estrutural causado pela necessidade das empresas de cortar custos para competir num mercado globalizado. Em muitos países europeus, o emprego começa a parecer mais um privilégio do que um direito. A crise fiscal dos estados também está exigindo reformulações em outros campos da política de bem-estar, como as aposentadorias e pensões. Os direitos políticos, por sua vez, sobretudo o direito ao voto, se veem ameaçados de perder substância na medida mesma em que a limitação ao poder do estado-nacional reduz a relevância do poder do governo e dos mecanismos de representação. Na Europa, a criação de uma burocracia internacional, sediada em Bruxelas, afasta cada vez mais a possibilidade de o cidadão comum poder influenciar as decisões dessa burocracia. Como observou Habermas, nesse contexto a política se transforma cada vez mais em administração e o *status* de cidadão se vê ameaçado. À medida que aumenta a integração europeia, reduz-se também o reconhecimento de direitos civis para imigrantes e minorias étnicas em geral.

Em consequência de tudo isso, se não se anunciam catástrofes nesse fim de milênio, se não há temores apocalípticos de fim de mundo, de desabamento dos céus, de desencadeamento de pragas e pestes, há, no entanto, um misto de excitação e de angústia. Excitação pelas imensas perspectivas que se abrem à humanidade, angústia diante da grandeza dos males que também podem originar-se desse admirável mundo novo que bate à nossa porta.

DA ESCRITA E DO ENSINO DA HISTÓRIA

Esse breve levantamento das transformações em curso tem por finalidade abrir caminho para discutir o tema central desta aula, a saber, qual é e qual deve ser hoje a natureza do sentido do trabalho do historiador; como se deve escrever e ensinar a história; mais especificamente, como se deve escrever e ensinar a história do Brasil? Ou, colocando-se a pergunta de maneira ainda mais radical, deve-se escrever a história do Brasil ou deve-se escrever história no Brasil?

Não é preciso lembrar aqui que a escrita e o ensino da História, e a própria natureza do trabalho do historiador, já foram profundamente afetados desde a década de 1970, sobretudo em decorrência da crise do marxismo e do estruturalismo. As mudanças começaram a ser anunciadas desde a publicação, em 1974, da obra coletiva em três volumes organizada por Jacques Le Goff e Pierre Nora e intitulada *Faire de l'Histoire*. Os títulos dos três volumes já indicavam os campos em que se verificavam as mudanças: novos problemas, novas abordagens, novos objetos. A profundidade das mudanças levou Nora posteriormente a falar de uma explosão da história, de que teria resultado sua redução a migalhas, na expressão certamente um tanto exagerada de F. Dosse.

No final da década de 70, Laurence Stone, numa síntese que ainda é útil, já apresentava uma lista impressionante de mudanças e anunciava o provável regresso à narrativa, forma de escrita da história abominada pelo estruturalismo. Segundo Stone, a nova história deixava de estudar as circunstâncias do homem para estudar o homem em circunstância; desviava-se de temas econômicos, demográficos e biológicos em favor de temas culturais e psicológicos; abandonava a companhia da economia, da geografia e da sociologia em busca da antropologia e da psicologia; afastava-se do estudo do grupo em favor do indivíduo; deixava a explicação monocausal estratificada pela multicausalidade não estratificada; passava do analítico para o descritivo, do científico para o literário. Finalmente, o historiador abandonava a visão determinista da história pelo indeterminismo. Não é necessário concordar com todos esses pontos e, na época, a posição de Stone foi criticada, inclusive por Hobsbawm. Mas não há como negar que nas duas décadas seguintes as mudanças só fizeram acentuar-se. O campo do historiador ampliou-se enormemente, assim como suas fontes e abordagens; a ênfase no objeto do conhecimento histórico perdeu terreno para a preocupação com o sujeito conhecedor e com os instrumentos do conhecimento, sobretudo a linguagem. As posições se radicalizaram a ponto de se negar a validade da noção de verdade histórica, sustentáculo da atividade do historiador desde Ranke. As fronteiras entre a narrativa histórica e a narrativa ficcional começaram a diluir-se. Nos anos 1990, os seguidores da história experimental, em flagrante contraste com o respeito quase supersticioso dedicado ao documento, pregam a violência ao objeto histórico e a total soberania do conhecedor, além de reviverem as teses de Nietzsche sobre a inconveniência dos estudos históricos para a vida, subvertendo aí a velha visão ciceroniana da história como mestra da vida.

Diante das mudanças, ainda acanhadas, que detectava, Laurence Stone já se perguntava: "... como vamos formar nossos estudantes de pós-graduação no futuro, supondo que haverá estudantes para serem formados? Na antiga arte da retórica? Na crítica de textos? Na semiótica? Na antropologia simbólica? Na psicologia? Ou nas técnicas de análise das estruturas socioeconômicas que vimos praticando há uma geração?"[9]

Tais preocupações formuladas há mais de quinze anos só fizeram agravar-se com o aprofundamento das mudanças no campo da historiografia e com as transformações culturais, políticas, sociais e econômicas (inverto de propósito a hierarquia tradicional sem querer com isso criar nova hierarquia) que resumi anteriormente. De modo especial, o desafio à centralidade dos estados-nacionais pode trazer sérias consequências para a historiografia. Não trago novidade ao lembrar o fato histórico amplamente reconhecido da enorme importância dos estados-nacionais para a escrita da história no século XIX. Houve coincidência entre a consolidação da disciplina histórica e a consolidação desse tipo de organização política. Uma coincidência muito mais que cronológica pois,

---

[9] STONE, L. "The revival of narrative". *Past & Present*, nº 85, 1979, p. 23,

como lembra Hayden White, foi o estado-nacional, erigido em centro ordenador da vida nacional, que forneceu enredo à narrativa histórica, distinguindo-a, por exemplo, dos anais medievais, cujo único fio condutor era a cronologia. Na visão hegeliana, a vinculação ia ainda mais longe, pois o Estado não apenas enredava a história como constituía seu fim, a realização da ideia divina na terra.

Boa parte da historiografia do século XIX, sobretudo a historiografia romântica, era constituída de histórias nacionais, a serviço da consolidação de memórias e de identidades nacionais. Mais ainda, como alguns países dominavam a cena internacional, a história nacional desses países acabava impondo-se como modelo para os outros. Foi calculado que 95% da produção acadêmica entre 1850 e 1914, incluindo a produção historiográfica, vieram de apenas cinco países, a Alemanha, a França, a Grã-Bretanha, a Itália e os Estados Unidos. Não é preciso dizer também que a maior parte dessa produção tinha como objeto os próprios países onde era produzida.

Como ficam, nesse caso, a escrita e o ensino da História se o estado-nacional perde a centralidade que o caracterizava, se o nacionalismo chega a ser visto como um perigo para a liberdade, se as identidades nacionais se redefinem continuamente, se novas identidades coletivas — étnicas, religiosas, ou culturais — competem por aceitação, se, enfim, a valorização cada vez maior do indivíduo corrói a própria ideia do homem público?

Antes de tentar responder, é preciso traduzir para as circunstâncias brasileiras todos esses questionamentos. O fato de estarmos, de fato, cada vez mais presos a determinações externas não nos dispensa de perguntar pelas especificidades de nossa inserção no novo mundo. Dirá algum maldoso que assim volto a fazer história nacional, dando com isso resposta antecipada a algumas das perguntas e negando, pelo menos neste campo, o impacto da globalização sobre o escrever histórico. Talvez haja alguma antecipação, mas é óbvio que até agora a perspectiva nacional tem dominado nossa historiografia e é dessa verificação que se deve partir.

DE VON MARTIUS E DO BRASIL

Como nas outras duas partes, aqui também a escassez de tempo me obriga a ser breve e sumário. Tratarei brevemente de algumas respostas já dadas à pergunta de como se deve escrever a história do Brasil e de qual deva ser o papel do historiador e da visão pessoal que tenho da questão neste final de século.

Começo pelo conhecido texto de von Martius intitulado "Como se deve escrever a história do Brasil", escrito em 1843 e publicado pela primeira vez na *Revista do Instituto Histórico e Geográfico*, em 1845, portanto há mais de 150 anos. Pode-se arguir, de imediato, que se trata de texto de um estrangeiro que não representa a visão brasileira. Contra esse argumento pode-se aduzir, em primeiro lugar, que a resposta foi estrangeira mas a pergunta foi brasileira. Como se sabe, von Martius escreveu sua memória para atender a um concurso sobre o tema promovido pelo Instituto. Em segundo lugar, a aceitação entusiástica da tese pelo Instituto e sua reconhecida influência sobre importantes historiadores, como Varnhagen e João Ribeiro, indica que seu conteúdo correspondia à aspiração de parte importante da elite política e intelectual da época.

Em terceiro lugar, estudos feitos sobre o Instituto Histórico e Geográfico, salientando-se entre eles o que foi feito por um dos professores desta casa, Manuel Salgado Guimarães, mostram que a formulação da questão naquele momento indicava a natureza das preocupações de seus membros, que ia exatamente na direção de colocar a história, assim como a geografia, a serviço da construção do Estado-nacional brasileiro, exatamente como acontecia em outros países. Daí que o texto de von Martius, embora escrito por um estrangeiro, pode ser considerado representativo da visão brasileira da época, pelo menos na questão central de que aqui me ocupo. O texto pode não ser representativo em pontos específicos, como a visão sobre a integração das raças, mas sem danos a meu argumento.

De fato, o início do Segundo Reinado foi um momento crucial para a consolidação do Estado imperial. O país acabara de sair das revoltas regenciais, algumas das quais ameaçaram sua integridade física. A revolta Farroupilha, aliás, ainda continuava. A maioridade do Imperador fora antecipada como possível instrumento de redução das ameaças à ordem e à unidade nacional. No entanto, as revoltas liberais de 1842, em São Paulo, Minas e parte do Rio de Janeiro, mostravam que não havia ainda consenso entre a elite sobre o formato político a ser dado ao Império. Não havia, sobretudo, consenso sobre que tipo de engenharia institucional poderia melhor garantir a resolução de conflitos entre grupos antagônicos da elite. Como em 1822, a elite escolhia a monarquia mas o sistema teria de provar sua eficácia na prática.

Havia, então, a necessidade de vender a monarquia como instrumento de manutenção da ordem e da unidade, e vendê-la sobretudo para setores da própria elite, além de grupos dissidentes. Havia a necessidade de vender a própria ideia de uma determinada ordem política e social e o objetivo da unidade nacional. A construção do Estado exigia, como condição mínima, que se estabelecesse algum consenso sobre esses pontos básicos. O trabalho do Instituto, do qual participavam alguns dos principais representantes da elite, sem falar da posição do Imperador como seu protetor oficial, dirigia-se precisamente na direção de criar esse consenso, de criar uma ideia de Brasil que atendesse aos requisitos da construção da ordem.

O texto de von Martius ajustava-se como uma luva à tarefa que se propunham os membros do Instituto, talvez mesmo porque viesse de um alemão cujo país ainda estava às voltas com o processo de unificação, um país que, não por acaso, seria o principal berço do romantismo e da exaltação da ideia de nação. O que propunha von Martius? Detecta-se, de início, no primeiro capítulo, restos de universalismo iluminista quando o autor propõe uma historiografia filosófica. Tal historiografia seria informada por um viés humanista, ou filantrópico, ao qual repugnaria, por exemplo, o tratamento desigual das raças humanas. Não por acaso, esse ponto foi o que exigiu de von Martius maior esforço de convencimento. Mas, na conclusão do texto, o universalismo cede lugar à postura nacional-patriótica. Cito:

> Por fim, devo ainda ajuntar uma observação sobre a posição do historiador do Brasil para com a sua pátria. A história é uma mestra, não somente do futuro, como também do presente. Ela pode difundir entre os contemporâneos sentimentos e pensamentos do mais nobre patriotismo. Uma obra histórica sobre o Brasil deve, segundo a minha opinião, ter igualmente a tendência de despertar e reanimar em seus leitores brasileiros amor da pátria, coragem, constância, indústria, fidelidade, prudência, em uma palavra, todas as virtudes cívicas.[10]

Como curiosidade, note-se ainda que o historiador patriótico, segundo von Martius, deveria escrever no que Hayden White chamaria de

---

[10] MARTIUS. "Como se deve escrever a história do Brasil". *Revista Trimestral de História e Geografia*. Tomo Septo, nº 24, jan. 1845, p. 401.

modo épico e em estilo popular que apelasse ao mesmo tempo à inteligência e ao coração.

Estava aí a proposta clara de uma historiografia que atendia aos desejos de pessoas identificadas com a tarefa de construir o estado-nacional e que se destinava ao reforço desse mesmo Estado. Partes importantes dessa construção, incluídas no texto de Martius, são a conservação da ordem e da unidade nacional, a centralização política, a preservação da Monarquia e das raízes lusas. Como contribuição específica de von Martius naquele momento, mas antecipada na época da Independência por José Bonifácio, vinha a ênfase na cooperação entre as raças.

No começo deste século, em 1910, José Oiticica, pensador anarquista, retomou o título da obra de von Martius e pretendeu fazer-lhe uma crítica radical em uma série de três artigos publicados na *Revista Americana*. No entanto, fora o aparato cientificista próprio da época, que levava o autor a exigir a imparcialidade do historiador, e fora a absorção da contribuição de novas disciplinas como a antropogeografia e a psicologia, Oiticica, contradizendo seus próprios princípios, termina adotando a mesma postura de historiador patriota. Segundo ele, o historiador brasileiro deveria buscar o desenvolvimento nacional e a hegemonia do país em relação às outras nações do continente. Mais ainda, ele exige que o historiador seja capaz de um plano de administração sistematizado e uniforme, isto é, que seja um planificador social. Von Martius não ousou chegar tão longe. Por fim, para escrever uma boa história, o historiador teria que ter fé na ciência e no futuro de sua raça. Temos aí um anarquista com visão formalmente positivista da história e com uma postura romântica diante da tarefa do historiador. Um samba de crioulo doido, típico do intelectual brasileiro da época. Curiosamente, como von Martius, Oiticica exige também do historiador que domine a arte de expor, que seja ao mesmo tempo um escritor, exigência que, em parte, serve para redimi-lo de seu positivismo.

Dois anos depois, Sílvio Romero achou-se também na obrigação de criticar von Martius na reedição da *História da Literatura Brasileira*. Bem a seu estilo, Sílvio Romero, depois de ter elogiado Von Martius na primeira edição da obra, em 1888, agora desanca o germânico dizendo que seu trabalho não tem originalidade nem consistência, além de ser incorreto em vários pontos. Não é o caso de entrar aqui nessas divergências, bastando anotar que, em alguns tópicos, como no problema do mestiçamento, a visão positiva de von Martius estava muito à frente da visão pessimista de Sílvio Romero. Para Sílvio, a visão genial nesse assunto era a do racista Gobineau.

No ponto que nos interessa, no entanto, a concepção do papel da história, Sílvio, como Oiticica, não discrepa de von Martius. O alemão é criticado exatamente por propor um método que salienta diferenças temporais e geográficas e que, por isso, impede o historiador de captar a unidade histórica da alma nacional. Captar essa alma, captar o gênio do povo que preside à evolução natural das nações, constitui a essência do trabalho do historiador. Se há diferença em relação a von Martius, e talvez não seja diferença irrelevante, é que a preocupação do historiador se desloca do substantivo Estado para o adjetivo nacional. Sílvio, nesse caso, seria maior devedor ao romantismo, o que não destoaria de suas simpatias alemãs. Nenhum dos dois, no entanto, escapa do binômio estado-nação.

Seria inviável, pela complexidade da tarefa e pela exiguidade do tempo, estender a análise até os dias de hoje. Não seria, contudo, difícil mostrar a persistência da dominância da temática da formação do Estado e da identidade nacional em boa parte da historiografia recente, certamente da que eu mesmo produzi, para não se dizer que estou criticando os outros. Por outro lado, é também verdade que nos últimos anos nossos historiadores têm absorvido vorazmente, como sempre fizeram, as novidades internacionais, sobretudo francesas, na área da historiografia. Hoje os von Martius não precisam vir ao Brasil e dizer-nos como deve ser escrita nossa história. Nós vamos atrás deles e escrevemos a nossa história como eles escrevem as deles. A pergunta a ser feita é se se justifica, diante das mudanças da globalização e da historiografia, em parte mas não totalmente coincidentes, que a historiografia brasileira caminhe a reboque do que se faz lá fora.

Vamos por partes. A crise dos estados-nacionais e do nacionalismo justifica descentrar a historiografia e abandonar as temáticas da construção do Estado e da formação de identidades nacionais? A resposta, para dizer logo, é certamente não. Algumas razões podem ser aduzidas para essa resposta. Em primeiro lugar, a crise dos estados-nacionais é fenômeno próprio, sobretudo, da Europa Ocidental. Na Europa do Leste, pelo contrário, a explosão do império soviético levou a um intenso e dramático processo de reconstituição de estados-nacionais, de que não escapa a própria Rússia. Em segundo lugar, mesmo na Europa Ocidental, a redução do peso político dos estados-nacionais não se traduz necessariamente em crise das identidades nacionais. Pode-se mesmo argumentar que o enfraquecimento dos estados leve, em alguns casos, ao fortalecimento de identidades coletivas subnacionais, como nos casos da Espanha e da Itália. Nações antes sufocadas sob estados multinacionais buscam espaço para se expandir e fortalecer sua identidade coletiva, sobretudo nos aspectos étnicos e culturais. Em terceiro lugar, em países periféricos como o Brasil, se se fazem sentir com força os constrangimentos internacionais, está longe do óbvio que isto deva significar o esvaziamento do papel do Estado. Certamente, significará a mudança no conteúdo da ação do Estado, mas não sua renúncia. Pelo contrário, as próprias ameaças contidas na globalização constituem imenso desafio à capacidade do Estado de navegar nas novas águas sem levar a nação ao naufrágio.

O que acabo de dizer não deve, no entanto, ser interpretado como rejeição total da necessidade de mudanças na política e, consequentemente, na historiografia. Para declarar logo, de maneira simplificada, qual é minha posição, diria que à preocupação inicial com a construção do Estado, típica, no Brasil, do século XIX, logo seguida da preocupação com a formação da nação, típica da primeira metade do século XX, chegou, neste final de século, a hora de colocarmos no centro da preocupação a constituição da sociedade. No primeiro momento tratou-se de um esforço feito de cima para baixo por uma elite reduzida; no segundo, já houve um esforço de incorporação popular, mas ainda marcado pelo paternalismo em que os lados emotivo e simbólico da participação superavam a participação efetiva. Trata-se agora de passar a um momento autenticamente democrático de generalização da cidadania sob todas as suas múltiplas dimensões, as tradicionais e algumas que emergem com a globalização. Não é preciso dizer que a constituição da sociedade significa, ao mesmo tempo, uma redefinição radical do Estado e das bases do nacionalismo.

O novo Estado será seguramente muito mais permeado e controlado pela ação coletiva de cidadãos organizados ou pela simples manifestação da opinião pública, imensamente facilitada pelos meios eletrônicos de comunicação de massa, como bem o ilustra o exemplo citado do uso da internet pelos rebeldes de Chiapas. O estatal será cada vez mais público, sob pena de perder legitimidade. No que se refere à nação, se restar para ela algum sentido político será o oposto do que foi no início, sobretudo após a Revolução Francesa, quando a nação, isto é, a identidade nacional, serviu de berço e alimento para a cidadania política. Hoje a relação entre cidadania e nação terá que ser invertida, no sentido que já foi, aliás, apontado por Renan de que a nação é um plebiscito diário, isto é, depende da adesão renovada e constante de cidadãos participantes. Usos e abusos da nação como instrumento de manipulação dos cidadãos, se não de violação de suas liberdades, estarão cada vez mais distante dos novos valores.

As bases do orgulho nacionalista terão que se deslocar da mera posse e controle de recursos materiais, frutos da tradicional valorização da natureza combinada com a competição internacional tributária da primeira e segunda revoluções industriais, para a qualidade de vida dos cidadãos que compartilham o espaço nacional. A garantia das liberdades civis, o acesso à educação, a proteção à saúde, a garantia de emprego, a capacitação tecnológica serão mais importantes para a sustentação da solidariedade nacional do que o monopólio estatal, ou mesmo a propriedade estatal, de empresas controladoras de recursos naturais ou prestadoras de serviços públicos.

Não será difícil indicar que várias características da nova historiografia apontadas acima são compatíveis com os valores que acabo de explicitar. A razão, obviamente, é que em parte aquelas características devem sua origem aos mesmos fenômenos responsáveis pela emergência dos valores. Assim é que os deslizamentos da ênfase do historiador das circunstâncias do homem para o homem em circunstância corresponde à ênfase na cidadania que reivindiquei. Colocar o homem ou, melhor dito, o ser humano, para ser politicamente correto, no centro das preocupações significa recuperar sua condição de fazedor de história, de agente de seu próprio destino. Significa libertá-lo da imagem de fantoche de forças externas a ele, em geral fetichizadas, como a própria imagem do Estado e do capital. A nova ênfase não significa, obviamente, ignorar as circunstâncias. Ela significa que as próprias circunstâncias adquirem sentido mediadas pela representação que delas fazem os agentes sociais.

A consequência lógica da ênfase no humano é a alteração e a multiplicação dos temas do historiador. A ênfase nas forças externas, originada no século XIX, concentrava-se em alguns fatores considerados determinantes da ação humana, como a biologia, o clima, a geografia, o capital. A ênfase no ser humano abre enorme leque de alternativas. Nada do que é humano será agora alheio ao historiador. Daí a multiplicação de estudos sobre a cultura, os sentimentos, as ideias, as mentalidades, o imaginário, o cotidiano. E também sobre instituições e fenômenos sociais antes considerados de pequena importância, se não irrelevantes, como o casamento, a família, organizações políticas e profissionais, igrejas, etnias, a doença, a velhice, a infância, a educação, as festas e rituais, os movimentos populares.

Como seria de esperar, a multiplicação dos temas não pode deixar de exercer pressão sobre a abordagem e a metodologia dos estudos históricos. Temas tão variados exigem flexibilidade e criatividade na descoberta de novas fontes e na maneira de tratar velhas fontes. Nesse contexto, é também natural que haja aproximação da nova historiografia com algumas ciências sociais como a antropologia, ou com a psicologia e a crítica literária. Tal aproximação não deveria ser vista como ameaça à identidade profissional do historiador. Afinal, na historiografia que predominou antes das mudanças havia também aproximação com outras ciências sociais como a economia e a sociologia, quando não com a biologia e a geografia.

O que, sim, acabaria não apenas com a identidade mas com a própria profissão do historiador são as teorias que reduzem a zero as diferenças entre narrativa histórica e narrativa ficcional, ou que pregam a violência, o estupro, do objeto histórico e a entronização do sujeito conhecedor. Aí tudo se torna interpretação e o esforço intelectual acaba se resumindo a uma teoria geral do significante. Até aí não precisamos ir, até aí não vou eu. O descentramento da historiografia causado pela crise do estado-nação e pela crise das grandes teorias de explicação da história não precisa levar a tal radicalismo que me parece mais sintoma de *malaise* social do que de enriquecimento intelectual. O historiador ainda mantém, como seu território próprio, a preocupação com a temporalidade e a indispensabilidade do documento. Os tipos de documento podem expandir-se indefinidamente e a maneira como são usados variar de acordo com a abordagem adotada, mas ele não poderá ser reduzido à mera subjetividade do historiador. Uma coisa é quebrar a soberania do documento, é quebrar a visão dele como sendo independente do olhar do historiador, é introduzir a ideia de que há um esforço de construção do objeto histórico. Outra é destruir qualquer caráter externo do documento, é implantar a soberania total do historiador. Aí, sim, estaríamos em pleno domínio da ficção com a qual até admito o namoro, mas não o casamento.

Quando digo namoro entre história e literatura falo de algo que vem de longa data. O segredo do enorme êxito de uma obra como a *História do declínio e queda do Império Romano* de Edward Gibbon, escrita no século XVIII, é consensualmente atribuído a sua imaginação histórica. Mommsen, o maior e mais erudito historiador de Roma, disse de Gibbon que ele tinha lido mais do que um historiador deveria ler, querendo dizer com isso que ele supria frequentemente a ausência de dados com a imaginação histórica. Mas é sintomático que Mommsen não ousou escrever o último livro de sua *História de Roma*, talvez, segundo hipótese de G.W. Bowersock, por receio de enfrentar Gibbon, que escrevera cem anos antes. Gibbon, sem dúvida, distinguia história de ficção. Falava mesmo de uma diferença eterna entre as duas e dava como exemplo da primeira a Anábase, da segunda a Ciropédia. Mas escrevia história como se fosse ficção. É a esse tipo de namoro que me refiro.

Mencionei a palavra *malaise* em relação às posturas teóricas que destroem a própria razão de ser da historiografia. A expressão pode ser estendida ao fenômeno mais geral descrito como explosão da história ou sua fragmentação em migalhas. A razão de ter usado essa palavra vem da possibilidade de que tal postura e tal fenômeno sejam, afinal, derivados de uma sensação muito mais profunda de vivência de uma crise civilizatória, de uma visão extremamente pessimista das transformações em curso. Tratar-se-ia, no fundo, não apenas de uma perda de crença numa visão evolucionista e determinada da história, mas de uma descrença em qualquer possibilidade de dar sentido à história. O papel do historiador, como historiador, não passaria de um duelo de subjetividades que se esgotaria em si mesmo. E o papel do historiador como cidadão se esvaziaria de sentido.

Não se pode negar a legitimidade de tal postura e ela poderá sem dúvida ser explicada dentro das características do mundo intelectual europeu. Mas, também sem dúvida, não é essa a visão que desejo passar para estudantes de história e humanidades. A prudência e minha própria convicção o impedem. Já ficou claro acima qual é o valor que me parece adequado para os novos tempos, capaz de substituir o estado-nação como referência da historiografia, como centro capaz de dar sentido ao caos e anarquia vigentes no campo historiográfico. O norte que pode permitir novo enredo à narrativa historiográfica é a construção da sociedade, a constituição da cidadania, incluídas nesse conceito tanto os direitos clássicos como seus acréscimos e redefinições atuais.

A constituição da cidadania não dispensa o Estado e, portanto, não prega sua dissolução em nome das forças da globalização. Mas ela exige um novo Estado que terá por tarefa básica garantir os direitos, que será um instrumento da realização humana e não um fim em si, nem o fim da história como queria Hegel. O fortalecimento das redes de relações sociais, de identidades coletivas intermediárias, daquilo que Habermas chama de esfera pública, é o que garantirá a construção do novo Estado, é o que garantirá sua legitimação.

CONCLUSÃO

Em resumo, descartamos a proposta de von Martius de uma historiografia a serviço da construção do estado-nacional. Mas, de algum modo, recuperamos seu conceito iluminista de história filosófica, isto é, de uma história informada por valores humanistas. No momento em que escreveu, uma história filosófica significava admitir a igualdade das raças humanas. Hoje, significa levar adiante o combate contra antigos e novos fatores de desigualdade e discriminação, inclusive aqueles derivados do processo de globalização.

Se esses valores podem fornecer conteúdo à escrita da história, pode-se perguntar, por fim, qual forma deverá ela assumir. Já que falei em namoro entre história e literatura, posso, para concluir, buscar sugestões de como escrever a história nas *Seis propostas para o próximo milênio* de Italo Calvino. As seis propostas são cinco, pois Calvino não chegou a escrever a última. São elas: leveza, rapidez, exatidão, visibilidade, multiplicidade. Adoto-as mas as interpreto à minha maneira.

A escrita da história deverá ter a *leveza* de um estilo despojado e de uma imaginação criativa. Deverá ter a *rapidez e agilidade* que lhe permita escapar de armadilhas metodológicas e ideológicas. Deverá buscar a *exatidão* da linguagem e dos conceitos e evitar vender como sendo profundidade o que não passa de incapacidade de formular ideias claras. Deverá deixar visível sua orientação humanista, fugindo às fortes tentações da ironia, do ceticismo e do pessimismo. Finalmente, a escrita terá como característica a *multiplicidade* tanto na busca de fontes, abordagens e temas, como na aceitação democrática da diversidade característica do predicamento humano.

Muito obrigado.

(Aula Inaugural no Instituto de Filosofia e
Ciências Sociais da UFRJ, em 19 de março de 1997.
Publicado em *Phoînix*, Rio de Janeiro, nº 3, 1997, p. 9-22.)

Referências bibliográficas

ABREU, Capistrano de. *Capítulos de história colonial (1500-1800)* e *Os caminhos antigos e o povoamento do Brasil*. Brasília: Editora da Universidade de Brasília, 1963, p. 228.
ALDEN, Dauril (Comp.). *Colonial roots of modern Brazil*. Berkeley/ Los Angeles/London: University of California Press, 1972.
ALENCAR, José de. *Ao Imperador. Novas cartas políticas de Erasmo*. Rio de Janeiro: Tipografia de Pinheiro, 1867.
ALMEIDA PRADO, J.F. D. *João IV e o início da classe dirigente do Brasil*. São Paulo: Editora Nacional, 1968.
ALVES FILHO, Aluízio. *Fundamentos metodológicos e ideológicos do pensamento político de Oliveira Viana*. Rio de Janeiro: IUPERJ, 1977. (Tese de Mestrado).
AMADO, Gilberto. "João Cândido". *O País*, 29 nov. 1910.
ANDRADA E SILVA, José Bonifácio. "Representação à Assembleia Geral Constituinte e Legislativa do Império do Brasil sobre a escravatura". In: *Obras científicas políticas e sociais de José Bonifácio de Andrada e Silva*, [s.n.t.]. v. II, p. 115-158. (Coligidas e reproduzidas por Edgard de Cerqueira Falcão).
ANTONIL, André João. *Cultura e opulência do Brasil*. Salvador: Progresso Editora, 1955. (1ª edição em 1711).
ARENDT, Hannah. *On revolution*. Nova Iorque: The Viking Press, 1965.
ARROYO, Leonardo. *Literatura infantil brasileira*. São Paulo: Melhoramentos, 1968.
AUTOS DA DEVASSA DA INCONFIDÊNCIA MINEIRA. Brasília/Belo Horizonte: Câmara dos Deputados/Governo do Estado de Minas Gerais, 1976, 9 v.

AZEREDO COUTINHO, D. José Joaquim. "Análise sobre a justiça do comércio do resgate dos escravos da costa da África". In: *Obras econômicas de J.J. de Azeredo Coutinho, 1794-1804*. São Paulo: Cia. Editora Nacional, 1966, p. 231-307.
AZEVEDO, Célia Maria Marinho de. *Onda negra, medo branco: o negro no imaginário das elites – século XIX*. Rio de Janeiro: Paz e Terra, 1987.
AZEVEDO, Fernando de. *A cultura brasileira*. Rio de Janeiro: IBGE, 1943.
BACZKO, Bronislaw. *Les imaginaires sociaux. Mémoire et espoirs collectifs*. Paris: Payot, 1984.
BANCK, Geert A. "The dynamics of the local political system in the State of Espírito Santo, Brazil". *Boletín de Estúdios Latinoamericanos y del Caribe*, nº 17, 1974, p. 69-77.
_____. "The persistence of local level factionalism. An anthropologist's assessment of its implications for Brazilian national process". *Ciência e Cultura*, nº 31, 1979, p. 851-859.
BARBOSA, Rui. (1910). *Obras completas*. (Discursos Parlamentares). Rio de Janeiro: MEC, 1971. v. XXXVII.
_____. *Obras completas*. Rio de Janeiro: Ministério da Educação e Saúde, 1946/1947, v. XVI, tomos III, VI, VII; v. XVII, tomos I e II.
BARROS, Roque Spencer Maciel de. *A ilustração brasileira e a idéia de universidade*. Tese de Doutorado, USP, 1959.
BATISTA PEREIRA. *Figuras do império e outros ensaios*. São Paulo: Cia. Editora Nacional, 1931.
BELO, Luís Alves. *Suscintos (sic) elementos autênticos da vida do ex-marinheiro João Cândido de Oliveira na Marinha de Guerra entre os anos de 1895-1912*. Rio de Janeiro: Arquivo Histórico da Marinha, [s.d.]. (Datilogr.).
BENCI, S.J. *Economia cristã dos senhores no governo dos escravos*. São Paulo: Grijalbo, 1977. (1ª edição em 1705).
BENDIX, Reinhard. *Max Weber. An intelectual portrait*. New York: Doubleday, 1962.
BERGSTRESSER, Rebeca Baird. *The movement for the abolition of slavery in Rio de Janeiro, Brazil, 1880-1889*. Tese de Doutorado, Universidade de Stanford, 1973.
BETHELL, Leslie (Comp.). *Brazil. Empire and republic*. Cambridge: Cambridge University Press, 1989.
_____. *Colonial Brazil*. Cambridge: Cambridge University Press, 1989.
BETHELL, Leslie (Ed.). *Brazil: Empire and Republic, 1822-1930*. Cambridge: Cambridge University Press, 1989.

BILAC, Olavo, BOMFIM, Manoel. *Através do Brasil*. (Narrativa). Livro de leitura para o curso médio das escolas primárias. Rio de Janeiro: Francisco Alves; Paris: Aillaud, 1917. (1ª edição, 1910).
BILAC, Olavo, COELHO NETTO, Henrique. *A pátria brasileira: educação moral e cívica*. (Para alunos das escolas primárias). Rio de Janeiro: Francisco Alves, 1916.
_____. *Contos pátrios*. (Para as crianças). 28ª ed. São Paulo: Francisco Alves, 1932.
BLOCH, Ernst. *Natural law and human dignity*. Cambridge (Mass.): The MIT Press, 1986.
BOMFIM, Manoel. *A América Latina: males de origem*. Paris: Garnier, 1905.
BOXER, C.R. *The golden age of Brazil, 1695-1750*. Berkeley: University of California Press, 1962.
BRANDÃO, Otávio. (Fritz Mayer). *Agrarismo e industrialismo*. Buenos Aires: [s.n.], 1924.
BRASILIENSE, Américo. *Os programas dos partidos e o Segundo Império*. São Paulo: Tip. Jorge Sekler, 1878.
_____. *Os programas dos partidos e o Segundo Império*. São Paulo: Tip. Jorge Sekler, 1878.
BUVE, Raymond. "Political patronage and politics at the village level in Central México: continuity and change in patterns from late colonial period to the end of the french intervention (1867)". *Bulletin of Latin American Research*, v. 11, nº 1, 1992, p.1-28.
CALMON, Pedro. *História do Brasil na poesia do povo*. Rio de Janeiro: A Noite, [s.d.].
CAMINHA, Adolfo. *Bom crioulo*. Rio de Janeiro: Secretaria Municipal de Cultura, 1991.
CAMMACK, Paul. "Clientelism and military government in Brazil". In: CLAPHAM, C. (Ed.). Private *patronage and a public power. Political clientelism in the modem State*. London: Frances Pinter Publ., 1982.
_____. O "coronelismo" e o "compromisso coronelista": uma crítica. *Cadernos do Departamento de Ciência Política*, Belo Horizonte, nº 5, 1979, p. 1-20.
CAMPOS, Francisco Itami. *Coronelismo em estado periférico: Goiás na Primeira República*. Tese de Mestrado: Universidade Federal de Minas Gerais, 1975.
CARDOSO, Ciro Flamarion. *Escravo ou camponês? O protocampesinato negro das Américas*. São Paulo: Brasiliense, 1987.

CARNEIRO, Paulo (Org.). *Ideias políticas de Júlio de Castilhos*. Brasília: Senado Federal/FCRB, 1982.

CARONE, Edgard. "Coronelismo. Definição histórica e bibliografia". *Revista de Administração de Empresas*, v. 11, nº 3, p. 85-89, 1971.

CARVALHO, José Murilo de. *A construção da ordem. A elite política imperial*. Rio de Janeiro: Campus, 1980.

_____. São Paulo: Companhia de Letras, 1990, cap. 3. O imaginário da República no Brasil, p. 4.

_____. *A formação das almas: o imaginário da República no Brasil*. São Paulo: Companhia das Letras, 1990.

_____. "As batalhas da abolição". *Estudos Afro-Asiáticos*, nº 15, jul. 1988, p. 14-23.

_____. "Barbacena: a família, a política e uma hipótese". *Revista Brasileira de Estudos Políticos*, nº 20, 1966, p. 153-194.

_____. "Coronelismo". In: *Dicionário histórico-biográfico brasileiro, 1930-1983*. Rio de Janeiro: Cpdoc/ Fundação Getúlio Vargas/ Forense Universitária, 1980a, p. 932-934.

_____. "Em louvor de Victor Nunes Leal". *Dados*, v. 23, nº 1, p. 5-9, 1980c.

CARVALHO, José Murilo de. "Escravidão e razão nacional". *Dados*, v. 31, nº 3, 1988, p. 287-308.

_____. *Os bestializados. O Rio de Janeiro e a República que não foi*. São Paulo: Companhia das Letras, 1987.

_____. *Teatro de sombras: a política imperial*. São Paulo: Vértice/IUPERJ, 1988.

CASTRO CARREIRA, Liberato de. *História financeira e orçamentária do Império do Brasil desde a sua fundação, precedida de alguns apontamentos acerca de sua independência*. Rio de Janeiro: Imprensa Nacional, 1889.

CASTRO, Antônio Barros de. "A economia política, o capitalismo e a escravidão". In: LAPA, José Roberto do Amaral (Org.). *Modos de produção e realidade brasileira*. Petrópolis: Vozes, 1980, p. 67-107.

CASTRO, Jeanne B. de. *A milícia cidadã: A guarda nacional de 1831 a 1850*. São Paulo: Cia. Editora Nacional, 1977.

CAVALCANTI, Amaro. *Resenha financeira do ex-império do Brasil em 1889*. Rio de Janeiro: Imprensa Nacional, 1890.

CLAPHAM, Christopher. "Clientelism and the State". In: CLAPHAM, C. (Ed.). *Private patronage and public power. Political clientelism in the modern State*. London: Frances Pinter Publ., 1982.

COELHO NETTO, Henrique. *Viagem de uma família brasileira ao norte do Brasil*. Rio de Janeiro: Francisco Alves, [s. d.].

COMTE, Auguste. *Appel aux conservateurs*. Paris: Chez l'Auteur et Chez Victor Dalmont, 1855.

CONNIFF, Michael L. *Urban politics in Brazil. The rise of populismo, 1925-1945*. Pittsburgh: University Press, 1981.

CONSTANT, Benjamin. *De la liberté chez les modernes*. Paris: Le Livre de Poche, 1980. (Textes choisis, présentés et annotés par Marcei Gauchet).

CORRÊA, Viriato. *A história do Brasil para crianças*, 2ª ed. São Paulo: Cia. Editora Nacional, 1934.

COSTA PINTO, Luís de. *As lutas de família no Brasil*. (Introdução ao seu estudo). São Paulo: Cia. Editora Nacional, 1949.

COSTA, Vanda Maria R. Origens do corporativismo brasileiro. In: BOSCHI, R. R. (Org.). *Corporativismo e desigualdade. A construção do espaço público no Brasil*. Rio de Janeiro: Iuperj/ Rio Fundo Editora, 1991, p. 113-146.

CRUZ COSTA. *O positivismo na República. Notas sobre a História do positivismo no Brasil*. São Paulo: Cia. Editora Nacional, 1956.

CUNHA, Euclides da. *Os sertões*. São Paulo: Brasiliense, 1985 (1ª edição em 1902).

CURY, Roberto Jamil. *Cidadania republicana e educação: uma questão democrática no governo provisório do mal. Deodoro e no Congresso Constituinte de 1890-1891*, 1991. (Tese de concurso para professor titular, UFMG).

DAVIS, David Brion. *The problem of slavery in Western culture*. Ithaca (NY): Cornell University Press, 1966.

DEGLER, Carl N. *Neither black nor white. Slavery and race relations in Brazil and the United States*. Nova York: Macmillan, 1971,

DELLA CAVA, Ralph. *Miracle at Joazeiro*. New York: Columbia University Press, 1970.

DEMOLINS, Edmond. *A quoi tient la supériorité des anglo-saxons?* Paris: Fermin-Didot et Cie, [s.d.].

DINIZ, Eli. *Voto e máquina política. Patronagem e clientelismo no Rio de Janeiro*. Rio de Janeiro: Paz e Terra, 1982.

DUARTE, Nestor. *A ordem privada e a organização política nacional*. São Paulo: Cia. Editora Nacional, 1939.

EISENBERG, Peter L. "A mentalidade dos fazendeiros no Congresso Agrícola de 1878". In: LAPA, José Roberto do Amaral (Org.). *Modos de produção e realidade brasileira*. Petrópolis: Vozes, 1980, p. 167-194.

EXPLICAÇÕES Breves e Singelas sobre o que he Federação. Opúsculo dividido em 7 capítulos e oferecido aos Brasileiros em geral por hum seu Amigo. Rio de Janeiro: Typ. Nacional, 1831.

FALCÃO, Aníbal. *Fórmula da civilização brasileira*. Rio de Janeiro: Ed. Guanabara, [s.d.].

FAORO, Raymundo. *Os donos do poder. Formação do patronato político brasileiro*. Porto Alegre: Globo, 1958.

FARIA, Luís de Castro. "Populações meridionais do Brasil — Partida para uma leitura de Oliveira Viana". *Comunicação*, nº 3. Rio de Janeiro: Programa de Pós-Graduação em Antropologia Social/UFRJ, 1977.

FAUSTO, Boris (Ed.). *História geral da civilização brasileira*, III. São Paulo: Difel, 1977. v. I e II: Brasil republicano.

_____. *Trabalho urbano e conflito social*. São Paulo: Difel, 1977.

FLORY, Thomas H. *Judge and jury in imperial Brazil, 1808-1881*. Austin: University of Texas Press, 1981.

FOGEL, R.W. and ENGERMAN, S.L. *Time on the cross. The economics of american negro slavery*. Boston: Little Brown and Co., 1974.

FONER, Eric. *Reconstruction: America's unfinished revolution, 1863-1877*. Nova Iorque: [s.n.], 1988.

FOOT-HARDMAN, Francisco. *Trem fantasma. A modernidade na selva*. São Paulo: Companhia das Letras, 1988.

FRANKLIN, John Hope. *From slavery to freedom. A history of negro americans*. Nova Iorque: Vintage Books, 1969.

FRAZIER, E. Franklin. *The negro in the United States*. Nova York: Macmillan, 1971.

FREI CANECA. *Ensaios políticos*. Rio de Janeiro: Puc/CFC/Editora Documentário, 1976.

FREYRE, Gilberto. *Ordem e progresso*. 3ª ed. Rio de Janeiro: José Olympio/MEC, 1974. v. I.

GALJART, Benno. "A further note on followings: reply to Huizer". *América Latina*, v. 8, nº 3, 1965, p. 145-152.

_____. "Class and 'following' in rural Brazil". *América Latina*, v. 7, nº 3, 1964, p. 3-24.

GENOVESE, Eugene D. *Roll, Jordan, roll. The world the slaves made*. Nova York: Pantheon, 1974.

GENOVESE, Eugene D. *The world the slaveholders made*. Nova Iorque: Vintage Books, 1971.

GHIRALDELLI, Paulo. *Pedagogia e luta de classes no Brasil (1930-1937)*. São Paulo: Humanidades, 1991.

GOES E VASCONCELOS, Zacarias de. *Da natureza e limites do poder moderador*. Rio de Janeiro: Laemmert, 1862.

GOMES, Angela de Castro. "A ética católica e o espírito do pré-capitalismo". *Ciência Hoje*, v. 9, nº 52, 1989, p. 23-28.

_____. *A invenção do trabalhismo*. Rio de Janeiro: IUPERJ/São Paulo: Vértice, 1988.

GRAHAM, Richard. *Clientelismo e política no Brasil do século XIX*. Rio de Janeiro: Ed. da UFRJ, 1997.

_____. "Escravidão e desenvolvimento econômico: Brasil e Sul dos Estados Unidos no século XIX". *Estudos Econômicos*, v. 13, nº 1, jan/abr. 1983, p. 233-257.

_____. "Mecanismos de integración en el Brasil del siglo XIX". In: ANNINO, A., LEIVA, L.C., GUERRA, F-X. (Dirs.). *De los impérios a las naciones: iberoamérica*. Zaragoza: IberCaja, 1994, p. 525-544.

_____. *Patronage and politics in nineteenth-century Brazil*. Stanford: Stanford University Press, 1990.

GRAHAM, Sandra Lauderdale. "The vintém riot and political culture: Rio de Janeiro, 1880". *Hispanic American Historical Review*, v. 60, nº 3, 1980, p. 431-449.

GUIMARÃES, Manoel Luiz Salgado. "Nação e civilização nos trópicos: o Instituto Histórico e Geográfico Brasileiro e o Projeto de uma História Nacional". *Estudos Históricos*, Rio de Janeiro, v. 1, nº 1, 1988, p. 5-27.

HASENBALG, Carlos A. *Discriminação e desigualdades raciais no Brasil*. Rio de Janeiro: Graal, 1979.

HOLANDA, Sérgio Buarque de. *Raízes do Brasil*. Rio de Janeiro: José Olympio, 1936.

_____. *Tentativas de mitologia*. São Paulo: Perspectiva, 1979.

HORTA, Raul Machado et al. *Perspectivas do federalismo brasileiro*. Belo Horizonte: Ed. da Revista Brasileira de Estudos Políticos, 1958.

HUIZER, Gerrit. "Some notes on community development and rural social research". *América Latina*, v. 8, nº 3, 1965, p. 128-144.

IGLÉSIAS, Francisco. *História e ideologia*. São Paulo: Perspectiva, 1971.

JOÃO DO RIO. *A alma encantadora das ruas*. Rio de Janeiro: Simões, 1952.

KAUFMAN, Robert R. "Corporatism, clientelism and partisan conflict: a study of seven Latin American countries". In: MALLOY, J.M. (Ed.).

Authoritarianism and corporatism in Latin America. Pittsburgh: University of Pittsburgh Press, 1977.

LACOMBE. Correspondência do encarregado de Negócios da França, Quai d'Orsay, Brésil, Politique Intérieure, NS 6, nº 181, 28 nov. 1910.

LAMOUNIER, Bolivar. "Formação de um pensamento político autoritário na Primeira República: uma interpretação". In: FAUSTO, Boris (Org.). *História geral da civilização brasileira*. São Paulo: Difel, 1977, p. 342-374. t. 3. v. 2.

LANDÉ, Carl H. "Political clientelism in political studies. Retrospect and prospects". *Internacional Political Science Review*, v. 4, nº 4, 1983, p. 435-454.

LANGE, Francisco Curt. *Vida y muerte de Louis Moreau Gottschalk en Rio de Janeiro en 1869*. Mendoza: Universidad Nacional de Cuyo, 1951.

LEAL, Victor Nunes. *Coronelismo, enxada e voto*. Rio de Janeiro: Forense, 1948.

_____. "O coronelismo e o coronelismo de cada um". *Dados*, v. 23, nº 1, 1980, p. 11-14.

LEITE, Dante Moreira. *O caráter nacional brasileiro*. São Paulo: Pioneira, 1969.

LEMARCHAND, René. "Comparative political clientelism: structure, process and optic". In: EISENSTADT, S.N., LEMARCHAND, R. (Eds.). *Political clientelism, patronage and development*. *Beverly Hills*: Sage Publications, 1981, p. 7-32.

LEWIN, Linda. *Política e parentela na Paraíba. Um estudo de caso da oligarquia de base familiar*. Rio de Janeiro: Record, 1993.

LIMA, Maria Regina Soares de, CERQUEIRA, Eli Diniz. "O modelo político de Oliveira Viana". *Revista Brasileira de Estudos Políticos*, nº 30, 1971, p. 85-109.

LINS, Ivan. *História do positivismo no Brasil*. 2ª ed. São Paulo: Cia. Editora Nacional, 1967.

LISBOA, João Francisco. "Jornal de Timon". In: *Obras de João Francisco Lisboa*. São Luiz do Maranhão: Typ. de B. de Mattos, 1864/65.

LOURENÇO FILHO. *A escola nova*. São Paulo: [s.n.], 1927.

MACEDO, Joaquim Manoel de. *Vítimas algozes. Quadros da escravidão*. Rio de Janeiro: Typ. Americana, 1869.

MACHADO NETO, Zahidé *et al*. *O coronelismo na Bahia*. Salvador: Ed. da Universidade Federal da Bahia, 1972.

MACIEIRA, Anselmo. *Mundo e construções de Oliveira Viana*. Rio de Janeiro: Imprensa Oficial, 1990.

MADEIRA, Marcos Almir et al. *Oliveira Viana e o mundo brasileiro*. Rio de Janeiro: Indústria do Livro, 1940.
MALHEIRO, Agostinho Marques Perdigão. *A escravidão africana no Brasil. Ensaio histórico-jurídico-social*. São Paulo: Edições Cultura, 1944 (1ª edição em 1866).
MARTINS FILHO, Amilcar. "Clientelismo e representação em Minas Gerais durante a Primeira República: uma crítica a Paul Cammack". *Dados*, v. 27, nº 2, 1984, p. 175-197.
MARTINS, Hélio Leôncio. *A revolta dos marinheiros*. São Paulo: Cia. Editora Nacional/Serviço Documentação Geral da Marinha, 1988.
MARTINS, Roberto Borges. "Minas Gerais, século XIX: tráfico e apego à escravidão numa economia não-exportadora". *Estudos Econômicos*, v. 13, nº 1, jan/abr. 1983 p. 181-209.
MARTIUS, Carlos Frederico Ph. de. "Como se deve escrever a história do Brasil". *Revista Trimestral de História e Geografia*, tomo sexto, nº 24, 1845, p. 381-403.
MARX, Karl. *Pre-capitalist economic formations*. New York: International Publishers, 1971.
MAXWELL, Kenneth. R. *A devassa da devassa*. Rio de Janeiro: Paz e Terra, 1978.
MEDEIROS, Jarbas. "Introdução ao estudo do pensamento político autoritário brasileiro, 1914-1945. Oliveira Viana". *Revista de Ciência Política*, v. 17, nº 2, 1974, p. 31-87.
MELLO, Pedro Carvalho de. *The economics of labor in Brazilian coffee plantations, 1850-1888*. Tese de Doutorado, Universidade de Chicago, 1977.
MERQUIOR, José Guilherme. "O outro Ocidente. Presença". *Revista de Política e Cultura*, nº 15, 1990, p. 67-91.
MICELLI, Sérgio. *Intelectuais e classe dirigente no Brasil (1920- 1945)*. São Paulo: Difel, 1979.
MIRANDA, José Antônio de. "Memória constitucional e política sobre o Estado presente de Portugal e do Brasil". In: *O debate político no processo de Independência*. Rio de Janeiro: Conselho Federal de Cultura, 1973.
MONTEIRO LOBATO, José Bento. *Problema vital*. São Paulo: Ed. Revista do Brasil, 1918.
_____. *Urupês*. São Paulo: Ed. Revista do Brasil, 1918.
MONTEIRO, Duglas Teixeira. *Os errantes do novo século, um estudo sobre o surto milenarista do Contestado*. São Paulo: Duas Cidades, 1974.

MORAES, Carlos Robert. "Notas sobre identidade nacional e institucionalização da Geografia no Brasil". *Estudos Históricos*, Rio de Janeiro, nº 8, 1991, p. 166-176.
MORAES, Eduardo Jardim de. *A brasilidade modernista. Sua dimensão filosófica.* Rio de Janeiro: Graal, 1978.
MORAES, João Carlos K. Quartim de. "Joaquín Costa, Oliveira Viana e a revolução pelo alto". *Primeira Versão*, IFCH/Unicamp, nº 7, 1990.
MOREL, Edmar. *A revolta da chibata.* 3ª ed. Rio de Janeiro: Graal, 1979.
MORSE, Richard M. *El espejo de Prospero. Un estúdio de la dialéctica del Nuevo Mundo.* México: Siglo Veinteuno, 1982.
_____. *O espelho de Próspero.* São Paulo: Cia das Letras, 1988.
NABUCO, Joaquim. *Discursos parlamentares.* Rio de Janeiro: Câmara dos Deputados, 1950, p. 395-430; 489-504.
_____. *O abolicionismo.* Petrópolis: Vozes, 1977. (Primeira edição em 1883).
_____. *Um estadista do Império.* Rio de Janeiro: Nova Aguilar, 1975.
NETTL, J.P. "The State as a conceptual variable". *World Politics*, nº 4, 1968, p. 559-592.
NICHOLS, Roy F. "Federalism versus democracy. The significance of the civil war in the history of the United States federalism". In: POUND, Roscoe et al. *Federalism as a democratic process.* New Brubswick: Rutgers University Press, 1942, p. 49-75.
NICOLET, Claude. *L'idée republicaine en France (1789-1924).* Paris: Gallimard, 1982.
OLIVEIRA TORRES, João Camilo de. *A formação do federalismo no Brasil.* São Paulo: Cia. Editora Nacional, 1961.
_____. *O positivismo no Brasil.* Petrópolis: Vozes, 1943.
OLIVEIRA VIANA, Francisco José de. "As pequenas comunidades mineiras". *Revista do Brasil*, nº 31, 1918, p. 219-233.
_____. *Direito do trabalho e democracia social. O problema da incorporação do trabalhador no Estado.* Rio de Janeiro: José Olympio, 1951.
_____. "Discurso do Sr. Oliveira Viana". In: ACADEMIA BRASILEIRA DE LETRAS. *Discursos Acadêmicos (1938-1943).* Rio de Janeiro, 1955, p. 187-228.
_____. "Do ponto de vista de Sirius..." *Jornal do Commercio*, 6 nov.1927.
_____. *Ensaios inéditos.* Campinas: Ed. da Unicamp, 1991.
_____. *Evolução do povo brasileiro.* São Paulo: Monteiro Lobato e Cia., 1923.

_____. *História social da economia capitalista no Brasil*. Belo Horizonte: Itatiaia/Eduff, 1988, 2 v.
_____. *Instituições políticas brasileiras*. Rio de Janeiro: José Olympio, 1949.
_____. "Minas do lume e do pão". *Revista do Brasil*, nº 56, 1920, p. 289-300.
_____. *O idealismo da Constituição*. Rio de Janeiro: Terra de Sol, 1927.
_____. *O ocaso do Império*. São Paulo: Melhoramentos, 1925.
_____. "O valor pragmático do estudo do passado". *Revista do Brasil*, nº 108, 1924, p. 289-306.
_____. "O vigia da casa grande". *Revista do Brasil*, nº 107, 1924, p. 246-247.
_____. *Pequenos estudos de psicologia social*. São Paulo: Monteiro Lobato e Cia., 1921.
_____. *Populações meridionais do Brasil. Paulistas, fluminenses, mineiros*. São Paulo: Monteiro Lobato e Cia., 1920.
_____. *Problemas de direito corporativo*. Rio de Janeiro: José Olympio, 1938.
_____. *Problemas de direito sindical*. Rio de Janeiro: Max Limonad Ltda, [s.d.].
_____. *Problemas de organização e problemas de direção. O povo e o governo*. Rio de Janeiro: José Olympio, 1952.
_____. *Problemas de política objetiva*. São Paulo: Cia. Editora Nacional, 1930.
_____. *Raça e assimilação*. São Paulo: [s.n.], 1932.
_____. *Instituições políticas brasileiras*. Rio de Janeiro: José Olympio, 1949.
OLIVEIRA, Lúcia Lippi. *A questão nacional na Primeira República*. São Paulo: Brasiliense, 1990.
_____. "O pensamento de Almir Andrade". In: OLIVEIRA, Lúcia Lippi *et al. Estado Novo: ideologia e poder*. Rio de Janeiro: Zahar, 1982, p. 31-47.
PAIVA, Vanilda. "Oliveira Viana: nacionalismo ou racismo". *Encontros com a Civilização Brasileira*, nº 3, 1978, p. 127-156.
PANG, Eul Soo. *Coronelismo e oligarquias, 1889-1943. A Bahia na Primeira República*. Rio de Janeiro: Civilização brasileira, 1979.

PANG, Laura Jarnagin. *The State and agricultura clubs in imperial Brazil, 1860-1889*. Vandebilt University. (Ph.D.Thesis), 1981.

PEREIRA DA CUNHA, Heitor Xavier. *A revolta da esquadra brasileira em novembro e dezembro de 1910*. Rio de Janeiro: Imprensa Naval, 1910.

PEREIRA, Astrojildo. *Ensaios históricos e políticos*. São Paulo: Alfa-Ômega, 1979.

PITKIN, Hanna Fenichel. *The concept of representation*. Berkeley/ Los Angeles: The University of California Press, 1967.

POCOCK, J.G.A. "Civic humanism and its role in Anglo-American thought". In: *Politics, language and time. Essays in political thought and history*. Nova Iorque: Atheneum, 1937, p. 80-103.

POMPÉIA, Raul. "Introdução". In: OCTÁVIO, Rodrigo. *Festas nacionais*. Rio de Janeiro: F. Briguiet, 1893.

PRADO JR., Caio. *A revolução brasileira*. São Paulo: Brasiliense, 1966.

PRADO, Eduardo. *A ilusão americana*. São Paulo: Escola Typ. Salesiana, 1902 (1ª edição em 1894).

QUEIRÓS MATTOSO, Kátia M. de. *Bahia, século XIX. Uma província no império*. Rio de Janeiro: Nova Fronteira, 1992.

QUEIROZ, Maria Isaura Pereira de. "O coronelismo numa interpretação sociológica". In: FAUSTO, B. (Org.). *História geral da civilização brasileira*. São Paulo: Difel, 1975. Tomo III, v. 1, p. 155-190.

_____. "O mandonismo local na vida política brasileira". *Anhembi*, 24/26, 1956/1957.

_____. *O messianismo no Brasil e no mundo*. São Paulo: Alfa-Ômega, 1977.

QUEIROZ, Paulo Edmur de Souza. *A sociologia política de Oliveira Viana*. São Paulo: Convívio, 1975.

REBOUÇAS, André. *Abolição imediata e sem indenização*. Rio de Janeiro: Tip. Central de Evaristo R. da Costa, 1883.

REFLEXÕES sobre a necessidade de promover a união dos Estados de que consta o Reino Unido de Portugal, Brasil e Algarves nas quatro partes do mundo. In: *O debate político no processo de Independência*. Rio de Janeiro: Conselho Federal de Cultura, 1973.

REIS, Fábio Wanderley. "Participación, movilización e influencia política: neo-coronelismo en Brasil". *Revista Latinoamericana de Ciência Política*, v. 2, nº 1, 1971, p. 3-32.

REIS, João José. *Nas malhas do poder escravista: a invasão do candomblé do Accú na Bahia, 1829*. (Mimeo., 1986).

RIBEIRO DA ROCHA, Pe. Manuel. *O etíope resgatado, empenhado, sustentado, corrigido, instruído e libertado*. Lisboa: [s.n.], 1758.

RODRIGUES, José Honório. *História da história do Brasil. A metafísica do latifúndio: o ultra-reacionário Oliveira Viana*. São Paulo: Cia. Editora Nacional/ INL, 1988, v. II. t. 2.

ROMERO, Sílvio. *A bancarrota do regime federativo no Brasil*. Porto: Tip. de Arthur José de Souza & Irmão, 1912.

_____. *A história do Brasil ensinada pela biografia de seus heróis*. (Livro para as classes primárias). Rio de Janeiro: Livraria Clássica de Alves, 1890.

_____. "A questão do dia: a emancipação dos escravos". *Revista Brasileira*, v. 7, 1881, p.191-203.

_____. *Doutrina contra doutrina. O evolucionismo e o positivismo no Brasil*. 2ª ed. Rio de Janeiro: Livraria Clássica de Alves e C., 1895.

_____. *O Brasil social*. Rio de Janeiro: Typographia do Jornal do Commércio, 1907.

RONDON, General Cândido. *In memoriam*. Mário Barboza Carneiro. Rio de Janeiro: [s.n.], 1947, p. 17-19.

ROSANVALLON, Pierre. *Le moment Guizot*. Paris: Gallimard, 1985.

RUSSELL-WOOD, J.R. *From colony to nation. Essays on the Independence of Brazil*. Baltimore: [s.n.], 1975.

SÁ, M. Auxiliadora F. de. *Dos velhos aos novos coronéis*. Recife: Universidade Federal de Pernambuco, 1974.

SALES, Alberto. *A pátria paulista*. Brasília: Ed. da Universidade de Brasília, 1983. (1ª edição em 1887).

_____. "Balanço político – necessidade de uma reforma constitucional". *O Estado de S. Paulo*, 18 jul 1901; 25 jul. 1901.

SALES, Campos. *Da propaganda à presidência*. São Paulo: [s. n.], 1908.

SANDRONI, Laura Constância Austregésilo de Athayde. "A literatura infantil no Brasil de 1900 a 1910". In: *Brasil 1900-1910*. Rio de Janeiro: Biblioteca Nacional, 1980, v. 2. p. 107-122.

SANTOS, Luís A. de Castro. "O pensamento sanitarista na Primeira República". *Dados*, Rio de Janeiro, v. 28, nº 2, 1985, p. 193-210.

SANTOS, Wanderley Guilherme dos. *Ordem burguesa e liberalismo político*. São Paulo: Duas Cidades, 1978.

SATAROBIN, Robert S. *Industrial slavery in the old south*. Nova York: Oxford University Press, 1970.

SCHTWARTZMAN, Simon, BOMENY, Helena Maria Bousquet, COSTA, Vanda Maria Ribeiro. *Tempos de Capanema*. São Paulo: Edusp; Rio de Janeiro: Paz e Terra, 1984.
SCHTWARTZMAN, Simon. "Back to weber: corporatism and patrimonialism in the seventies". In: MALLOY, J.M. (Ed.). *Authoritarianism and corporatism in Latin America*. Pittsburgh: University of Pittsburgh Press, 1977.
_____. "Representação e cooptação política no Brasil". *Dados*, n. 7, 1970, p. 9-41.
_____. *São Paulo e o Estado nacional*. São Paulo: Difel, 1975.
SCHWARTZ, Stuart B. *Sovereignty and society in colonial Brazil. The high court of Bahia and its judges, 1609-1751*. Berkeley: University of California Press, 1973.
_____. "Padrões de propriedade de escravos nas Américas: nova evidência para o Brasil". *Estudos Econômicos*, v. 13, nº 1, jan/abr. 1983, p. 259-287.
SCOTT, James C. "Political clientelism: a bibliographical essay". In: SCHMIDT, W.S. et al (Ed.). *Friends, folowers and factions. A reader in political clientelism*. Berkeley: University of California Press, 1977, p. 483-505.
SCOTT, Rebecca J. *Slave emancipation in Cuba. The transition to free labor*. Princeton: Princeton University Press, 1985.
SENNET, Richard. *The fall of public man*. Nova Iorque: Vintage Books, 1977.
SILVA, Celson José da. *Marchas e contra-marchas do mandonismo local*. Belo Horizonte: RBEP, 1975.
SILVA, Eduardo. *Fugas, revoltas e quilombos: os limites da negociação*. 1987. (Mimeo.)
_____. "Por uma nova perspectiva das relações escravistas". *Anais da V Reunião da Sociedade Brasileira de Pesquisa Histórica*, São Paulo, 1986.
SILVA, Leonardo Dantas (Org.). *A República em Pernambuco*. Recife: Fundaj/Ed. Massangana, 1990.
SILVEIRA, Rosa Maria Godoy. *Republicanismo e federalismo. Um estudo da implantação da República brasileira (1889-1902)*. Brasília: Senado Federal, 1978.
SKIDMORE, Thomas. *Preto no branco: raça e nacionalidade no pensamento brasileiro*. Rio de Janeiro: Paz e Terra, 1976.
SLENES, Robert W. "Grandeza ou decadência? O mercado de escravos e a economia cafeeira da província do Rio de Janeiro, 1850-1888". In: COSTA, Iraci del Nero da (Org.). *Brasil, história econômica e demográfica*. São Paulo: IPE-USP, 1986, p. 103-155.

SOARES, Pedro Paulo. *Imagens da nação: os jornais ilustrados do Rio de Janeiro durante os anos da guerra do Paraguai, 1865-1870*. Rio de Janeiro. (Mimeo.).

SODRÉ, Nelson Werneck. *A ideologia do colonialismo*. Rio de Janeiro: ISEB, 1961.

_____. *Orientações do pensamento brasileiro*. Rio de Janeiro: Casa Editora Vecchi Ltda, 1942.

STOURZH, Gerald. *Alexander Hamilton andthe idea of Republican Government*. Stanford: Stanford University Press, 1970.

SUZANNET, Comte de. *O Brasil em 1845; semelhanças e diferenças após um século*. Trad. Márcia de Moura Castro. Rio de Janeiro: Ed. da Casa do Estudante do Brasil, 1957.

SWEIGART, Joseph Earl. *Financing and marketing Brazilian export agriculture: the coffee factors of Rio de Janeiro, 1850-1888*. Tese de Doutorado, Universidade do Texas, 1980.

TAVARES BASTOS. *A província*. São Paulo: Cia. Editora Nacional, 1937. (1ª edição em 1870).

_____. *Cartas do solitário*. São Paulo: Cia. Editora Nacional, 1938. (1ª edição em 1862).

TEMPERLEY, Howard. *British antislavery, 1833-1870*. Londres: Longman Group Limited, 1972.

_____. "Capitalism, slavery and ideology". *Past and Present*, 75, maio 1977, p. 94-118.

TOCQUEVILLE, Alexis de. *De la démocratie en Amérique. Les grands thèmes*. Paris: Gallimard, 1969. (Edité par J.-P. Mayer).

TORRES, Alberto. *A organização nacional*. São Paulo: Cia. Editora Nacional, 1938. (1ª edição em 1914); e *O problema nacional brasileiro*, São Paulo, Cia. Editora Nacional, 1978. (1ª edição em 1914).

_____. *O problema nacional brasileiro. Introdução a um programa de organização nacional*. Rio de Janeiro: Imprensa Nacional, 1914.

TORRES, Antônio. *Pasquinadas cariocas*. Rio de Janeiro: A. J. de Castilho Editor, 1921.

URICOECHEA, Fernando. *O minotauro imperial. A burocratização do estado patrimonial brasileiro no século XIX*. São Paulo: Difel, 1978.

VAINFAS, Ronaldo. *Ideologia e escravidão. Os letrados e a sociedade escravista no Brasil Colônia*. Petrópolis: Vozes, 1986.

VASCONCELOS TORRES. *Oliveira Viana. Sua vida e sua posição nos estudos brasileiros de sociologia*. Rio de Janeiro: Freitas Bastos, 1956.

VASCONCELOS, Bernardo Pereira de. *Manifesto político e exposição de princípios*. Brasília: Senado Federal, 1978.

VELLOSO, Mônica Pimenta. "A literatura como espelho da nação". *Estudo Históricos*, Rio de Janeiro, v. 1, nº 2, 1988, p. 239-263.

_____. "Cultura e poder político: uma configuração do campo intelectual". In: OLIVEIRA, Lúcia Lippi *et al*. *Estado Novo*. Rio de Janeiro: Zahar, 1979. p. 71-108.

VENTURA, Roberto. *Estilo tropical. História cultural e polêmicas literárias no Brasil*. São Paulo: Companhia das Leiras, 1991.

VERÍSSIMO, José. *A educação nacional*. Rio de Janeiro: Francisco Alves, 1906. (1ª edição em 1890).

VIANA, Oliveira. *Evolução do povo brasileiro*. São Paulo: Monteiro Lobato & Co., 1923.

VIANNA, Luís Werneck. "Americanistas e iberistas: a polêmica de Oliveira Viana com Tavares Bastos". In: BASTOS, Elide Rugai, MORAES, João Quartim de (Orgs.). *O pensamento de Oliveira Viana*. Campinas: Ed. da Unicamp, 1993, p. 351-404.

VIEIRA, Evaldo Amaro. *Oliveira Viana e o Estado corporativo. Um estudo sobre corporativismo e autoritarismo*. São Paulo: Grijalbo, 1976.

VIEIRA, José. *A cadeia velha. Memória da Câmara dos Deputados, 1909*. Brasília: Senado Federal, 1980, p. 99.

VILAÇA, Marcos Vinicius e ALBUQUERQUE, Roberto C. de. *Coronel, coronéis*. Rio de Janeiro: Tempo Brasileiro, 1965.

VISCONDE DE URUGUAI. *Ensaio sobre o direito administrativo*. Rio de Janeiro: Imprensa Nacional, 1960. (1ª edição em 1862).

VISCONDE DE URUGUAI. *Estudos práticos sobre a administração das províncias no Brasil*. Rio de Janeiro: B. L. Garnier, 1865, 2 v.

WEBER, Max. *Economia y sociedad*. México: Fondo de Cultura Económica, 1964.

XAVIER MARQUES. *Pindorama*. Bahia: Tip. Bahiana de Cincinnato Melchíades, 1900.

Biografia

José Murilo de Carvalho nasceu em Minas Gerais em 1939. É doutor em Ciência Política pela Universidade de Stanford e professor emérito da Universidade Federal do Rio de Janeiro. É membro da Academia Brasileira de Ciências e da Academia Brasileira de Letras e doutor Honoris Causa pela Universidade de Coimbra. Publicou, entre outros livros, *Os bestializados* (Companhia das Letras, 1987), *A formação das almas* (Companhia das Letras, 1990), *Cidadania no Brasil: o longo caminho* (Civilização Brasileira, 2001), *D. Pedro II: ser ou não ser* (Companhia das Letras, 2007).

Índice onomástico

A

Abreu e Lima – 143
Abreu, Capistrano de – 175, 200
Adorno, Theodor – 338
Afonso Celso (conde) – 274
Agassiz, Louis – 216
Agostinho (santo) – 40, 45
Agostini, Angelo – 277, 290, 335, 361
Albuquerque, Roberto Cavalcanti de – 122
Aleixo (grumete) – 35
Alencar, Alexandrino de – 31, 32, 36
Alencar, José de – 31, 32, 53-57, 61, 85, 208, 209
Alfredo, João – 363, 365
Almeida Júnior – 353
Almeida, Manuel Antônio de – 301
Almeida, Martins de – 322
Althusser, Louis – 333
Alves, Castro – 66, 133, 211, 228, 398, 399, 405, 407
Alves, Rodrigues – 108
Amado, Gilberto – 23
Amaral, Azevedo – 196
Amaral, Tarsila do – 353
Américo, Pedro – 213, 352, 353

Andrada e Silva – 49, 50, 144, 201, 393
Andrade, Almir de – 223, 403
Andrade, Carlos Drummond de – 17, 177
Andrade, Mário de – 177, 221, 339, 344, 351, 354
Andrade, Oswald de – 224, 338, 341, 353, 354
Andreoni, João Antônio – 45
Antonil, André João – 44, 45, 210, 252
Aranha, Graça – 95, 96, 353
Araújo, Ferreira de – 361
Araújo, Ricardo Benzaquen de – 77
Arendt, Hannah – 79, 86
Aristóteles – 44
Ataíde, Tristão de (Alceu Amoroso Lima) – 175
Atena – 209, 257, 258
Avelino, João – 27
Azevedo, Fernando de – 175

B

Barão de Lucena – 280
Barbosa, Horta – 273
Barbosa, Lívia – 265

Barbosa, Rui – 22, 76, 153, 154, 158, 159, 180, 254-256, 305, 306, 331, 363
Barral (condessa de) – 357
Barreto, Lima – 299
Barreto, Mena – 212
Barroso (almirante) – 212
Bastos, Tavares – 111, 116, 152, 155, 158, 182, 185, 198, 208, 211, 408
Batista, Cícero Romão – 105, 106, 107, 179
Belo, Luís Alves de Oliveira – 23, 30
Benci, Jorge – 44, 45, 48, 252
Bendix, Reinhardt – 130, 132
Bento, Antonio – 61
Bergstresser, Rebeca Bairol – 57, 394
Berlioz, Hector – 334, 336
Bernardes, Artur – 273
Bernhardt, Sarah – 331
Besouchet, Lídia – 355
Bilac, Olavo – 217-220, 226, 331, 353, 361
Bocaiúva, Quintino – 364, 365
Bolívar, Simon – 143, 202
Bomeny, Helena – 15
Bomfim, Manoel – 214, 215, 217, 218, 220, 353
Bomílcar, Álvaro – 353
Bonaparte, Napoleão – 77, 141, 335
Bonifácio de Andrade e Silva, José – 49-52, 55, 57, 58, 61, 75, 84, 144, 156, 187, 201, 202, 210, 244, 356, 365, 385, 393
Borges Neto – 251
Bowersock, G.W. – 390

Brandão, Ambrósio F. – 210
Braudel, Fernand – 341
Briguiet, Ferdinand – 332, 404
Brito, Mário da Silva – 351
Brizola, Leonel – 286-289
Buarque, Sérgio Buarque de – 129, 176, 177, 198, 226, 327, 341, 399
Bueno, Pimenta – 58
Burke, Edmund – 82
Buve, Raymond –124

C

Cabral, Pedro Álvares – 218, 229, 230
Calmon, Pedro – 212, 277, 355
Calvino, Italo – 391
Cam – 45
Caminha, Adolfo – 32
Cammack, Paul – 124-128, 131, 401
Campos, Sales – 120, 125, 255, 405
Campos, Francisco Itami – 122, 395
Campos, Gonzaga de – 272
Campos, Haroldo de – 339
Campos, Martinho – 363, 365
Campos, Pinto de – 355
Candido, Antonio – 339
Caneca (frei) – 145, 271
Capanema, Gustavo – 177, 227, 406
Cardoso, Ciro Flamarion – 67
Cardoso, Fernando Henrique – 65
Carlos X – 82
Carlos, J. – 218
Carneiro, Mário Barboza – 165, 405
Carone, Edgar – 122

Carvalho, José Carlos de – 5, 6, 22, 66, 123, 127, 130, 186, 367, 369, 401, 409
Castera, Suzanne de – 331
Castilhos, Júlio de – 89, 287, 288, 396
Castro, Antônio de Barros – 66
Caxias (duque de) – 184, 212, 225, 278, 282, 283
Cayot, Jeanne – 331
Celso, Afonso – 215, 220, 226, 274, 353-355, 372
Cendrars, Blaise – 333
César, Moreira –102
Chalhoub, Sidney – 59
Chateaubriand, Assis – 209, 350
Chiarelli, Tadeu – 351, 352, 354
Chopin, Frederic – 334
Clapham, C. – 124, 132
Clapp, João – 361
Coelho Netto – 218, 219, 226, 368, 373
Coelho, Furtado – 335
Collor de Melo, Fernando – 172, 244, 266, 286-289, 296, 345
Collor, Lindolfo – 172
Colombo, Cristóvão – 101, 215, 229, 233
Comte, Augusto – 81-83, 92, 100, 113, 163-170, 172, 187, 188, 407
Conrad, R. – 67
Conselheiro, Antônio – 102, 105-107, 110, 204, 358
Constant, Benjamin (brasileiro) – 170, 226, 279, 357, 371
Constant, Benjamin (suíço) – 77, 79-81, 84, 90, 156

Cooper, Fenimore – 209
Correa, Viriato – 226
Cotegipe (barão de) – 363, 365, 367
Coulon (madame) – 330
Cousin, Victor – 100
Coutinho, Afrânio – 370
Coutinho, Aureliano – 287, 356
Coutinho, José Joaquim da Cunha de Azeredo (Dom) – 45-47, 394
Coutinho, Rodrigo de Sousa (Dom) –141
Couto, Ribeiro – 226
Couty, Louis – 167, 232
Covas, Mário – 287
Cruz, Neuza Helena da – 264-266
Cruz, Oswaldo – 101, 103, 108
Cunha, Euclides da – 94-96, 102, 103, 105, 106, 109, 110, 112, 204, 216, 220, 247, 345, 353, 370-374, 397
Cunha, Flores da – 121
Cunha, Heitor Xavier Pereira da – 30
Cunha, Luís da – 138
Cunha, Pereira da – 30, 34

D

D' Assier, Adolphe – 330
d'Eu (conde) – 110, 290
Danton, Georges Jacques – 82
d'Arc, Joana – 276
Darnton, Robert – 315
De Bonald – 188
De Gaulle, Charles – 293
De Jaucourt – 41
De Maistre, Joseph – 188
Debret, Jean Baptiste – 331

Del Picchia, Menotti – 351, 354
Delacroix, Eugene – 258
Della Cava, Ralph – 127
Demolins, Edmond – 91
Denis, Ferdinand – 210
Derrida, Jacques – 333
Dewey, John – 221
Di Cavalcanti, Emiliano – 333, 354
Dias, Gonçalves – 208-210, 274
Diégues, Fernando – 296
Diniz, Eli – 135, 400
Dobb, Maurice – 313
Domingos, Afif – 287
Dosse, François – 380
Douglas, F. – 71
Douvizi (madame) – 330
Dreyfus, Alfred – 330
Duarte, Nestor – 128-132, 177, 322
Dubuisson, Paul – 164
Dumont, Louis – 338
Dupeyrat (madame) – 330
Duque Estrada, Osório – 212, 274, 284

E

Edmundo, Luiz – 331
Edmundson, William – 40
Eliot, T. S. – 338
Engels, Frederich – 109
Engerman, Stanley L. – 66, 67
Ernesto, Pedro – 224, 225, 227
Escobar – 371, 373, 374
Espírito Santo, Justina Maria do – 360
Estoueigt (madame) – 330
Expilly, Charles –330

F

Falcão, Aníbal – 91, 92, 187, 393
Faoro, Raymundo – 129, 177
Faria, Caetano de – 26
Farquhar, Percival – 273
Feijó, Diogo Antônio – 144, 148, 184, 201
Feitosa, Jovita Alves – 209, 276
Felisberto, João Cândido – 9, 11, 21-37, 240, 251, 393, 394
Fernandes, Millôr – 307
Ferreira, Waldemar – 195
Ferreira dos Santos, Adolfo (Ferreirinha) – 33, 251-253
Ferry, Jules – 81
Cardoso, Fernando Henrique – 272
Figueiredo, Jackson de – 188, 281, 326, 328
Fiori, José Luís – 379
Fittipaldi, Hernani (major) – 347
Fitzhugh, George – 56
Flaubert, Gustave – 331
Fleiuss, Henrique – 276, 335
Fleiuss, Max –355
Flory, Thomas – 133
Fogel, Robert W. – 66, 67
Fogo, Eurico – 34
Fonseca, Deodoro da – 21, 279-281, 283, 297, 299, 397
Foucault, Michel – 12, 329, 333, 338
Fradique, Mendes – 299, 300, 339
Fraginals, Moreno – 65, 194
France, Anatole – 331
Franco, Afonso Arinos de Melo – 16
Franco, Francisco – 257, 327
Franco, Itamar – 257

Franklin, Benjamin – 42, 51
Freire, Roberto – 287
Freyre, Gilberto – 34, 96, 112,
    177, 198, 209, 224, 300, 341
Friedman, G. – 194
Furet, François – 313
Furtado, Celso – 326, 328

G

Galjart, Benno – 122, 126
Galotti, Oswaldo – 370
Galvão, Cândido da Fonseca – 276
Galvão, Walnice Nogueira – 370
Gama, Luís – 73, 364
Gambetta, Léon – 81
Gandavo, Pêro de Magalhães – 274
Garnier, B. L. – 332, 408
Gauchet, Marcel – 77, 80
Gautier, Théophile – 334
Genovese, E. – 56, 67, 398
Gibbon, Edward – 389
Girardet, Raoul – 287
Gobineau, Arthur de – 95, 216, 386
Góes e Vasconcelos,
    Zacarias de – 53
Gottschalk, Louis Moreau – 12,
    205, 277, 334-337, 400
Gounod, Charles – 336
Gouveia, Jorge Hilário de – 262
Graça, Luís Autran
    de Alencastro – 30, 35
Graham, Richard – 66, 130, 131,
    132, 133
Grieco, Agripino – 175
Guerra, Antônio Manuel
    de Souza – 24, 25, 28, 30, 36
Guilherme II (kaiser) – 31

Guimarães, Bernardo – 211, 277
Guimarães, Manuel Salgado – 383
Guimarães, Ulysses – 268
Guizot, François – 156, 183,
    184, 405
Gurgel, Amaral – 355
Gurvitch, Georges – 194

H

Habermas, Jürgen – 313, 379, 390
Hamilton, Alexander – 78, 79, 93, 407
Harrison – 164
Hartz, Louis – 69
Hasenbalg, Carlos – 67
Hausmann – 108, 109, 332
Hegel – 390
Herkenhoff, João Batista – 263
Hobbes, Thomas – 47
Hobsbawm, Eric – 381
Horkheimer, Max – 338
Hugo, Victor – 156, 184, 334
Huizer, Guerrit – 126
Hume, David – 78
Huxley, Thomas Henry – 62

I

Ianni, Otávio – 65
Iglésias, Francisco (Chico) – 324
Isabel (princesa) – 283, 284, 290
Itaboraí (visconde de) – 184
Itanhaém (marquês de) – 356

J

Jackson, Jesse – 72
Jardim, Silva – 110, 290, 291, 364

Jerônimo (São) – 45
Jesus Cristo – 107, 309
João III (Dom) – 138
João Luís – 371-373
João Maria (monge) – 106
João V (Dom) – 138
João VI (Dom) – 140, 142
Joaquim Manoel de Macedo 55
José (Dom) – 45-48, 50, 52-57, 61, 139, 394
José Cláudio (tenente) – 32
José I (Dom) – 139
José Maria (monge) – 106, 107, 110
Juan Carlos (rei) – 294
Junot (general) – 199, 230

K

Kaufman, Robert R. – 123, 134
Kellerman, Annette – 332
Kennedy, John – 12, 302, 303
King, Martin Luther – 72

L

Labouriau, Ferdinand – 273
Lacan, Jacques – 333
Laffitte, Pierre – 81, 82, 164, 165, 167, 169-171
Lahmeyer, Mário – 32
Lamounier, Bolivar – 196
Landé – 124
Lange, Francisco Curt – 334
Lapouge, Vacher de – 95, 180
Lasswell, Harold – 194
Lay, Benjamin – 40
Le Bon, Gustave – 180, 216
Le Corbusier – 333

Le Goff, Jacques – 380
Le Play – 188
Leal, Victor Nunes – 12, 120-122, 124, 126-128, 130, 162, 177, 302, 321, 396, 400
Leão, Carneiro – 89, 175, 396
Leite, Dante Moreira –176
Lemarchand, René – 124
Lemos, Miguel – 164-167, 169, 170, 171
Lênin – 288
Lévi-Strauss, Claude – 313, 333
Lima, Oliveira – 371-373
Lincoln, Abraham – 60, 72
Lindley, T. – 200
Lins, Ivan – 165
Lira, Heitor – 355
Lisboa, João Francisco –120, 400
Littré, Émile – 81
Lobato, Monteiro – 95, 96, 102, 112, 116, 127, 175, 220, 226, 319, 351-354, 360, 402, 403, 408
Lobo, Aristides – 281
Locke, John – 40, 41, 145
López, Solano – 277, 358
Lourenço Filho – 175, 221
Lourenço, José – 107
Lucena (barão de) – 280
Lucena, Zenildo (general) – 298
Lula – 286-289
Lustosa, Isabel – 299
Luzardo, Batista – 350

M

Mably, Gabriel Bonnot de – 77, 90
Macedo Costa (Dom) – 104
Macedo, Joaquim Manuel de – 55, 211

Machado Neto – 122
Machado, Humberto Fernandes – 366
Maciel Filho, Raimundo – 347-350
MacIver, Robert Morrison – 194
Madureira, Sena – 283
Magalhães Júnior, Raimundo – 368
Magalhães, Domingos Gonçalves de – 208, 210
Magno, Carlos – 106, 110, 204
Malfatti, Anita – 351, 352, 354
Malheiro, Agostinho Marques Perdigão – 39, 52, 57, 61, 401
Malraux, André – 326
Mandeville, Bernard – 79
Mannheim, Karl – 338
Manuel I (Dom) – 230
Maquiavel – 90
Maria, Júlio – 188
Marianne – 209, 258
Marques, João – 368
Marques, Xavier – 218
Marshall, T. H. – 195, 238
Martins Filho, Amílcar – 124, 127, 128, 131
Martins, Francisco Dias – 29-31, 34, 36
Martins, Severiano – 336, 337
Martius, Carl Friedrich Philipp von – 180, 207, 210, 216, 383-386, 391
Mathias, Herculano – 355
Matos, Gregório de – 197
Matta, Roberto da – 237, 264
Maurras, Charles – 188
Maxwell, Kenneth – 139, 401
Mayer, Arno – 115
Mayo, Elton – 194

Medeiros e Albuquerque – 30, 180, 252, 280, 290, 294, 361
Medeiros, Borges de – 294
Medeiros, Júlio de – 30
Medeiros, Trajano de – 280
Meireles, Vítor – 213
Mello, Pedro Carvalho de – 66
Mendes, Teixeira – 164, 167
Mendonça, J.R. de – 164
Meneses, Ferreira de – 361
Merquior, José Guilherme – 135, 187, 341, 344
Meyerbeer, Giacomo – 336
Mill, Stuart Mill – 158
Moisés – 41
Montaigne, Michel de – 326
Monteiro, João Carlos – 360
Monteiro, Vicente do Rego – 353
Montesquieu, Charles de – 41, 79, 90
Montigny, Grandjean de – 331
Morais, Prudente de – 280
Moreira, Juliano – 27, 28
Morel, Edmar – 27, 28, 30-33
Morse, Richard – 12, 92, 186, 338-346

N

Nabuco, Joaquim – 53, 56-59, 61, 62, 73, 88, 153, 211, 245, 291, 331, 361, 363, 364, 366, 368, 373
Napoleão, Arthur – 335
Nascimento, Francisco do – 283
Nascimento, Milton – 17
Needell, Jeffrey – 112
Neiva, Artur – 102
Nero – 277, 406
Nettl, J. P. – 131

Neves, Batista das – 32
Neves, Tancredo – 323
Nicolet, Claude – 81, 402
Nietzsche, Friedrich – 381
Noé – 45
Nora, Pierre – 380

O

Obá II d'África (príncipe) – 276
Oiticica, José – 385, 386
Olinda (marquês) –184
Oliveira, Álvaro de – 164
Oliveira, Clodomiro de – 273
Oliveira, Henrique Veloso de – 52
Ortega y Gasset, José – 326
Orwell, George – 236
Otoni, Teófilo – 16

P

Paiva, Vanilda – 176
Pang, Eul-Soo – 122, 134
Paranaguá, João Lustosa da (visconde) – 363
Parreiras, Ari – 175
Pascal, Blaise – 15
Passos, Pereira – 103, 108
Pasteur, Louis – 108
Patrocínio, José Carlos do – 57, 73, 360-369
Peçanha, Nilo – 32
Pedro (São) – 44
Pedro I (Dom) – 143-146, 149, 203-205, 208, 330
Pedro II (Dom) – 53, 57, 110, 145, 149, 202-205, 208, 290, 355-359, 364, 368, 409

Peixoto, Celina Vargas do Amaral – 350
Peixoto, Floriano – 90, 214, 215, 280, 282, 292, 368
Pena, Belisário – 102, 220, 353
Pereira, Astrojildo – 175, 192
Pereira, Batista – 179
Pereira, José Mario – 7
Perroux, François – 194
Pessoa, Fernando – 326
Pickford, Mary – 332
Pinheiro, João – 16
Pinto, Alexandrina de Magalhães – 219
Piragibe (coronel) – 280
Pita, Sebastião da Rocha – 210, 274
Pixinguinha – 332
Pombal (marquês de) – 139, 140, 160, 231
Pompéia, Raul – 112, 214
Porchat, Reinaldo – 370
Porto, Sérgio – 339
Prado Jr., Caio – 131, 177, 328
Prado, Almeida – 140, 393
Prado, Eduardo – 113-215, 226, 280
Proença, M. Cavalcanti – 339

Q

Quaresma, Pedro da Silva (editor) – 218
Queirós, Eusébio de – 184, 364
Queiroz, Paulo Edmur de – 122, 127, 128, 132

R

Ramos, Graciliano – 227
Ramos, Guerreiro – 177, 181
Rangel, Alberto – 355

Ranke, Leopold von – 178, 381
Rebouças, André – 59, 73, 74,
    291, 322, 361, 366, 368
Reis, João J. – 67
Renan, Ernest – 331, 387
Retamar, Roberto Fernández – 340
Ribeiro, João Ubaldo – 379
Ribeiro, Júlio – 217
Ribeiro, Marcus Venício T. – 369
Rio Branco (barão do) – 57, 58, 95,
    100, 104, 105, 112, 361, 363,
    364, 371, 374
Rio Branco (visconde do) – 104, 374
Rio, João do – 110, 204, 291, 371
Robespierre, Maximilien de – 82,
    91, 288
Robinet – 164
Rocha, Manuel Ribeiro da – 45,
    48, 252
Rocha, Marques da – 26, 27
Rodó, José Enrique – 114, 340
Rodrigues Pereira, Lafaiete, 363
Rodrigues, José Honório – 176
Rodrigues, Nina – 216
Romero, Sílvio – 62, 91, 116-181,
    216, 217, 219, 221, 353, 363,
    385, 386
Rondon, Cândido Mariano
    da Silva – 103, 112, 165
Rosa, Guimarães –16, 346
Rosanvallon, Pierre – 184, 405
Rosário, Arthur Bispo do – 28
Rosas, Juan Manuel de – 211
Rousseau, Jean Jacques – 41, 77,
    79, 83, 145, 342, 343
Rozenvald (madame) – 330
Rudé, George – 209

S

Saboya, Hélio – 262
Saint-Hilaire, Auguste de – 140,
    199, 232, 302
Saisset (madame) – 330
Salazar, António de Oliveira – 327
Sales, Alberto – 86, 91, 94, 116,
    117, 120, 125, 160, 255, 294
Sales, Campos – 120, 125, 255
Salgado, Plínio –196, 354
Salvador, Vicente do (frei) – 232
Sampaio, Carlos – 332
Sandiford, R. – 40
Santa Rosa, Virgínio – 322
Santos Dumont, Alberto – 101
Santos, Adolfo Ferreira dos – 33, 251
Santos, Nelson Pereira dos – 329
Santos, Wanderley
    Guilherme dos – 185
Sarahiba, Gustavo – 25
Saraiva, José Antônio
    (conselheiro) – 363-365
Sartre, Jean Paul – 198
Schwartz, Stuart – 67
Schwartzman, Simon – 130, 134,
    135, 224, 341, 344
Scott, Rebecca – 66, 124
Sennet, Richard – 78
Serra, Joaquim – 57
Sette, Mario – 191
Sevcenko, Nicolau – 261
Shakespeare, William – 340, 345, 346
Silva, Dantas – 201, 363,
    365-367, 406
Silva, Eduardo – 67, 69, 70, 276
Silva, Francisco Manuel – 205
Silva, Hélio – 31, 348, 350

Silva, Hipólito da – 290
Silva, Pereira da – 175
Slenes, Robert – 66
Smith, Adam – 42
Soares, Maciel José – 347
Sodré, Nelson Werneck – 176, 177
Sombart, Werner – 191, 194
Sorokin, Pitirim – 194
Soublin, Jean – 355-359
Souza, Paulino José Soares de – 181
Spartacus – 366
Spencer, Herbert – 62, 86, 100, 363, 394
Starobin, Joseph R. – 66
Stone, Laurence – 380, 381
Stourzh, Gerald – 79
Stowe, Harriet Beecher – 55
Süssekind, Flora – 55
Suzannet (conde) – 148
Swanson, Gloria – 332

T

Taunay, Félix – 175, 331, 355, 356
Távora, Juarez – 176, 273
Tawney, R. H. – 194
Teixeira, Anísio – 221
Teixeira, Miguel – 348
Teles, Carlos – 305
Thiers, Adolphe – 156
Thompson, E. P. – 251
Tiradentes – 102, 208, 214, 226, 271, 331
Tocqueville, Alexis de – 91, 116, 154-158, 161, 186
Tonnies, Ferdinand – 194
Torres, Alberto – 94, 117, 162, 180, 181, 194, 221, 232, 328, 353

Torres, João Camilo de Oliveira – 15
Tubman, Harriet – 41
Turgot, Anne Robert Jacques – 42

U

Unamuno, Miguel de – 326
Uricoechea, Fernando – 129, 130, 132
Uruguai (visconde de) – 84, 147, 148, 150, 156-158, 160, 162, 181-186, 198, 335

V

Van Gogh, Vincent – 370
Vargas Llosa, Mario – 12, 96, 105, 120, 172, 176, 225, 242, 273, 274, 282, 283, 287, 288, 327, 347-350, 396
Vargas, Alzira – 347, 350
Vargas, Getúlio – 12, 96, 120, 242, 274, 287, 288, 347-350, 396
Vargas, Lutero – 348
Varnhagen, Francisco Adolfo de – 206, 207, 327, 383
Várzea, Virgílio – 36
Vasconcelos, Bernardo Pereira de – 146, 148, 182, 184, 201, 240, 252, 408
Vasconcelos, José Teixeira de – 143
Vasconcelos, Simão de – 274
Vaux, Clotilde de – 82, 164, 165, 209
Vaz (major) – 347
Veblen, Thorstein – 194
Veiga, Evaristo da – 148
Velloso, Mônica Pimenta – 224, 408
Veloso, Izabel – 350

Veríssimo, José – 206, 216, 217,
  221, 226, 372
Verna, Mariana de – 356
Viana, Araújo – 356
Viana, Oliveira – 11, 117, 126, 128,
  175-189, 191-193, 195-198,
  216, 243, 393, 398, 400-405,
  407, 408
Vianna, Luís Werneck – 187
Vieira, Antônio (padre) – 43, 45
Vieira, Avelino – 235
Vieira, Evaldo Amaro – 180
Vieira, José – 125
Vilaça, Marcos – 122
Villegagnon, Nicolas
  Durant de – 22, 329
Viotti da Costa, Emília – 65
Vital (Dom) – 104, 188
Von Martius, Karl Friedrich – 207,
  383-386, 391

W

Walker (Dom) – 71
Wappoeus – 206
Weber, Max – 129-131, 191, 338,
  394
Wedgwood, Josiah – 40
White, Hayden – 382, 384
Williams, Mary W. – 355
Williams, William Carlos – 338

Y

Yourcenar, Marguerite – 355, 357

Z

Zélia – 258
Zola, Émile – 331, 352

Este livro foi impresso pela Edigráfica.